문예신서
356

텔레비전 드라마

이론, 본질, 정체성 그리고 연구 방법론

수 손햄 · 토니 퍼비스

김소은 · 황정녀 옮김

東文選

텔레비전 드라마

Sue Thornham and Tony Purvis
Television Drama
Theories and Identities

차 례

감사의 글

우리는 이 책의 아이디어들을 완수하는 데에 매우 중요했던 선더랜드 대학의 미디어 및 문화 연구의 스태프와 학생들에게 감사하고 싶다. 마이크·단·헬렌과 베스·앨런·노마 그리고 계속적으로 지지해 준 서니에게 개인적으로 감사한다.

서문: 텔레비전 드라마에의 접근

　이 책은 세 가지 목적을 가지고 있다. 첫째, 미디어, 문화 그리고 문화 이론에 관심을 가지고 있는 사람들과 학생들에게 텔레비전 드라마에 대한 연구를 소개한다. 이 책은 텔레비전 드라마 연구에서 유용한 핵심 접근 방법을 설명하며, 지난 30여 년간 텔레비전 드라마에서 활용되어 온 연구 방법을 탐구한다. 둘째, 이러한 이론적·비평적 접근 방법은 영국과 미국 텔레비전에서 이끌어 낸 특정 사례 연구와 관련하여 고찰된다. 때때로 이러한 사례 연구들은 비평적 접근 방법에 대한 논의가 된다. 다른 경우에 사례 연구들은 특정한 영역이나 장을 종결짓는다. 마지막으로 텔레비전 드라마 텍스트들과 이것들을 연구하는 데에 사용되는 비평적 시점들은 변화하는 정체성, 역사 그리고 텔레비전 드라마 산출을 구성하고 청중들과 비평가들이 텔레비전 드라마를 해독해 온 방법을 알려 주는 담론을 통하여 전후 관계를 설정한다.

　제1장: '텔레비전 드라마 재현하기'는 비평가와 이론가들이 텔레비전 드라마를 논의해 온 방법들을 고찰한다. 때때로 이것은 텔레비전 드라마가 단순히 '텔레비전'이라는 일반적 개념과 동시대 문화의 모습을 환유적으로 상징하기 때문에 비평적 개입의 실패와 관계해 왔다. 1950년대 드와이트 맥도널드가 예견한 대중문화(mass culture)의 '확산되는 늪지'에서부터 과학기술이 개인을 침해한다고 장 보드리야르가 기술한 '악몽의 환영'에 이르기까지 텔레비전은 가치와 의미를 붕괴하

는 신호로써 보여져 왔다. 다른 경우에 있어서 텔레비전 드라마는 텔레비전의 일반적인 흐름 가운데 확고한 의미의 근거를 제시하면서 이러한 일반적인 붕괴와는 동떨어진 모습으로 존재해 왔다. 이러한 시점들과는 대조적으로 제1장은 텔레비전 드라마가 동시대 문화에서 매일 이야기를 만들어 내는 주요한 생성원이자 원천으로써 좀 더 생산적으로 분석되어야 함을 제안하며 결론짓는다. 텔레비전 드라마의 내러티브는 우리의 사회적 · 개인적 정체성을 제안하고 구성하며 중재하고 틀을 만든다.

그 다음 장에서는 이러한 이야기들이 텔레비전 드라마가 의존하고, 드라마가 만들어 내려고 하는 문화적 정체성과 관련하여 고찰된다. 그러나 이러한 정체성들은 고정되어 있지 않으며, 논쟁적이지 않다. 이 책의 몇몇 부분들이 사회적 정체성(예를 들어 '여성' '노동 계층' '게이'의 분류에서처럼)을 분류하기 위해 텔레비전 드라마가 보여질 수 있는 방식을 고찰하고 있는 반면에, 다른 부분들은 정체성이 항상 관련하고 있는, 상호 주체적이며 상호 텍스트적인 방식에 대해 연구한다. 전반적으로 주안할 사실은 텔레비전 드라마가 정체성과 문화적 변화 그리고 재현에 대한 동시대적 이론의 유용성을 연구하는 주요한 장이라는 것이다. 이러한 접근은 영화(할로우즈와 얀코비치, 1995)와 관계하는 어느 곳(앨런 1992; 홀랜드 1997)에서나 채택되어졌다. 그러나 구체적으로 텔레비전 드라마와는 관련되어 있지 않다. 여기에서 면밀히 나타나는 비평적 시점들은 이러한 문제들을 1950년대 후반부터 현재까지의 범위에 걸쳐 있는 텔레비전 드라마와 관련하여 탐색하는 방법을 제시한다.

정체성은 국가, 주체 그리고 시민을 의미할 수 있다. 그러나 이러한 유권자들은 민족, 젠더, 성 그리고 사회 계급으로 인해 굴절될 수 있다. 더욱이 우리가 문화적 범주와 정체성을 재현하는 담론들은 불변하지 않는다. 이 책의 마지막 장은 1960년대 가족의 가치와 동시대의 도덕성을 강조하며 방송되었던 '민족성'이——자주 뚜렷하게——최근 드라마들 속에서 형상화되고 있는 포스트모던한 사회와 대조를 이루는 방식을 추적한다. 더욱더 다양하고 혼종된 형태 속에서 텔레비전 드라마는 항상 담론에서의 변화, 이데올로기 그리고 재현뿐만 아니라 역사의 갈등과 관련하여 보인다.

　모든 문화적 텍스트 연구에서의 주요 요소는 그 텍스트가 어떤 방식으로 구조화되고 틀지워지는지를 이해하는 것이다. 제2장은 이러한 이해에 대한 매우 중요한 세 가지 개념에 대해 고찰해 본다: **내러티브**, **장르** 그리고 **리얼리즘**. 이 개념들 중 첫번째는 **내러티브**가 의미를 구조화하는 작동 방식을 이해하기 위해 롤랑 바르트와 같은 구조주의 비평가들의 저술을 끌어온다. 그러나 만약 문화 속에서 순환하는 이야기들이 우리의 개인적·사회적 주체로서의 감각을 구성하기 위해 작용한다면 좀 더 최근의 비평적 접근 방법들은 이러한 내러티브의 부분적이고 불완전한 성질에 집중하게 할 것이다. 텔레비전 드라마가 구성하는 이야기들을 고려할 때 이엔 앙과 데이비드 몰리의 민속지학적 연구가 보여준 것처럼 우리는 또한 생산(production)과 수용(reception)의 전후 관계를 고려해야만 한다. 초기 구조주의적 방법을 확대시키며 논평하는 미셸 푸코와 피에르 마셰리 같은 비평가들은 텍스트 자체가 어떤 방식으로 불안정하고 불완전하며 수정과 다시 읽기를 조건으로 하고 있는지를 보여주었다. 그리고 나서 내러티브가 개인적이고 사회적이며 정치적인 정체성을 꾀하는 주요한 수단 중의 하나임을 주장한다. 그러나 내러티브는 또한 논쟁을 일으키고 수정되며 문제를 야기시킨다.

　대중 텔레비전은 종종 장르, 포뮬러 그리고 이야기를 구성하기 위해 활용되는 장치 속에서 분석된다. 대중장르는 청중·의미·정체성을 구성하는 방법이다. 예를 들어 경찰시리즈물과 같은 '남성적' 장르는 연속극과 같은 '여성적' 장르와 대조를 이루어 왔다. 대중장르는 '정형화된' 구조 때문에 텔레비전 드라마의 '질(quality)'과 '가치'를 우려하는 중심이 되어 왔다. 그러나 대중 내러티브는 다른 것들보다 좀 더 매력적으로 보이는 정체성을 만들어 내는 데에 일조할 수 있기는 하지만 쉽게 버리거나 무시할 수 없다. 대중 내러티브는 복잡하고 변화하며 논쟁을 일으킬 수 있다. 확고하게 '고정된' 장르는 차례대로 수정·혼성·분열의 방식을 통해 재형성될 수 있다. 청중들 또한 단일한 한 가지 고정된 상태로 텔레비전을 보는 것이 아니라 대중장르와 이것들의 내러티브를 시청하면서 한 범위 내에 있는 문화적 레퍼토리와 관계한다.

리얼리즘 또한 텔레비전 드라마의 주요한 특성이며 본질적으로 보수적으로 비평되고 급진적인 잠재성으로써 찬양받는다. 제2장의 마지막 부분은 다양한 의미와 이 용어에 부여된 가치 그리고 텔레비전 드라마 분석에 사용되어 온 방법들을 연구한다. 이러한 논의에 '리얼리티 TV'라는 개념이 덧붙여진다. 텔레비전이 보수적이든 그 반대의 정치적 견해와 긴밀한 관계를 가지고 있든지 간에 텔레비전 드라마가 가정하고 있고 '실재 세계'를 보여주는 '생생함'과 능력은 항상 텔레비전 드라마의 리얼리즘에 의존해 왔다. '리얼리티 TV'는 스펙터클과 이야기 같은 실재적인 것들을 제공해 주며 구성된 것과 형성된 것, 그리고 실제적인 것 사이의 경계를 흐리게 한다. 그러나 이것은 또한 중립적인 것과 거리가 멀다. 마지막으로 '리얼리티 TV'의 테크닉들이 텔레비전 드라마에 의해 적용될 수 있다. 그리고 이러한 혼종성과 경계의 불분명함은 '실재적인 것'과 '리얼리티'의 의미에 대한 문제를 제기한다.

이 책의 나머지 장에서 고찰되는 것은 텔레비전 산출물들의 비중립적이고 이데올로기적인 상태이다. 텔레비전 드라마는 동시대의 사실에 대해 중립적이고 객관적인 입장을 제공하지 않는다. 젠더·인종·성과 사회 계급은 텔레비전 드라마에서 나타나는 유일한 정체성이 아니라 어떤 방식으로 시청자들이 극적인 재현을 해독하는지를 구조화하는 문화적 범주이다. 제3장의 첫번째 부분에서 **이데올로기**, **헤게모니** 그리고 **담론**에 대한 개념은 인종과 권력의 재현과 관련하여 고찰된다. 두번째 부분은 텔레비전 텍스트에 대한 **정신분석학적** 이론의 유용성을 검토한다. 만약 텔레비전이 '리얼리티'에 대한 우리의 의식을 구성하는 데에 가장 강력한 수행자(agent)라면 이것은 그것을 표현하는 데에 이상적인 특징일 뿐만 아니라, 우리의 주관성과 개인성에 대한 주제가 된다. 텔레비전이라는 매체는 텔레비전 화면을 통해 이미지를 바라보는 주관적 시청자들에게 의존하고 있다. 이러한 이미지는 시청자들에게 의미 있는 세계를 전달하는 내러티브를 조건으로 한다. 그러나 그것들은 희망과 즐거움의 원동력과 관련하여 코드화된다. 이러한 이미지들은 결코 단순하게 표현되어 있거나 어떤 객관적 사실을 비추는 것이 아니라, 이데올로기와 희망이라는 관점에서 계획된다. 텔레비전 드라마는 '자연스러워야' 하기 때문에 인위적이고 허구적이며 이데올로기적인 억지스러움을 만들어 내는 장치와 코드들을 숨기면서 희망을 자연스럽게 받아들일 수 있게 한다.

텔레비전이 이끌어 내는 지시적인 코드들은 어느 문화에서나 볼 수 있는 주된 방식처럼 대중적인 즐거움과 희망을 암시한다. 바라보기는 중립적이지 않고 바라보는 힘은 사회적 권력의 형태와 연결된다. **젠더**와 **성**은 바라보기가 표현할 수 있는 지배와 종속 관계의 중심에 있다. 그러나 바라보기는 물질적이고 정신분석학적인 방식으로 가부장적인 이데올로기와 여성의 복종만을 연결시키지는 않는다. 이것은 종종 (백인) 남성의 이성애적 정체성의 견지에서 숙고된다. 주디스 버틀러와 가야트리 스피박과 같은 신진 문화 비평가들은 젠더 · 성 · 인종 같은 자명한 성질의 분류에 대해 의문을 제기했다. 그럼에도 불구하고 이러한 분류들은 계속해서 어떤 방식으로 텔레비전이 생산되고 소비되는지에 대한 정보를 제공한다. 제4장에서는 젠더와 성에 의존하는 텔레비전 드라마 연구의 접근 방법을 탐색하면서 텔레비전의 생산과 소비에 대해 점점 더 '퀴어'한 공간과 관련하여 남자-여자, 남성-여성, 그리고 순수 게이와 같은 분류의 유용성을 고찰한다.

제5장에서는 재현을 둘러싼 문제들이 포스트모던 드라마, 포스트모던 이론, 미학과 관련하여 논의된다. 반면에 포스트모던 이론은 텔레비전이 구성하는 '리얼리티'에 의문을 제기하기 위해 사용되어 왔다. 만일 재현 이면에 어떤 것도 존재하지 않고 '지시대상'도 없으며 텔레비전 고유의 기호 체계 외에 텔레비전 이미지가 연결짓는 것이 없다면 텔레비전 드라마의 지시적 의미, 코드, '허구적' 세계는 그 자체 외의 어떤 것도 의미하지 못한다. 이와는 달리 텔레비전은 '고급스러움'과 대중성의 혼합 속에서, 공과 사의 해체 속에서, 사실과 허구의 범주의 애매모호함 속에서 분열되고 붕괴된 정체성의 지각과 함께 포스트모던 문화의 **탁월성**에 대한 예시로써 제시된다. 포스트모던하고 실험적인 드라마들은 문화가 재현되고 이해되는 방법뿐만 아니라 '텔레비전'이 동시대의 문화 속에서 기능하는 방법과 관련하여 중요한 문제들을 제기한다. 이 책에서 채택된 가장 초기의 사례 연구에 나타난 것처럼 1950년대의 그것들과는 매우 다른 문화 속에서, 우리는 텔레비전 드라마가 해야 하는 역할이 무엇인지를 이해할 수 있는가? 그리고 어떤 방식으로 텔레비전 드라마가 그것의 다양한 지지자들에게 말을 걸 수 있을 것인가?

제1장

텔레비전 드라마 재현하기: 텔레비전 드라마와 비평가들

1. '텔레비전'

텔레비전 드라마에 대해 논의하는 어떤 책이든지 간에 곧바로 정의와 경계 설정에 대한 문제를 직면하게 된다. 이들 중 가장 최초로 논의되고 가장 지지를 받는 것은 스테픈 히스(1990: 282)가 기술한 '텔레비전의 기관, 있는 그대로 텔레비전 자체의 기능이라 칭하는 것에 대한 문제'와 관련한다. 텔레비전은 끝없는 흐름(이미지, 음향, 끝없이 사라지는 현재의)과 "메시지, 기호, 끝없는 의미가 만들어 내는 흔적들의 폭발"(인용., 267, 275)로서 우리의 일상 경험의 상당한 부분을 차지하고 있으며 사방에서 접근이 가능하다. 그렇기 때문에 이 사실과 이것이 갖고 있는 문화적 중요성은 그 매체와 관련하여 자주 논의되어 온 경향이 있어 왔다. 이러한 접근 방법의 창시자는 레이먼드 윌리엄스로서 그의 논평은 상당히 영향력이 있기 때문에 충분히 인용할 만한 가치가 있다. 1968-72년 사이에 윌리엄스는 **BBC** 주간 저널 《청취자》에 텔레비전 월간 평론을 썼다. 그러나 그는 1972년에 최초로 미국 텔레비전에 모습을 드러냈고 독자적인 '텔레비전 경험'에 대한 자신의 견

해를 구체화하였다고 1973년에 기술했다:

대서양 쾌속선에서 일주일을 보내며 계속 멍한 상태로 있던 마이애미에서의 어느 날 밤, 나는 영화 한 편을 보기 시작했다. 그리고 먼저 너무나 빈번하게 등장하는 상업적인 중단(breaks)에 익숙해지는 데에 어려움을 겪었다. 그러나 이것은 최종적으로 일어나게 된 것들에 비하면 아주 사소한 문제였다. 다른 날 밤 같은 채널에서 상영되기로 한두 편의 영화는 트레일러처럼 끼워지기 시작했다. 샌프란시스코에서 일어난 범죄 는 (원래 영화의 주제) 탈취제와 시리얼 광고뿐만 아니라 파리에서의 로맨스와 뉴욕을 황폐화시키는, 선사시대 괴물이 만들어 내는 분노의 폭발과 희한한 대비를 이루기 시작했다. 게다가 이것은 새로운 의미들의 시퀀스였다. 심지어 영국의 상업용 텔레비전에서도 광고 연속물 전후로 시각적 기호들——막간에 존재하는 기호들——이 있다. 그리고 프로그램 트레일러들은 오직 프로그램들 사이에만 존재한다. 영화에서 광고로, 영화 A에서 영화 B와 C로 옮겨가는 것은 사실상 눈에 띄지 않기 때문에 여기에는 상당한 다른 어떤 것이 있었다. 나는 여전히 그 전체적인 흐름에서 내가 받아들인 것이 무엇인지 확신할 수가 없다. 나는 나쁜 영화에서 일어난 것 같은 몇몇 사건들과 그 영화의 에피소드에 수반되어 있는 것 같은 광고 속에서 획일적이고 무책임한 이미지들과 감정의 흐름처럼 보이게 된 것 안에 있는——간간이 끼어드는 이상한 불균형을 위해——몇몇 캐릭터들을 기억하고 있다고 믿고 있다(1990: 91-2).

이러한 경험을 바탕으로 윌리엄스는 "전적으로 발전된 방송 시스템 속에서 특색 있는 구성, 이로 인한 특색 있는 경험은 시퀀스 혹은 흐름 중의 하나라는 주장을 발전시킨다. 계획된 흐름 안에서 이러한 현상은 아마도 과학기술로써 동시에 문화적 형태로써 방송을 규정하는 특성"일지도 모른다(인용., 86).

이 설명에 대하여 주목해야 할 많은 주요 사항들이 있다. 매우 명백하게도 그것은 '텔레비전'에 대한 설명이다. 윌리엄스가 특정한 형태의 텔레비전 작품이나 프로그램을 논의하지 않는 것은 전혀 아니다. 그에게 있어 이러한 논의는 "유용할 수 있지만 반면에 이것은 항상 나에게 중요한 텔레비전 경험과 어느 정도의 거리가 있다: 흐름의 사실"(인용., 95). '텔레비전 경험'의 구성 내에서 또한 '감정의 구조'를 전달하며 우리 문화의 '의미와 가치의 흐름'을 구성하는 것은 이 "명백히 일상적이고 잡다한 흐름이다"(인용., 118, 111).[1] 1974년 윌리엄스는 어디에서든지 간에 이러한 흐름을 특별하게 **극화된** 흐름이라 언급한다. 그는 드라마란 텔레비전을 통하여 "일상생활의 리듬으로 만들어진다"고 기술한다:

눈이 피로해질 때까지 수백만의 사람들은 그림자의 그림자를 보고 그것들이 실체라 여기게 된다; 장면과 상황 · 행위 · 변화 · 위기 등을 보라. 한때 자연주의 드라마에서 계획되었던 이 일상의 단편들은 이제 자발적이고 습관적이며 내적인 리듬이다. 행위와 행동하기, 재현과 수행의 흐름은 새로운 관습, 즉 기본적인 욕구의 그것으로 상승하게 되었다 (1989: 4, 5).

윌리엄스가 고백한 바와 같이 이러한 포괄적인 견지 안에서 명백하게 '텔레비전 드라마'라고 논의할 수 있는 틀을 찾는 것은 쉽지 않다. 그러나 《청취자》와 다른 평론에서 윌리엄스는 특별한 '텔레비전 드라마'에 대해 논의한다. 이 시기에 발생한 사실은 스튜어트 레잉(1991:

---

1) 윌리엄스는 이 용어를 1954년 《영화의 서문 *Preface to film*》에서 최초로 사용하고, 《긴 혁명 *The Long Revolution*》(1965)에서 전적으로 발전시킨다. 역시 윌리엄스를 보라(1965). 텔레비전에 대한 그의 기술에서 그는 '문화적 형식으로써의 텔레비전'과 관련하여, 그리고 특정한 프로그램에 대한 토론에서 그 용어를 사용한다.

160)이 시청하기 **경험**을 묘사하는 데에 '흐름'의 개념을 자주 언급하였던 반면에, 구조와 테마 또는 특정 드라마가 갖고 있는 '감정의 구조'로 방향을 돌릴 때에는 그 대신 주로 연극과 소설의 초기 형태와 비교하고 연속성에 도달한다는 것이다. 레잉이 논의한 바와 같이 그 결과는 "특별한 프로그램들은 일반적인 텔레비전 경험의 틀에서 상당히 계획적으로 나오고 다른 매체와 교차하여 언급된다는 것이다"(인용.). 이후 '텔레비전'을 이해하기 위해 '흐름'의 중심성에 대한 윌리엄스의 지각과 **특정** 텔레비전 드라마의 토론을 위한 이 개념의 유용하지 못함 사이에는 명백한 긴장이 존재한다.

윌리엄스의 설명에 대해 주목해야 할 두번째 주요 사항은 그 '텔레비전 경험'과 같은 미국의 텔레비전 경험의 일반화이다. 《텔레비전: 과학기술과 문화적 형태》에서 윌리엄스는 자신이 '**과학기술적 결정론** (technological determinism)'이라 부르는 것——그것이 '사회적 변화와 진보'를 생산해 내는 새로운 과학기술이라는 생각——에 도전하는 것과 관련한다(1990: 13). 대조적으로 그는 새로운 과학기술이 특정한 사회적 시스템의 **산물**이라 주장한다. 과학기술은 또한 그것들이 만들어 낼 사회적인 효용에 대한 투쟁의 장이다. 그리고 그것들이 가져올 문화적인 형태이기도 하다. 그러나 사회적인 투쟁을 강조하고 있지만 릭 알트만이 지적했듯이(1986) 그것은 텔레비전이 과학기술과 문화적으로 불가피하게 공헌하고 있는 형태로써 채택된 미국의 경험이다. 위에 인용된 설명에서 윌리엄스는 미국 텔레비전이 영국 텔레비전과 기원을 달리할 뿐만 아니라 불분명했던 국가적 차이의 문제를 제기한다. 만일 '**중심적** 텔레비전 경험이 흐름에 대한 사실'이라면 영국의 텔레비전은 다른 역사와 구조 때문에 사람들을 사로잡지 못해 왔다. 보다 더 이것은 특정한 공영방송과 이러한 중심적 개념에 관련한 드라마에 대한 논의를 세우는 것을 어렵게 한다. 특정 텔레비전 드라마에 대한 윌리엄스의 논의에서 초기 드라마나 내러티브 초기의 국민적 전통을 재검토하려는 그의 의도는 어려움을 지적한다. 이러한 텔레비전 드라마는 '실재가 아닌 텔레비전'──텍스트나 시청 경험과 같은──이거나 상당히는 아니지만 여전히 **중심적** 텔레비전 경험의 부분으로써가 아닌 '초기' 텔레비전의 형태를 재현한다는 인상을 준다.

윌리엄스의 설명에서 주목해야 할 세번째 주요 사항은 텔레비전이 '계획된 흐름'이라는 매체의 특성을 융합하는 경향이 있다는 것이다. 그리고 이것은 시청자들의 이용 형태와 함께 방송의 **텍스트적** 조직의 정의적 특성이다. 수많은 핵심 표현들이 이 불분명한 경계를 수행하고 있다. 그 중 한 가지는 '이미지의 흐름과 감정'인데 여기서 전자의 용어(이미지)는 텍스트적 특성이다. 반면에 후자(감정)는 시청자의 특성이다. 두번째는 '텔레비전 경험'이다. 이것은 오로지 **시청자들**의 주관적인 경험일 수밖에 없다. 그러나 이것은 **매체**의 필수적인 특성으로써 제공된다. 릭 알트만의 입장에서 '흐름'은 실제로 텔레비전 자체의 특성이 아니라 "텔레비전의 특정한 문화적 관습: 미국 상업 텔레비전"의 특성이다(1986: 40). 이것은 광고주들에게 평가되고 '판매될' 수 있는 상품으로써 취급받는 시스템의 산물이다. 그러나 시청자들의 규모는 스위치를 켠 텔레비전의 숫자로만 평가될 수 있다. 따라서 편성된 프로그램은 시청자들이 텔레비전을 보지 않고 있을 때조차 켜두도록 하기 위해 '흘러'야 한다. 이런 상황에서 흐름을 프로그램한다는 사실은 흐름이 담고 있는 특별한 배경이나 청중이 실제로 그것들에 반응하는 방식에 대해 알려 주지 않는다. '텔레비전 경험'이라는 개념에서 윌리엄스의 모호한 한계는 텍스트적 조직과 각각의 특이성을 불분명하게 하는 '(텔레비전) 시청하기' 사이의 미끄러짐을 만들어 내는 데에 일조한다.

윌리엄스의 설명에서 주목해야 할 마지막 주요 사항은 첫번째 인용의 마지막 문장 속에 있다: 텔레비전 경험은 이미지와 감정의 **무책임한** 흐름이다. 존 피스크는 윌리엄스가 **무책임한**이라는 단어를 사용한 것은 "텍스트에 책임을 다하는 저명한 작가를 바라거나 또는 통일성 있는 텍스트를 제작하는 데에 발휘되는 책임감에 대한 그의 문학적 욕망에서 나오는 것처럼 보인다"고 논평한다(1987: 100). 그는 윌리엄스가 "텔레비전의 본질에 대한 공감이 부족"한 것을 보여준다고 생각한다(인용.). 이후에는 피스크가 가지고 있는 텔레비전의 '흐름'에 대한 다른 견해를 논의할 것이다. 그의 논평은 텔레비전에 대한 윌리엄스의 설명이, 존 코기(1986)가 문화 연구의 신흥 분야로 명시한 용어법(terminology)에 대해 논쟁한 흔적을 가지고 있다는 점과, 이에 따른 가치 방식에 대해 주의 집중한다. '대중문화(mass culture)'는 보수적·진보적 양대 문화 비평가들이 동시대의 매체문화 형태를 설명하기 위해 사용한 용어였다. 그것은 문화 가치의 상실을 제시하였고 이는 특히 미국의 상업문화와 동일하게 발전한 '대중문명(mass civilisation)'의 등장과 함께하였다. 전통적인 '고급문화(high culture)'와는 정반대로 '대중문화(mass culture)'는 기생적이고 착취적이며 품위가 떨어지고 이성과 판별력을 행사하기보다는 "싸구려 감정에 호소"(리비스 1994: 14)한다고 규정되었다. 예전의 '민중문화(folk culture)'와는 달리 '대중문화(mass culture)'는 진짜가 아닌 "상업가들이 기술자들을 고용하여 가공해 낸" 것으로 보여졌다(맥도널드 1994: 30). '평범한 사람들'로부터 나오기보다는 그들에게 강요되었기 때문에 그 주요 기능은 노동자계층 시청자들의 끊임없는 수동성을 책임지는 것이었다. 미국에서 이러한 견해에 대해 영향력을 가지고 있는 지지자인 드와이트 맥도널드에게 있어서 '대중문화(mass culture)'는 "모든 것을 삼켜 버릴 위협"을 하는 "확산되는 늪지"였다(1994: 34).

레이먼드 윌리엄스는 문화에 대한 매우 다른 정의와 동시대 문화 형태를 바라보는 다른 방법을 제안했다. 그는 문화란 "특별한 방식의 삶에 대한 묘사라고 기술하고 있으며, 이것은 예술과 학문뿐만 아니라 제도와 일상적인 행동에서의 의미와 가치를 표현한다. 문화의 분석은 특별한 삶의 방식, 즉 특별한 문화 속에서 함축적·명시적 의미와 가치를 설명하는 것이다"(1965: 57). 그것은 한 사회의 '감정의 구조'를 드러낸다. 그와 같은 견해들은 가치를 떨어뜨리는 '대중문화(mass culture)'라기보다는 대중문화(popular culture)로써 동시대의 문화적 형태가 신중하게 채택되어야 한다고 주장한다. 실제로 《텔레비전: 과학기술과 문화적 형태》에서 텔레비전 '연속극'의 지속성과 대중성의 중요함을 기술하고 있다. 이러한 시기에 너무나 많은 전통적 정극과 픽션은 평범한 사회 경험에서 상당히 물러나 있다. 그는 "형태가 거의 없는 텔레비전은 시리즈물 원형의 잠재적인 중요성을 가지고 있다"고 덧붙인다 (1990: 61). 그럼에도 불구하고 존 피스크가 지적한 바와 같이 윌리엄스가 특정 프로그램보다는 '텔레비전'에 대하여 기술할 때 '대중문화 (mass culture)' 비평은 불행히도 자취를 감춘다. 윌리엄스의 '무책임한 흐름'과 맥도널드의 '확산되는 늪지' 사이에는 큰 차이가 없어 보인다.

2. '흐름'에서 '중립'으로

윌리엄스의 '텔레비전'에 대한 설명은 이후 수많은 저자들에 의해 발전되어 왔다. 윌리엄스와 마찬가지로 이 저자들의 설명 역시 텔레비전 드라마의 모든 연구에서는 중요하면서도 일반론의 수준에서는 실망스럽다. 아마도 가장 계몽적이고, **그리고** 좌절감을 느끼게 하는 것은 1982년에 《보이는 허구들》을 최초로 출간한 존 엘리스의 그것이다. 엘리스는 윌리엄스의 '흐름'의 개념에 의존하지만 몇몇 기본적인 가설에 대해서는 비평적이다. 엘리스는 윌리엄스에게 있어 '흐름'이란 분리된 텍스트들이 무작위적으로 병렬하여 타협을 이루는 "유동체이자, 심지어 혼란스러운 과정"이라 주장한다(1982: 117). 그는 윌리엄스의 모델이 여전히 텔레비전의 기본 단위를 개개의 프로그램이라고 가정하고 있는 것이 문제라고 주장한다. 그렇게 함으로써 "단독 텍스트와 거의 관련성을 가지고 있지 않은 TV 방송의 특정한 상품 형태의 복잡성을 과소평가한다"(인용., 118).

엘리스의 모델은 윌리엄스의 설명에 수많은 변형을 제시한다. 단독 텍스트 대신에 방송 텔레비전 '흐름'을 구성하는 기본 단위는 '분절체(segment)'이다: "최대 지속 시간이 5분 가량 연속적으로 일어나는 이미지와 소리의 통합체"(인용., 112). 이러한 비교적 독립적인 분절체들은 좀 더 큰 단위로 조직되지만 그것들은 전통적인 내러티브 구조처럼 인과 관계로 연결되지 않는다. 그 대신에 텔레비전의 열린-결말 시리즈, 연속 시리즈물의 특징적인 형태 속에서 분절체들은 '애매모호한 동시성'의 분절체가 아니라 필연적 연결 관계를 갖고 있지 않은 분절체를 따른다. 뉴스 게시판, 잡지, 프로그램, 드라마, 다큐멘터리와 게임은 이러한 방식으로 조직되어 있는 모든 것을 보여준다. 반면에 광고는 단일하고 독립적인 분절체를 나타낸다. 특징적으로 압축된 시간 내에 단독의 이야기를 제공하는 영화와는 달리 텔레비전의 분절화된 구조가 제시하는 것은 "끊임없이 업데이트되는 영원한 현재로의 회귀"이다(인용., 147). 형식·상황·장소와 인물들의 캐스팅이 모두 동일하게 유지되고 그 주에 최신 사건들을 위한 끊임없는 배경을 제공한다. 이 구조는 픽션이든 논픽션이든 뉴스 게시판이든 연속극이든 간에 모든 형태의 텔레비전 프로그램을 넘나든다. 예를 들어 일일연속극 내러티브를 특징짓는 복잡하게 얽힌 이야기는 실시간에 일어날 수 있는 일로 구성된다: 이것은 이미 일어나서 진상이 밝혀진 사건으로써 제시되지 않는다.

방송 텔레비전은 '현재성' 또는 즉시성의 개념으로 특징지워진다. 그리고 이것은 곧바로 수많은 다른 특징들과 연결된다. 물론 텔레비전은 본래 생방송을 하였고 이러한 '현재성'의 개념은 여전히 매체에 따라다닌다. 예를 들어 이것은 엘리스가 논의한 바와 같이 텔레비전과 시청자들이 "상호 친밀함의 관계 속에 놓여 있다"는 가정(인용., 132)과 시각적 접촉을 자극하면서 텔레비전이 시청자들에게 직접적으로 말을 건다는 것을 의미한다. 이것은 또한 영화적 응시의 강렬함, 즉 시청자가 스크린 이미지에 몰두할 수도 있고 이탈할 수도 있는 공유된 바라보기와 엿듣기에 대한 가설로 대체된다. 엘리스는 텔레비전 인물들은 "친밀하고 사랑스럽고 꽤 놀랄 만한 인내심 때문에 용서받는 인물이 되는 경향이 있다"(인용., 139)고 주장한다. 그들은 잡지나 뉴스 프로그램, 가족, 일의 공동 제시자이든지 혹은 드라마 연속물, 시트콤, 연속극의 공동체 집단이든지 간에 가장 특별하게 이 집단 안에서 제시된다. 고립되어 있지만 가정생활의 애착과 연결되어 있는 우리, 시청자들의 '내면'은 이것들을 통하여 세계를 '바라본다.' 이것들은 또한 확실한 안락함을 제시해 준다. 이것들은 우리와 같을 것이라 여겨지는 집단들이기 때문이다: 그것들은 가치를 공유해 왔고 가족 집단 또는 가짜-가족 집단의 형태로 조직된다.

방송 텔레비전에 대한 엘리스의 설명은 텔레비전과 영화를 구분지었던 것처럼 텔레비전 드라마의 토론에 대한 중요한 통찰을 제공한다. 특히, 텔레비전과 영화의 **차이**에 대한 그의 주장은 1970년대 텔레비전 드라마의 토론에서 주를 이루었던 지속성에 대한 가설의 비평으로써 역할을 한다. 1974년 콜린 매케이브는 두서없는 계급제도와 19세기 소설에서 영화와 텔레비전 드라마에 걸쳐 나타나는 리얼리즘의 활용에 대한 구성으로서의 내러티브 사이에 있는 공통점을 추적하였다. 그는 19세기 사실주의 소설은 모든 행위와 중심이 되는 '진실들'과 관련된 등장인물 배역에 대한 이야기를 구성하면서 독자들을 위한 특별한 형태의 지식을 만들어 낸다고 주장한다. 이러한 '진실들'은 이야기를 하는 것 자체(소설의 '메타언어')로 전달되며, 이것은 단순히 사실을 투명하게 재현하는 것처럼 보인다(매케이브 1974: 10). 실제로 그는 이러한 '고전 사실주의 텍스트'가 세계에 대해 고도로 관념적으로 함축되어 있는 시각을 제공한다고 주장한다.

매케이브의 설명에서 영화는 한 가지 차이점을 가지고 이러한 구조를 지속해 나간다: 소설 속에서 '진실로의 직접적인 접근'을 제공하며 이야기를 하는 목소리는 영화에서 카메라로 대체된다. 카메라는 우리가 다양한 캐릭터들에 대한 담론을 판단할 수 있는 진실을 제공한다(인용.). 그러므로 카메라의 기록할 수 있는 특별한 능력은 영화적 내러티브를 생산하는 선택과 구성의 과정을 은폐시킨다. 다음 내용에서 매케이브와 다른 비평가들은 텔레비전 드라마에 대해 '고전적 사실주의 텍스트'의 논평을 적용하였다. 이것은 또한 지배적인 사실주의 형태 때문에 진실을 말하도록 요구한다. 실제로 텔레비전에서 이러한 요구들은 〈캐시 집으로 오다〉(1966-2.3장)와 좀 더 최근작인 〈항해자〉(로치 2002) 같은 희곡이나 〈제트 카〉(1962-78) 같은 대중시리즈물, 다큐 일일드라마와 같은 드라마와 다큐멘터리로 통합시키는 경향 때문에 좀 더 강해지고 있다.

텔레비전 내러티브 구조의 **차이점**에 대한 엘리스의 주장은 지속성이라는 가설에 이의를 제기한다. 텔레비전 텍스트의 가장 큰 분열인 '실재'와 '시간'에 대한 텔레비전 텍스트와의 다른 관련성, 끊임없이 업데이트되는 내러티브에서 특정한 결핍이 있는 내러티브의 종결, 시청자들에게 직접적으로 말을 걸면서 그 자체에 관심을 모으는 텔레비전 화법의 경향, 그리고 텔레비전에서 지배적인 이미지와 더 중요한 사운드의 부족 등 이 모든 것은 텔레비전 텍스트가 영화 내러티브와 연관되어 있거나 의존하고 있다고 생각하지 않는 방식으로 텔레비전 드라마를 고찰할 필요가 있다고 강조한다. 그럼에도 불구하고 윌리엄스의 '흐름'에 대한 설명과 같이 '텔레비전'에 대한 엘리스의 설명은 차이를 불분명하게 하는 경향이 있다: 픽션과 논픽션 형태 사이에서 그리고 매체와 《보이는 허구들》의 원작 출간 이후로 훨씬 더 확대되는 범위 도처에서 접근 가능한 내러티브 형태와 재현적 구조의 범위 안에서.

'텔레비전'에 지속적으로 초점을 두고 있는 저자들은, 윌리엄스 자신이 다소 불편하게 논쟁해 왔고 '대중문화'의 견해 사이에서 갈등하고 있는 여러 갈래 중 두 개의 노선을 따르는 후계자들로 나뉠 수 있다. 염세적인 견해가 좀 더 지배적이다. 1980년대에 쓰여진 논설에서 제인 포이어는 수많은 엘리스의 요점들을 선택하고 발전시킨다. 엘리스처럼 그녀는 "도구로써의 텔레비전은 영화와 모든 점에서 현저하게 다르다고 주장한다"(1986: 101). 영화와 달리 텔레비전은 "이미 가정되어 있는 생생한 상태에 기초를 둔 현재(presence)의 이데올로기"를 확산시키며 "광범위한 현상을 앞에 내세운다." 그녀가 주장하는 것처럼 "'생생함(live)'이라는 가설은 '흐름'이라는 개념을 구성하고 있다"(인용., 103-4). "개별적 텍스트와 분리시킬 수 없는 지속적이고 결코 끝나지 않는 연속물"(포이어 1983: 15), 그것은 존재해야 할 분명하게 **살아 있는** 실제 삶을 복제하는 것처럼 보인다. 이것은 조심스럽게 흐름과 통합의 개념을 만들어 냈지만 이데올로기적 기능을 만들어 낸다. 공간적으로 분해되고, 분리된 모든 사건들은 세계에 대한 특별한 시각을 제공하기 위해 내러티브적인 방송을 통해 재구성된다. 달리 말하면 '텔레비전'은 '매일매일' 끝없이 업데이트되는 이야기를 우리에게 제공하기 위해 '일일연속극'처럼 작용한다. "텔레비전이 가지는 가장 첫 번째 환영은 그것이 **상호적인 매체**라는 것이다." 그리고 당연하게 여겨지는 이 상호 작용은 이데올로기적으로 위치되어 있는 청중과 함께 한다: 가족. 텔레비전 프로그램은 지속적으로 '가족의 안(inside)'과 '가족의 밖(outside)' 사이에서 지배적으로 이분법적인 대비를 만들어 낸다(포이어 1980: 106). 모든 사회적·개인적 상황이 가족에게 언급됨으로써 그 상황은 해결될 수 있다고 추측된다. 흔히 가족의 내적인 파괴에 플롯의 중심을 두고 있는 일일연속극조차 가족의 영역 안에서 갈등을 담아낸다; 가족은 항상 분열되며, 동시에 끊임없이 재구성된다.

포이어의 이론적 체계는 엘리스와 다소 다르다. 그녀는 텔레비전을 이데올로기적 입장에 있는 주체를 만들어 내는 도구로써 초점을 맞춘다. 이데올로기 이론뿐만 아니라 텔레비전과 영화를 구별하기 위하여 정신분석학적 이론을 끌어온다. 영화는 남성적-바라보기의 주체와 여성적인-응시의-대상의 분리를 통한 성적 차이점을 구성하면서 엿보는 사람의 입장에 관객을 배치시킨다고 논의되어 왔다.[2] 그리고 최고의 강력한 카메라와 동일시함으로써 남성적 에고를 강화시킨다. 이와 달리 텔레비전은 성과 이미 역할이 구성되어 있는 가족 그룹을 청중으로서 가정한다. 가족의 역할을 강화하는 것이 텔레비전이 해야 하는 이데올로기적 관심사이다. 그러므로 무엇보다도 포이어는 이것을 **통제**의 매체라 논의한다. 이러한 논의는 텔레비전이 가정적이고 여성적인 주체로서 관객을 구성하고 **여성화된** 매체이기 때문에 경멸받는다는 주장 속에 내포되어 있는, 내러티브 형식을 비평하는 페미니스트들과 포이어에 의해 수많은 방법으로 발전되었다.

스테픈 히스는 〈텔레비전 재현하기〉(1990)에서 좀 더 철저하게 염세적인 견해를 제시한다. 윌리엄스와 같이 그는 '텔레비전'을 파악하고 재현하기 위한 노력의 중요성을 주장한다. "해체되어 있는 읽어야 할 많은 텍스트들에 대한 문제점"으로써 텔레비전에 대한 분석을 인지하는 것은 비평가가 논쟁해야 하는 텔레비전의 일반화에 공모되는 것이다(1990: 296). 이것은 동시에 다른 국내 텔레비전들이 다르게 구조화되어 있거나 개별적 시청자들이 서로 다른 읽기를 만들어 낸다는 주장에서 빗나간다. 국가적 경계를 넘어서 지배적이고 흡수 병합하는 것이 미국의 다국적 텔레비전 산업이다. 그리고 '복수적 읽기(plural reading)의 목적'은 단순하게 이러한 지배성을 "영향받지 않고 생각하지 않게 하는 상태로 둔다"(인용., 285). 히스의 은유는 윌리엄스와 엘리스의

---

2) 제3장 2와 수 손햄(Sue Thornham)의 《열정적인 분리 *Passionate Detachments*》(1997: 2장)를 보라.

그것들을 강화한다. 텔레비전은 '침투·과부하·중립화'이다; 이것은 분열된 것을 통합하고 모든 정체성과 의미를 상대화하며 순간순간 흐르는 텔레비전의 결합력을 제공한다. 이것은 시청자들을 네트워크 속으로 흡수시킨다: "나는 네트워크의 부분과 순환이 된다"(인용., 292-3). 비평가의 의무는 텔레비전이 "계속적으로 확장과 접근 가능성 그리고 근접성을 손상시키는 비평적 거리를 만드는 것이다──그 모든 것들은 끝없는 흐름 속에서 쇼에서 쇼로 이어지는 화면 위에서 상연된다"(인용., 297).

히스에게 텔레비전이 취하고 있는 위협은 침투, 접근 용이성의 과잉, 근접성과 흡수에 관한 것이다: 그리고 비평가의 의무는 분리, 비평적 거리 그리고 "정치적 의미들의 꾸며내기" 등을 이루어 내는 것이다(인용.). 후에 이러한 은유들에 대한 의미들로 다시 돌아갈 것이다. 그러나 또한 반유토피아적 견해와 텔레비전의 '흐름'과 '분절'에 대한 매우 다른 인식을 대조할 수 있다. 그리고 이것은 '텔레비전'의 낙관주의적/유토피아적 읽기 속에 좀 더 많이 나타난다. 이런 견해의 주요한 지지자는 존 피스크이다. 그는 롤랑 바르트의 텍스트 분류를 '독자'와 '저자'에게로 가져온다. 전자는 다소 콜린 매케이브가 제안한 '고전적인 사실주의 텍스트'의 정의와 일치한다. 그것은 단순히 '리얼리티'의 재현이라 일컬어지며 그 자체의 구성 과정을 드러내지 않는다. 그러나 사실상 고도로 통제된 세계에 대한 이데올로기적 재현을 제공한다(실버맨 1983: 243-6). 후자는 이것의 구성 과정, 결합력 억제, 그리고 모순 증대 등에 관심을 끌고 있다. 가장 중요한 어떤 의미도 부여되지 않는다. 그리고 "작가적 텍스트는 '생산'과 '구조'의 개념을 '과정'과 '분절'의 개념으로 대체하고 있다"(인용., 247).

바르트에게 있어서 '작가적' 텍스트는 "독자나 시청자에게 그 자체의 구조에 대한 조건들을 밝혀내도록"하며, 다른 종류의 **읽기**를 통해 생산되는 텍스트와 다른 형태의 **종류**처럼 보이지 않는다(그것은 때때로 **아방가르드 텍스트**로써 보여진다).[3] 그리하여 더 이상 '투명해' 보이지 않는다(실버맨 1983: 246). 그러나 존 피스크에게 있어 '과정'과 '분할'은——윌리엄스와 엘리스 이후에——텔레비전 텍스트에 특성을 부여하는 것이다. 그는 텔레비전이 '작가적'이라기보다는 오히려 '생산자적'이라고 주장한다. 포이어가 주장한 것처럼 텔레비전의 '분절'은 이데올로기적으로 자극받은 '흐름'이 세계의 파편을 함께 묶어 놓은 것이 아니라 내러티브의 종결을 억제하고 적극적인 독자를 요구하는 과정이다. 분절들 사이에 있는 결합의 부족, 분절과 연속물의 에피소드 사이에 있는 차이와 저지, 그리고 시청자가 채널을 쉽게 바꿀 수 있다는 점 모두는 텔레비전이 "종결 부분에서 모든 시도를 회피하기 때문에 가장 자유로운 생산자적 텍스트"가 되는 데에 기여한다. 대량 생산된 산물에서 개별화된 텔레비전 텍스트를 만들어 내는 것은 스크래치 비디오〔짤막짤막한 많은 화상을 순서 없이 연결한 필름에 랩의 사운드 트랙을 넣은 비디오-역주〕의 한 형태이다(피스크 1987: 105). 이것은 이데올로기적으로 배치된 시청자들을 배출해 내는 것보다는 "의미의 넘침"(인용., 92)이라는 특징을 가지며 시청자들을 스스로 의미와 즐거움을 만들어 낼 수 있는 "기호적 민주주의"로 안내한다(인용., 95).

당연하게 여겨지는 텔레비전의 '생생함'——시청자들에게 직접적으로 말을 걸고 '상호 친밀감'(엘리스)에 대해 가정하고 있는——은 또한 피스크로부터 긍정적인 설명을 얻는다. "텔레비전은 구술이 중심 역할을 하면서 대중문화의 뒤를 잇고 있다"고 그는 기술한다(인용., 105). 그리고 이러한 대중성은 부분적으로 "대량 산업화된 사회에서 생존해 온 구술문화의 형태 속에 텔레비전 프로그램들이 쉽게 끼어들 수 있기 때문"이라고 말한다(인용., 106). 텔레비전은 끝없이 회자되면

---

3) 예를 들어 이 해석에 대해 테렌스 호크스(Terence Hawkes)의 《구조주의와 기호학 *Structuralism and Semiotics*》을 보라(1977: 114-15).

서 초기의 '민중문화(folk culture)'와의 대조보다는 그 문화가 갖고 있는 수많은 특질들을 보여준다. 또한 방송 매체로써 특정한 문화 집단에 속하지 않지만 다양한 부속문화와 저항적인 하위문화 속에 쉽고 차이가 나는 모습으로 통합된다. 피스크의 설명에 따르면 스테픈 히스 같은 저자들에게 텔레비전을 문화적으로 무기력한 매체로 만드는 그 특질들은, 완전히 흡수하여서 동질화하는 것이 아니라 자유로운 복수성(plurality)과 문화적 다양성을 생겨나게 하는 것이다.

텔레비전의 **텍스트 간 관련성**은 그 의미의 어떠한 '결말도 내지' 못하게 하는 또 다른 특징이라고 피스크는 주장한다. 텔레비전 텍스트는 텔레비전 '흐름'의 부분으로써, 그리고 자주 모순적 방식의 범위 속에서 그 의미를 반영하는 뉴스 기사, 공공 자료, 잡지, 라디오 쇼, 대화 등의 '부차적' 텍스트로써 깊이 관여하고 있기 때문에 이것이 언급하는 다른 텍스트들과 관련하여 읽혀져야 한다. 이것은 또한 로렌스 그로스버그가 발전시킨 주장으로써 그는 텔레비전 프로그램들이 "진지하거나 쾌활한 여러 다른 담론들이 나타나는 공간"이라기보다는 읽혀져야 할 텍스트로써 간주되어야 한다고 주장한다(1987: 31). 텔레비전은 이야기보다 광고 게시판에 더 가깝다. 더욱이 그것은 다른 사회적인 매체의 관습과 가정적 일상사(읽기, 라디오 듣기, 수다 떨기, 요리 등)들 때문에 저지되고 그런 상황 속에서 시청된다. 그러므로 "'동일한' 텍스트는 다른 맥락에서 차이가 날 뿐만 아니라 그것의 대중적인 모습은 복잡하게 상호 효과적이다"(인용., 34). 텔레비전은 이데올로기적인 매체——텔레비전의 '흐름'이 의미에 작용하는 것처럼 이데올로기에도 '중립적'으로 만든다——라기보다는 감정적인 매체이다. 이것은 분열된 정체성을 가지고 있는 동시대의 인간 주체에게 지속적으로 호소한다. 텔레비전의 '민주주의'는 피스크가 제안하는 바와 같이 의미가 아니라 느낌의 정서이다. 그러나 이 '민주적 특질'은——피스크가 또한 주장하는 바와 같이——텔레비전이 시청자들을 향해 권한을 가지도록 한다.

3. 텔레비전의 은유

'텔레비전'에 대한 설명에서 가장 주목을 끄는 것 중 하나는 고도로 은유적인 성질이라는 것이다. 그 안에서 텔레비전은 고도로 가치를 싣고 있는 일련의 은유 속에 규정된다. 그리고 그 자체가 동시대 문화적 삶의 은유, 또는 환유[4]가 된다. 피터 라르센은 은유의 기능 중 하나를 '지도 그리기'의 기능으로써 정의를 내린다. "'공간적' 은유를 통해 우리는 복잡한 상황을 내적 공간으로 '변형시킨다.' 우리는 까다로운 현상들을 단위들로 나누기도 하고 다양한 '위치'의 단위들을 한 '공간'에 놓는다"(1999: 118). 라르센이 '이해 불가능한 과학기술'이라고 부르는 것을 이해하기 위해——정신적으로 '지도를 그리기'위해——우리는 공간적 은유(흐름·분열·네트워크·게시판)를 택한다. 그리고 나서 텔레비전은 우리가 동시대의 문화를 마주치는 은유적 공간이 된다. 우리는 텔레비전의 이러한 은유적 '변형'을 세 가지 주요 형태로 확인할 수 있다.

첫번째 형태는 이미 언급되어 있다. 이것은 어떤 측면에서 **미국**의 대역을 해야 할 텔레비전의 활용을 의미한다. 윌리엄스와 히스 모두 미국의 텔레비전을 그것이 지향하는 '총체적 분열을 파편화'(히스)하고 피할 수 없는 형태로써 간주하고 있다. 그로스버그의 '텔레비전 지도 그리기'의 정서적인 경제활동에서 텔레비전의 기능을 정의하기 위해 사용된 주요 은유는 미국의 고속도로에서 '차를 타고 지나쳐 버린 게

---

4) 로만 제이콥슨(Roman Jacobson)에 따르면 은유와 환유는 분명하게 닮지 않은 두 가지의 실재들 사이의 유사성을 제시하고 있기 때문에 양자 모두 '등가물'의 형상이다. 호크스(1977: 76-8)를 보라.

시판'의 그것이다: "수많은 다른 담론들이 나타나는 공간"(1987: 31). 마거릿 모스는 이 은유를 훨씬 더 심도 있게 다룬다. '텔레비전'에 대한 마거릿의 설명에서 이것은 고속도로 그 자체이고 텔레비전과 유사한 쇼핑몰과 더불어 함께 쓰인다. 이러한 유사물들 중 첫번째인 고속도로는 흐름의 은유를 취한다. 쇼핑몰에 비유한 두번째는 릭 알트만이 텔레비전의 "메뉴에 따라 조작하는" 성질이라 부르는 분열의 개념에 기초를 둔다(1986: 45). 양자 모두 은유적으로 미국의 도시 풍경 속에 텔레비전을 위치시킨다. 모스에게 있어 이러한 문화적 형태 중 세 가지는 "현실감 상실이나 **무공간**"의 형태를 제공한다(1990: 197). 고속도로는 잘못 놓인 도시의 큰 도로이며 이것이 가로지르는 미국 도시와 유리되어 있거나, 도시 '위를 떠다니는' 것처럼 보인다. 쇼핑몰 역시 "세상의 다른 부분과 완전히 분리되어 있다." 이것이 대체하는 도시 중심부와는 달리 이것은 공간적·시간적으로 압축되어 이국적인 공간('지중해' 마을이나 '인도' 시장)과 과거의 시간('전통' 마을 광장)으로 가는 환상적인 여행을 약속하는 자기 충족적이고 개인화된 공간이다. 마지막으로 텔레비전은 또한 현실과 '비현실적인' 경험으로부터 이런 식의 혼란을 가져온다. 또한 분리되어 있고 혼란스러운 영역과 압축 속에서 그것은 공간(텔레비전은 우리를 어디든 '데려갈' 수 있다)과 시간(텔레비전은 우리의 과거와 미래를 나타낸다)에 대한 시청각적으로 전달된 이미지를 통해 이 시대를 조작한다. 세 가지 모든 문화적 형태는 고도로 통제되면서 개인적이다. 이것들의 소비 주체 속에서 그것들은 일종의 '움직이는 주관성'인 '고착되어 있지 않은 이동성'이라는 경험을 만들어 낸다. 현실적 '외부'로 인한 위치 바꿈과 산발적인 개입으로 나타난 정신의 상태는 '**주위산만**'으로 기술될 수 있다(인용., 202).

우리는 텔레비전에 대해 모스가 초기에 했던 수많은 설명에 공감할 수 있다. 그녀가 기술한 '움직이는 주관성'은, 방송이 '이동성의 개인화' 중의 하나로 여겨지는 산업 발전의 형태라는 윌리엄스의 설명을 반향한다(윌리엄스 1990: 26). 그리고 '시청자의 주의력'에서 나온 '산만한 특성'에 대한 설명은, 존 엘리스가 응시하기(gaze)보다는 힐 끗 보기(glance)로써 설명하는 텔레비전의 '바라보기 영역'을 상기시킨다(엘리스 1982: 137). 그러나 모스에게 있어서 텔레비전에 대한 이러한 개념은 동시대 전체 미국인의 삶 속에 확장되어 있다. 그녀가 기술한 바와 같이 텔레비전의 동류어는――고속도로와 쇼핑몰――"지금 텔레비전 자체와 함께 꾸준히 한 점으로 모이는 과정을 진행한다." '강도가 낮은 꿈들'을 전달하는 텔레비전 화면은 지금 쇼핑몰과 고속도로를 강조하는 광고판 위에서 발견된다. 곧 "누군가 대단한 이 기계에 관하여 말해야 할 것처럼 보인다"(1990: 212).

미국에서의 텔레비전에 대한 이러한 동일시의 이면에서 우리는 위에서 언급된 두번째의 은유적 '변형'을 살펴볼 수 있다: 포스트모더니티를 위한 은유로써의 텔레비전. 모스는 보드리야르의 포스트모던한 '시뮬라시옹'에 대해 텔레비전이 현실적 가상과 가상적 현실을 만든다는 자신의 설명과 비교하면서 이들의 관계에 대해 관심을 둔다(인용.). 유사한 방식으로 보드리야르, 리오타르와 제임슨 같은 포스트모던 이론가들은 스테픈 히스의 텔레비전에 대한 설명을 바탕으로 한 기준점을 제공한다. 이러한 텔레비전의 은유적 기능을 가장 명백하게 만든 사람은 바로 보드리야르 자신이다. 그는 텔레비전이 "이 새로운 시대를 위한 가장 궁극적이고 완벽한 대상"이라고 기술한다(1985: 127). 그 안에서 차이와 거리는 붕괴된다. 실재와 재현 사이에 더 이상 분리가 존재하지 않는다. 리얼리티는 텔레비전에 의해 조직되고 생산된다. 이것은 사건, 배경, 그리고 관계가 TV에 의해, TV를 위해, TV 위에서만 구성되는 〈빅 브라더〉 같은 리얼리티 쇼에서만 그러한 것은 아니다. 보드리야르가 주장하듯이 이것은 텔레비전 뉴스에서 나타나는 극적인 사건들에 대해 아주 진실하다; 이것들은 또한 이미 표현과 가능한 결론을 기대할 수 있는 텔레비전의 분석과 편성 형식 속에 깊이 새겨져 있다(1994: 21). 재현은 "기원이나 리얼리티 없이 실재의 모델"(인용., 1)을 소유하게 되는 '시뮬라시옹'에게 자리를 내어 준다. 그리고 텔레비전 속으로 "흡수될 수 없는 모든 현실은 난처한 상황에서 생존하는 인간 관계의 모습이며 구태의연한 껍데기"처럼 보인다(1985: 129). 동일한 방식으로 역사는 텔레비전의 "총체적 즉시성"(인용., 133)이라는 개념으로 흡수되면서 원인과 결과 없이 무작위적인 이미지의 집합체가 되며 소멸된다. 공적인 것과 사적인 것의 분리는 붕괴된다: 우리 삶의 가장 친밀한 접근은 미디어의 가상적인 사육장이 된다. 동시에 "전 우주가 가정의 TV 화면 위에서 마구잡이로 전개된다"(인용., 130). 심지어 주체와 객체 사이의 거리조차 이 스크린의 세계속에 흡수되는 것처럼 소멸되어 버린다.

보드리야르가 "실제의 변이"(인용., 30)라고 부르는 것 안에 있는 자아 경계선의 붕괴에 대한 악몽적 환영과 과학기술에 의한 신체의 침범은 동시대의 SF나 공포 영화에서 가까이 볼 수 있다. 데이비드 크로넨버그의 '비디오드롬'(1983)은 정확하게 이러한 시나리오를 보여준다. 적나라하게 포르노그래픽한 프로그램 '비디오드롬' 속에서 텔레비전은 보드리야르가 묘사하고 있는 이중적으로 애매모호한 경계선에 영향을 주는 신호를 내보낸다. 그것의 희생자들은 현실과 환상을 구별하지 못하게 된다. 그러나 영화의 영웅에 대한 그 효과는 글자 그대로 그에게 '전환하는 중심'을 내어 준다. 신체의 변이 속에서 그의 위장은 비디오카세트가 삽입되고 입력되거나 프로그램되는 슬릿(비디오 넣는 곳)으로 진화한다. 타니아 모들스키가 지적한 바와 같이 이것은 그의 신체를 포스트모던한 '다중 네트워크의 종착역' 뿐만 아니라 여성화된 신체로 만든다(1986a: 163). 그녀가 논의한 것처럼 **여성화된** 문화로써 포스트모던의 이러한 개념은 보드리야르의 텔레비전 은유에 대한 모든 것을 요약하고 있다. 그리고 여기에 '텔레비전'에 대한 설

명을 특징짓는 은유적 '변형'의 세번째가 있다: '여성화된' 대중문화를 묘사하기 위한 텔레비전의 '활용.'

안드레아스 휘센(1986)이 지적한 바와 같이 여성적인 것(the feminine)과 함께하는 '대중문화'의 동일시는 19세기로 거슬러 올라간다. 실제로 레이먼드 윌리엄스에서부터 이어져 오는 문화 연구 이론가들의 '대중문화(popular culture)'라는 용어의 대체는, 이미 있었던 전통을 파괴시킨다기보다는 계승자로서 동시대의 문화 형태를 전환할 뿐만 아니라 그것들을 좀 더 '강건하고' 남성적인 '민중문화'와 연합함으로써 여성적이라는 오명에서 벗어나게 하는 시도로 보일 수 있다. 휘센은 "대중문화(mass culture and masses)와 여성으로서의 일반 대중——과 같은 개념은 또 다른 시대의 것"이라며 낙관적으로 결론을 지었다 (1986: 62). 그러나 정확하게 이와 같은 방정식은 위에서 기술된 텔레비전에 대한 설명 안에서 만들어진다. 보드리야르가 "매우 거대한 근접성, 즉 아무 저항 없이 접촉하고 투자하며 스며드는 모든 것들을 불분명하게 뒤섞은 상태"(1985: 132)로써 포스트모던의 위협을 기술할 때 그는 텔레비전/포스트모던 문화에 의해 여성화된 주체의 공포를 묘사한다. 유사한 방식으로 '늪지'와 '흐름' 그리고 '침투'와 같은 은유는 비합리적이고 수동적이며 상당한 여성성과 텔레비전을 동일시하는 데에 이바지한다; 텔레비전의 '메뉴 선택 방식'의 성질과 산만함, 몽상하는 시청자들; 극도로 친밀한 것에 대한 기술 묘사, 주체/객체의 혼돈, 그것이 일으키는 과도한 접근 가능성과 감정 이입.

위에서 언급한 바와 같이 텔레비전 비평의 목적은 거리와 분리를 회복하는 것이다. 요스타인 그리프스루드가 관찰한 바와 같이 '흐름'의 은유는 "완전히 반대적인 것으로 보이는 텔레비전 경험의 두 가지 이미지를 전달한다: 외부적 힘에 의해 쓸려가 버리거나 멀리 있는 강을 침착하고 냉정하게 응시하는 이미지"(1998: 29). 그리프스루드가 이 결론을 직접 이끌어 내지는 않았지만 이러한 이미지 중 전자는 텔레비전의 위협과 '타자' 로서의 시청자의 운명에 호소하는 것처럼 보인다. 후자는 남성적 비평가들에 의해 가정된 입장이다. 그가 때때로 정의를 내리기 위해 자신의 저술 속에 '흐름' 을 '침투' 시킬 수 있음에도 불구하고. 우리는 두 가지 예외 사항을 이 비평적 입장에서 확인할 수 있다(1987: 308). 존 피스크의 연구가 첫번째에 대한 본보기를 제시한다. 텔레비전에 대한 그의 설명은 텔레비전에 여성적 특질을 부여하지만 그는 이것을 위협적인 특성이라기보다는 파괴 분자로써 읽는다. 두번째 예외는 페미니스트 비평가들이 제공한다. 그들의 계획은 종종 텔레비전에 근거하는 여성성의 조사였다. 따라서 제인 포이어와 타니아 모들스키 그리고 린 조이리치는 모두 다른 방법으로 이 원인에 관심을 둔다.

타니아 모들스키는 마르크스에서 바르트와 보드리야르에 이르는 이론가들의 연구에서 여성과 함께 '대중문화(mass culture)' 의 동일시를 조사하였다. 그리고 이러한 증명은 "대중문화가 전형적으로 값싸고 편안한 즐거움의 영역으로써 간주되었기 때문에 거의 놀라운 것이 아니" 라고 논평을 하였다(1986a: 163). 특히 그녀는 포스트모던 이론가들이 모더니스트 선행자들과 거의 다를 바가 없기 때문에 그들이 받아들인 여성화된 '매체' 와 쾌락들은 '괴물스럽고' 끝없이 매혹적이며 유혹적인 '타자' 로서 봉사해 왔던 방식을 지적한다.[5] 이 동일시의 문제는 ——존 피스크의 연구에서처럼 그것이 파괴나 자유의 이론으로써 제시될 때—— "여성들이 문화 속에서 자신들의 역할에 대해 질문하는 것을 훨씬 더 어렵게 만든다"(1986b: 34). 예를 들어 만약 텔레비전 자체가 '여성' 으로서 보여진다면 어떤 방식으로 여성들이 텔레비전 장르 내에서 재현되는 다양하고 복잡한 방식을 분석할 수 있는가? 모들스

---

5) 보드리야르의 《유혹 Seduction》을 보라. 그것은 이 평행선을 강조하고 있다(1990: 8).

키가 논평한 바와 같이 "만약 여성들이 문제라면 그들은 그 문제에 대해 질문할 수 없다"(인용.).

린 조이리치에게 있어 한편에서의 여성성과 텔레비전, 또 다른 한편에서의 소비자 중심주의와 포스트모던 사이의 동일시는 텔레비전 비평뿐만 아니라 텔레비전 텍스트 자체에도 침투하는 것이다. 여성은(그들이 사랑하는 연인들을 "삼켜 버린다"고 들어온 것처럼) "대상과 이미지 그리고 내러티브를 삼켜 버리면서 완벽한 소비자가 되기로 가정되어 있다"고 그녀는 기술한다(1988: 145). 그러나 조이리치식의 이러한 가정은 텔레비전 비평가와 이론가들에게만 한정되지 않는다. 텔레비전 프로듀서 또한——압도적으로 남성들인——여성들처럼 시청자-소비자의 모델이다.[6) 그러나 이것은 "여성화의 위협"(1990: 163)을 동반하면서 상당한 불편함을 끌어올릴 수 있는 모델이다. 이에 대한 대답으로 텔레비전의 특정한 형태는 "좀 더 훌륭한 영화를 모방하여 문화적 신분을 획득하는"(인용.) 몇몇 형태들의 분류 표시를 적극적으로 사절한다; 내러티브 안에서 조이리치가 '초남성성'이라고 부르는 과도한 폭력과 '남성적임'을 찬양하는 다른 형태들도. 조이리치에게 있어서 텔레비전에 대한 설명을 특징화시킨 여성성의 은유는 텔레비전의 텍스트 안에서 매우 사실적인 차이와 모순을 애매모호하게 만든다.

4. 텔레비전 드라마 정체화하기

'텔레비전'의 개념은 텔레비전 드라마의 모든 토론을 위해 상당히

---

6) 예를 들어 1960년대 영국의 〈수요극 Wednesday Play〉 모음집 시리즈물에 관하여 쓰면서, 마들렌 맥머로 캐버너(Madeleine Macmurraugh-Kavanagh)는 남성적 메시지 시스템의 수동적인 수신자로서의 여성 청중 중 한 명[으로] 청자와 이미지 사이의 관계에 대한 프로듀서들의 견해에 주목한다(2000: 152).

특정한 문제를 취한다. 텔레비전을 특징짓는 '현재성'은 가장 일반적인 의미 이외에 진지한 관심을 가질 가치가 없는 텍스트를 빨리 사라지게 하는 것처럼 보여 왔다. 실제로 최근에 이르기까지 텔레비전 프로그램은 좀처럼 반복되지 않았고 초기의 많은 사례들은 기록물들이 존재했던 곳에서 기록되거나 보존되지 않았다. 텔레비전 프로그램의 지속적인 성질과 저지된 특질 그리고 시리즈물과 연속물 형태의 우월성 등 이 모든 것은 이것에 어려움을 더한다. 어떤 방식으로 비평가가 토론을 통해 텔레비전 텍스트를 구성하는 것을 결정하는가? 이것은 단일 에피소드인가, 완성된 연속물(연속극의 경우에 불가능하고 장편 연속물의 경우에 굉장히 어려운)인가, 단편적이고 저지된 저녁시간의 텔레비전 프로인가? 연속물 또는 일일연속극의 경우에 작가와 감독의 팀에 의해 장편 연속물의 구성이 바뀔 때 그 텍스트적 의미는 어떤 방식으로 일컬어질 수 있는가?

텔레비전 드라마 텍스트의 경계선을 결정하는 데에 이러한 어려움은 다른 방식으로도 구성된다. 레이먼드 윌리엄스에서 현재에까지 이르는 작가들이 관찰한 바와 같이 끝없이 업데이트되는 텔레비전의 개념 구성은 **극화된** '흐름'의 형태 자체이다. 만약 모든 텔레비전의 산출물이 내러티브와 행위로 특징지워진다면, 존 피스크가 주장한 것처럼 과연 "허구성"(1987: 308)은 어떤 방식으로 '텔레비전 드라마'의 경계를 그려낼 수 있는가? 이것의 공공성 안에서 텔레비전은 끊임없이 일반적이고 구성된 장르의 범주를 벗어나는 프로그램을 거의 갖지 않는다. '스포츠'와 '뉴스'처럼 드라마는 분명하게 구분되는 장르이다. 그러나 동시에 텔레비전은 또한 혼성성에 의해 특징지워진다. 새로운 혼성 장르와 하위 장르('드라마-다큐멘터리' '다큐드라마' '코미디 드라마' 'TV 영화')들이 끊임없이 등장한다. 이러한 형태들은 종종 비평가들이 비평을 할 때 모순적이고 잠재적인 다의성(히스)을 가지게 되거나, 양자택일적으로 너무 완벽하게 동일하기 때문에 모든 차이점이 없어지는 것처럼 보이게 하기 때문에 '사실'과 '허구,' '진지한 것'과 '오락성의 것,' 그리고 텔레비전과 영화의 경계를 애매모호하게 한다. 어떤 경우이든 간에 분석을 위한 특정한 대상으로써의 텔레비전 드라마는 사라지고 있다.

존 코기가 관찰한 바와 같이 만약 텔레비전에 관한 글쓰기가 자주 '텔레비전'이 갖고 있는 문제의 유혹에 "너무 많이 열중하여 특별히 텔레비전에 관하여 말할 것이 아무것도 없다면"(2000: 7-8) 어떤 방식으로 비평가들이 텔레비전 드라마라 불리는 것의 분석을 위한 공간을 동일시하겠는가? 한 가지 대답은 특별하게 영국 비평 전통에서 온다. 줄리아 할람은 **영국** 텔레비전 드라마 연구를 위해 다음과 같은 접근 방법의 형식론을 제안했다.

> 문학적 분석 안에서 훈련된 전통적 비평가들은 미학적 논평과 문체적 실험을 위한 별개의 초점을 제공하는 작품들을 저술한, 명성 있는 개별적 작가들의 텍스트에 호의를 갖는 경향이 있다. 정치적으로 도전적인 드라마에 흥미를 가지고 있는 비평가들은 어떤 의미에서 포괄적이고 대중적인 작품들의 일반적 유입에 반대하는 작품들에 초점을 맞추는 경향이 있다; 그리고 대중드라마와 그것의 획일적인 맥락에 흥미를 가지고 있는 문화적이고 이데올로기적인 비평법에 길들여진 페미니스트들은 연속극과 멜로드라마 같은 '여성적' 장르의 비평적 부흥에 호의를 가지고 있다(2000: 147-8).

우리는 이 책의 후반부에서 페미니스트적 접근 방법에 대한 질문으로 돌아갈 것이다. 그러나 여기에서 우리는 할람의 접근 방법의 첫번째 중 두 가지에 초점을 맞출 것이다. 왜냐하면 그것들은 분석을 위한 특정한 분류로써 '텔레비전 드라마'를 구성하는 문제에 대해 뚜렷하게 영국적인 반응을 형성하기 때문이다.

존 코기와 다른 비평가들이 지적한 바와 같이 공공 서비스 방송의 윤리와 규제의 틀에 의해 보호되기 때문에 영국에서의 텔레비전 드라마의 발전은 미국에서와는 상당히 다른 역사를 가지고 있다. 그 결과 '고품질' 텔레비전, '예술' 텔레비전, 또는 '오락이 아닌' 드라마의 가능한 정의들에 대한 논쟁들이 영국 텔레비전 드라마에 대한 토론을 지배하고 있다. 이것들은 여전히 지속되고 있으며 영국 **시네마**에 관한 초기의 논쟁과 유사한 형태를 따르는 논쟁이다. 영국 영화가 '고품질의 영화'가 되기 위해 1940년대 비평가들에 의해 보여진 바와 같이 이것의 '품질'은 이것이 끌어낸 문학적 전통에 의해서뿐만 아니라 좀 더 특정하게 이것을 불어넣는 '다큐멘터리의 정신'[7]에 의해 그리고 이것의 '사실주의'와 '진실' 그리고 '신빙성(authenticity)'[8]에 의해 나타났다. 그리고 영국 텔레비전 드라마는 매우 유사한 조건에서 '고품질' 드라마로써의 특징을 가지게 되었다. 1930년대 영국 다큐멘터리 영화가 '예술'과 '사회적 진실'로써 확신을 가졌던 것처럼(그리어슨 1966: 215) '고품질' 텔레비전 드라마는 개별적 예술가의 창조적인 비전과 '진실'에 대해 정치적으로 반대하면서 사실주의 개념을 구현하는 것을 보여주었다. 그리고 알다시피 '할리우드'가 고품질의 영국 영화가 반대하고 초월하는 것을 보여주는 모든 것에 대한 동의어로써 자주 기능해 왔던 것처럼, 미국 텔레비전은 영국의 '고품질 드라마'가 고투해야만 하는 침투·흐름·흡수의 위협을 제시한다. 1980년에 W. 스테픈 길버트는 이것을 정확하게 만들어 낸다. 길버트에게 있어 '고품

---

7) 예를 들어 영국의 다큐멘터리 운동의 창시자 존 그리어슨(John Grierson)(1966)이 제안한 다큐멘터리에 대한 정의와 '다큐멘터리'는 "특정하고 사실적인 타입의 영화에 가볍게 부착될 이름표가 아니라는 일링 스튜디오(Ealing Studios)의 마이클 발콘(Michael Balcon)의 확언을 보라; 그것은 필름 메이킹을 향한 마음가짐의 태도이다" (1969: 130).

8) 영국의 '고품격 영화'의 1940년대 이 비평적 담론에 대한 설명을 위해 존 엘리스(John Ellis)(1996)와 앤드류 히그슨(Andrew Higson)(1986)을 보라.

질' 드라마는 사멸의 위협을 받고 있다. 이런 일이 발생하는 경우에 대해 그는 다음과 같이 기술하고 있다.

텔레비전에 대한 손실은 계산할 수 없을 것이다. 대중성, 순응성, 그리고 텔레비전 전문성의 밋밋함은──매체들에게 그들이 원하는 것을 주면서──텔레비전이 이음새 없는 상태가 되게 할 것이다. 개별적 비전의 예측 불가능성과 정통적 관행 그리고 침해는 더 이상 스케줄러들의 요새를 파괴하지 못할 것이다. 그리고 글쓰기에 대한 손실이 있을 것이다. 작가들은 더 이상 국가에게 말을 걸 수 없을 것이다. 텔레비전극이 호출되었기 때문에 '진짜 국립극장'은 문을 닫을 것이다. 그리고 마침내 정치적 손실이 있을 것이다. 텔레비전 위의 어디에서 다른 이들의 다양한 목소리가 들려올 것인가?(1980: 43-4)

그는 '경건하지 못한 예술 형태'의 손실과 "차세대 변형은 영국 텔레비전이 미국 텔레비전으로 변화하는 것이라는 피할 수 없는 결과와 더불어 공공 서비스 전송을 버릴 것이라는 결론을 내린다"(인용., 44).

이러한 특정한 형태의 영국 텔레비전 드라마에 대한 길버트의 옹호에는 주목해야 할 여러 가지 주요 사항들이 있다. 첫째, '예술드라마'에 대한 개념은 그 작가의 '개별적 견해'로 확인된다. 그러고 나서 공공 책임의 개념과 정치적 진지함과 통합된다. 둘째, 양자 모두 산업화와 매우 친근한 척하는 특징을 가지고 있는 매체인 텔레비전이 갖고 있는 나머지 특징의 전문성에 반대한다. 다시 말해서 텔레비전의 이러한 형태는 '대중(mass)' 오락이고 대중적이며 밋밋하고 예측할 수 있으며, 무엇보다도 모두 '이음새가 없는' '연속체'이다. 이 장에 앞서 명시된 텔레비전의 '흐름'에 대한 설명과 다른 것은 텔레비전의 이러한 형태가 텔레비전의 '흐름' **내에** 위치할 수는 있지만 그 흐름에 **관한** 것은 아니며 특별히 영국적인 텔레비전의 형태에 대해 미국적인 **타**

자로서 보여진다는 것이다. 수많은 다른 텔레비전에 대한 설명에서처럼 길버트의 은유는 고정과 흐름 사이의 대립을 불러일으킨다. 그는 영국의 '텔레비전극'이 텔레비전의 나머지 특징인 '연속체'의 외부에 있는 "낯선 영역"(인용., 36)으로 시청자들을 '보낼' 것이라고 기술한다. 이러한 형태의 텔레비전 드라마는 텔레비전 자체의 점착성과 유동성으로부터 피난처를 제공한다. 그리고 텔레비전의 가상적 여행자들에게 메마른 땅의 고독과 구체성을 제공한다.

이러한 논쟁은 조지 브랜트가 저술한 《영국 텔레비전 드라마》(1981)에서 심도 있게 발전된다. 이 책은 명백하게 텔레비전 **작가**에 관한 에세이 모음집이다. 이 책의 공로자들은 텔레비전 자체와 동일시된 채 하찮게 여겨지는 비난으로부터 텔레비전 드라마를 구원하는 데에 관심을 둔다.[9] 이들은 이러한 드라마가 중요하다고 주장한다. 이것은 오늘날 문화의 중요한 부분이다. 이것은 중대한 관심을 받을 만하다(브랜트 1981: 35). 논쟁들은 두 가지 양상을 가지고 있다. 첫째, 공로자들은 뚜렷한 텔레비전 드라마의 미학을 세우려 한다. 이것은 극장과(텔레비전 드라마는 "극장과 밀접한 관계를 가지고 있다") 영화관("때때로 커다란 화면과 작은 화면을 위해 만든 영화들 사이에 분명한 차이를 끌어내기가 어렵다")(인용., 32-3) 양자 모두 중요한 의미를 가지고 있다. 이것의 뚜렷한 특징은 단막극에서 발견될 수 있는 구조의 개념이다. 그리고 이것은 텔레비전 산출물(인용,, 135)의 나머지 특징인 "극적인 가치의 정교한 개념"(인용., 32)과 "현재성"에 대하여 지속성이 부여하는 자연주의의 압박으로부터 벗어날 수 있는 능력과 뚜렷이 구별된다

---

9) 브랜트는 이러한 비난의 개요를 설명하면서 데니스 톰프슨(Denys Thompson)(편저)의 《차별과 대중문화 Discrimination and Popular Culture》를 인용한다. 아브람스(Abrams)는 텔레비전이 가정 내 소비를 위해 보편적이고 지속적인 대중 서비스로써 정의될 수 있다고 주장한다. 아브람스는 이러한 특성들은 함께 작동하고, 따라서 "지속성은 평범함을 만드는 보편성이라는 경향을 혼합하는 데 도움을 준다"(톰프슨의 책에서 아브람스 1964: 52, 58, 브랜트 1981: 3, 4에서 인용).

(인용., 148). 따라서 개별 작가는 양식적 접근을 통해서든지 그렇지 않든지 간에 비드라마 전통에서 가져온 양상들을 끼워 넣거나 비사실주의 요소들을 포함하면서 "경계를 허물고"(140), 이미 세워져 있는 관습을 깨뜨리고 '낯설게 만드는' 능력(이 모든 작가들은 남자이다)으로 인해 찬사를 받는다. 비교할 수 있는 주요 사항으로 가장 널리 알려진 것은 브레히트의 작품이다.[10]

이 논쟁의 두번째 양상은 드라마의 **진지함**에 초점을 둔다. 이 작가들이 관습을 깨뜨리기 위해 사용하는 수단이 무엇이든 간에──그리고 이것들 중 다수는 코미디나 뮤직홀 전통을 이용하기 위해 보여진다──이것들은 "진지한 핵심적 의도"를 특징으로 한다(브랜트 1981: 164). 이러한 '공적 문제의 발로'는 "텔레비전 드라마가 수행하는 가장 가치 있는 기능 중의 하나"(인용., 32)이다. 그러나 텔레비전 드라마의 스토리텔링 기능과, 대다수의 사람들에게 전달하는 능력과, 주관적 견해와 객관적 견해를 친밀하게 하고 통합하는 능력 모두는 단지 어떤 것에 대해 논평하려고 하기보다 동시대의 문제에 대한 관심을 높이기 위해 결합된다. 브라이언 밀러는 이러한 드라마의 기능이 "삶과 '개성의 분열'이나 자족적이고 화해를 이룰 수 없는 조각들 속에 있는 동시대 삶의 분열과 같은 위험들이 관계를 맺을 수 있도록 도와주는 것"이라고 피터 니콜스의 저술과 관련하여 기술한다(인용., 132).

이 에세이들 전반에 걸쳐서 우리는 텔레비전의 노예가 되거나 또는 그 안에서 미숙한 견습공이 되지 않고 텔레비전의 "주인"(인용., 112, 143)이 되는 것을 배우는 작가의 내러티브를 제시받는다. 그럼으로써 작가는 텔레비전 흐름 속에서 '예술'을 위해 지정된 분명한 공간을 만들어 낸다. 그리고 이것은 텔레비전 드라마를 구성하기 위해 제시된

---

10) 예를 들어 알란 플래스터(Alan Plaster)에 대한 앨버트 헌트(Albert Hunt)의 에세이를 보라(브랜트 1981: 153).

다. 놀랍지 않게도 이것은 브랜트가 편집한 책의 원 저자들이 공유하는 비전이다. 1984년 자신의 텔레비전극들에 대한 '서문'을 쓰면서 데니스 포터는 이러한 논평을 한다.

여전히 이러한 것들을(그것은 유럽 외부나, 영국뿐 아니라 어디에서도 없다) 허용하는 텔레비전의 작은 요소 속에서 작동하는 '진지할 수 있는' 극작의 많은 딜레마 중 하나는, 직접적으로 말해서 주위를 둘러싸고 있는 물질 대부분이 틀 속에 있는 그림을 보여주느라 분주할 때 그 그림 속에 틀이 존재한다는 것을 보여주는 방법이다. 간략하게 말해서 극은 극인 것이 극이다라는 것을 주장하는 방법: 또는 누군가 그리고 당신의 작품이 텔레비전이 일반적으로 사용하는 방향의 과정 중간에 정면을 향해 있는 동안 시청자들의 분별력을 잃게 하는 방법(1984: 30).

그는 계속해서 '텔레비전극'은 "항상 그것을 둘러싸고 있는 부주의한 흐름 속에서 붕괴의 위험을 가지고 있다고 말한다"(인용.). 효과적으로 텔레비전 드라마의 자연스러운 '흐름' 속으로 정확하게 끼어드는 방법에 대한 문제에 중심을 두고 있는 1970년대 후반과 1980년대 초반의 논쟁들 속에서 데이비드 에드거, 존 맥그래스 그리고 트레버 그리피스 같은 작가들이 유사한 논쟁을 하였다. 에드거와 맥그래스에게 있어서 그 대답은 자연주의의 코드를 깨버리는 것이었다.

왜냐하면 맥그래스가 논의한 바와 같이 자연주의 형태는 "작가가 말하려고 하는 것을 왜곡하고, 확실한 경계 내에 그것을 두기" 때문이다(1977: 105). 그러나 "상당히 낯설고 난해하며 복잡한 논쟁을 극의 구성 속에 도입할 때 익숙하지 않은 형식 속에 그러한 논쟁을 제시하는 것은 극도의 부담에 지나지 않으므로" 그리피스에게 있어 이러한 테크닉은 시청자들을 소외시킬 수 있다(1982: 39). 그 대신에 이것은 자체로써 즐거울 수 있지만 시청자가 '실재 삶'을 바라보기 위해 어떠한 환상 속으로도 들어가지 못하게 하는 텔레비전극에서 이루어지는 **연기**의 요소인 셈이다. 그리피스는 "나는 수행하는 인물들로부터 비평적 거리를 확인하고 설립하게 해주는 방법을 찾아야만 한다"고 기술하고 있다(인용., 40).[11]

차이점에도 불구하고 이러한 작가들을 묶어 주는 것은 텔레비전의 '흐름' 속에서의 **개입**에 대한 관심이다. 트레버 그리피스에서 시작했지만 이후의 비평가들이 또한 채택한 중요 문구에서처럼[12] 이들이 성취하려 한 것은 텔레비전의 '전략적 침투'이다. 이 은유의 남성성은 우연한 것이 아니다. 우리는 이미 텔레비전의 특징 속에서 여성성의 은유가 얼마나 중요한지 보았다. 브랜트의 공로자들과 이들이 공유하는 주제의 커다란 전통 속에서 텔레비전 드라마는 여성성을 정복하고 침투할 때 중대한 관심을 가질 만한 가치가 있는 주제가 된다. 마들렌 맥머로 캐버너와 줄리아 할람 모두가 지적한 대로, 이에 대한 결과 중 하나는 마들렌 맥머로 캐버너가 최고의 BBC 연속극인 〈수요극〉(1964-70)에서 여성작가들의 배제에 관해 문자 그대로 설명한 것과 같이, 그리고 할람(또한 베그넬과 기타 다른 사람들. 2000)이 비평적으로 논쟁한 것과 같이, '고품질 드라마'의 이러한 범주에서 여성을 가상적으로 근절시켜 왔다는 것이다. 할람의 견해에 따르면 '극작'의 개념에 허용되는 문화적 지위와 더불어 작가적 혁신과 개입에 대한 강조는, 여성작가가 쓴 드라마가 대중 텔레비전의 일반적 형태와 재미를 거스르지 않고 그것들과 함께 그리고 그것을 통해 작동해 온 이유로 인해 불가피하게 바닥으로 떨어질 수밖에 없는 영국의 비평적 전통을 낳았다.

---

11) 그러므로 그리피스를 지시하는 언급은 브레히트가 아니라 게오르그 루카치이다(제2장 3을 보라). 영국 텔레비전 드라마와 관련한 이 논쟁에 대하여 좀 더 충분한 토론을 위해 존 코기를 보라(2000: 5장).

12) 그리피스를 보라(1976). 이 용어의 비평적 사용에 대해 특히 존 툴로크(John Tulloch)를 보라(1990).

이것은 배타성뿐만 아니라 우울한 어조로 특징을 이루는 비평적 전통이다. 이것은 브랜트의 두번째 저서인 《1980년대의 영국 텔레비전 드라마》(1993)에 나와 있다. 이것의 도입부는 처칠식의 어조로 끝을 맺는다. 즉 "영국 텔레비전 드라마는 사라지지 않을 것이고 또한 밤새 그 품질이 떨어지지도 않을 것이다. 그러나 만약 80년대 말에 몇몇 징후들이 사라져 버려야 하는 것이라면 80년대의 가장 영광스러운 순간은 저무는 태양의 황금빛이었다고 증명될 것"이다(1993: 17). 여기에서 우려하는 부분은 먼저 간행된 책에 나와 있듯이 예술의 형태로써 **텔레비전 드라마**의 경우를 만드는 것이 아니라 오히려 **고품질 드라마**를 텔레비전의 나머지 특성과 구분하는 것이다. 그러나 일단 그 정의는 미학적 · 도덕적/교육적 용어 속에 규정되어 있다. 즉 고품질 텔레비전 드라마는

삶의 거울로써 실제 인간의 관심사에 대한 반영으로써의 드라마이고 개인적 경험과 함축적인 도덕적 구조와 가치의 크기를 연결시킬 수 있어야 한다. 보통의 한계를 넘어서서 시청자들의 공감대를 넓힐 수 있어야 하고 그들을 개인 간의 그리고 사회적 관계 속에서 좀 더 넓은 통찰력으로 이끌 수 있어야 하며 웃음, 서스펜스, 감정 이입 또는 이미지뿐만 아니라 단어를 수단으로 하는 어떤 것이든지 간에 그것들을 통하여 시청자들의 감정을 육성할 수 있어야 한다. 그리고 명백한 시작, 중간, 끝을 가진 형태 속에서 이것을 할 수 있어야 한다(인용., 5).

포함될 만한 기준은 단막극에서 지배적인 '작가의' 연속물과 각각 하나의 모습으로 만드는 대중시리즈물과 일일연속극 그리고 시트콤과 함께 두번째로 간행된 책에 더 폭넓게 나와 있다. 그러나 후자의 경우로 선택된 사례는 이 '진지한' 의도를 특징으로 하고 개별 '작가의' 에피소드에 초점을 둔다. 유일하게 《악녀의 삶과 사랑들》에서의 에세

이는 이것의 페미니스트적 자세와 정신분석학적 · 기호학적 그리고 포스트모던 이론을 사용함으로써 부조화의 음색을 부숴 버린다.

이와 유사한 우울한 어조는 《영국 텔레비전 드라마: 과거, 현재 그리고 미래》(비그넬 외. 2000)의 좀 더 최근 에세이 모음집에서 우위를 이룬다. 이것은 영국 텔레비전 드라마 작가와 감독 그리고 제작자로부터 비평적이고 학문적 에세이와 지지를 함께 받는다. 이 안에는 "영국 텔레비전 드라마에 대한 비평적 담론이 작가 정신과 리얼리즘 그리고 의사소통 효과에 대한 질문을 강요받아 왔다"는 인식이 내재한다. 그리고 이것은 '타자와 좀 더 최근에 발전된 비평적 담론을 지지하는" 것을 이해하는 데에 불리하게 작용해 왔다(2000: 81-2). 그럼에도 불구하고——그리고 개별적 에세이가 이러한 가정에 도전한다는 사실에도 불구하고——도입부에서 편집자의 어조는 확실히 브랜트의 전집에 나와 있는 어조와 유사하다.

텔레비전 드라마는 세상에 창문뿐만 아니라 이것에 대한 비평적 의문도 함께 제공해 주었다. 그러나 정상적으로 언급되지 않는 것들을 기꺼이 말하는 것은[13] 궁극적으로 이것이 자신의 사형집행 영장에 사인했음을 의미했다. 그리고 가장 급진적인 형태의 텔레비전 드라마인 단막극이 상당히 보수적인 1980년대의 시간표 목록에서 사라졌다는 것은 우연이 아니다(인용., 1).

텔레비전 드라마는 여전히 '영국 텔레비전극'과 가장 동일시되는 부분이다. 예를 들어 이것은 일반적인 작품보다는 '개별적' 작가의 텍스트적이고, '대중'보다는 '엘리트' 중심적이고, 미국적이기보다는

---

13) 이 인용은 에드워드 브라운(Edward Braun)이 쓴 에세이에서 하였다. 그는 브랜트의 첫번째 모음집의 공여자이기도 하다.

영국적이다. 이것의 소멸은 영국 공공 서비스 방송의 '황금기'에 대한 소실을 알린다. 그 반대는 또한——그리고 개인의 비평적 공로에도 불구하고——전형적으로 젠더화된다. 예를 들어 작가 데이비드 에드거는 자신이 보는 것을 정의적 특성으로 설정한다: 독립해 있는 비장르의 단편 드라마와 연속물이 시청자들의 근육을 계속 움직이게 하는 동안에 이것은 텔레비전 드라마가 연속극 속으로 생분해되게 하는 자연스런 경향을 갖는다. 그렇지 않은 적극적인 시청자들은 때로는 누워서 "나는 이것에 대해 어떤 안건도 가지고 있지 않아. 네가 하고 싶은 대로 나에게 해"라고 말한다(2000: 77).

영국의 비평적 전통 중에서 가장 비평적으로 발전되고 지지받는 명확한 표현은 존 코기의 연구에서 발견된다. 다른 작가들과 함께 토론한 바와 같이 코기는 '진지한' 드라마에 관심을 갖고 이를 세 가지로 분류하였다.

1. 극장에서 파생하는 범주, 그리고 단막극에서 이것의 고전적인 형태를 찾는다.
2. 영화와 관련이 있는 범주, 그리고 이것의 가장 인식하기 쉬운 형태를 4번 채널에서 상영되는 수많은 영화에서 찾는다.
3. 텔레비전에 좀 더 혹은 덜 특정한 범주, 그리고 특정 작가 혹은 각색된 연속물이나 시리즈물에서 이것의 형태를 찾는다(2000: 7).

코기는 이러한 분류와 관련된 문제들을 인식한다: 그는 '진지한 드라마'의 범주는 "문화적 허용과 관련하는 공식적인 담론 때문에 인정받지 못하는 다른 분야와, 텔레비전 내의 '합법적인' 문화적 영역을 구분하기 위해 작용한다"고 기술한다. 그리고 이것은 문화적 엘리트주의에 도움을 줄 수 있다(인용., 3). 그러나 그의 우려는 이러한 형태의 텔레비전 드라마가 일으키는 대중과 "지성인의 관계, 저작자의 성격과 창의성, 텍스트의 장소 그리고 산만하지도 무관심하지도 심지어 저항하지도 않는 시청자들의 가능성과 관련한 특정한 문제와 함께한다. 그러나 그는 적극적이고 영향력 있는 방식을 염두에 둔다"(인용., 6). 그의 특허권 보호 신청에도 불구하고 여기에서 만들어진 가정들은——'저작자'와 '창의성'의 관계에 관한, 텍스트의 성격에 관한, 적극적으로 시청자를 끌어들이는 텍스트의 종류에 관한——그가 끌어들이는 은유에서처럼 친근하다. 대중 텔레비전은 다시 '흐름'(낯선 환경으로의 항해)을 통한 여행을 조건으로 재현된다. 반면에 텔레비전 드라마는 튼튼한 밑바탕이 된다. 이것은 "극적 내러티브의 분야 중 특정한 부분"이다(인용., 5, 8).

코기에게 있어서 진지한 텔레비전 드라마는 텔레비전의 흐름을 방해하는 것으로써 구성되었으며 그렇게 유지하고 있다: "저녁에 머무르는 시간 중 한 부분(아마도 주중에)이다. 그리고 이것은 다른 방식으로 바라보기를 구성했고 특정한 종류의 관심을 불러일으킨다"(인용., 34). 초기에는 자연주의와, 다음에는 포스트모더니즘의 비평가들에 의해 정체화된 텔레비전의 지배적인 형태와 반대로(진지한) 텔레비전 드라마[14]는 모더니스트로서 보다 적절하게 시청된다고 코기는 주장한다. 일반적으로 20세기 초기의 '고급 예술'과 관계한 모더니즘은 우리를 과거의 관습으로부터 떼어 놓기 위해 오히려 관습을 저해하는 데에 관심을 둔다. 그러므로 이러한 저해는 형식과 내용 양쪽 모두의 수준에서 존재한다. 그리고 이것은 관중들 속에서 비평적 거리를 만드는 "윤리적 진지함의 흐름"으로 나타난다(인용., 158, 167). 알다시피 분명하게 이러한 목적은 영국 텔레비전 극작가와 비평적 지지자들의 특성이 된다. 그들이 일반적으로 이 목적과 '리얼리즘' 또는 '비리얼리즘'과

---

14) 코기는 '진지한 텔레비전 드라마'로써 관심을 갖게 하는 종류의 텔레비전 드라마를 확인하면서 시작한다. 그리고 그것을 단순히 '텔레비전 드라마'로써 언급한다——그의 주장을 자기 확인적으로 만드는 경향이 있는 움직임이다.

——또는 단순히 '고품질'과 함께——이것들을 동일시한다 할지라도.

그러나 코기는 텔레비전 드라마의 모더니즘이 영화적 모더니즘과 매우 다른 형태를 가지고 있다고 주장한다. 영화에서 동일시와 방해의 형태 모두는 그 이미지와 시점의 화면, 컷 또는 합성 화면의 배열 등을 통해 시각적이고 공간적인 수준에서 만들어진다. 그러나 이것은 텔레비전 드라마에 의해 방해받는 텔레비전의 **일시적인** 관행이다——"끝없는 흐름의 약속"(2000: 138), 일상성과 분절. 일단 영화와 텔레비전 사이의 차이점은 젠더화된 차이로써 제시된다. 코기가 논의하고 있는 것처럼 영화는 남성적 용어로 이론화되어 왔다. 이것의 즐거움과 판타지, 지식과 금지 그리고 동일시의 형태는——욕망의 주변에서 구성되고 결핍의 개념으로 동기 부여된——모두 정신분석학적 이론에서 끌어온 오이디푸스의 모델을 이용하여 분석되었다. 텔레비전의 끝없는 흐름은——'제공하고, 양분을 주며, 눈에 보이지 않게 중재하며'——모성과 대조를 이룬다. 이것의 즐거움은 "장식적이고 일상적이고 여성적인 것들"(인용., 138, 215)이다. 전형적으로 이것의 내러티브는 우리를 동일시와 욕망의 강렬함 속이 아니라 "일상의 공간과 시간의 흐름과 저지 속으로" 데려간다(인용., 139). 그러므로 이러한 형태의 모더니스트적 혼란은 동일시에 대한 위치 바꿈이 아니라 "분리된 연대감, 즉 비평적인 연대감의 여지에 대한 가능성"을 관중 속에서 형성한다(인용., 140, 139). 이러한 가능성은 아이러니와 유머와 초현실주의 요소를 통하여, 또는 트레버 그리피스가 주장한 것처럼 수행(performance)으로써의 연기에 대한 강조를 통하여 만들어질 수 있다.

그러나 매체가 여성스러운 반면에 이러한 관중을 위하여 브레히트에게서 다시 끌어온 모델은 노골적으로 남성적이다. 이것은 "갈등 속에 사로잡혀 있지만 세밀한 부분을 평가할 수 있도록 복싱의 열성팬에게 익숙한 연대감과 분리의 조합을 가지고 구경하는 관중이다"(인용., 140). 코기의 계획은 경솔하게도 엘리트주의자와 거리가 멀다: 이것은 텔레비전 드라마를 더 넓은 영국 문화 역사 속에, 그리고 모더니즘과 대중과의 관계에 관한 이론적 관심 속에 다시 넣는 것이다. 그럼에도 불구하고 이것의 조건은 친밀한 대치 상태를 다시 진술하는 경향이 있다: 일반적 텔레비전과 텔레비전에 관한 것이 아닌 텔레비전 위에 있는 것 사이에: 흐름으로써의 텔레비전과 흐름을 방해하고 사회자 역할을 하거나 '침투하는 것' 사이에: 그리고 텔레비전의 산만한 시청자와 함께 여성으로서의 텔레비전과 관중 속에 분리되고 비평적 연대감을 가지고 오는 '사회자 역할을 하는' 남성적 간섭론자들.

5. 대중드라마

최근에 텔레비전 드라마 작가들은 동시대의 텔레비전 드라마가 변화하는 성질과 다양한 형태 그리고 이것들이 의미의 생산 속에서 하는 역할과 시청자들의 의문점과 교전을 해왔다. 제목이 제시하는 바와 같이 존 툴로크의 《텔레비전 드라마: 수행, 청중 그리고 신화》(1990)는 정확하게 이러한 우려를 담아낸다. 툴로크에게 있어 **모든** 텔레비전 드라마는 이야기의 생산을 위한 주요한 장으로써 동시대의 문화에 관하여 그리고 그 문화의 의미에 대한 고투의 장으로써 보여져야만 한다. 이것은 기관과 텍스트 그리고 텔레비전의 청중에게 영향을 주기 위해 보여질 수 있는 고투이고 다른 방법들이다. 이것은 툴로크가 쓴 책의 초점이기도 하다. 이것은 그가 '활동적인 수행(agency)' (생산자 또는 청중의)과 "항상 한계를 만들고 견제하려는 획일적인 구조의 범위" 사이의 것으로써 특징지워진 고투이다(1990: 14).

툴로크는 존 피스크가 제안한 것을 신화를 정의하기 위해 가져온다. 피스크가 기술하고 있는 신화는 "한 문화가 설명하고 있거나 사실과 자연의 몇몇 양상을 이해하는 이야기이다. 초기의 신화는 삶과 죽음,

신과 인간, 선과 악에 관한 것이다. 우리의 잘 다듬어진 신화는 여성과 남성, 가족, 성공, 영국 경찰, 과학에 관한 것이다"(1982: 93). 대중텔레비전 드라마 장르에서 제시되는 신화는 시청자가 종종 "사회의 친숙하지 않은 지역에 대해 가지고 있는 절반만 완성된 그림"(1990: 69)을 완성하기 위해 작동한다. 그리고 악당은 정체가 드러나거나 정상상태를 회복하기 때문에 그들은 이데올로기적으로 수용할 수 있는 방식 속에서 사회적 갈등이나 모순을 해결하거나 없애는 것처럼 보인다. 대중장르는 두 가지 방식으로 이데올로기적 기능을 수행한다. 이것들은 동시대 사회를 불안하게 하거나 잠재적으로 파괴적인 양상에 대한 불안을 결합시킨다. 그러나 이것들은 또한 지배적인 이데올로기적 견해를 사회 규범에 따르게 하면서 사회 세계를 상세하게 제시한다. 텔레비전 드라마는 "서로 다른 꾸러미의 장르를 가로질러 사회적 전체성을 재분류한다"(인용., 72). 그리고 경찰시리즈물, 스릴러, 법률이나 정치드라마와 같은 것들을 남성의 공적 영역으로 지정하고 연속극, 시대극, 가족 코미디드라마 같은 것들을 여성의 사적 영역으로 지정한다.

그러나 툴로크에게 있어 이러한 대중드라마는 또한 이데올로기적인 고투의 장이다. 이것은 어느 정도 내부에서 두 가지 방식으로 작동한다. 첫째로 우리는 복잡성과 장르의 변화하는 성질 속에서 그것을 추적할 수 있다. 예를 들어 공적 **그리고** 사적 영역에 걸쳐, 그리고 강력한 여성 주인공을 특징으로 하는 혼합 장르의 등장은 '고정되어 있지 않은' 성 역할의 개념에 대한 증거를 제공한다. 둘째로 그것은 대중연속물의 각 에피소드가 갖고 있는 내러티브 패턴의 기초가 되는 질서와 무질서 사이의 관계 안에서 제시된다. 과도하거나 불안한 요소들은 각 에피소드의 결말을 나타내는 순서로 복귀하면서 실제로는 충분히 삭제되지 않는다. 그 대신에 우리에게 문제가 해결되지 않았다는 느낌을 남긴다. 그러나 이러한 고투는 또한 피스크가 논의한 바와 같이 한편으로는 대중드라마와 그 생산자 사이의 관계 속에서, 다른 한편으로는 그들의 청중과의 관계 속에서 작용할 수 있다. 툴로크는 심지어 가장 인기 있는 연속물조차도 "양자택일을 위해 획일적인 여지를 두거나 제작 반대의 목소리를 내기도 한다: 액션드라마는 공식적 담론을 수반할 수도 있고 다르게 **읽힐** 수도 있다"(인용., 38)고 주장한다.

이러한 중요성의 변화에도 불구하고 대체로 툴로크가 한 토론의 절반은, 텔레비전 드라마의 '경계지워진' 구조 안에 있는 매체의 다른 문제들에 대한 것이다. 다시 여기에서 초점은 '작가주의적인(authored)' 텔레비전 드라마에 의해 만들어질 수 있는 이러한 구조들의 '전략적 침투'에 대한 질문에 있다. 텔레비전 드라마의 제작 과정은──툴로크가 그것들의 텍스트적 구조나 시청자들의 해석과 다를 바 없다고 주장한──"논쟁의 장이고 직업적 관행 **속에서 그리고 사이에서의** 고투이다"(인용., 181). 작가, 감독, 제작자 그리고 배우는 모두 텔레비전 조작자와 진행자의 우선 순위를 가지고 싸움을 벌일 수도 있는 결과들을 동반하면서 "협력적으로 때로는 긴장 속에서 작업하며 자신들의 서명을 하게 될 것이다"(인용., 185). 그리고 이 책의 많은 부분은 이러한 고투를 나타내는 데에 관심을 가지고 있다. 따라서 텔레비전을 **항상** 문화와 관념적 논쟁의 장으로써 보고 있는 문화적 연구 모델로써 활용을 하는 것에도 불구하고 여전히 툴로크가 쓴 초기의 반대 경향이 있는 책에는 그 흔적들이 남아 있다. '작가주의적인' 또는 '고품질의' 텔레비전 드라마는 여전히 대중드라마와 무의식적인 관념적 고투라기보다는 대중드라마와는 다소 다른 미학적이고 정치적 질서인 '전략적 침투'의 문제에 관한 것처럼 보인다.

이러한 개념은 로빈 넬슨의 《과도기의 TV 드라마》(1997)에 훨씬 강력하게 나타나고, 이것은 상실의 의미와 예술적 가치와 관련한 전통적인 기준을 옹호하기 위해 동반되는 요구에 의해 좌우된다: "인간 삶의 비평적 성찰에 대한 기준과 일반적인 이것의 가치"(1997: 230). 이전의 저자들과는 달리 넬슨은 그의 토론을 위한 중심적 초점으로써 대중 텔레비전 드라마의 변화하는 형태를 택한다. 이러한 드라마는 그가 '플렉시-내러티브(flexi-narrative)'라 부르는 것으로 특징지워진다:

모든 TV 드라마에서 편집 비율과 내러티브 분절체의 빠른 전환은 기하급수적으로 증가해 왔다. '플렉시-내러티브'는 현재 대중 TV 드라마의 전형적인 90초짜리 사운드-비전 바이트 형태를 산출해 내는, 빠른 편집의 분절화된 다중적인 내러티브 구조이다(인용., 24).

그는 이러한 드라마가 "3분짜리 문화의 신축성 있는 사운드-비전 바이트 접근법을 채택했다"(인용.)고 주장한다. 그리고 포스트모더니티의 모든 특징을 보여준다. 이것들은 광고와 팝 비디오가 만들어 놓은 패턴들을 따르기 때문에 '라이프 스타일'을, 텔레비전의 소비자-시청자에게 호소하도록 만드는 분절화된 내러티브 속에서 엉성하게 짜여진 '분절들의 콜라주'로 만들면서 이들의 이미지를 위해 고급스러운 문화와 대중적인 문화 모두를 교란시킨다. 생산되는 것은 '플렉시아드 드라마(flexiad drama),' 즉 "인식할 수 있는 세계를 구성하는 것처럼 보이지만" 실제로 원래의 것이 존재하지 않는다는 보드리야르의 복제본의 개념 속에서 결국 시뮬라시옹이 되는 '신호의 순환'이다(인용., 86). 시장 조사의 표적이 되고 라이프스타일에 의해 분절된 시청자들은 피상적인 시각적 즐거움과 허무한 향수의 소비자가 된다.

넬슨에게 있어서 포스트모던한 '플렉시 내러티브'는 현재 텔레비전 드라마의 지배적인 형태이다. 영국의 비평적 전통 속의 초기 작가들이 분별없는 자연주의를 '작가주의적인' 드라마가 고투해야만 하는 '흐름'으로 간주하는 곳에서 넬슨은 이것을 '플렉시아드' 형태를 특징짓는 시각적·음악적 흐름으로 대체하였다. 그러나 가치에 대한 반대 용어는 조지 브랜트나 데니스 포터에 의해 설립된 것들과 달라지지 않은 채 남아 있다. 넬슨은 '바로 이 최고의 TV 드라마'가 "당신을 생각하게 만든다고 기술한다. 이것은 시청자들의 관심을 불러일으키고 시청자들이 자신들의 전진을 멈추게 만들며 뜨개질·신문·가사일의 산만함에서 주의를 끌어온다"(인용., 156). '작지만 중요한 위치 바꿈의 장치'를 이용하여 이것은 시청자를 '익숙한 신화'에서 멀어지게 한다. 그리고 이들을 "진실 말하기의 윤리"에 따르게 만든다(인용., 157, 156, 147). 이것의 초점은 사회적 문제 위에 있고, 이것의 형태는 일반적으로 '비평적 리얼리즘'이다; 이것은 영국 텔레비전의 "공공 서비스 윤리성"이 사라지면서 사멸의 위기에 처해 있다(인용., 231).

6. 정체성과 텔레비전 드라마

그렇다면 어떤 방식으로 우리는 단순히 '텔레비전'으로써가 아니라 주목할 만한 가치가 있는 일련의 특정 드라마만을 산출해 내는 이분법적 가치(진지한 vs '플렉시아드'; 영국 vs 미국; 비평적 사실주의 vs 자연주의; 모더니즘 vs 포스트모더니즘; '전략적 침투' vs 여성화된 '흐름')를 회피하려는 드라마와 같은 텔레비전 드라마를 검토하는 방법을 찾아낼 수 있는가? 이 책이 제안하고 있는 대답은 앞에서 우리가 직면한 바와 같이 최근 여러 해 동안 문화 미디어 그리고 영화 연구 속 어디에서든지 탐구할 수 있는 의미들과 연결시키는 틀 속에서의 개념들로 되돌아가게 한다.

보는 바와 같이 존 피스크는 대중 텔레비전 내러티브와 어떤 것에 관하여 생각하는 '한 문화'의 방식으로써의 신화를 동일시하기 위해 롤랑 바르트의 연구에 의존한다(1982: 93). 피스크가 논의한 것처럼 내러티브는 "사실에 대한 우리 경험의 이치에 맞는 기본적 방식"이다(1987: 128); 그것은 우리가 사회적 또는 개인적 정체성에 대한 우리의 감각, 견해에 대해 확인하거나 질문을 하는 수단이다. 스튜어트 홀은 이러한 개념을 좀 더 깊이 있게 다룬다. 정체성에 대한 자신의 질문에서 그는 "나는 그것이 항상 **이주자**, 즉 당신을 제외한 나머지 부분과 **다르다는** 사실에 의존해 왔다는 것을 인식하고 있다"고 기술한다. 영국으로 온 이주자로서 그는 "왜 당신은 여기에 있는가?"라는 질문을 빈번하게 받았다. 그의 대답은 다른 시대에 다른 시청자들을 위해 구성된 정체성에 관한 내러티브를 달리하면서 이야기——다양한 이야기——의 형태를 취할 수 있다. 이것들이 가지고 있는 의미와 가치 또한 변화할 수 있다. 왜냐하면 이것들은 다른 시대에 다른 방식으로 다른 사람들에게——물론 각 시대의 다른 '결말'로——언급될 수 있을 뿐만 아니라 이것들이 당시에 순환하는 좀 더 공적인 내러티브를 반영했거나 도전했던 방식이기 때문이었다. 홀은 계속해서 다음과 같이 기술한다.

나는 누구인가——'진정한' 나——는 다른 전체의 내러티브와 관련하여 형성되었다. 나는 정체성이, 내가 이것을 이론적으로 이해하기 오래 전 바로 그 시초로부터의 발명이라는 사실을 인식하였다. 정체성은 '말할 수 없는' 주체성의 이야기들이 역사와 문화의 내러티브를 만나는 불안정한 시점에서 형성된다(1987: 44).

이것은 사실이라며 그는 덧붙인다. 우리가 직면하는 공적 내러티브는 우리가 구성하는 '상상된 공동체' 속으로 우리를 데려가며 우리 자신의 이야기와 일치하는 것이 아니라 항상 어떤 면에서 이방인이다.[15] 홀이 "허구적 또는 정체성의 내러티브적 상태"(인용., 45)라고 부르는 것을 수용하는 것은 우리 자신의 정체성이 내러티브화된 재현(우리가 우리 자신, 우리의 판타지, 우리의 기억에 관하여 그리고 이것을 위하여 말하는 이야기)을 통해서만 구성되지 않는다는 것을 인정하는 것이다.

---

15) 이 용어에 대해 베네딕트 앤더슨(Benedict Anderson)을 보라(1983).

이것들은 재현의 공적인 형태와 함께 매일 우리가 직면하는 것들을 통하여 고정되어 있기도 하고 고정되어 있지 않기도 하다: '역사와 문화의 내러티브.'

살펴본 바와 같이 모든 다양성과 혼성성을 바탕으로 텔레비전 드라마는 동시대의 문화 속에서 중요한 생성원이며 가장 중요한 매일매일의 내러티브의 원천이다. 이 사실은 텔레비전이 '침투'에 대한 염려와 확고한 정체성과 가치들이 소실된다는 두려움과 유동적이지 **않고** 억제할 수 없으며 지나치게 연루시키는 심각한 비평적 관심을 위해 구원해야 할 소망을 만들어 냈다. 그러나 이것은 또한 텔레비전 드라마를 동시대의 정체성과 문화 그리고 재현의 이론에 대한 유용성을 탐구하는 중요한 장소로 만든다. 이것은 일반적으로 영화와 텔레비전과 관련하면서 어디에서나 선택될 수 있는 접근 방법이다.[16] 그러나 특별히 텔레비전과 관련하지는 않는다. 보는 바와 같이 경계선은 겹치기도 하고 변하기도 한다: 영화·연극·시트콤·다큐드라마와 광고는 모두 텔레비전 드라마와 겹쳐지는 것을 시험해 왔던 논평자들에 의해 보여져 왔다. 그러나 이것은 불안의 원인으로써 또는 신중하게 규제된 경계선을 그리는 데 대한 이유로써 보일 필요는 없다. 오히려 이것이 제시하고 있는 것은 모든 다양성과 복잡성 속에서 홀이 설명한 텔레비전 드라마가 이론화되는 방법을 검토하는 기회이다: 우리의 문화와 개인의 정체성을 구축하고 중재하며 틀을 만드는 공적 내러티브의 원천으로써.

---

16) 예를 들어 할로우즈와 얀코비치(편저)의 《대중영화로의 접근 *Approaches to Popular Film*》(1995)과 텔레비전과 관련하여 로버트 C. 앨런(Robert C. Allen)이 편집한 모음집인 《담론의 채널, 재조립된 *Channels of Discourse, Reassembled*》(1992)을 보라. 후자와 관련해서 존 코기(2000: 9)는 앨런의 공여자들이 채택한 접근 방식이 영화에 더 적합하다는 것에 이의를 제기한다.

제2장

이야기와 의미들

1. 내러티브

내러티브 이론

내러티브는 우리의 문화가 한데 어우러진 방식들과 관련한다. 문화와 사회에 대한 내러티브 연구의 중심은 내러티브가 중요하다고 고려되는 범위 내에서 명백해진다. 블라디미르 프로프, 츠베탕 토도로프와 롤랑 바르트와 같은 구조주의자들은 내러티브 구조들에 대한 세밀한 연구를 강조해 왔다. 심리분석학적 접근은 의식적인 삶과, 보다 중요하게 여겨지는 무의식적 삶을 중재하기 위하여 내러티브에 의존한다. 프로이트와 라캉주의적인 비평 이론과 관습에서 과거의 이야기를 이해하지 않는다면 어떤 과거도 무의식도 존재하지 않는다. 일반 원리에 따라 역사와 의학, 내러티브들은 방법뿐만 아니라 탐색의 목적과 연관한다. 내러티브는 이와 같은 기초적인 문화의 과정이기 때문에 "텔레비전이 주로 트렌드에 따라 논의되는 것은 놀라운 일이 아니"라고 존 피스크는 제안한다(1987: 128).

내러티브 이론들은 그것이 종종 논쟁적일지라도 역사적이고, 정치적이며 과학적인 탐색에 주로 관심을 가져왔다. 포스트모던 이론가이자 철학자인 장 프랑수아 리오타르(1984)는 자신의 책에서 내러티브는 거시적이고——세계적인 일들과 미시적이고——개인적인 일들에 대해 이론적 근거를 제시하는 **설명적** 기능들을 지니고 있다고 말한다. 몇몇 이론들에서 젠더와 성은 내러티브와 관련해서 먼저 이해되어져야 한다. 켄 플러머는 우리 모두가 성과 관련한 이야기들에 대해 어떠한 방식으로 말하는지를 설명한다(1995). 그리고 후기 구조주의 이론가인 주디스 버틀러는 젠더와 성을 언어활동의 관습들 그리고 수행들과 관련한 것으로 간주한다(1993, 1997a). 마르크스주의 비평가인 알렉스 콜리니코스는 내러티브의 형식 없이는 어떠한 역사적 감각도 존재하지 않는다고 인정한다(1997: 44-76). 그리고 최근에 탈식민주의 이론에서는 이야기들이 문제적인 정체성을 체화하는 사람들에게 형태, 공간 그리고 시간 감각을 부여한다고 한다(호미 바바: 1990). 내러티브의 수사학(이미저리, 암시들과 메타포들)뿐만 아니라 내러티브들은 과거를 이해하도록 요구한다(H. 화이트 1975). 내러티브는 과거의 버전들에 대해 정보를 제공해 줄 수 있고, 현재가 그 과거들과 관련하여 어떤 방식으로 이해될 수 있는지를 형상화하는 권력들을 확보할 수 있다.

이야기들과 내러티브들은 과거를 **보여줄** 뿐만 아니라 **말해 준다**. 내러티브 없이 역사는 잘 드러나지 않고 사람들은 덜 친밀해지며 공간과 시간은 덜 명확해진다. 내러티브는 과거가 아닐 뿐더러 그 과거가 다시 일어나도록 하지 않는다. BBC 방송의 〈아버지의 군대〉는 제2차 세계대전을 재생하려고 하지 않는다; 청중들은 낭만적이고 동성애적인 시대극인 〈벨벳 애무하기〉(2002)에서 일어나는 사건들의 삶을 살아가도록 하지 않는다; 그리고 〈부처의 교외생활〉(1993)은 1970년을 모사한 것이 아닌 반영이다. 그럼에도 불구하고 내러티브들은 과거를 현재에서 이해할 수 있게 하는 주요한 방법들이다.

그러나 내러티브는 인간주의적 구성이기 때문에, 그리고(우리가 이야기들이라고 말하는) 사회적 모든 활동에서 중심적인 것이기 때문에 현재를 이해하는 주요 수단이다. '내러티브는 거기에 존재한다' 그리고 "그 자체로"(1977: 79)라고 롤랑 바르트는 기술한다. 현재에 대한 이해는 결국 서술자와 내러티브들과 관계한다. BBC 라디오 4채널의 〈투데이〉가 라디오 1채널의 이른 아침 뉴스와 같지 않다는 사실은, 지금의 사건들이 만들어지고 다른 형태로 중재되어 청중들에게 소개된 다는 것을 의미한다. '생방송'이 사건들로 하여금 눈에서 펼쳐지는 것 같은 환영을 줄지라도 그것은 선택·편집·시점·관점·통합적 관계 그리고 계열적 관계의 과정에 종속된다. 내러티브의 두 가지 주요 범위인 통합적 관계와 계열적 관계[1]는 장르와 내러티브 목적의 요구에 따라 이야기들이 동시대적인 시퀀스들에 놓이고(통합적 선택) 위치지 워진 채로 살게 된다는 것을(계합적 선택) 의미한다. 그러나 이러한 선택들은 생방송 TV가 결코 내러티브 관습들에서 투명하거나 자유로울 수 없다는 것을 의미한다.

내러티브의 목적들

내러티브 구조[2] 요소들에 대해 대략적으로 말하기에 앞서 내러티브에 대한 수많은 주요 요소들을 다음과 같이 살펴볼 수 있다:

1. **보편성**: 롤랑 바르트는 《내러티브의 구조주의적 분석 입문》(1977)에서 내러티브들은 모든 사회에 보편적이고 공통적이며, 또한 서로 다른 많은 형태들(구술적·시각적·영화적·텔레비주얼적·기

---

1) 피스크를 살펴보라(1987: 128-30).
2) 그레메 버튼(Graeme Burton)(2000), 파트리샤 홀랜드(Patricia Holland)(1977), 닉 레이시(Nick Lacey)(2000) 그리고 제임스 왓슨(James Watson)(1998)의 저서에 포함된 요약을 살펴보라.

술적)을 가지고 있다고 제안한다.

2. **지역적이고 세계적인:** 리오타르(1984)는 내러티브들이 주체와 사회에게 세계적이고-국제적인 것뿐만 아니라 지역적이고-개인적인 일들을 제공한다고 말한다. 거시-내러티브들은 세계를 설명하는 형태를 가질 수 있고 미시-내러티브들은 개별 주체들에게 장소감, 목적 그리고 의미를 제공할 수 있다. 그러나 그는 또한 인간 경험에 대한 내러티브나 위대한 설명(예를 들어 종교적 설명)이 포스트모던한 미시-내러티브들(주변에서 울려 오는 개인의 목소리들)의 복잡성 속에서 물러났다고 말한다.

3. **구조:** 내러티브들이나 이야기들은 주체의 정체성 형성 감각을 제공한다. 그것들은 세 가지 주요 시간 지점들과 끊임없이 접촉하면서 시작, 중간, 끝의 감각을 제공한다. 그러나 내러티브 구조들은 인간 구성이기 때문에 사회적 삶의 복잡성과 복수성을 지나치게 단순화할 수 있다. 거기에는 오로지 자연적인 것과 대립되는 관습들로서의 내러티브들을 기초로 하는 시작, 중간, 끝이 있을 뿐이다.

4. **정체성:** 자크 라캉은 자신의 책인 《말과 언어의 기능과 영역》(1989 [1977]: 33-125)에서 인간 주체들이 정체성 감각을 획득하는 것은 언어 안에 있다고 제안한다. 주체들이 항상 내러티브들을 초월할지라도 언어와 내러티브는 그들에게 정체성 감각을 만드는 방법을 제공한다. 그러나 내러티브의 언어는 자신의 혼종적인 상태를 노출시키면서 정체성을 회복하도록 작동할 수 있다.

5. **다양성과 차이:** 어떠한 내러티브도 주체의 개인적이고 종교적이며 국내적이거나 국제적인 정체성을 만드는 이야기를 담아낼 수 없다. 스튜어트 홀은 해체주의 비평을 일으키면서 정체성들은 외부가 아닌 차이를 통해 만들어진다고 기술한다(2000: 17).

6. **공간, 시간 그리고 사건:** 에드먼드 화이트(2001)와 미셸 드 세르

토(1984)는 메트로폴리탄적인 내러티브들과 픽션들이 어떤 방식으로 공간과 시간 속에서 사람들이 자신의 정체성을 갖고 살아가는지에 대한 모형을 제공하는 방식들에 대해 언급한다. 내러티브들은 시간·공간·시퀀스와 사고들 사이의 관계성에 관심을 갖는다. 그러나 내러티브들은 사건들과 시간 영역들이 흐려지고 확장되고 감소되거나 무시될 수 있다는 것을 의미한다.

7. **정치학**: 탈식민주의 연구(스피박 1987; 바바 1990; 세드 1993)는 내러티브의 '보편적' 성질이라는 것이, 이야기들이 호소될 때 보편성을 갖는 것은 아니라고 제시한다. 몇몇 주체들은 의도적이든 관습적이든 간에 사건의 설명으로부터 배제된다. 몇몇의 삶은 다른 사람들의 삶보다 더 설명된다. 몇몇의 사건들은 다른 사건들보다 더 두드러지게 제시된다.

8. **형식과 허구성**: 이야기들은 내러티브 전략의 전체 범위와 관련하여 작동하는 사회적 구성만큼 자연적인 구조들은 아니다. 이야기들은 서술자를 가정하고 형태화하기 위한 많은 장치들을 요구한다. 내러티브들은 항상 우리에게 내러티브들에 대해 말한다.

9. **의미**: 내러티브들은 의미들이 설명되는 주요한 방식 중 하나이다. 프랭크 커모드(1967)는 인간문화를 이해하고 구성하는 데에 있어서 이야기와 허구의 필요성에 대해 기술한다. 내러티브가 의미를 약속한다면 후기 구조주의자와 해체 비평(데리다 1978, 1991a; 버틀러 1993, 1997a)은 내러티브 안에서 의미들은 해체되어야 한다고 제안한다; 내러티브들은 의미에 대한 약속을 깨뜨리고; 불완전한 상태로 남은 채; 독자/시청자들에게 의미를 생산하기를 요구한다.

10. **콘텍스트**: 발렌타인 볼로지노프(1996 [1919])와 미하일 바흐친(1981, 1986)은 내러티브들이 사회적이고 문화적이고, 경제적이고 정치적이며 개인적인 상황과 관련하여 의미가 있음을 강조한다. 경제, 공중 그리고 문화의 영역은 내러티브의 형태 속에서 의

미가 있다. 페미니스트뿐만 아니라 수용에 기초한 연구들은 콘텍스트와 텔레비전 프로그램 기록 장치를 기반으로 하는 텍스트의 중요성에 주의를 집중한다.

형식과 구조들

내러티브는 이야기에 관심을 가질 것이고 그 이야기가 어떻게 만들어지는지에 대해 관심을 가질 것이다. 그러나 알다시피 이것은 겉으로 보이는 것만큼 그다지 자기-확신적이지 않다. 이야기를 말하는 사람(**화자(들)**)은 이야기를 집필하는 사람(**작가**)과는 차이가 있다. 이러한 기본 도식 안에서, 좀 더 복잡한 것이 이동한다. 작가는 이야기를 쓰지만 독자와 청취자들은 화자의 이야기를 듣거나 읽는 사람들이 아니다. 정체성이 결코 변하지 않고 발화를 하는 **내부 수신자**(화자가 말하는 대상인 '너')와 **외부 수신자**(청중이나 독자)가 존재할 것이다. **문학적** 형태가 텔레비전 연구로 위치지워질 때 훨씬 더 복잡해진다. 텔레비전은 소설이 사용하는 방식 안에 있는 내러티브의 원천으로서 화자들을 다루지 않는다. 소설 속 1인칭-3인칭 화자들은 텔레비전에서 보여지는 것보다 더 쉽게 정체화된다. 카메라 앵글들, 쇼트들, 시퀀스들과 인물의 관점들은 텔레비전 드라마의 내러티브 안에서 점점 더 중요하게 정체화될 것이다. 마찬가지로 작가들은 프로듀서들일 수 있고, 기관일 수 있고, 구성작가일 수 있고 시나리오작가들이자 집필 단체일 수 있다. 독자들은 보는 자이고 듣는 자이고 청중이며 탐색자들이다. 마침내 내러티브들이 쾌감을 목적으로 한다면 이 쾌감들은 텔레비전 내러티브 속 어딘가에 암호화되어 있다고 롤랑 바르트는 말한다.

일반적으로 내러티브 연구의 초기 작업들은 페르디낭 드 소쉬르(1974), 블라디미르 프로프(1968) 그리고 츠베탕 토도로프(1975, 1988), 좀 더 이후에 롤랑 바르트(1977)와 제라르 주네트(1980) 같은 구조주의자들과 형식주의자들의 관점으로부터 도움을 받는다. 가장 최근의 비평가들은 이야기들이 어떤 방식으로 **의미**를 만들고 내러티브들이 어떤 방식으로 이야기들을 **암호화하여** 작동하는지와 관련한 내러티브 접근을 채택한다. 다소 그들의 책은 내러티브 구조들이 의미를 해독해 가는 것에 관심을 갖고 있다. 바르트의 책은 텍스트 안에서 작동하는 많은 의미 요소들과 내러티브 관계들에 대한 상세한 사항들을 강조한다. 바르트에게 있어 그것은 텍스트에 생기와 의미를 부여하는 내러티브 구조들이다; 그리고 그것은 텍스트의 의미 체계들과 연결되는 플롯, 이미지 그리고 시퀀스 사이에 있는 내적 역동성이다.

토도로프의 책은 내러티브 구조의 역동성을 이해하도록 돕는다. 그는 모든 내러티브들이 텔레비전 경찰시리즈물, 일회용 드라마들, 그리고 텔레비전 과학 픽션물에 대한 분석을 기초로 전개되는 다섯 부분의 구조에 따라 작동한다고 제안한다. 그에 따르면 균형이 시작되면서 **파괴적인** 힘이 최초의 **균형 상태**를 불안정하게 만든다. 이것은 무질서한 사건이 일어났던 인식을 따르는 것이다. 노력들이 회복되고, 그와 동일한 균형에 반대하는 다른 것으로의 회기가 명백해질 것이다. 이러한 해결은 조화가 회복되는 것을 지칭한다. 많은 장르들이 이와 같이 곧이곧대로이거나 이상적인 구조들에 더 이상 집착하지 않는 반면에 갈등과 해결은 많은 대중장르들의 플롯들이나 장르들 안에 있는 이야기들을 제공하는 것이라고 보여질 수 있다. 연속극의 많은 쾌감은 이야기 선상의 시작과 끝에서 다가오는 클라이맥스들, 지연들, 연기 그리고 뒤얽기들에서 얻어진다. 마찬가지로 블라디미르 프로프의 인물에 대한 분류화(남자 영웅들, 여자 영웅들, 악인들, 아버지들, 조력자들, 증여자들, 멘토들)는 내러티브와 장르의 도식적인 분석 속에서 표지로서 기능한다.

〈이야기의 **콘텐트**와 **모형이나 형식**〉 사이에서의 더 큰 차이점들은 블라디미르 프로프가 기술한 《민담의 형태학》(1928a)에서 만들어진다.

프로프는 **서로 다른** 형태적 기능들 그리고 행동의 영역과 관련하여 러시아 민담의 내러티브들을 상세히 비평하고 분석했다. 그리고 그의 내러티브학적인 분석은 여전히 많은 문화 텍스트들에 대한 연구의 주요한 방법으로써 남아 있다. 이야기의 콘텐트와 모형을 **분할해 나가면서** 프로프는 내러티브 안의 인물과 행동 사이의 관계에 대한 몇몇 주요 요소들을 고려한다. 프로프의 모형에서 인물은 인간 심리주의를 제공하는 통찰만이 아닌 그만큼 행동이나 사건을 시작하고 만들어 가는 **역할과 기능**에 관심을 갖는다. 민담에 대한 프로프의 상세한 비평이 그 기능주의에 대해 비판을 받는 동안에 그것을 특징짓는 형식주의는 유럽 구조주의의 후기 작업에서 절대적으로 비판받아 왔다.

1960년대와 1970년대에 프랑스의 구조주의자이자 내러티브 분석가인 제라르 주네트는 다음과 같은 세 가지의 용어를 제안하며 내러티브학의 차이들을 재생한다: **이야기**(이야기), **이야기체**(텍스트) 그리고 **서술**. 리몬 케넌식으로 말하면 이야기는 "텍스트 안에 배열과 연대기적인 순서로 발췌된 말해진 사건들을 지칭한다"(리몬 케넌 1983: 3). 반면에 **텍스트**는 "스토리텔링을 일으키는 말해지거나 기술된 담론이다"(인용.). 텍스트 안에서 "사건들은 절대적으로 연대기적인 순서로 나타나지 않는다……. 그리고 내러티브 콘텐트의 모든 항목들은 몇몇 거울이나 시점(초점자)을 통해 여과된다"(인용.). **서술**은 "생산의 행위나 절차를 언급한다"(인용.). 이 차이점들이 강조하는 것은 이야기가 단지 존재하는 것이 아니라 〈벨벳 애무하기〉를 분석하며 언급된 내러티브 요소들이 (재)질서화되면서 강요받은 형식적인 변화들에 종속되어 있다는 것이다. 그러나 보다 중요한 어떤 질문들이 텔레비전 연구를 위해 이동한다: 내러티브가 이야기의 행동을 **누가** 바라보고 말하는지에 대해 관심을 갖는다면 이것은 어떻게 텔레비전에서 현실화될 수 있을까?

'무엇,' '어떻게' 그리고 내러티브 속의 '누구'

주네트는 내러티브에 대한 중요한 분석 연구를 남긴다. 그는 장르들의 범위에 다가가서 이야기의 주요 사건들이 어떻게 내러티브 담론 형태로 기록되는지를 보여준다. 동일한 이야기는 **내러티브 담론**이 이야기의 '도입'을 시작해야만 하는 어떤 이유도 갖지 않기 위해 다양한 방식으로 기술될 수 있다. '플래시백'은 텔레비전 드라마의 빈번한 장치이다. 몇몇 텔레비전 내러티브(가령 연속극, 코미디들)에서 시작과 끝의 개념들은 문제적이고 심지어 텔레비전의 연속적인 흐름의 배경에 거스르는 것처럼 보여진다. 이야기를 말할 때 사건들의 시퀀스들은 변하고, 몇몇 소수의 사건들은 생략되고 혹은 이야기는 단일한 시점에 반대하며 복수적으로 보여진다. BBC1의 연속극 〈런던 시의 동부 사람들〉은 유명해서 이야기에 대한 많은 판본들을 가지고 있고, 중요한 사실은 필 미첼이 촬영을 했다는 것이다. 그가 촬영한 이야기는 의심할 여지가 없다. **누가** 그를 촬영하고, **누가** 연속극 시청자와 떨어진 채 그를 촬영했는가, 그리고 **어떻게** 청중들에게 이 정보가 누설되었는가? 이 세 가지 질문들이 대중드라마의 내러티브가 갖고 있는 호소력을 지칭한다.

주네트의 책은 한 관점으로부터 말해지는 사건들이 어떻게 해서 다른 위치로부터 말해질 때와는 결코 동일하지 않은지를 탐색하면서 **내러티브 위치**(narrative position)의 중요성을 강조한다. 일반적으로 이야기들의 내러티브 순서는 선택, 비선택, 커트와 편집들 같은 과정들에 관여하면서 절대로 중립적이지 않다. 예를 들면 사리타 말리크는 1960년대(2002: 35) "텔레비전 다큐멘터리에서 흑인 주체의 인종주의화"와 관련한 선택의 문제들을 고려한다. 흑인 시민들이 욕망이 없는 이웃들이고 평이 나쁜(인용., 35-55) 이웃애를 동반하는 사람들이라고 말하는 그의 논평은 이러한 현행 내러티브에 대한 토론과 위치에 대해 중요한 태도를 갖는다. 청중은 "백인 시점으로부터 '문제'를 읽도록 장려되었다." 왜냐하면 이야기의 위치가 백인 이웃들에 놓여 있기 때문이었다(인용., 47). 말리크는 청중들이 내러티브의 설득적인 힘에 연루되는 방식들을 강조한다.

이 관찰들은 〈벨벳 애무하기〉(BBC2: 2002년 10월; 사라 워터스[3]가 같은 이름으로 쓴 소설에 기초하는)와 관련하여 고려될 수 있다. 이야기는 키티와 사랑에 빠진 젊은 여자 난과 관련한다. 그녀는 화이트 스타블에서 연기하는 뮤직홀 스타이다. 키티 그리고 매니저와 함께 런던으로 이사를 하면서 난은 자신에 대한 키티의 감정이 교환적이지 않다는 것을 인식한다. 대신에 난은 런던의 거리를 사랑하게 되고 처음으로 남자의 옷을 입고 나중에는 레즈비언으로서 살아간다. BBC가 만든 이 이야기는 시대극에 기초하면서 로맨스의 규칙들과 관습들에 무겁게 다가간다.

무엇, 어떻게 그리고 **누구** 사이에서의 차이들은 단지 구조적인 상세한 문제들이 아니다. 말하기에 대한 주네트의 개념은 내러티브를 '누구'가 이야기하고 말하는가에 연관한다. 무슨 일이 일어났는지를 누가 바라보고 그들의 시점을 공유하도록 초대되는가? (a) '누구'는 **전지적인** 혹은 모든 것을 바라보는 관점이라는 용어, 그렇지 않으면 (b) 공유하는 주관적인 시점을 지닌 개인적인 정체성이라는 용어로 간주될 수 있다. 〈벨벳 애무하기〉에 있는 것처럼 청중들이 보는 누구와 내러티브 시퀀스 **안에서** 청중들이 보는 누구는 이처럼 동일시를 **형성하고 해체하는** 용어와 관련해서 중요하다. 전지적인 시점과 동일시하는 것은 시점이 단일한 인물에 대한 응시에 한정된 것이라기보다는 서로 다른 정체성과 위치를 공유하는 것이다.

---

3) 형태에 관한 친밀한 접근은 **BBC** 판본 텍스트와 비교하면서 얻을 수 있다.

다른 허구적인 세계에 대한 청중의 지식은 이야기의 말하기에 의존한다. 텔레비전 드라마는 기술된 내러티브 허구와 관련하는 장치들을 도출하고 채택한다. 목소리, 초점화, 몽타주, 점프 커트들 그리고 롱 쇼트들과 같은 전략들은 허구적인 글쓰기와 관련하는 기법들과 전략들에 대한 시각적 대체들로써 기능한다. 〈벨벳 애무하기〉에서 전경의 흐름을 응시한 채 바라볼 수 있는 누군가로서, 전지적인 관찰자의 감각은 화이트 스타블의 모습을 표현하는 **설정 쇼트들**에 의하여 성취된다. **롱쇼트들**은 해안가를 묘사하고, 좀 더 친밀한 **클로즈-업**은 이 공동체를 살아가는 인물들을 소개한다.

첫번째 에피소드의 오프닝 쇼트들은 즉각적으로 이 전지적인 관찰자(조용한 롱쇼트에 의해 재현되는)와 1인칭 화자(난) 사이에서 대립을 형성한다. 청중들이 난이 속한 세계의 공적이고 사적인 영역에 다가가는 감각을 형성하기 위해 카메라들은 **아이라인 쇼트**(eye-line shot)들을 사용한다. 내러티브 허구 속에서 3인칭 화자는 서로가 갖고 있는 관계에 의거하며 두 인물들의 시각과 느낌을 재현한다. 텔레비전 드라마에서, 아이라인 쇼트들은 동일한 기능을 수행한다. 에피소드 1의 오프닝 두 개의 뮤직홀 장면들에서 첫번째 쇼트는 두번째 쇼트가 따라가는 대상을 응시하고 있는 난을 보여준다. 청중들은 두번째 쇼트에서 난의 응시 대상인 키티를 보게 된다. 아이라인 쇼트에 대해 효과적인 것은 첫번째 쇼트가 참여와 욕망의 감각을 형성하고 두번째 쇼트가 욕망되는 대상을 드러내는 방식이다. 한편에서 청중들은 난의 시각과 주체의 위치를 '공유하고' **다른** 한편에서는 응시의 대상인 타자를 제공받는다. 난의 시각을 '공유하는' 것은 절대적으로 그녀에게 동의하거나 그녀의 위치를 강화시키는 것은 아니다. 보다 그것은 텔레비전 드라마가 허구적인 실재와 드라마적인 행동에 청중들이 접근할 수 있도록 하는 방식 중 하나이다.

바르트와 내러티브들에 대한 분석들

바르트는 《내러티브의 구조주의적 분석 입문》(1977)에서 내러티브의 형성 및 수용과 관련하는 몇몇 주요한 시퀀스들과 요소들에 대해 상세하게 설명한다. 그는 내러티브와 담론이 대략적인 전체 계획의 범위 내에서 그다지 변형되지 않을지라도(1977: 85) 단위들, 규칙들과 문법(인용., 82ff)에 지배받는다는 사실을 확고하게 만든다. 다른 분석가들처럼 그는 무엇이 일어나고(이야기) 사건들이 어떻게 재현되는가(담론)에 대한 주요한 차이를 만든다. 그는 다음의 다섯 가지를 하위 구분하고 기술한다.

1. **정보와 행위: 생생하고 평범한**: 바르트는 내러티브 안에서의 행위와 정보에 대해 두 종류를 구별한다. 그가 '**핵심**' 혹은 "기본적인 요소들"(인용., 93)이라고 언급한 것은 플롯의 과정에 필요한 정보와 행위의 본질적인 부분들이다. **촉매자들**이란 "평범한 사건들이나 묘사들과 함께"(인용., 94) 공간을 채우는 요소들로써 위성 행위 혹은 위성 정보들이라고 부르는 것이다. 핵심 사이에 형성된 연관성은 비록 없어지지 않아야 하는 평범한 요소들처럼 보일지라도 이처럼 매우 중요한 것이다. 〈런던 시의 동부 사람들〉(핵심)에서 필 미첼이 촬영하는 주위에 있는 주요 정보들을 고려하라. 그리고 그것이 궁극적으로 주요 사건들을 변화시키지 않는 동안에 이것을 우리의 이해와 쾌감에 적절해 보이는 정보와 대조시켜 보라. 이러한 라인들에 따르는 내러티브에 대한 토론은 대체(행위가 다른 인물에 의해 발생할 경우 어떻게 변화하는지를 물어보는)와 전환(행위가 다른 인물의 눈을 통해 본다면 어떻게 보여지는지를 고려하는)의 문제들과 관련한다.

2. **행위 없는 인물들이 존재할까?** 아리스토텔레스의 내러티브 이론에는 "'인물' 없는 행위들이 있을지 모르지만… 행위 없는 인물들은 존재하지 않는다"(인용., 104). 프로프처럼 바르트는 심리학에 근거하는 인물이 아닌 내러티브와 플롯 행위들(106-8)과 관련하여 그들이 맡은 기능, 역할 혹은 드라마틱한 부분들과 관련한 인물을 고려한다. 바르트에게 있어서, **인물들과 행위는 분리할 수 없으며** 인물은 줄곧 '행위의 영역'과 관련했다. 〈벨벳 애무하기〉에서 행위는 주로 난과 그녀의 가족, 연인들로서 인물들과 분리되지 않으며, 난이 어떻게 이 관계들을 인식하고 있는지와 분리되지 않는다.

3. **독자-내러티브 관계:** 세번째 수준은 서술 그 자체이다(109). 바르트가 쓴 책의 이 부분은 텍스트가 주로 프로듀서(저자·작가)와 소비자(독자·시청자·관람자) 사이에 설정하는 관계들에 대해 관심을 갖는다. 구조주의적 분석의 세번째 수준에서 바르트는 어떤 방식으로 저자, 서술자 그리고 인물들이 하나의 총체로서 혼란스럽게 되지 않으며 흐릿해지지 않아야 하는지를 관찰한다. 허구적인 내러티브들은 실재의 사람들이 아닌 내러티브 그 자체에 의해 설정된 매개들로써 이해되는 "종이 위에 존재하는 자들(paper beings)"(111)을 다루고 있다. 〈벨벳 애무하기〉에서 재창조된 19세기의 세계는 난의 토대 위에서, '종이'의 상태에 반대하는 '실재적인 것'과 같은 믿음의 기초 위에서 이해된다.

4. **의미들:** 이야기의 기능들, 행위들과 발화 그리고 담론들은 인물들과 행위들이 비록 허구적일지라도 사회의 **밖에** 있지 않다. "서술은 그것이 활용하는 세계로부터 유일하게 의미를 수신받을 수 있다"(115)고 바르트는 기술한다. 어떠한 허구적인 내러티브도 전적으로 내러티브가 확산시키는 세계의 리얼리티에서 분리되지 않는다. 그리고 바르트는 내러티브가 작동하는 **정치적**이고 **이데올로**

기적인 영역에 대해 의심하지 않는다: "발화 수준이 세계를 시작하는 순간에 이를 때, 다른 시스템들(사회적 · 경제적 · 이데올로기적인)은 더 이상 단지 내러티브로서가 아니라 차이가 나는 본질적(역사적 사실, 결정, 행위들 등등)인 요소일 뿐이다"(115).

5. **보는 것**: 바르트는 마지막 분석에서 "내러티브 시스템"(117)에 대해 말한다. 내러티브 언어는 조음의 **목적**(행위들을 결합하고 연결하는)과 **분절**(행위들을 분리하고 떼어 놓는)에 봉사한다. 그에 따르면 내러티브 안에서 행위들과 사건들이 "꽤 차이가 나는 기능 영역들에 속한 삽입 광고들의 긴 연속에 의해 분리된다는 것이다"(119). 그는 **논리적**이고 **실재적**인 시간 사이 안의 차이로서 이 거리를 언급한다. 내러티브는 "보여주지도 모사하지도" 않는다고 말한다(124). 내러티브는 투명하지 않다; 우리는 '아무것도 보지 않는다.'

이 마지막 바르트의 관찰은——우리가 내러티브 안에서 '보지' 않는다——마치 잉여적인 것 같다: 텔레비전은 주로 시각적이고 청각적인 매체이다. 그러나 바르트의 지적은 중요하다. 텔레비전이 '시각적인' 매체일지라도 곧이곧대로 세계를 그려내지 않는다. 보다 내러티브는 의미들, 코드들과 틀을 제공한다. 그리고 그 언어(기호 체계들, 이미지들과 내적 지시들)를 통해 내러티브는 외부 세계를 말하고 나타내면서 그것에 대한 중재를 제공한다. 텔레비전 드라마는 이야기의 '진실'을 '보여주는' 한 방식이다. 그러나 이야기는 다큐멘터리로써 혹은 새로운 아이템으로써 언급되어야 한다. 텔레비전 안에서 리얼리즘과 리얼리티에 대한 이러한 문제들은 이 장의 마지막 부분과 제5장에서 기술한다: '텔레비전 드라마: 재현의 종말.'

내러티브의 복잡성들

바르트는 자신의 책에서 텍스트 안에서 작동하는 많은 의미의 요소들과 내러티브들의 관계에 대해 상세하게 말한다. 바르트에게 있어서 텍스트에 생기를 부여하고 의미를 주는 것은 내러티브 구조들이다; 그리고 그것은 텍스트의 의미 체계들과 연관되는 플롯, 이미지 그리고 시퀀스 사이에서의 텍스트 내적 관계들이다.

바르트는 한편으로는 내러티브와 의미 사이에 연관이 있고, 다른 한편으로는 자유와 **기쁨**([성적인] **쾌감**)으로서 '이미지-음악-텍스트(Image-Music-Text)'의 마지막 부분들에 대해 언급한다. 그러나 그는 내러티브가 한정된 자유를 제공한다고 강조한다(1977: 123). 범위를 가능케 하고 강요하는 내러티브의 이중적인 작동들은 스튜어트 홀의 초기 저술에서 이루어졌다. 홀(1973)과 데이비드 몰리(1980)는 자신들의 책에서 프로듀서들이 암호화해 놓은 의미들이 결코 어떤 방법으로도 해독될 수 없다는 것을 제시하는 바르트의 모델을 확장시킨다. 이 '지배적이고' 발탁된 읽기는 결코 무시될 수 없는 반면에 프로그램 안에서 현실화된 것처럼 해독자들에게 '의도'에 저항하고, 경쟁하듯 논의하거나 오해하는 다른 읽기일지도 모른다. 프로그램 혹은 내러티브는 암호화된 텍스트에 대해 시청자가 이루어 가는 해독의 **맥락**을 연결하는 교정을 조건으로 한다.

그러나 홀과 몰리가 이론 모형의 윤곽을 만들고 확장시켰던 시기에 텔레비전 프로그램의 기능들에 대한 다른 관찰은 내러티브의 부정적인 영향에 대한 지속적인 관심을 드러낸다. 1970년대에 **B. N. 콜비**와 **N. M. 피콕**(존 호니그만의 《사회문화 인류학 요람》, 1973에서)은 내러티브의 **유혹적인 힘**에 대해 관심을 표명했다. "통제할 것을 목적으로 하지 않는 예술처럼 내러티브의 난해하고 비밀스러운 기법들이 사람들을 그것들의 감시하에 놓으면서 유혹한다"고 그들은 기술한다(호니그만 1973: 633). 그리고 그들은 "교훈들보다는 좀 더 이야기들에서 빌려오는 대중매체의 발생은"(인용.) 이러한 힘을 마땅히 증가시킨다고 제안한다. 텔레비전의 대중적인 내러티브들은 그 유혹적인 힘을 두려워한다: "그들은 사회적 통제의 중요한 역할이 계속적으로 증가하고 있다고 가정하는 것임에 틀림없다"(인용.).

1980년대에 내러티브에 대한 관심은 포뮬러들, 의식들과 예언성과 관련하여 이해되었다. 사라 코즐로프의 에세이인 《내러티브 이론과 텔레비전》(1992: 67-100)은 미국 텔레비전 내러티브의 경향에 대해 말하고 있다. 그녀는 포뮬러와 예언성이 어떻게 내러티브들을 제한하는지에 대한 목록을 만들었다. 호소력 있고 쾌락적이지만 표준적인 인물들, 기능적인 설정들 그리고 담론을 **자연화시키려고** 시도하는 내러티브 전략들과 결합된 내러티브들은 놀랍게도 얼마 되지 않는다. 그녀는 미국의 텔레비전 요소들이 주제적 재료, 상황들 그리고 전형적인 인물화가 거의 보편적 호소(70-7)를 하고 있는, 프로프가 분석한 민담들을 좋아한다고 논의한다. 그녀는 에세이 초판에서 "대중적인 문화 형태들이 '고귀한 예술' 작업보다 훨씬 엄격할 정도로 패턴화되고 정형화되어 있는 것 같다고 부가 설명한다(앨런 1987: 49에서).[4] 내러티브에 대한 열망은 청중에게 끼치는 영향력의 문제들, 요컨대 특히 청중들에게 무엇보다 하나의 리얼리티를 확신시키도록 하는 이 힘과 관계한다. 존 코너는 "텔레비전 내러티브 형태에 기여하는 부정적인 심리학적 영향들, 사회적 영향들 그리고 정치적인 영향들"에 대해 기술한다(1999: 50). 그는 텔레비전의 내러티브 구조가 "시청자에게 스크린에 있는 것과 미학적인 관계를 갖도록 유혹한다고 제안한다 등등 '비평적 거리를 감소시키는' 인물의 쾌감, 설정의 쾌감, 행위의 쾌감"(인용 51). 내

---

4) 코즐로프의 모델이 갖고 섬세한 결합에 대해 버튼(200: 116-17)을 살펴보라.

러티브는 "이슈에 대한 다양한 요소들로써 간주되는 잡종적인 단위들을 유발시키는 복잡성을 지나치게 단순화할 수 있다"고 그는 말한다(인용.). 마침내 그는 "다른 관점들이 종속되고 주변화되고 배제되는 동안에 묘사된 사건들과 상황들에 대한 확실한 관점들이 인식론적인 특권을 주고 있다"고 말한다(인용.). 이야기와 인물들의 참여는 "지배적인 관점"을 가진 채로 임시적이지만 정렬의 정도를 따른다(인용.).

내러티브가 위력적이라는 것에 대해서 의심할 여지가 없다. 고전 리얼리스트가 쓴 텍스트(제2장 3 참조)와 관련한 주류 내러티브들은 청중의 동일시를 장려한다고 자주 비판받았다. 신문 편집자들이 쓰는 논평들은 허구물 속의 허구적인 인물들과 대중적 판타지들이 '비평적 거리'를 감소시킨다고 제안한다: 텍스트의 세계, 내러티브 장르는 리얼리티의 유일한 버전으로써 차츰 사라진다. 내러티브는 총체화시킬 수 있는 **것처럼 보일 수** 있고 내러티브가 정체성을 개발하는 방법들을 무시하는 영원한 잠재력에 대한 관찰인 것처럼 보일 수 있다.

예를 들어 연속극은 시작도 끝도 제공하지 않는 것 같고 영원한 현재에 청중을 위치시키는 것 같다. 텔레비전 드라마들의 차이점에도 불구하고 표준화가 요구되는 이유는 작가들이 아닌 제도들이 내러티브가 어떻게 방송을 위해 한데 놓여질 수 있는지를 설정하기 때문이다. 스토리 라인들은 독자들이나 청중이 아닌 형식에 의해 규제된 방식으로 읽혀진다. 앞의 논평들은 대중 텔레비전에 대한 몇몇 비평주의를 대표한다. 그런데 그것들은 내러티브 매체 형태와 청중들의 관계를 이해시키려고 했던 민속지학적인 수많은 연구들에 대한 탐색의 질문을 제공해 왔다. 그러나 이 장에서는 텍스트 자체가 해체 영역이라는 것으로 확장시키는 것에 초점을 맞춘다. 독자-청중들의 관계는 해체적으로 실행할 때 중심적이다. 전술한 비평주의가 암시하는 것처럼 텍스트들은 결코 정형화되거나 지나치게 확신적인 것은 아니라고 몇몇의 증거가 말해 주는 것 같다.

이엔 앙의 《달라스를 바라보며》(1985)는 앙이 말한 미국식 연속극이 무비판적인 독자들이 아니라, 1980년대 미국식 자본주의를 자연화시키기보다 조롱하는 어떤 것, 노출시키는 어떤 것, 요컨대 위대한 아이러니를 텔레비전 내러티브 속에서 바라보는 사람들을 생산한다. 모든 텍스트들은 아이러니컬하게 읽혀질 수 있지만, 앙이 자신의 작품에서 받은 반응들은 《달라스》 내러티브가 요구했던 것처럼 보이는 선택된 읽기가, 텍스트의 암시적인 아이러니에 의해 격하되었다는 것을 말해준다. 《달라스》에 대해 '적의'를 드러내는 집단들은 확실히 내러티브가 그들에게는 유혹적이었다고 생각해야 한다; '적의'는 무언가에 의해 유발되었음에 틀림없다. 판타지와 내러티브가 "옆이 아닌 삶의 다른 범위들(사회적 훈련, 도덕적이거나 정치적인 의식)"(1985: 135)을 대신하는 기능을 하지 않는다면, 텍스트들은——모든 내러티브 종류들의——비평주의가 제안해 왔던 것[5]보다 훨씬 덜 유혹적이고 그들이 사용하고 번역하고 유통하는 용어로 훨씬 더 **일시적**인 것을 내포하는 것처럼 보일 수도 있다.

텍스트의 모순(내러티브의 침묵, 내러티브의 부재와 혼란)은 이론가인 피에르 마셰리(1978) 책에서 기술되고 있다. 그는 바르트처럼 텍스트들이 마지막 의미를 담아내는 비밀스런 퍼즐이 아니라고 제안한다. 모든 텍스트들은 구성된 상태들(기호들, 이미지들, 시각적 구성 안에서) 때문에 이 기호들의 침투할 수 있는 성질로 읽혀지지만 작가-프로듀서의 이해력이라고는 읽혀지지 않는다. 모든 텍스들 속에는 '갈등'이 존재한다고 마셰리는 논의한다. 갈등은 보기와는 달리 텍스트가 "몇몇 의미들의 양립 불가능함에서 생성된다고 확신하는 것만큼 텍스트의

---

5) 대중적인 내러티브의 허구가 '본드의 형상'이 '대중 영웅'(1987: 1)이라고 생각하는 독자들과 영화 관람객들을 어떤 방식으로 유혹해 왔거나 그렇지 않았는지를 고려하는 토니 베넷(Tony Benett)과 자넷 울라콧(Janett Woollacott)의 《본드와 그것을 넘어서 Bond and Beyond》(1987)를 살펴보라.

'불완전한' 기호는 아니다"(1978: 80). 텍스트가 말하지 않은 것, 즉 '무의식'은 독자의 손 안에서 의미를 생성할 수 있다. 이데올로기를 없 애려 하기보다 내러티브 텍스트들은 자신의 모순성을 드러낸다.

텔레비전 내러티브들은 다른 무엇보다 문화의 몇몇 버전들을 만들 어 낸다. 마지막 장들은 어떤 방식으로 젠더, 인종 그리고 성이 재현 되어 왔는지에 대해 논의한다. 1960년대 영국 다큐멘터리에서 흑인 주 체들을 재현하는 것에 대한 말리크의 관찰로 돌아간다면, 그 다큐멘 터리들이 '인종'에 대해 지배적인 읽기를 강조하는 동안 매체의 안팎 으로——비록 아주 천천히 진행되었을지라도——이것들에 대해 논쟁 이 이루어졌음을 알 수 있다. '흑인이 잠정적으로 차지하는 매체 공간 은 "매우 통제될지라도, 싸움이 일어나는 의미 있는 영역으로 간주되 어야 했다"(2002: 50). 텔레비전 텍스트가 요소들의 논쟁을 일으키는 것으로 구성된 것인 만큼——그리고 자주 모순적인——내러티브를 **강요할 수 있는** 이음매 없는 구멍은 아니다.

내러티브의 모순들

이 부분은 〈벨벳 애무하기〉의 읽기를 끝낸다. 여기에서는 모든 내러 티브들이 자신의 모순을 설정하는 방식들에 대해 관심을 갖는다. 화자 들이나 인물들과의 동일시가 내러티브의 허구적인 세계로 들어가는 주요 수단들을 제공하는 것 같을지라도, 텍스트 자체의 내러티브는 자 연적인 호소를 해체하도록 돕는다. 청중들을 유혹하는 것과는 멀리 떨 어져 있는 내러티브들이 해결되어 나타나는 것보다 더 많은 문제들을 설정한다. 〈벨벳 애무하기〉의 오프닝 시퀀스들은 **점프 커트들**을 사용 하고 편집은 시간과 공간이 불연속적이 되기 위해 휴지를 창조한다. 연 속성은 난의 목소리에 의해 제공된다. 그녀는 청중에게 어촌의 삶에 대 해 상세하게 설명한다. 이 장면은 로맨틱한 시대극을 설정한다. 난은 자신을 화자이자 초점자로서 그리고 청중이 동일시할 누군가로서 드라마의 중앙에 차지하도록 한다. 오프닝 3분 동안 목소리들, 노래들, 얼굴 이미지들, 침묵들, 장면의 흐릿함들, 슬로 모션과 드라마틱한 참여는 내러티브의 시간과 공간이 난의 영지에 위치하도록 만든다. 그것들은 청중들로 하여금 이 허구적 세계에 대한 지식을 얻는 것이 난을 통해서일 것이라는 것을 확신해 주는 것처럼 보인다.

그러나 난과 그녀에 대한 이야기는 〈벨벳 애무하기〉에서 제시된 이야기와 경쟁하며 싸우는 다양한 다른 내러티브들과 관련해서 보여질 때 단일한 것이자 유일한 것이다. 극화된 시기가 과거로 설정되는 한, 난의 이야기는 이 과거를 재생하고 다시 생각해 보며 주체들의 문화를 이해하는 방법인 것이다. 텍스트의 과거에 대해 재활하는 읽기는 난의 정체성보다 역사적 정교함에 대해 관심을 갖는다. 그러나 주요 초점이 19세기가 아닌 동성애적인 문화들에 대한 설명에 있다면 이 과거는 얼마나 정교할 수 있을까? 텍스트가 갖는 역사적 설정의 '정교함'은 다소 BBC 로맨스의 인상적이고 초현실적인 스타일에 의해 문제화된다. 텍스트의 정교함은 부분적으로 신뢰할 만하지만 난에 의해 문제화된다. 그녀는 모든 것을 '보는' 위치에 있지 않다. 난과 동일시하면서 청중들은 허구적 세계에 대한 제한적이고 이해하지 못할 만한 통찰을 받아들여야만 한다. 난과의 **동일시**는 어느 정도 동성애적 욕망들과 **동일시하는 것**을 가정한다. 이것이 또한 19세기의 성문화를 기술하는 내러티브라면 과연 어떤 시점이 제한된 것일까? 난의 시야와 동기에 기초하는 동일시는 필연적으로 한계를 지닌다: 그녀는 내러티브 속의 유일한 **한** 인물이다. 정체성을 강조하는 드라마의 처음은(청중들은 매우 빨리 난이 레즈비언이라는 것을 알게 된다)[6] 시대극 장르와 역사극 시기가 세 가지의 에피소드들이 묘사하는 성과 유사-성의 열정보다 틀림

---

6) '레즈비언'은 우선 20세기의 정체성 범주라는 정도에서 그 자체로 논쟁적이다.

없이 덜 중요하다는 것을 의미한다. 다른 어떤 것과 떨어진 채로 난은 내러티브가 의지하고 있는 상호 주관적인 영역에서 이해된다. 처음부터 난의 정체성을 점점 더 어렵게 만들어 가는 것이 바로 내러티브이다.

오버-더-숄더 쇼트와 시점 쇼트는 청중들이 난의 시점에서 느끼고 생각할 것이라는 것을 확고하게 하는 것 같다. 난이 마차를 타고 런던의 빌딩들과 거리들을 바라볼 때 청중들은 그녀의 어깨 위에서 보는 것처럼 난의 시야로 '바라본다.' 그러나 난은 에피소드 2인 '톰' 속으로 빠르게 변화하면서 남자 옷을 입고 거리를 방황한다; 런던 거리들이 난의 목소리로 이루어지는 논평과 섞여 있을지라도 걷고 있는 난-톰의 쇼트들, 그러나 이것은 드라마의 '실재-시간' 행위에서 고립된 것처럼 보이는 논평이다. 청중들은 지금 누구에게 동일시할 것인가? 어떤 **인물들**(톰, 난 혹은 목소리 화자)이 청중들을 유혹해야 하는 것인가? 마침내 유혹자는 분리된 목소리를 지닌 유혹녀가 된 것일까, 아니면 프로그램을 만들었던 기관으로서의 유혹녀인 것일까?

이 문제들은 어떤 방식으로 내러티브의 동일시가, 내러티브들이 특별한 세계의 전망을 강요하기 위해 억압하는 비평적 작업을 일으키거나 파헤치는 사실에 대해 하찮게 만드는지를 의미하는 것은 아니다. 그러나 그것들은 텍스트 그 자체가 스스로의 어려움을 어떻게 수립하는지를 보여준다. 바르트와 푸코가 말한 것처럼 텍스트의 형식적 특징들은 결코 중립적이지 않은 이데올로기, 역사와 신화들과 밀접한 관계가 있다. 그러나 텍스트 형태에 대한 특별한 굴절과 강조들은(그 의미들) 항상 불안하고, 결코 마지막 의미를 담아낼 수 없다. 마르크스주의의 영향을 받은 탈식민주의 이론가인 가야트리 스피박은 페미니스트이고 해체주의 비평주의가인데 그녀는 모든 텍스트들이 텍스트 안의 간격들과 균열들을 강조하는 메타포나 연결 관계에 의존한다고 제안하였다. 이 간격들은 텍스트가 청중과 독자들을 단일한 방향으로 이끄는 것에 반대하기 위하여 복수적이고 투명한 종결로 이끄는 것만큼 중요하다. "텍스트를 묘사하는 과정 안에서… 풀어지지 않는 모순에 정착하려는 단어들을 가로지른다"고 그녀는 말한다(스피박 1976: 1xxvii). 의미를 위치시키고 고정시키기 위해 스피박은 보다 더 '은폐,' '자기 기만'과 '비결정성'(인용.)을 찾아야 한다고 논의한다. 이와 같이 해독하는 행위 속에서 청중들은 남겨진 간격들을 기초로 하여 텍스트가 의미하는 것을 안정화시키려고 시도한다. 청중들이 의미의 구성을 하며 결정을 연습하는 동안에 이것은 자체 완성[7]을 수립하기 불가능한 텍스트와 항상 관련한다.

〈벨벳 애무하기〉는 시대극으로, 역사 로맨스로, 다른 여자를 사랑하는 여인들에 대한 이야기로, 영국 빅토리아 시대의 지배적인 설명, 요컨대 영국의 19세기 후반에 살았던 중산 계급과 노동자 계급에 대한 설명으로부터 숨겨져 왔던 역사에 대한 내러티브로 읽혀질 수 있다. 형식주의적 방법을 활용하면서 그것을 이야기, 담론 그리고 발화라는 용어에 근거하여 분석할 수 있다. 내러티브 구조에 대한 판단들은 바르트가 살펴본 것과 같이 보는 자-내러티브의 관계들과 의미들에 대한 문제와 관련한다. 텔레비전 내러티브들은 의미들을 시각화하고 구성한다. 그리고 그것들은 역사적이고 사회적이며 정치적인 맥락과 관련하여 이루어진다. 마침내 그것들은 또한 쾌감을 요청한다고 말할 수 있다: 보는 것에 대한, 듣는 것에 대한 그리고 이해하는 것에 대한 쾌감을. 이들 중 몇몇은 우리 자체의 감각과 사회적 정체성을 강화하도록 기능한다. 그러나 다른 것들은 매우 다른 방향으로 우리를 이끌어 간다: 기대하지 않은 정체감과 대답할 수 없는 문제들 속으로.

---

7) 읽기 행위 혹은 보기 행위 수행에 대한 두려움은 넬슨에 대해 토론되었다(1977: 2-3). 그러나 텍스트 그 자체는 중재의 수행 혹은 행동들을 부추기는 문제들을 제기하는 것으로 보여질 수 있다.

2. 장르

장르들은 텍스트들이 독자와 시청자 그리고 청취자들에게 활용될 수 있는 방식들 중 하나이다; 의미들이 꾸려지고 계층화되는 방식들 중 하나이다; 그리고 작가들, 감독들 그리고 프로듀서들은 리얼리티에 대한 허구적이고 실제적인 재현 방식으로써 장르들을 활용한다. 그래미 터너는 장르들을 "시청자가 갖는 기대감에 의해 행동화된 텍스트와 청중 간의 협약의 생산물"로서 요약한다(2001: 7). 대중 텔레비전 장르들 안에서 청중들은 각각의 장르적 변이체의 굴절과 왜곡을 고려하지 않고 기대하는 것이 무엇인지를 알고 있다. 장르의 압박 범주 내에서 작가들은 특정한 시리즈물들의 안내서를 따르도록 요구받고, 그 지적들을 따르는 것은 로맨틱하고 공포스럽거나 가정의 갈등에 대한 미세한 집필을 하는 '저자'에게 가르친다.

많은 **대중**장르들의 생산과 소비(페이퍼백 · 영화 · 텔레비전)는 20세기에 일어났던 산업 생산의 변화들과 연관한다. 그러나 장르들은 훨씬 더 멀리 거슬러 올라간다. 실로 대중장르들이 비평에 종속되어 있을지라도 이 장에서 논의할 일반적인 포뮬러들 중 어떠한 것도 '새로운' 것은 아니다. 《텔레비전 장르 북》에 기고한 많은 사람들(글렌 크리버 2001)뿐만 아니라 파트리샤 홀랜드(1997), 닉 레이시(2000) 그리고 제임스 왓슨(1998) 모두는 초기 20세기 러시아, 프랑스 그리고 고대 그리스 비평적 전통을 그렸다. 대중매체뿐만 아니라 노동과 특화 그리고 소비의 분배에 위치해서 증가하고 있는 스트레스는 좋은 취향, 문학적 질, 미학과 문화에 대한 개념에 영향을 끼쳤고 이것은 Q. D. 리비스(1978), 테오도르 아도르노(1997[1944]) 그리고 허버트 마르쿠제(1972)와 최근의 짐 맥기간(1992), 그리고 케이트 소퍼(1999)를 포함해서 수많은 비평가들과 논평가들을 **가치**에 관한 이슈들을 가지고 있는 장르의 문제들과 연관시키도록 이끈다.

정의들

장르(분류, 집단이나 형태를 의미하는)는 허구적이고 영화적이거나 시각적-예술적인 특정한 **종류**를 지칭하는 데에 사용되었던 용어이다. **장르**는 시추에이션 코미디, 공상과학, 로맨틱 코미디나 경찰드라마 같은 **텍스트들**을 범주화시킨다. 텍스트들은 단순한 텍스트들이 아니라 무리와 집단에서 온다; 이 집단들은 의미들과 기능들에 놓여 있다. 예를 들면 캐롤린 밀러(1984)는 좀 더 사회가 복잡할수록, 좀 더 구획될수록 장르들이 필요하다고 논의한다. 필름 누아르, 연속극들, 웨스턴물, 10대의 고딕, 그리고 로맨틱 코미디들은 일반적이고 하위 일반적인 구획들의 확장을 제안한다. **장르**는 또한 문제가 있는 텍스트를 분류화하는 방법으로 작동하면서 비평의 목적을 제공한다. 이러한 논리는 텍스트들이 형식적으로 **분류되고** 장르에 대한 이해에 보조하고 명령을 내리는 보편적 정의들이 있다는 것을 암시한다. 이것은 새로운 과정이 아니고 텔레비전이 그 자체의 생산을 축적하는 유산인 셈이다. "각각의 내러티브 장르는 수립된 관습에 설정된다"고 홀랜드(1997: 125)는 기술한다. '장르 비평'은 장르 분리라는 용어뿐만 아니라 규칙에 기초하는 창조라는 용어에 의거하여 "고전적인 표준들에 대해 조심스럽게 고착하려 한다"고 릭 알트만은 기술한다(1999: 16-17).[8]

닉 레이시는 장르들에 동일시하는 '가장 최고의 시작 지점'은 "다음과 같은 것을 목록화하는 것이라고 제안한다: 인물들의 타입, 설정, 도상, 내러티브와 텍스트의 형태, 그리고 나서 어떤 장르에 속해 있는지

---

8) 또한 알트만의 1980년도판 영향력 있는 에세이를 살펴보라. 1984년판 216-26쪽을 살펴보라.

를 고려하라"(2000: 136). 유사한 목록화와 정의들은 그래미 버튼
(2000: 86-94), 왓슨(1998: 137-42) 그리고 홀랜드(1997: 153-9)가
제안했다. 장르의 복잡성을 주장할지라도 유명한 장르 학자들인 알트
만과 스티브 닐(2001; 2002: 1-10)은 장르들의 분류가 텔레비주얼적
이고 영화적인 생산을 이해하기 위해 필요한 시작 지점 중 하나라고 제
안한다. **텔레비전 드라마**(연속극들, 시추에이션 코미디들 혹은 아이들
오락물에 반대하는)에서 《텔레비전 장르 북》(크리버 2001)의 기고자들
은 단막극, 웨스턴물, 액션시리즈물, 경찰시리즈물, 메디컬드라마, 10
대물 그리고 이 광범위한 범주 안에서 주요 변이 형태로써 포스트모던
한 드라마들을 동일하게 다룬다.

도식들과 구조들

형태, 설계 그리고 장르들의 의미들을 강조하는 이러한 도식적인 접
근들은 여기서는 문제될 만하지 않다. 그러나 이 장은 또한 **주체들**과
정체성과 관련하여 세워지고 가정된 문제적인 장르들의 관계를 강조
한다. 청중들의 정체성과 이 청중들을 구성하는 주체들의 나이, 민족
성, 젠더 그리고 성은 기관의 판매와 생산과는 좀처럼 연결되지 않는
다. 매체에 대한 민속지학자들과 비평이론가들은 사람들이 그들이 행
한 것을 관찰하는 **이유**에 관심을 갖는다. 텔레비전 장르들은 다소 텔
레비전 시청과 연관된 효과들, 의식들 그리고 활동들을 둘러싼 것을
두고 논쟁을 벌이는 데에 관련한다. 대중적인 장르들에 대한 반복적
인 시청의 자연화는 쾌감을 정치적으로 다루지 않는다; 장르의 경계
는 폐쇄된 세계를 제공한다; 그리고 편집과 선택은 몇몇 집단들이 결
코 텔레비전의 재현된 세계로 들어가지 않는다는 것을 의미한다. 지
난 25년[9] 동안 매체 탐색은 텔레비전이 사회적이고 정치적인 리얼리
티를 정의하는 위치에 있다는 것을 수립했다. 텔레비전 장르들은 실제

적이든 허구적이든 간에 이데올로기적인 힘 때문에 문제가 된다.

텔레비전은 정체성의 범주를 지시하는 장르라는 용어로 분류된다. 장르들은 다소 자신들을 만들고 생산하는 제도 기관으로부터 자유롭지 못하다. 그리고 장르는 쉽게 변경되고 변하고 시장의 지배나 흐름에 따른 이익에 따라 버려질 수 있다. "제도는 내부 연계적인 펀딩, 생산 그리고 사용[텔레비전 장르]을 작동한다"라고 존 코너는 기술한다 (1999: 13). 그러나 미디어 리서치는 또한 청중들과 생산물 사이에서의 복잡한 상호 협력들에 대해 기록한다(래드웨이 1987; 몰리 1992). 그리고 장르가 수용되고 소비되는 맥락은 그것이 어떻게 사용되는지의 경계 안에서 중요할 것이다. 스티브 닐은 각 미디어 기관이 소유하고 있는 판매와 다시 보기인 '공중의 시스템과 형태'에 주의를 집중했다. 그러한 과정은 "기대감을 형성하는 것과 함께 장르들에 대한 표지와 이름들을 제공하고 공동 제작 영화, 텔레비전 프로그램들 그렇지 않으면 다른 작품들과 텍스트들을 위한 기초를 제공하는 역할을 한다"(인용,.). 그러나 닐이 열십자 모양이라고 언급하며 생성된 이름과 라벨들 그리고 이 특징들에 대한 최초의 상세한 사항들이 장르를 둘러싸고 일어나는 코드들에 대해 토론과 논쟁을 수반할 것이다.

몇몇 주요 특징들

일반적인 용어로 장르는 반복적이고 형태적인 구조들에 의해 특징지워진다(알트만 1999: 1-11; 닐 2001). 장르의 반복적인 성질(몇몇 대중 내러티브들)은 이 반복들에 대해 파괴와 혹은 혼성적인 버전들의 구성이 시장의 요구를 증가시킬지라도 생산과 기관의 목적에 적합하다

---

9) 가령 필립 슐레징거(Philip Schlesinger)(1978), 제임스 커렌(James Curran)과 그 외 사람들(1986); 그리고 그래그 필로(Greg Philo)(1996)를 살펴보라.

(가령 다큐-연속극, 다큐드라마들; 코너 1999; 12-23, 70-9). 몇몇 장르들은 청중에게 기대감을 형성하고 제공하면서 주마다 텔레비전의 스케쥴 시간대를 고정시키고 배분해 왔다. 영국의 지구적인(terrestrial) 채널은 특정한 변이체들과 관련하고 서로 다른 청중들을 호출한다(가령 채널 4의 〈홀리요크〉; ITV의 〈대관식의 거리〉; BBC1의 〈이웃들〉). '작가주의적 드라마'(가령 린다 라플랑트, 데니스 포터, 앤드류 데이비스)는 대중적인 일반 형태와는 다르게 청중의 기대감에 영향을 줄 것이다(가령 메디컬드라마). 작가주의적 드라마의 내러티브 구조들은 대중장르보다 좀 더 복잡하고 확장된 구조들을 채택하려 할 것이다. 장르들은 미니 시리즈물 형태를 채택할지 모르고(가령 BBC의 〈부처의 교외생활〉, 1993), 연속적으로 둘 혹은 삼일밤에 걸쳐 방영하고(이 책의 마지막에서 논의될 ITV의 〈프라임 서스펙트〉) 그렇지 않으면 둘 혹은 세 시간 정도 걸리는 일회성 드라마일지도 모른다(크리버, 《텔레비전 장르북》, 8-43을 보라).

대중장르들(가령 시추에이션 코미디들, 연속극, 몇몇 메디컬드라마)은 30분에서 60분 정도의 방송 시간이 걸리고 전형적인 인물들이 등장하여 연기하지만 보통은 방송을 위해 설정된 시간과 일자를 버리지 않는다. 몇몇 장르들이 내러티브를 고착시키기 위해 기관의 상황들(가령 법원이나 경찰서)을 활용하는 반면에 다른 장르들(가령 시추에이션 코미디)은 가정을 다루거나 계급, 젠더, 성 그리고 세력 갈등을 다루기 위한 플롯들, 상황들과 관계한다(포이어 1992, 2001을 보라). 코미디의 경우 그다지 배타적이지 않을 정도로 인물들이 전형적이거나 반대의 인물적 특징에 기초한다; 내러티브와 플롯은 장르의 성공뿐만이 아니라 다음 회분의 시청과 관련된 의식을 확고하게 하기 위해 클라이맥스, 비판적인 왜곡이나 서스펜스의 순간을 작동시킨다. 코미디와 로맨스는 인물, 상황이나 관계들이라는 말에 근거하고 있는 작은 역학주의를 지닌 채 사회적 상태나 고착에 의지하려는 경향이 있다. 몇몇 변형자들이 이 세 가지 변형태들과 관련한 형식들을 채택하거나 개혁하려고 할지라도 말이다. 장르의 특정한 포퓰러에 안주하려 할지라도 몇몇 장르들은 코미디와 같은 지배적인 형태 안에서 한 형태(가령 비극)의 요소들을 혼합하려 할 것이다(BBC1의 〈무덤 속의 한 걸음〉, 2000년 10월의 마지막 에피소드를 보라).

장르들은 긍정적인 방식뿐만 아니라 부정적이고 안타고니스틱한 방식으로 **청중의 동일시**와 관련하여 기능하는 인물들을 구성한다. 전통적인 남자 영웅이나 여자 영웅은 완벽하지 않을 것이다. 유사하게도 안타고니스트, 범죄자 혹은 적은 자신의 특징을 회복하지 않은 채 존재하지 않을 것이고 이렇게 해서 청중들의 동정심을 끌어낼 것이다. 인물과 사건들의 영역은 분리될 수 없고 일상성, 가족의 가치, 도덕성 그리고 인간 선(善)에 대한 잠재 가능성, 인간 관계 그리고 정의의 신화를 제공하고 개발하는 플롯, 테마들 그리고 정체성을 둘러싸고 구성된다. 노력들이 회복되고 동일한 평형 상태와는 다르지만 다른 형태로의 회귀는 명백할 것이다.

코드들: 롤랑 바르트와 '텍스트의 실명학'

롤랑 바르트는 자신의 저서 《S/Z》에서 코드들이 문화 텍스트에서 어떻게 작동되는지를 주의깊게 다루었다(1970; 번역. 1974). 그는 그러한 텍스트들에서 다루어지는 다섯 가지의 코드 형태를 제안한다. **해석학적 코드**는 내러티브가 항상 '문제'(1974: 17)를 형성하는 것과 관련할 것이라는 방식들에 대해 언급한다. 수사물이나 연속극은 수수께끼나 개인의 관계에 대한 해결과 관련하고 거기서 나오는 긴장은 프로그램의 구성과 쾌감에 중요하다. 모든 장르들은 청중의 입장에 서서 해석하거나 해독하는 활동의 형태와 관련한다; 해석학적 코드는 어떤 방식으로 청중들이 플롯의 해결을 통해 통찰을 얻어내는 것을 목표로 하는 텍스트의 상세한 것들을 식별하고 정렬하는지에 관심을 갖는다.

의미론적 코드는 텍스트가 의미의 내적 관계망(내포 · 메타포 · 외연들) 속에서 설정되는 방식에 대해 언급한다. 조나단 쿨러에 따르면 그것은 "독자들에게 인물을 창조하는 정보의 조각들을 얻을 수 있도록 만드는 문화적이고 전형적인 타입들을 제공한다"(1983: 84). 가령 **BBC**의 〈로일 패밀리〉는 다른 인물들뿐만 아니라 청중들 사이에서의 기대감을 유발하는 어떤 행동들, 행위들 언어와 매너리즘과 연결되어 있다.

바르트의 세번째 코드는 **상징적** 코드이다. 바르트는 물건들, 색채들, 언어와 이미지들이 어떤 인물들과 어떻게 관련하는지를 강조한다. 가령 상징과 인물 사이의 이러한 연결은 이야기 속의 인물들에게 도덕성이나 선의 상징적 재현과 연관한다. 채널 4의 〈퀴어 에즈 포크〉에서 특정한 멜로디, 물건들과 바(bar)들은 다른 캐릭터가 아닌 한 캐릭터와 연관한다. 스튜어트의 차, 주택과 활동 공간은 소비문화, 유복함, 욕망 그리고 쾌락과 연관한다. 그러나 스튜어트의 상징적 영역은 빈스, 나탄 혹은 스튜어트의 가족과 연결되는 사람들과 대조를 이룬다.

네번째 범주는 **행위적**이거나 행동 코드이다. 여기서 바르트는 시퀀스, 논리, 연대기, 우연성과 관련하여 이야기에서 발생하는 중요성에 주의를 집중시켰다. 행위적 코드는 청중에게 행동이나 동기부여의 친숙한 형태를 그려낼 수 있도록 한다(가령 청중들은 살인, 깜짝 파티, 은행 강도를 둘러싼 의식들의 극화에 친숙하다). 그것은 또한 일반적인 관습을 강화한다. 가령 그것은 납치, 수사 그리고 국가 안전에 대한 관심과 슬로건 'M!5, 9에서 5까지(M!5, Not 9 to 5)'를 갖고 있는 BBC1의 〈유령들〉(2002)은 코미디나 뮤지컬 장르의 인물들의 태도처럼 배우들을 정부 청사에 남겨둘 것이다.

지시적 코드는 바르트의 마지막 범주이다. 그것은 텍스트가 의지하는 문화적 지시대상들을 강조하기 위해 자신을 넘어 확장시키면서 어떻게 설명적으로, 정보적으로 혹은 예증적 방식으로 작동하는지에 대해 언급한다. 장르의 지시적이거나 문화적 코드는 문화에 대해, 일상의 (자주) 당연히 받아들여야 하는 연습들에 대해 설명할 것이다. 그러나 이 지시적 코드들은 또한 텍스트 밖의 권위를 가정한다. 예를 들면 BBC1의 〈일상성〉에서 기관으로서 병원문화에 대한 것이거나, 의학 수련자들 사이의 계급 체계에 대한 것이거나 과학적 지식의 상태에 대한 전체 가정의 범위는 장르를 토대로 세워진다.

장르, 코드들 그리고 분류 의미

모든 장르에서 이 코드들은 내러티브의 일반적인 본질에 관하여 시작을 제공하고 단서를 끄집어 내면서 작동할 것이다. 신뢰할 만한 리얼리티를 구성하는 데에 성공과 실패는 장르에 반응하는 청중들의 방식에 따라 측정된다. 이엔 앙(1985), M. E. 브라운(1994), E. C. 리드(1996)와 엘렌 세이터(1996) 등등에 의해 이루어진 장르와 청중 탐색은 영향력 있는 장르들이 주체들의 삶을 갖는다고 평가한다. "비평적 거리를 감소시키는"(코너 1999: 51) 내러티브와 장르들의 '매력적인' 힘에 대한 관심에도 불구하고 명백한 것은 "지시적이고 아주 허구적인 읽기 사이에서 장르 청중들은 매우 손쉽게 바뀐다"고 제안한다(세이터 외. 1996: 147). 그러나 바르트의 코드들이 장르를 이해하는 것만큼, 어떤 방식으로 이 코드들이 문화 정체성을 해독하는 것과 관련하여 작동하는지를 이해하는 것은 단순하지 않다.

중요한 것은 먼저 장르의 코드들이 왜 문제가 되느냐는 것이다. 바르트에 의하면 개인 주체들은 "한정된 다른 텍스트들의 복합성이다"(1974: 10). 만약 장르가 정체성을 생산하고 암호화하는 것과 관련한다면, 그 코드들은 모든 정체성이 사회적 힘과 관련하기 때문에 커다란 의미를 가지고 온다. 바르트의 분석은 문화 텍스트의 방식들이 의미를 담고 있는 그릇으로서 암호화된다고 강조한다. 어떤 지점에서 문화 속 의미는 불가피하게도 정체성과 관련한다. 사회적 계급, 민족성, 젠더, 권력, 나이와 종교로부터 야기되는 정체성의 범주는 설정, 위치, 인물들, 목소리, 플롯 등등과 관련한 장르 속에서 형상화될 것이다. 기관과 생산은 이와 같은 일반적 분류화에 의존한다. 이것을 BBC의 〈로일 패밀리〉(1998-2000)에 대한 짧은 설명을 통해 알 수 있다. 이 '코미디'의 인기는(크레이그 캐시, 헨리 노말 그리고 카르멜 모르건과 함께 캐롤라인 아헤르네가 집필한) BBC2에서 BBC1으로의 빠른 이동을 강화했다. 그레이터 맨체스터(Greater Manchester) 어딘가에 우울해 보이고 한 개의 방과 한 개의 주방을 볼 수 있는 로일의 테라스가 있는 공영주택은 이 시리즈물의 설정이다. 인물들은 앉아 있고 텔레비전은 항상 켜져 있으며 강요된 침묵이나 대화의 부재는 텔레비전의 대화들로 채워진다. 인물들의 대화는 항상 중재자로서 텔레비전에 의해 발생한다. 카메라 위치는 변하지 않은 채 고정되어 있고 시리즈물은 거의 거실을 떠나지 않는 쇼트로 구성된다.

이 '노동자 계급'이 갖고 있는 가족 정체성에 대한 문제들은 어떤 방식으로 BBC가 신뢰하고 행복한 가족을 만들기 위해 일반적인 코드들을 전개할 것인가와 관련할 것이다. 이 시리즈물의 지시적 체계에 대한 시험은, 혹은 문화적이고 의미론적인 코드들을 만들어 내는 방식들은 그들이 어떤 방식으로 계급, 젠더 그리고 종교를 재현해 내는지를 보여줄 것이다. 예를 들어 이 시리즈물이 연속극과 얼마나 차이점을 갖는가? 얼마나 정교하게 노동자 계급의 가족들이 다큐멘터리 형식과 비교해서 어떻게 살아가는지를 그려낼 수 있는 것인가? '엄마'와 '아빠'들은 진정으로 바브(수 존스톤)와 짐(리키 톰 린슨)을 좋아하는가? 아니면 이 시리즈물은 노동자 계급들이 과거에 **살아갔던** 방식들에 관심을 갖는가? 계급적 정체성의 문제와 함께 이 시리즈물은 암암리에 영국의 정체성에 대한 문제들을 제기한다. 게다가 시리즈물은 반드시 젠더와 나이, 그리고 애국심과 성에 대한 담론과 연관한다. 짐은 결코 자신의 팔걸이 의자에서 움직이지 않는다, 바바라와 10대 아들 안토니(랄프 리틀)는 불평을 늘어놓으면서 음악을 들으며 차를 만든다. 딸 데니스(아헤르네)와 남자 친구(나중에 남편) 데이브 베스트(크레이그 캐시)는 가족의 주요 인물로 완성된다. 바브와 짐, 데니스와 안토니 사이에서 가족의 대립주의는 시리즈물의 가족 코미디를 추가한다.

　이 시리즈물이 성공한 것은 부분적으로는 북부 신화와 노동자 계급의 삶의 전개와 암호화 때문이다. 코미디 범주 내에서 쇼의 위치는 거칠다. 짐의 거칢과 야비함 혹은 데니스의 게으름이 일반적으로 다큐 연속극이나 다큐멘터리에서 꾸려진다면, 대체적이고 가능하면 적대적인 청중의 읽기에 종속된다. 짐은 하루 종일 앉아 있다; 그리고 데니스는 엄마의 감정을 폭발시키면서 남자 형제를 비판한다. 그러나 이러한 행동들은 코믹스럽기 때문에 받아들일 만하다. 동시에 이 시리즈물이 전개하는 사적인 친밀함의 감정들이 계급, 젠더 그리고 민족성에 대한 재현이 예를 들어 〈로일 패밀리〉이 엉성하게 구성되는 데에 기반한 1960-1970년대의 코미디 시리즈물 〈죽음이 우리를 갈라 놓을 때까지〉(BBC1)처럼 문제와 관심을 제기하지 않는다는 것을 의미한다.

　〈로일 패밀리〉에서 말, 억양 그리고 대화적 특징들은 코미디의 남부적이고 노동자 계급의 틀에 대한 지시를 명확하게 한다. 그것의 인기는 부분적으로 노동자 계급 가족의 가치, 가정적임 그리고 결혼에 대한 〈로일 패밀리〉의 지시와 연관한다. 그러나 그것은 또한 왕족 가족인 남부와 중산 계급의 정체성과 가치들을 둘러싸고 대조적인 신화에 대한 지식을 가정한다. 가령 BBC1의 〈키핑 업 어피어런스〉(1990)에서 히아신스 부케의 주소지는 아니지만 설정은 맨체스터이다. 로일은 테라스가 있는 공영주택이지 〈나의 가족〉의 에드워드식의 잎이 우거진 곳에 위치한 테라스가 있는 빌라가 아니다(BBC1, 2000) 혹은 〈이 생애〉의 사우스워크 테라스가 아니다(BBC2, 1996); 그리고 발화 언어는 표준 영어와는 다른 북부식이다. 그리고 후에 두 시리즈물에서 특징적으로 나타날 표준 발음 RP(Received Pronunciation)의 표식들이다. 이러한 시리즈물의 분석은 노동자 계급의 삶에 대한 재현의 정교함과 관계할 것이다. 그러나 보다 더 코미디의 사용은 백인, 노동자 계급의 가치들과 관련하는 몇몇 신화들을 자연스럽게 하는 데에 사용되는 방식들과 관련할 것이다.

장르에 대한 갈등

몇몇 비평가들은 장르들 사이의 전통적 차이가 새로운 분류화를 만들면서 붕괴되고 있다고 제안한다. 영화 이론가인 데이비드 보드웰(1989)과 로버트 스탐(2000)은 잠정적으로 영화가 다양하고 끊임없이 분류되는 방식들에 대해 강조한다. 범주들은 내러티브의 구조와 스타일과 관련한다(가령 필름 누아르), 혹은 역사적 관심들과 관련한다(가령 영화가 레이건 대통령 추종자이든지 **레이건주의자**가 아니든지; 보드웰 1989: 146-8). 예를 들어 최근에 텔레비전의 생산물은 **전-후의 9/11**로서 말해진다. 스탐의 경우(2000: 14-16) 장르들은 문학으로부터 시작할 수 있고, 이야기에 기초하고 있으며, 기술 변화의 영향을 받은 것임에 틀림없고(예를 들어 뮤지컬) 혹은 사회적 구조의 변화일지도 모른다(스탐은 '퀴어 시네마'를 인용한다; 포이어의 〈게이와 퀴어 시트콤〉(윌과 그레이스), 2001). 다소 보드웰과 스탐은 장르가 무엇이든지 간에 어떤 테마가 하위 장르를 형성하거나 다른 것으로 분할되는지를 제안한다. 그러나 파트리샤 홀랜드(1997)는 특히 텔레비전 장르에 대해 논평하면서 주제적인 범주들이 보드웰과 스탐이 전개한 것처럼 다양하지 않다는 것을 제안하는 것 같다. 청중이 다양한 장르들 속에서 프로그램을 시청할지라도 프로그램 제작자와 프로듀서들에게는 "분할이 더 엄격하다. 제레미 툰스톨은 '프로듀서들이 특정한 장르의 세계에 갇혀 있다'고 말한다"(홀랜드, 1997: 18-19). 영화와 텔레비전 비평가

들이 서로 동의하는 것처럼 보이는 것은 "장르에 대한 친숙함이 프로
듀서와 보통의 청중 사이에서 프로그램의 스타일과 콘텐트에 관한 기
대감을 설정한다는 것을 의미한다"(홀랜드 1997: 19).

역사적으로 문학 생산물은 드라마, 시 그리고 산문을 나누었던 세가
지의 주요한 형식적인 이름 아래 집합되었다. 물론 이 광범위한 배열
안에서 하위 분할이 존재했다. 예를 들어 **그리스** 드라마는 **고전**으로
기술되었고 코미디와 비극으로서 정의되었다. 비극과 코미디는 특정
한 통로를 따르고 다른 목적을 추구한다. 아리스토텔레스에게 있어서
비극적인 플롯은 청중들을 카타르시스나 정화의 경험을 하도록 하는
연민과 공포를 일으키는 것으로 고안되었다. 오늘날 흔히 대중문화 텍
스트들은 공포물·로맨스·연속극·시트콤 혹은 호러물로써 작성되
고 진행된다. 이 범주 내에서 하위 분할들이 급격하게 이루어진다: 10
대 연속극(《홀리요크》), 애니콤(《심슨네 가족들》), 경찰 심리학적 공포
물(《크래커》) 그리고 등등. 그러나 텔레비전 장르는 쾌감을 제공하는
텍스트들이다. 바르트는 다음과 같이 말한다: "텍스트의 신비가 예정
되어 있다. 반대로 모든 노력이 쾌감을 실현하는 것으로 이루어진다
……. 텍스트 **쾌감의 목적**(an object of pleasure)을 만들면서"(바르트
1993b: 412).

대중장르들 그리고 대중문화들

일반 텍스트와 내러티브 텍스트들의 쾌감은 앞서 언급된 바와 같이
논쟁없이 이루어지지 않는다. 대중문화의 쾌감을 둘러싼 몇몇 논쟁들
을 요약하면서 케이트 소퍼(1999)는 공명하는 두 가지를 제안한다. 한
편은 "대다수의 프로그램들이 TV의 저속한 연예물에 집중한다는 '가
장 무례하고 거친' 논쟁이다"(1999: 70). "아도르노의 날 이후로 저속
한 연예물은 더 점점 더 저속해졌고 진부함은 더 진부해졌으며 추한

것은 더 추해졌다"(인용). 다른 쪽 논쟁은 다음과 같다:

　　그것은 미학적 가치에 대한 관계화에 도달하려는 문제들에 대해서 말
한다; 텍스트의 내재적인 문학적 장점과 외재적인 진실들에 관한 이전
의 아카데믹한 연민들의 부적당함을 인지시키는 동안에 누군가는 제임
스 헤리오트나 제프리 아처를 능가하는 하디나 도스토예프스키의 명백
해 보이는 문학적 장점들에 대해 방어하는 방식에 대한; 모든 좋은 삶
의 개념이 동등한 것으로 간주된다면 다소 페미니스트의 시각이나 탈
식민주의적 관점으로부터 영향을 받아 진보적인 것처럼 주어진 텍스트
나 예술 작품을 어떤 방식으로 재현하는지에 관한(인용., 70).

　소퍼에 따르면 문화 연구에 관한 몇몇 버전들은 상대주의적으로 형
상화된다: 어떤 텍스트는 문화 분석 형태로 이루어질 것이다; 그것의
콘텐트와 수사적 구조들은 청중을 위해 텍스트가 몇몇 의미를 견뎌낼
(담아낼) 수 있는지를──그러나 중요하지 않은──문제삼지 않는다.
소퍼는 정전을(하디와 도스토예프스키로서 형상화되는) 넘어서고 대항
하는 대중물(헤리오트, 아처와 함께한 논의에서 형상화된)에게 특권을
부여하는 매체와 문화 생산과 관련하는 이론들에 대해 열정적이다. 헤
리오트는 대중적인 포퓰러에 대해 집필한다; 하디는 문학적 장점과 관
련한 몇몇 감각과 일치하는 것에 대해 집필한다.
　소퍼는 상대주의를 미디어 조작과 연결한다. 대중적인 텔레비전의
포퓰러적인 장르들과 내러티브들은 비평에 종속되지 않는다면 나중에
미디어 기관들은 '저속한 연예물' 프로그램들, 조작되는 청중을 생산
하기 위해 좀 더 힘이 있는 위치에 놓인다. 그리고 궁극적으로 소수의
미디어 관리자들을 위해 돈을 벌어들인다. '저속한 연예물'로 간주되
는 대중적인 텔레비전을 미디어 조작이라는 개념에 연결시키면서 소
퍼는 미디어 이론가와 비평가 그리고 암암리에 미디어 연구의 기능에

대해 관심을 갖는다. 그녀는 "우리가 끊임없이 미디어 조작과 상호 선택(co-option), **이데올로기 비평**(Ideologiekritik), '진실' / '거짓'에 대한 요구의 차이들에 대한 이론을 필요없게 만들 수 있는 외연에 대해 깊이 유감을 표명한다. 그리고 여전히 공공연하게 문화 생산에 자유로운 참여를 제공하고 있다는 것에 대해 주장을 한다"(인용,. 70-1; 우리의 강조).[10] 소퍼에 따르면 문화비평주의, 미디어 이론과 대중 텔레비전 연구는 문화적 생산의 **형태와 콘텐트**에 기초하여 평가되는 자유로운 계획에 **묶여져야 한다**는 것이다. 특별하게도 소퍼는 텍스트를 분석하면서 외연이든 미디어 조작이든 간에 이들을 노출시키면서, 그리고 궁극적으로 어떤 텍스트가 최고로 문화 비평의 목적에 봉사하는지를 결정하기 위한 위치에 포진하면서, 그것이 문화 속 권력의 작동을 노출하는 미디어와 문화 연구에 관계하는 사람들의 임무라고 믿는다(**이데올로기 비평**에 관해 기술하고 문화적 자유에 연결된).

대중 텔레비전을 둘러싼 소퍼의 논쟁은 설득적이다. 다소 아도르노와 리비스가 서로 다른 관점으로 논쟁할지라도 유사하게도 대중매체에 관심을 갖는다. 최근에는 다소 프란시스 멀런(2000), 테리 이글턴(2000)과 로즈마리 헤네시(2000)는 문화 분석에서 몇몇 **이데올로기 비평** 형태의 중요성에 대해 지속적으로 이야기했다. 특히 텔레비전 드라마의 영역에서 존 코기(2000: 1-24, 226-33) 같은 비평가인 로빈 넬슨(1997: 2-10, 30-2)과 **G. W.** 브랜트(1993: 1-18)는 특질, 작가주의, 창조성 그리고 개혁에 대한 개념에 대해 투명하게 언급된 토대를 바탕으로 한 논의들을 소개한다. 브랜트는 자신의 주요한 언질이 "가치의 문제"라는 것을 명확하게 한다(1992: 3). 코기는 "'진지한 드라마' 주변에 방어적이고 겁나게 하는 문구"들을 놓으면서 "가치, 판단,

---

10) **이데올로기적 비평**(Ideologiekritik)은 여기서 문화와 문화적 형태들 속에서의 이데올로기 작동을 노출하고자 하는 비평적인 목적으로써 광범위하게 이해된다; 특히 뮬런(**Mulhern**)(2000)을 살펴보라.

그리고 평가의 문제"(2000: 23)에 관해 공을 들인다. 위의 학자주의를 분리할 것이 많다. 그리고 그것은 특정한 비평의 경로를 구성하지 않는다. 그러나 그럼에도 불구하고 이 비평주의적 연구 안에서 몇몇 문화 형태들은 미적 탁월함, 문학적 장점과 사회적 비판성이라는 용어로 형상화되는('가치화되는') 감각이 존재한다. 마치 이들이 텍스트의 투명한 특징들인 것처럼. 반면에 다른 형태들은 차이가 나는——대중적인——질서의 부분이다. '저속한 연예물'을 소퍼의 논리에 따라 이해할 때, 그것은 제거되는 흔한 대중장르이다: 연속극, 경찰시리즈물, 토크쇼들, 가족 개조 프로그램들, 미국식 생산과 젊은이를 대상으로 한 텔레비전물과 같은. 일반적인 형태와 문화 사이의 관계란 무엇일까? 그리고 왜 두 대립자들 사이에 있는 관계인가?

장르 활용하기

텔레비전 드라마나 장르의 기호들의 형태나 모형에 집중하는 것은 장르들이 청중들에 의해 활용되는 방식과 관련하기 때문에 중요하다. 로버트 호지와 군터 크레스는 청중들이 리얼리티를 어떤 방식으로 인지하는지를 위해 장르들의 틀이 가진 방식에 집중하면서 장르들은 "사회적 집단들이 자신들을 구성하는 규칙들을 선언하고 강화하는 한도 내에서"만 존재한다고 제안한다(1988: 7). 몇몇 비평에서 장르는 이데올로기적 기능의 용어와 관련해서 제시된다(제3장을 보라). 장르들은 세계에 관한 하나의 관점을 틀지우고 자연스럽게 만들려는 재현과 함께 작동한다(바르트의 '신화' 개념). 예를 들어 쿠란 등등(1986)의 많은 에세이들은 어떤 방식으로 경쟁하는지 그리고 **무엇이** 재현되고 **어떻게** 그것이 재현되어야 하는지에 대한 용어들을 설정하기 위한 장르의 능력 안에서, 양자택일적인 시점이 어떤 방식으로 배제되는지를 보여준다. 동일한 책에서 스튜어트 홀은 장르는 지배적인 이데올로기를 재생산하는 사회적 통제의 수단이라는 사실에 어떤 의심도 갖지 않는다 (1986: 5-14). 베르나데트 카세이는 몇몇 장르 논평자들이 "일반적으로 정의된 구조들이 특별한 이데올로기와 가치들을 구성하기 위해서, 그리고 주어진 텍스트의 안심할 만하고 보존할 만한 여지가 있는 중재를 장려하기 위해 어떤 방식으로 작동하는"지에 초점을 갖는다(1993: 312). 청중들은 리얼리티에 대한 다른 것이 아닌 하나의 관점을 믿도록 장려받는 방식인, 장르 형태의 설명에 기초하여 질문을 받는다.

독자나 시청자의 관계들을 강조하는 접근(넓은 의미의 용어로 **해석학** [이저, 1978]은 수용 연구, 청중 탐색, 독자 반응 비평, 민속지학과 연결된 비평적 활동과 관련한다)은 텍스트들이 잠재적인 의미가 있다는 용어에 근거하여 결코 단일하거나 획일적이지 않다는 것을 의미한다. 장르들이 의사소통의 과정 속에서 부분적으로 연결되어 있다면 의사소통의 한쪽 이론은 메시지가 논의되고, 이해되지 않으며 혹은 동일한 정보를 보편적으로 제공하는 데에 실패하자마자 문제화된다. 어떤 장르가 이데올로기의 외부에 있지 않는 동안에 하나의 어떤 장르도 세계에 대한 전망을 성공적으로 놓을 수 없다. 장르가 다른 장르들과 경쟁하는 사실, 그리고 중재와 관련한 비평활동은 중립적이거나 자연적으로 '리얼리티'들을 표현하기 위한 텍스트의 시도와 경쟁하도록 돕는다. 소니아 리빙스톤이 주장한 대로 다른 장르들은 "차이가 나는 세계의 전망을 수립하는 것에 관련한다"(1990: 155). 장르들은 한 장르가 다른 장르에 토대가 되는 모순적이고 양가적인 과정의 절차 그 자체이다.

형태가 의미와 관련한 최종적인 결정인 반면에(코너 1998: 94-107), 그것은 "미디어 생산과 소비와의 내적 연결"에 대해 말하는 비평적 모형 안에 있는 문화 분석의 중요한 부분으로 남는다(인용., 95; 영화에 관한 닐의 논의를 보라, 2002: 27-47). 장르는 의미를 결정하는 것만큼 어떻게 의미가 형성되는지와 관련한다. 코너는 형태란 "**의사소통으로써** 주어진 아이템을 구성하는 의미의 특별한 조직 기관이다…….

이와 같은 의미는 마땅히 하고자 시도하는 것들을 위한 관습들의 크고 복잡한 범위들에 대해 그려낼 정도로 관습적이다"(인용,. 96). 그러나 형식 분석은 "[텍스트]가 어떤 식으로 다르게 의사소통되어야 하는지를 이야기하는 것과 어떻게 다른 경우들이 유사하게 의사소통되었는지를 이야기하는 것"에 대해 흥미를 가질 것이다(인용., 97). 코너는 어떻게 형태가 미디어 분석의 모든 양상에 중심에 있는지를 기술하지만 그는 문제를 만드는 사건이나 인물화만큼 재현이 **어떻게** 성취되는지에 대해 명확히 한다(인용., 104).

장르 바꾸기

구조주의적 방법들을 그려냈던 모형들이(바르트) 많은 대중드라마를 분석하는 데에 있어 잠정적으로 제한된다면 매우 유용하다. 제안한 바와 같이 모형들은 추상적이다. 다소 최근의 텔레비전 장르들과 하위 장르들은 많은 형식주의자들과 구조주의자들의 템플릿을 초과하고 한계를 넘어선다. 특정한 장르에 하나의 테마를 연결시키는 것은 어떻게 장르가 이해되는지를 제한하는 것이다. 장르와 **함께** 행해지는 것과 장르를 **향해** 행해지는 것은 구조주의자의 설명이 지식을 축적할 수 있는 것보다 더 중요하다고 논의하는 것임에 틀림없다. 메디컬드라마들은 사회적 · 정치적 비평(BBC: 〈일상성〉)과 로맨틱하고 에로틱한 속임수(BBC: 〈홀비 시티〉)에 포스트모던한 노스탤지어를 섞을 수 있다(ITV: 〈왕족〉, 2002). 데이비드 보드웰이 말한 것처럼, "어떤 테마가 어떤 장르에 나타날지도 모른다"(1989: 147).

장르 명명하기는 구조들과 관련해서 프로그램들을 자세히 조사하기 위해 유용한 것인가, 아니면 어떤 반응에 대한 상황과 구조들인가? 장르는 현행 텔레비전 생산물의 혼종적인 버전들과 관련하여 어떻게 이해되어져야 하는가? 장르는 일상의 사회적 경험에 대한 **부여인 만큼**

잠재적으로 사회적 변화를 뚜렷이 하는 방식이다. 제인 로스코와 크레이그 하이트의 〈위조하기〉는 다큐멘터리의 형태와 리얼리즘의 개념 변화를 연대기화한다(2001). 패러디에 관한 그들의 분석(2001: 100-30)은, 사실과 허구에 대한 개념들, 그리고 진실과 거짓에 대한 개념들이 실재성에 대한 다큐멘터리의 조롱당할 만한 하위 버전 안에서 흐려진다. 그리고 텔레비전 드라마들은 장르들을 가로지르고 그 범위 안에서의 경계들이 유연하고 역동적이라고 발표한다. 장르들의 붕괴, 위반과 점차적인 침식은 장르의 **침투적인** 성질에 대한 무엇인가를 강조한다. 그러나 그것은 시청, 한정된 경계들 그리고 사회 경험에 대한 기본적인 성질 사이의 관계에 대한 것을 제안한다. 정의들과 문화적 정체성은 과도하게 결정될 수 있다. 따라서 정체성 밖에 있는 무엇인가가 배제된다. 그러나 정의들과 정체성은 또한 제한될 수 있고, 따라서 정체성의 범주는 사회적이고 주관적인 경험의 확장을 축적하는 데에 실패한다. 어떤 드라마들은 한 장르에 쉽게 소속하지 않는다. 마찬가지로 어떤 사람들은 한 리얼리티에 쉽게 소속하지 않는다. 예를 들면 연속극은 일반적인 경계를 위반하고 보충한다. 일단 테마들과 콘텐트가 고려되면 장르와 형식이 복잡해진다. 장르와 정체성의 정의 없이 남기는 것은 이해와 분석을 손상시키고 방해한다(많이 명백한 것은 아닐지라도 "'장르' 혹은 등가적인 추상적인 용어가 실제적으로 산업 과정 안에서 활용된다"고 터너는 기술한다; 2001: 5). 장르의 형식과 구조에 대해 기대되는 것을 과도하게 결정하는 것은 장르의 개혁에 기여하는 다수의 정체성을 제한하고 손상시키는 것이다.

미셸 푸코

장르들 사이의 관계를 이해하는 하나의 방식은 한편으로는 장르들을 소비하는 청중들, 다른 한편으로는 문화 정체성에 청중과 장르를 연결시키는 것이다. 미셸 푸코의 저서(1973, 1989와 1995)[11]는 담론, 원리(혹은 사회적 통제의 형태들) 그리고 주체나 정체성 형성 사이의 관계를 이해하는 데에 유용하다. 이 최근의 논의에서 장르는 기술하는 능력, 문화적 정체성의 구성에 영향을 끼치고 알리는 능력과 관련하여 이해되고 있다. 푸코는 주체들의 구성이 사회 안에서 개인들을 복종하는 방식들인, 통제의 방법들과 관련한다고 말한다. 그의 사유 안에서의 정체성은 재현, 담론 그리고 텍스트들에 대한 복잡한 체제와 관련한다. **일반화**의 과정은 어떻게 주체들이 사회에서 행동하는지를 관찰하는 형태들과 훈련을 요구한다. 감금센터나 CCTV 카메라와 같은 통제 형태들이 감시의 명백한 수단을 구성할지라도 미디어는 행동과 정체성을 알리는 독특한 위치에 있다.

후기 저술에서 푸코는 **삶의 방식**이나 문화의 부분이 되는 것에, 기대되는 행동의 패턴에 따라 살아가거나 혹은 문화적 규범들[12]에 일치하려는 것에 관심을 갖는다. 동시에 이러한 도덕적 질문들을 탐색하면서 그는 문화 구성 주체들을 형성하는 것, 내러티브나 지식들이 복종, 순종 그리고 묵인을 장려하는 것을 드러내는 데에 관심을 갖는다. 푸코는 복종당하는 것을 꺼리는 것이 불가능하고, 그 주체들이 **주관적** 감각(자신의 감각) 없이 살 수 있다는 것에 대해 논의를 펼친다. 그러나 그는 동시에 저항의 가능성을 관찰한다. '자가 치료'에 대한 문화적 개념에 관하여 주장을 전개하면서 푸코는 주체의 사회에 관한 문화적 형태들이 그 사회에 몇몇 저항을 만드는 전략들에 대한 통찰을 제공한

---

11) 푸코의 어떠한 특정의 텍스트도 《사물의 질서 *The Order of Things*》(1973), 《지식의 고고학 *The Archaeology of Knowledge*》(1989) 그리고 《규율과 처벌 *Discipline and Punish*》(1995)을 장의 이 부분과 생각이 관계할지라도 '본질적인' 읽기로서 추천되지 못한다.

12) 가령 《윤리학 *Ethics*》(2000a) 특히 〈자아에 대한 기술 Technologies of the Self〉(223) 그리고 〈자아 관심에 대한 윤리학 The Ethics of the Concern of the Self〉(281)에서 수집된 에세이들을 살펴보라.

다고 제안한다. 단순하게 말하자면, 대중장르들은 사회적 일치에 관한 개념들을 양육하는 것 같다. 그러나 푸코는 주체가 지배적인 담론들과 만나고 문제 제기하는 대중장르들의 낟알(grain) **안에** 그리고 **거기에** 대항하고 있다고 말한다.

푸코의 책에 내포된 의미는 주관성에 대한 개념을 미디어 연구에 지도화할 때 이해될 수 있다. 장르와 내러티브가 코드들과 관습들을 기초로 작동한다는 것을 다시 호출하라(바르트; 토도로프; 프로프). 몇몇의 관습들은 장르 그 자체와 관련한다: 그것을 의미 있는 것으로 만들기 위해 장르는 어떤 기대감, 어떤 구조들 그리고 등등과 작동한다(바르트; 로스코와 하이트). 청중들은 다른 것이 아닌 어떤 것을 얻기 위해 장르를 기대한다. 그러나 장르는 문화의 범위 안에서 그리고 다른 것이 아닌 사회적 관계들을 기초로 하는 수용의 맥락과 관련하여 감각을 지녀야 한다. 대중 프로그램들의 전체 범주는 지배적인 규범들에 의지하기를 계속하는 주관성의 모형을 제공하면서 정체성의 개념들과 작동한다. 그러나 푸코는 주체들이 다양한 재현들을 통해 구성되는 방식을 발견하는 것이 중요하다고 논의한다. 푸코의 이러한 읽기 방식을 따르면 장르들이 주체들을 개인의 복종을 강화하는 정체성의 위치들을 제공하는 함정에 빠뜨리는 것처럼 보인다. 그러나 푸코를 따르면 장르 분석은 복종하는(정체성을 부여하는) 청중들의 텔레비전 역할극을 지탱하기를 원한다. 이미 형성된 정체성을 가지고 텔레비전 스크린에 다가오는 청중이나 시청자들보다 최소한 푸코의 논리에서 보면 텔레비전 장르들은 문제적인 정체성을 형성하도록 돕는다.

장르들은 의미를 형성하기 위해 정체성을 고정시키는 것을 강화한다. 대중장르의 매력은 부분적으로 행동을 상연하고 극적인 공간에서 살아가게 하는 인지적인 정체성의 결과이다. 그러나 정체성에 의존하는 문화적 텍스트들에 작동하면서 주체는 문제로 호출된 공간에 존재하거나 그 자체의 정체성 형성과 마주한다. 이 정체성 형성의 마주침은 푸코가 **자기 훈련**이라고 말한 것과 연결된다. 푸코의 말을 빌리자면 이 전략들은 주체에 의해 개발된 것이 아니라 "문화, 사회 그리고 사회적 집단에 의해 제안받고, 제시되며 강요된 문화 속에서 발견한 패턴들"이다(푸코 2000a: 291). 사회가 주체를 생산하는 규범들과 관습들을 심문하기 위해서는 이 작동을 방해하기 위한 방법들을 발견하거나 개발하기 위해 이 체제와 재현의 범위 **안에** 남아 있을 필요가 있다. 규범과 관습들을 가지고 있는 사회 **안에** 남기 위해서 이 사회를 본래대로 유지하는 것 같은 규범들과 정체성들을 무비판적으로 인정하는 것 같지는 않다. 그러나 푸코는 '진실의 게임'이 형성된 방식(가령, 장르의 유혹적인 힘 안에서, 고전적인 리얼리즘 안에서 혹은 내러티브 안에서)을 이해하는 것은 사회의 '권력의 게임'이 실제적으로 작동하는 방식을 이해하는 것을 시작하는 것이라고 강조한다(인용., 298).

장르들과 차이

정체성의 문제적 성질에 대한 것은(장르 용어로, 내러티브와 청중들뿐만 아니라 다른 것들보다 좀 더 신뢰할 만한 정체성을 놓은 '진실 게임'(푸코)들) 최근의 대중물에서 명백해진다. 파생적이고 상호 텍스트적인 〈다 알리 지 쇼〉(채널 4, 2000), 〈이것 참, 어렵쇼〉(BBC, 1998)와 〈42번 가의 쿠마네 가족들〉(BBC, 2001)은 원문뿐만 아니라 복합 문화적이고 복합 민속지학적인 역사와 맥락에 의존하는 동시대의 수많은 프로그램들의 사례이다. 극적인 산출물뿐만 아니라 '가벼운 오락(light entertainment)'의 역사적 관습들에 의존하는 이 프로그램들은 대중매체에 빚을 진 유산들을 끌어냈다. 〈이것 참, 어렵쇼〉는 단 한 번의 라이브 쇼 그리고 라디오 시리즈물에서 피터 셀러가 부른 노래의 제목을 따왔다(또한 산지브 바스카, 쿨빈더 기르, 메라 시알과 니나 와디아). 〈리얼 맥코이〉(BBC, 1991), 〈빠른 쇼〉(BBC, 1994)는 〈이것 참, 어렵쇼〉

의 소품 형태에 영향을 받았다. 그러나 〈이것 참, 어렵쇼〉는 〈너의 이웃을 사랑하라〉(ITV, 1972-6), 〈너의 말을 상기하라〉(ITV, 1977-9), 혹은 예전에 인기 있던 찰리 윌리엄스가 ATV의 〈황금 쇼트〉(1967-75)에서 주연을 했을 때와 같은 프로그램들에서 매우 다른 문화적 맥락을 가정하는 정도에서는 **탈식민주의적**이다. 민족성에 대한 상징적이고 재현적인 정치성에 주의를 기울이고, 인종주의적인 전형적 타입들에 대한 청중들의 깨달음을 참여시키는 〈이것 참, 어렵쇼〉와 〈쿠마네 가족들〉은 둘다 백인 연기자들이 검게 분장하고 희지 않은 인물들의 연기를 했던 잘 만들어진 무대와 텔레비전 전통(가령 〈까맣게 분장한 백인 민스트렐 쇼〉)에 (재)적절한 프로그램들이다.

〈이것 참, 어렵쇼〉의 연기자들은 모든 정체성의 혼종적이고 일반적인 특징들을 강조하기 위해 문화적이고 민족적인 전형성의 범위를 끄집어 냈다. 그리고 〈쿠마네 가족들〉의 경우는 '모국어 사용자'의 문화적이고 언어적 수행능력을 능가하는 방식들인 표준 영어와 표준 발음의 복잡성을 전개시켰다. 먼저 '행위'에 대한 아방가르드적이고 포스트모던한 독해의 수행 가능성이 청중에게 모든 인종적 정체성의 이데올로기적이고 구성된 성질을 고려하도록 장려하는 동안에 〈까맣게 분장한 백인 민스트렐 쇼〉와 같은 프로그램들은 백인인 브리튼에 의해 생산되고 소비된다. 그리고 비가시적인 문화적 범주일지라도 '백인'이 인종적으로 표시했던 사실에 주목하게 했다. 인종 소수자들을 위한 방송(대립하는 것으로 보이는)은 중심 목표로서 (영국의) 문화적 능력으로서의 영어 습득과 교육을 보았던 설교적인 전통에 뿌리를 두고 있다. 〈태양에서 온 사나이〉에 대한 논쟁에서처럼(제3장), 아시아와 흑인 공동체는 배제와 예외라는 용어에 근거하여 '백인이 아닌' 시민을 형상화하는 일반적인 논리에 굴복해 왔다. 다소 이때에 표준 발음과 표준 영어의 탁월함은 영국 교회의 중심성, 그리고 영문학의 정전, 윈저와 의사당 안에 있는 문화적 과거와 연결되었다. 그리고 BBC는 공통문화를 둘러싸고 국가와 연방 공화국을 동질화시키는 데에 일조했다. 최근에 캐나다/ITV의 〈왕관 속의 보석〉(1984)의 전통에 따르는 BBC1의 시대극 〈로도스 섬〉(1996)은 영웅주의, (백인) 인종 간 갈등, 그리고 백인 아닌 사람의 침묵에 근거하여 제국의 이미지를 표현하기 시작했다.

'혼종적인' 장르들 안에 위치한 정체성들이 만들어 내는 민족성과 정체성의 제한된 개념을 가지고 시대극, 다큐멘터리 그리고 '제2언어로서 영어' 프로그램과 같은 장르들이 나란히 있다. 〈이것 참, 어렵쇼〉와 〈쿠마네 가족들〉은 영국 문화가 문화적 응집을 붕괴시키는 모형에 의지한 채, 실상은 모든 통합적이고 혼종적인 정체성의 양상을 드러내면서 어떻게 혼성적인지를 강조하는 방법을 알려 준다. 몇몇에게 있어서(호미 바바 1990; 스튜어트 홀 1990, 2000) **혼종성**은 포스트모던한 세계의 문화적 정체성을 알려 주는 주요한 표징이다. 홀의 책에서 주체들은 관계의 복잡성이나 주체의 위치를 발견한다. 바바에게 있어서 모든 주체들은 흩어진 민족들과 이민문화들에 대한 이야기를 말하는 내러티브화하기(narrativisation)의 과정에 묶여 있다. 그러나 바바와 홀의 책에서 주체는 즉시 담론으로 가능한 그러나 잠재적으로는 여유가 있는 마음으로는 불가능한 관계망(텍스트들, 내러티브들)에 문제가 될 정도로 묶여 있다. 미디어 텍스트들은 중개를 하지 않는다. 그들은 중재에 대한 약속이나 자율을 제공하는 구조들을 노출한다.

그러나 아마도 〈이것 참, 어렵쇼〉와 〈쿠마네 가족들〉 모든 정체성들이 그다지 엄격하지 않게 중재된 이미지, 장르 그리고 사회적 맥락과 연결되는지를 전경화한다. 푸코의 책은 어떤 한 사람이 정체성을 가질 수 없는 것은 아니라고 제안한다. 그러나 푸코는 정체성의 기능과 개발에 관심을 둔다. 그리고 특별한 정체성이 처음 혹은 마지막 순간에 하는 중요성을 가정해야 하는 이유에 관심을 갖는다. 〈이것 참, 어렵쇼〉와 〈쿠마네 가족들〉을 통해서, 풍자와 코미디는 영국 정체성의 단일한 개념을 지시했다. 그러나 풍자는 혼종화의 시도가 정체성의 다양하고 혼종적인 기원을 반사시키는 것처럼 보이는 문화의 맥락 안에서 의미가 있다. 실제로 〈쿠마네 가족들〉에서 위험한 것은 안정된 정체성의 전체 콘셉트이다. 많은 '주요' 쇼들보다 〈이것 참, 어렵쇼〉와 〈쿠마네 가족들〉은 청중에게 '민족 정체성'에 대한 이해가 먼저 방송된, 건전해 보이는 (백인) 버전들보다 더 복잡하다는 것을 알려 준다. 의심할 여지 없이 대조적이고 양가적인 정체성의 이미지들은 장르와 혼종성에 주의 집중하면서 항상 인종주의와 성에 대해 개인적이고 제도적인 경우들이, 결코 절대로 텔레비전 드라마의 결과로서 개선되지 않는다는 분위기와 관련하여 이해된다. 사리타 말리크는 다음과 같이 말한다:

양가성을 깨뜨리게 돕는 지점은 ['인종주의자'의 재현] 동일한 방식으로 모든 인종주의가 아닌 것을 작동하는 것에 대해 고려하는 것이다. 알프 가넷[〈죽음이 우리를 갈라 놓을 때까지〉]은 빌 레이놀드[〈당신의 이웃을 사랑하라〉]와 다르다. 베르나르드 마닝은 케니 린치와 다르다. 새로운 인종주의적 감각이 있는 반면에 흑인과 백인 청중이 어떻게 자신들을 변화시켜 왔는지를 살펴볼 필요가 있다. 그리고 코미디 프로그램의 중심 교리가 인종주의자의 유머…에게 억압해 왔던 영국 텔레비전의 전통에 대해 말하는 것을 물어보라.

장르와 내러티브가 텔레비전 드라마와 문화적 정체성 사이의 관계들에 대해 관심을 갖도록 하는 것은 이 애매함과 모순성들이다. 코베나 메르세르의 책을 인용하면서 말리크는 '넓은 양가성의 표현'이 텍스트 연구의 중요한 문제를 제기하는지에 대해 논의한다. "복잡한 '감각의 구조'로서 동등함의 기능은 저자와 텍스트 그리고 독자의 관계를 가로지르는 경험을 하게 했다——항상 부수적이고, 전후 문맥적이며 그리고 역사적으로 특이한 관계들 속에서"(말리크에서 인용). 장르들은 관습에 의해 공식화되고 지배받는 반면에 정체성들이 재현되는 공간들이다. 그러나 스크린 위의 이미지들은 항상 잘못된 재현의 형태인 것은 정확하다. 내러티브의 틀 안에서 장르는 포함과 배제, 현존과 부재, 확실성과 양가성에 기초하여 리얼리티를 틀지운다. 그것은 '리얼리티'에 대한 텔레비전 드라마의 토론을 알리는 안/밖의 논리이다. 다음 장에서 논의될 '리얼리즘'은 리얼리티가 고전적인 리얼리스트의 텍스트 형식 속에서 어떻게 틀지워지는지를 고려한다.

3. 리얼리즘

비평가 레이먼드 윌리엄스가 논의해 온 것처럼 '리얼리즘'은 미끄러지고 자주 혼란스러운 용어이다. 텔레비전과 관련하여 그것은 더 복잡하다. 가령 존 코너는 비평 용어로서 방기되어 왔다고 제안했다. 그러나 코너가 기술한 것처럼, '리얼리즘'은 "텔레비전의 미학적 정의와 사회적 계획"으로서 간주되었다(1992: 98). 이것은 다소 그에 대한 정의를 모호하고 표류하게 할지라도 어떤 요구에 대해 가치 있는 것으로 만드는 대중적일 뿐만 아니라 비평적 용어이다. 가치 기준으로서 용어의 중요성을 부여한 채, 이것이 텔레비전 드라마 비평에서 중심적이었는지와 이 의미가 변화하고 논쟁되어 온 이유를 이해하는 것은 중요하다.

리얼리즘과 자연주의

레이먼드 윌리엄스는 용어에 대한 설명을 개진하면서(1976, 1977) 이 의미의 혼란스러운 변화성에 대한 역사적 배경뿐만 아니라 몇몇 유용한 정의를 제공한다. 윌리엄스는 사람들이 그 용어를 두 가지 모순적인 의미를 가지고 있는 '리얼한' 것으로 사용한다고 강조한다. 이 의

미의 기원은 '리얼리티'가 놓여 있는 논쟁적인 의미 안에 있다: 물질
적이고 영적이며 이상적인 세계 안에. 이와 같이 한편에서는 '**실재 세
계**' 안에서처럼 물질적인 존재를 갖고 있는 무언가를 언급하기 위해
'리얼한'을 '이미지적인' 것과 대조하며 사용한다. 반면에 '상황에 대
한 실제 진실'에서처럼 물질 수준의 **하위에** 숨겨진 진실을 언급하기
위해 '리얼한'을 '나타나는' 것과 대조하며 사용한다. 이 두 의미들은
'리얼리즘'과 '리얼리스틱한' 용어들이 텔레비전 드라마에서 적용되
어 왔던 다양한 방식들 안에서 일어난다. 양자 모두 '**실제로** 존재하는
것을 보여주기 위한' 리얼리즘의 특징적인 야망에 함축되어 있다.

　재현에 적용할 때 '리얼리즘' 용어는 예술, 연극 그리고 소설을 기
술하곤 했던 19세기 중엽으로부터 시작한다. 윌리엄스는 초기부터 그
것의 사용은 두 가지 요소들을 혼합했다: 태도 혹은 세계의 전망 그리
고 방식 혹은 관습들. 그 타고난 세계의 전망은 "세계는 적절한 설명과
재현으로 가능하다"는 믿음을 통해 특징지워진다고 크리스틴 글레드
힐이 기술한다(1987: 31). 리얼리즘은 정확하게 경험하고, 진짜처럼 재
현하고 이해될 수 있는 객관적 실재에 대한 믿음에 의지한다. 윌리엄
스에게 있어서 이것은 리얼리즘의 세 가지 특징을 발생한다. 그것은
동시대의 설정을 갖는다; 그것은 '세속적'인 행동과 관련한다――요
컨대 사회적·물질적 세계에서 전적으로 일어나고 소진되는 행동들과
관련한다; 그것은 '사회적 외연'에 따르는 움직임과 관계한다――요
컨대 '보통 사람'과 종속당하는 사회적 집단들에 대한 재현을 따르는
움직임과 관계한다. 이 후자의 특징은 특히 '사회적 리얼리즘' 혹은
'진보주의적인 리얼리즘'과 동일시되는 많은 리얼리스트의 드라마에
적용된 것처럼 보이는 네 가지의 요소들을 끌어낸다: 그것은 "의식적
으로 특별한 정치적 전망과 관련해서 해석적"인 것이다(1977: 68). 다
시 말해서 '실재 세계'와 사회적 주체들을 재현하기 위한 주장은 세계
를 어떻게 이해해야 하는지에 대한 주장이다.

리얼리즘의 방식 혹은 관습들은 결코 전적으로 기술의 재료가 될 수 없다. 왜냐하면 이해뿐만 아니라 실재에 대한 묘사를 제공하려 하기 때문이다. 존 피스크가 말한 것처럼 리얼리즘은 "실재가 구성하는 방식보다는 실재를 이해하는 방식"으로 정의된다(1987: 24). 19세기 말에 시작했던 용어, 그러나 텔레비전 드라마에 대한 논쟁을 계속시켜 왔던 용어를 이해하기 위해 다른 구별점을 지닌 곳으로 우회할 수 있다: 그것은 리얼리즘과 자연주의 사이에 있다. 자연주의는 본질적으로 리얼리티에 대한 물질적인 상세함을 살펴보는 **관찰자**로서 우리를 위치시키는 묘사적 방법으로써 보여졌다. 반면에 리얼리즘은 특히 게오르그 루카치의 마르크시즘주의 비평 안에서 "세계의 사건들, 사물들, 자연의 힘과 사회적 제도들"과 **직면하는** '전형적인' 인물들로써 우리와 함께 우리를 위치시키는 내러티브를 활용하는 좀 더 역동적인 방법으로 여겨졌다(루카치 1970: 124). 자연주의는 이와 같이 사회적 삶의 표면을 제공하는 반면에 리얼리즘은 그것의 모순성과 이유를 이해하도록 돕는다; 자연주의는 거기에 존재하는 것을 받아들이면서 절대적으로 운명적이다. 반면에 리얼리즘은 싸움과 변화의 가능성을 가정한다. 이러한 논의들은 '오래된' 텔레비전 자연주의와 새롭고 좀 더 역동적인 리얼리즘에 대한 요구 위에서 1960년대와 1970년대의 트로이 케네디 마틴과 존 맥그래스의 공격을 강조하는 영국 텔레비전 드라마의 초기 종사자들과 비평가들에게 영향을 끼쳤다. 레이먼드 윌리엄스가 제안한 정의 안에서 이것은 형식을 표류시키도록 되어 있었다——안정된 카메라와 클로즈업 쇼트들을 멀리하고 "행동, 페이스, 내러티브의 흐름"을 강조하면서(맥그래스 1977: 103).

리얼리즘과 영화

알다시피 리얼리즘에 대한 초기 이론들은 연극, 심지어 중점적으로는 소설과 관련하여 형성되었다. 많은 비평가들이 이 형식들과 영화와 텔레비전의 내러티브 구조들 사이의 연속성을 강조했지만 거기에는 아주 다른 차이점들이 존재한다. 시간을 가로질러 확장된 사진의 이미지들을 통해, 게다가 나중에 사운드 기록을 통해 세계를 포획하려는 영화의 능력은 초기의 미디어 형태들보다 더 리얼리티의 관계를 즉각적이고 지시적으로 만드는 것 같다. 실제로 1940년대와 1950년대에 집필한 앙드레 바쟁 그리고 1960년대의 지그프리드 크라카우어 같은 비평가는 영화의 진실한 성질은 우리에게 공평무사하게 세계를 드러내는 능력, 카메라 기록 과정의 기계적인 성질을 바탕으로 공평무사한 보장성에 있다고 논의했다. 크라카우어에게 있어 "영화는 본질적으로 사진의 확장이고 우리 주변의 가시적 세계에 대한 유사한 표징을 이 매체와 공유한다. 영화들은 리얼리티를 기록하고 드러낼 때 그 스스로 다가온다……. [그리고] 우리 눈 앞의 세계를 관통하는 범위의 매체인 것은 사실이다"(1965: ix). 그것의 기원이 '사진주의적인 리얼리즘'에서만큼 19세기 멜로드라마의 '그림 같은 감각주의' 안에 최소한 놓여 있음에도 불구하고, 영화는 "태생적으로 리얼리즘 매체이다"라고 크리스틴 글레드힐은 기술한다(1987: 27, 34). 유럽식 '예술 영화'이든 할리우드의 '고전 장르들'이든 간에 가장 권위 있는 형식들은 리얼리스트로서 정체화된다; 멜로드라마는 '여성 영화'에서 발췌된 '여성주의적인' 매체의 영역으로 간주되었다.

1970년대에 집필한 콜린 매케이브에게 있어서 앙드레 바쟁이 기술했던 이탈리아의 '네오-리얼리스트' 영화와 할리우드 영화의 차이는 태도와 형식의 공통성보다 덜 중요하다. 양자 모두 리얼리티가 영화에 의해 효과적으로 재현될 수 있다고 가정했고, 둘다 "형식의 투명성"을 목표로 했다(1976: 9): 스크린에서 이음매 없이 펼쳐지는 환영의 창조는 리얼리티에 대한 투명한 연출이다. 이러한 이유로 '고전주의적인 리얼리스트 텍스트'에 관한 매케이브의 범주는 《음악의 소리》뿐만 아니라 《자전거 도둑들》(매케이브 1974, 1976)을 포함할 정도로 매우 확장적이고 넓다. '고전주의적인 리얼리스트 텍스트'는 두 가지의 주요 특징들을 공유한다고 매케이브는 말한다. 우선 그것들은 "진실을 보증하는" '시각적 담론' 안에 있는——담론의 조직체들로 구성된다——카메라가 보여주는 것, 인물들이 말하는 것이 아닌(1976: 11). 다음으로 그것들은 영화가 현동화하는 지식에 대한 여행이 우리의 여행이기 위해 내러티브들 속에 청중을 위치시키면서 주요 인물들에게 동일시하도록 한다. 그리고 마지막에는 모든 것들이 어떻게 '실재'하는지를 영화가 제공하는 지식, 요컨대 영화 "시작부터 절대적"이었던 지식을 받아들인다(인용., 19). 매케이브에게 있어 실재를 재현하는 **주장**은 리얼리티에 대한 전망이 진보적일지라도 의심스럽다. 왜냐하면 그것은 그 자체의 구성성(constructedness)을 숨기고 있고 투명성[13]의 신화 뒤에 이데올로기적인 가면을 씌워 놓고 있기 때문이다. 루카치에게 있어서 독자의 **능동적인** 읽기를 보장했던 리얼리스트의 내러티브 형태들은 정확하게 매케이브에게 있어서 역전을 생산한다: 텍스트의 메시지를 수동적으로 받아들이는 관찰자.

그러나 다른 비평가들은 서로 차이가 나는 리얼리스트 계획 사이의 구별점을 만드는 데에 고심해 왔다: 실재에 **대한** 것을 구하려는 사람들——윌리엄스의 '사회적 리얼리즘'이나 '진보주의적인 리얼리즘'——그리고 이와는 반대로 '그럴듯해 보임'이나 '리얼한 것 **같은**' 것을 찾기 위해 목표로 하는 사람들(코너 1992를 보라). 우선 츠베탕 토도로프가 사용하고 스티브 닐의 영화에서 적용된 '그럴듯해 보임'은 '진실의 나타남'을 갖는 것을 의미한다(1990). 그럴듯함은 리얼리티 그 자체가 아니라, 리얼리티에 대한 기대감이나 이해와 일치하는 범위를 지칭한다. 토도로프에 따르면 닐은 훨씬 더 큰 차이를 만든다: 문

---

13) 이에 대한 더 나은 토론을 위해 제3장 1을 살펴보라.

화적 그럴듯함과 일반적인 그럴듯함 사이에서. 문화적 그럴듯함은 텍스트 밖에 위치하는 사회적 세계의 규범들, 가치들 그리고 기대감들과 일치하는 것을 의미한다――사회의 '지배적인 이데올로기적 담론들'이라 부르는 것들에 대한. 그것은 '어떻게 존재하느냐'에 대한 청중의 상식적 개념들과 일치하려고 작동한다. 일반적인 그럴듯함은 이 광범위한 범위 안에서 작동한다. 그러나 한편으로는 좁아진다――그것은 특별한 장르들의 규칙들과 일치하는 것과 관련한다――그것은 '리얼리티'에 대한 기대감의 밖에 있는 것처럼 보이는 판타지의 상연을 가능케 한다. 예를 들면 뱀파이어들과의 직면은 연속극이 아닌 호러물의 영역 안에 있을 것이다. 그러나 인물들과 가치들의 구성 안에서 양자 모두 이데올로기적이고 문화적인 기대감과 일치할 것이다(문화적인 그럴듯함).

이 차이들은 우리가 실험했던 혼란스럽고 모순적인 몇몇 정의들 위에서 보다 명백한 시점을 갖도록 한다. 영화나 TV 드라마가 '실재적인 것'이라고 말할 때 의미하는 것은 대개는 사진주의적인 리얼리즘과 문화적이고 일반적인 그럴듯함의 개념들의 혼합이다. 후자의 둘 모두는 가령 〈달라스〉에 대한 이엔 앙의 시청자들 사이에서 일어난다. 어떤 사람은 문화적 그럴듯함에 근거하여 우선 연속물을 읽고――문화적 규범과 기대감에 일치시키는 것이 얼마나 먼 것인지――어떤 사람은 멜로드라마나 연속극의 일반적 관습들에 일치하는 것을 받아들인다. 그러나 양자 모두 관습의 문제이다――'어떻게 존재하느냐'에 대한 수용되고 수용하는 감각의 코드들과 관습들이 생산된다. 양자는 존의 차이점을 활용하기 위해 '실재적인 것에 대한' 것을 구하는 리얼리즘의 형식 때문에 논쟁할 것이다: 레이먼드 윌리엄스의 의미 안에서 진보적인 것은 사회의 새로운 영역을 열고 그 세계에 대한 새로운 해석을 제공하는 것으로써 받아들여지는. 이러한 충격은 트로이 케네디 마틴과 존 맥그래스에서 본 것처럼, 대립적인 정치적 시점에서 나올 것이고 크리스틴 글레드힐이 "재생된 진실과 진짜를 향한 무자비한 탐색"
이라 부르는 존재하는 형식들과 관습들과의 관계를 끊으려 할 것이다
(1987: 31). 물론 '사회, 실재 그리고 알아볼 수 있는 것, 그러나 **움직이**
는 것을 지니고 있는 내러티브에 대한 강조'를 하며 일찍이 〈제트 카〉
의 성공 이후 연속물은 "아주 많이 자연주의적 드라마들이 되면서"
(1977: 104) "[우리의] 힘의 통제들에 의해 인계받았다"고 존 맥그래
스가 지적한 것처럼 결과적인 새로운 스타일과 내러티브의 형식들은
문화적 그럴듯함으로 받아들여질 것이다. 리얼리즘은 이후에도 항상
논쟁적인 용어가 될 것이다: 상태들에 도전하려는 힘들('**있는 그대로**
보여주는')과 그것을 막아내려는 힘들 사이에서 주장된다(새로운 형태
들이 '리얼리스틱하지 않다는' 것에 대항하면서).

텔레비전과 리얼리즘

리얼리즘과 자연주의 사이의 차이에 대한, 진보적 잠재 가능성이 있
는 리얼리즘에 대한, '고전주의적인 리얼리스트 텍스트'에 관한 그리
고 문화적이고 일반적인 그럴듯함 사이의 관계에 관한 이 모든 논쟁들
은 텔레비전 드라마에 대한 논의로 옮겨왔다. 그러나 텔레비전 드라마
가 사진주의적인 리얼리즘과 내러티브 형태 안에서 재현한다면 매체
로써 영화, 텔레비전의 연속성은 영화 매체에서 비롯되는 실재에 대한
다른 관계와 다른 문화적 가치에 기여하는 어떤 가정들과 일치한다.

알다시피(제1장) 텔레비전은 '가정된 생생함' 혹은 즉각성, 그리고
시청자와의 상호 현존에 대한 가정에 의해 특징지워진다. 뉴스 기술
은 유연한 디지털 비디오 형태에 더한 위성 기술이 다소 일어났을 때
와 같이 사건들을 볼 수 있는 '리얼한-시간'의 영역으로 이동시키는
요구 때문에 운행되어 왔다고 존 엘리스는 기술한다(1999: 56). 그러
나 이 즉각성과 우연성의 의미는 새로운 것으로 정의되지 않는다: 스

포츠 프로그램들, 게임 쇼들, 잡담 쇼들, '리얼리티 TV'와 '다큐 연속물'은 생생함, 우연성 그리고 상호성의 의미로 이끌어진다. 텔레비전에서는 "모든 것이 일상과 관련한 것들에 대해 위대한 수정을 하려는 것에 사로잡혀 있다"고 빌 니콜스는 논의한다(1994: 43). 그 날 것 같음, 무질서 그리고 과도함 안에 있는 '리얼리티'란 좀 더 초점화된 내러티브들이 영화가 시작하기 전에 이미 완결되어 왔던 것으로 가정된 사건들과 관련하는 영화에 적용하지 않는 방식으로 텔레비전을 특징짓는 특질이다. '스토리텔링'은 "텔레비전의 힘이고… 모든 것은 스토리텔링 기계로서 텔레비전에 의해 중재되어 종속된다"고 빌 니콜스는 말한다(인용.). 여기서 니콜스가 강조한 것은 리얼리즘에 대한 텔레비전의 요구 안에 있는 태생적인 모순이다. 그것은 용어의 역사를 통해 알게 되었지만 '지금'에 대한 텔레비전의 편재적인 감각은 이전보다 더 위급하게 만드는 모순이다. 한편으로 그것은 알아볼 수 있고, 의미 있고 안정적인 형식들——다시 말해서 문화적이고 일반적인 그럴듯함의 요구에 부응하는 형식들——을 향한 리얼리티의 무질서를 형성할 내러티브 형식에 대한 실재의 기대감을 제공한다. 이러한 내러티브들은 앞에 열거된 텔레비전의 모든 형식들을 특징짓는다. 텔레비전의 리얼리즘은, 리얼리티에 대한 비규칙적이고 우연적인 성질을 '안전하게 만들기'위한 요구와 갈등하면서 실재를 정확하게 재현하고 번역하려는 그것의 욕구는 항상 불안정적이다.

실재와 관련해서 영화와는 다르게 차이가 나는 미디어로써의 텔레비전에 대한 두번째 가정은 '여성주의화된' 미디어로써의 상태이다. 제1장에서 살펴본 것처럼 특징적인 유연성과 형체 없음을 함께 지니고 있는 '대중매체'로써 텔레비전의 상태는 영화를 특징짓는 보다 응집적이고 구조적인——그리고 권위적인——내러티브들과는 대조적으로 여성적인 것과 영원하게 동일시되어 왔던 것을 의미했다. 이러한 시점에서 "모든 오락매체는 하위에 놓이고 천성적으로 여성주의화되려는 특질과 관련한다. 반면에 리얼리즘의 문화적 최고의 표준은 가치들이 남성적인 것으로서 특징지워져 왔다"(1997: 349)고 크리스틴 글래드힐이 기술한다.

표 2-1 문화 형식들의 젠더링

대중문화/오락	고급문화/예술
대중장르의 관습들	리얼리즘
낭만적인 스테레오 타입들	입체적이고 정신분석학적 성격화
매혹	엄숙
감정들	사고들
표현적인 수행	비과잉적인 행동/억제된 표현
느낌의 말	무언/결정적 행동
판타지	리얼한 문제들
현실 도피	타협하기
개인적인 가정생활	공공의 세계
쾌감	어려움
여성성	**남성성**

출처: 글레드힐(1997: 349).

두 가지 특징들을 단순화하기 위해 글레드힐은 텔레비전과 여성주의 사이에서 동일시되는 연속극을, 남성적인 것과 여성적인 것과 동일시되는 웨스턴물을 선택했다. 그러나 알다시피 텔레비전 그 자체 안에서 사례들을 동등하게 선택해야 했다. 왜냐하면 '쉬운 오락물' 보다 '어려운 지식'을 생산하는 것처럼, '질'과 관련한 것처럼, '진지한' 것처럼 자신들을 동일시하도록 고심해 왔던 텔레비전의 그 형식들은 한편으로는 리얼리즘과 동일시하기 위해, 그리고 다른 한편으로는 '평범해 보이는' 경향성[14]을 지닌 '텔레비전 자체'의 일반적 '흐름'으로부터 멀리하도록 하기 위해 고심해 왔다.

다큐멘터리 리얼리즘과 다큐멘터리 드라마[15]

글레드힐에게 있어 리얼리즘의 전망은 '세계가 정확한 설명과 재현이 가능하다'는 믿음으로 정의될 수 있다. 그리고 그것은 '실재 문제들'과 '공적 세계'와 관련한 이유나 '사유'와 동일시된다. 이 정의에 따르면 텔레비전과 동일시해 **왔던** 리얼리즘의 한 형태는 '다큐멘터리 리얼리즘'이라는 것을 알 수 있다. 물론 다큐멘터리는 판타지와 개인적 욕망에 집중했던 할리우드와는 대조적이었던, 영화와 1930년대[16]에 사회적으로 책임질 만한 기록 영화를 창조하기 위해 존 그리어슨처럼 다큐멘터리스트적인 열정에서 시작했다(코너 1995; 킬본과 이조드 1997). 그러나 그 이래로 그것은 점점 더 텔레비전의 영역이 되어 왔다. 사회적 책임에 대한 텔레비전의 주장과 관련한 특별한 상태가 거기에 존재해 왔다. 영국에서 특히 그것은 정보를 제공하고 교육하고 단지 오락을 목적으로 하지 않는 프로그램을 생산하려는 욕구인, 텔레비전의 '공공 서비스'의 완화와 동일시되어 왔다: 객관적이고 권위주의적인 방식 안에서 진지한 공공의 이슈들에 초점을 맞추는 프로그램들(킬본 1996을 보라). 그것은 이와 같이 잠정적으로 크리스틴 글레드

---

14) 이 지점의 충분한 토론을 위해 제1장을 살펴보라. 1960년대의 많은 〈수요극〉의 프로듀서인 토니 가넷은 그가 짐 앨런과의 토론을 상기하면서 이에 대한 사례를 제공한다. 짐 앨런은 텔레비전 장르들 중 가장 계열적이고 '여성화된' 일일연속극을 집필하면서 그의 텔레비전 경력을 시작하였다. 가넷은 앨런에게 양자 모두 할 수 없기 때문에… 진지한 작가가 되는 것과 《대관식의 거리 *Coronation Street*》를 집필하는 것 사이에서 선택해 왔다. 그리고 내가 《대관식의 거리》를 이야기할 때 나는 영원히 진행하는 그와 같은 모든 시리즈물을 의미한다고 말했다(허드슨 1972).

15) '다큐멘터리 드라마'와 '드라마—다큐멘터리'라는 용어들은 복잡한 역사를 갖고 있다. 존 코기(1980)는 이 둘을 구별한다. 그러나 아주 자주 그것들은 상호 변환되며 활용된다(커 1990을 보라). 그리고 여기서도 그러할 것이다.

16) 그리어슨은 우선 1926년 로버트 플래어티의 영화 〈모아나 **Moana**〉를 다시 보면서 '다큐멘터리'라는 용어를 처음으로 만들었다.

힐의 리얼리즘에 대한 정의와 레이먼드 윌리엄스의 '진보주의적인 리얼리즘'에 대한 생각을 채워 준다: 단지 실재적인 것 **같기**보다 그것에 **관한** 것일 리얼리즘. 여러 방식으로 다큐멘터리가 실재와 관련하여 만든 주장들은 드라마에 의해 만들어진 그것들과는 매우 다르다. 빌 니콜스가 말하는 바와 같이(1991), 다큐멘터리는 허구적으로 구성된 세계가 아닌 세계에 **접근**하기를 주장한다; 실재 세계는 상상적인 세계 안에 설정된 이야기들이 아닌 실제적으로 구성되어 있다고 하는 **논쟁들** 주변에서 만들어진다; 그리고 그것은 우리를 연속 편집과 시점 쇼트들을 통해 데리고 가기보다는 그 세계를 바라보도록 이끈다——사운드와 이미지의 조직은 인물이나 플롯보다 **명백함**을 갖고 구성되도록 설계된다. 그러나 동시에 다큐멘터리는 '**실재에 대한 창조적인 번역**'으로써 다큐멘터리에 대한 정의가 1933년 존 그리어슨에게서 명확해진 것처럼 내러티브 구조에 의지한다(그리어슨 1966: 13, 진한 글씨 부가). 허구처럼 다큐멘터리는 내러티브에 따라 실재의 번역을 생산한다; 그것은 드라마인만큼 텔레비전의 '스토리텔링 기계'의 부분이다. 그리고 일반적인 관습들에 의존한다. 그러나 많은 관습들이 드라마의 그것들과는 차이를 형성하려 한다.

리얼리스트 드라마의 관습들과 달리 다큐멘터리 관습들은 카메라를 보이지 않게 만들려고 하지 않는다. 따라서 우리는 우리 앞에서 펼쳐지는 리얼리티의 한 부분을 관찰하는 것처럼 보인다. 대신에 카메라의 축적된 **현존**은 진짜인 것에 대한 담보자로서 제공한다: 핸드 헬드 카메라의 사용과 자연 조명, 자주 드물게 청취되는 위치에 대한 사운드, 인터뷰들 그리고 몽타주 편집 모두는 그녀/그가 구성하지 않았던 장면에서 다큐멘터리 제작자의 현존을 시험한다. 그것은 단지 관찰되고 있다. 존 코기는 '드라마적 조망'과 '다큐멘터리적인 조망' 같은 두 가지 리얼리스트들의 관습들에 대해 언급한다. 전자는 콜린 매케이브의 '고전주의적인 리얼리스트 텍스트'의 개념과 친연적이다: 아이라인 매치, 쇼트/리버스 쇼트, 관점, 세계를 "읽어낼 만한 계급 체계"로 질서화하면서 인물들과 내러티브들과 관련하여 우리를 위치시키는 모든 것들(코기 1980: 26). 반면에 다큐멘터리의 전망은 "행연에 놓기보다는 대상에 고정시킨 채로 보여지고 있으면서 그 자체 보고 있는 대상을" 바라보는 것이다(인용., 30). 다큐멘터리에서 카메라는 주체들을 따라간다; 결코 그들의 관점을 공유할 수 없으며 항상 관찰자처럼 그들 밖에 위치한다.

매체로서 텔레비전의 '평범해 보이는' 경향들처럼 보여 왔던 것과는 대조적으로 심각함의 담보자로서 텔레비전 안에서 다큐멘터리에게 주어진 상태에서 부여받은 '진실'과 '진짜'는, '심각한' 혹은 '진보적인' 리얼리스트 드라마들을 생산하는 데에 고심해 왔던 텔레비전 드라마 제작자들이 다큐멘터리의 관습들을 빌려 왔었다는 것은 놀랍지 않다. 드라마-다큐멘터리의 혼종적 형태, 그 결과는 "가장 제도적으로 유력하지만 동시에 작은 화면들의 범주에 대해 문제적인 것"(커 1990: 75)으로서 기술되어 왔다. 가령 1964-72년 사이에 〈수요극〉과 〈오늘의 연극〉의 표제하에 생산된 BBC 연속드라마들을 본다면, 파트너십을 이룬 켄 로치-토니 가넷이 만든 수많은 것들은 이 범주에[17] 넣을 수 없다. 토니 가넷이 말한 것처럼 이러한 드라마의 목적들은 레이먼드 윌리엄스의 '진보주의적인 리얼리즘'[18]의 그것들이다: "우리는 사람들의 삶과 관련한 육체적인 상황들을 포획하기 위한 세계로 가기를 원

---

17) 특별히 배제하지 말고 〈정점을 넘어서서 Up the Junction〉(번역. 1965년 11월 3일. 감독 로치, 이야기 편지 가넷), 〈캐시 집으로 오다 Cathy Come Home〉(번역. 1966년 11월 16일. 감독 로치, 제작 가넷), 〈덩어리 The Lump〉(번역. 1967년 2월 1일. 감독 골드, 제작 가넷), 〈두 가지 마음 안에서 In Two Minds〉(번역.1967년 3월 1일. 감독 로치, 제작 가넷), 〈큰 횃불 The Big Flame〉(번역.1969년 2월 19일. 감독 로치, 제작 가넷)을 살펴보라.

18) 윌리엄스는 '리얼리즘에 대한 강연'(1977)에서 사례로서 〈큰 횃불 The Big Flame〉을 선택한다.

했다. 어떻게 사람들이 살고 있는지, 그리고 드라마틱한 기록을 창조하기 위해 그 물질 세계로 거슬러 데려가는지를 원했다. 그 운행은 미학적인 것만큼 정치적이었다"(2000: 17-18). 그 방법은 1994년 로치와의 인터뷰에서 기술되었다: 그에 따르면 "도전은 절대적으로 진짜인 것 같은 카메라 앞에 무엇인가를 놓은 것"이었다. 그리고 이 양상 안에 있는 다큐멘터리와 드라마 사이의 어떤 차이점도 부정한다: "나는 비스듬하게 탐색되는 카메라 앞에 무엇인가를 놓는 것을 정당화할 수 있다고 생각하지 않는다"(〈페이스 투 페이스〉, BBC2: 19.09.94). 다큐멘터리의 기법들은 잘 탐색된 '기록'에 기여했던 '진짜'와 '진실'에 관한 상태를 드라마에게 주기 위해 빌려졌다. 텔레비전의 공공 서비스 완화의 부분으로서 정통적이지 않은 전망을 제공하도록 '작가주의적'인 단막극이나 연속물이 허용하는 맥락 안에서, 심지어 그것이 장려되었을지라도 그 전망들이 인지되는 '저자'[19]에 관한 '사적인' 전망들로서 명확하게 표식되는 한, '예술'을 만드는 것이 아닌 보다 '드라마틱한 기록'을 만들었다는 로치와 가넷의 주장은, "다큐멘터리 관습의 사용을 부인해 왔던 사람들에게 목소리를 주기 위해"(로치, 인용) 다큐멘터리 관습을 활용하는 것은 다큐멘터리[20]에만 일반적으로 제공되는 '진실'한 상태에 있는 드라마를 요구하는 방식으로서 보여질 수 있다. 동시에 내러티브를 중심화하는 얼마 되지 않는 재현된 형상들을 선택할 때, 그들은 리얼리즘과 자연주의 사이의 차이에 대해 논쟁하라고 우리를 후진시킨다. 존 코기가 말한 것처럼(1980: 26-7) '다큐멘터리 전망'은 사회적 삶에 관한 물질적 상세함의 (비평적) **관찰자**로서 위치시키려는 자연주의의 내재성으로서 간주될 수 있다. 반면에 '드라마틱한 전망'은 인물들과 **함께** 있도록 위치시키게 하는 리얼리즘의

---

19) 머독(Murdock)(1980)과 부스콤브(Buscombe)(1980)를 살펴보라.

20) 로치의 견해에 따르면 텔레비전 다큐멘터리가 쇼에 허용되는 '진실'의 종류들이 텔레비전 기관에 의해 강압적으로 제한된다.

목적을 충분히 채운다. 이에 따라 이들로부터 사회적 억압과 싸움을 경험한다. 정치적 강령을 공격하기 위하여 이 두 가지의 연합은 정치인들과 정부[21]에 대한 분노를 끄집어 냈던 혼란스러운 드라마를 생산해 왔다.

〈캐시 집으로 오다〉(1966)는 아마도 드라마-다큐멘터리 형식을 통해 얻어진 '진보주의적 리얼리즘'의 가장 유명한 사례일지도 모른다. 법정과 레그와의 결혼, 세 아이의 출생을 통과하며 그리고 집 없는 사람으로의 하강과 남편과 아이들로부터의 강요된 분리를 통과하며 런던을 향해 차를 얻어 타는 순간으로부터 캐시의 이야기를 추적한다. 마지막 쇼트들은 그녀가 시작했던, 차를 얻어 탔을 때를 보여준다. 클로즈업된 그녀의 얼굴 위로 "이 영화에서의 모든 사건들은 지난 8개월 간 영국에서 일어났었다"는 단어들이 찍힌다. 4천 명의 아이들이 부모로부터 분리되고 매년 그들의 부모가 집을 잃기 때문에 일어났다. 서독은 전쟁 이후 영국만큼 두 배 이상 많은 집을 지었다.

내러티브는 에피소드적이다: 작가인 제레미 샌드포드는 "몇 년 동안 내가 모아 왔던 많은 양의 신문 클립들, 내가 만들었던 테이프-레코딩에 대한 글귀들, 내가 만났던 사람들에 대한 기록들로부터 작동하는 '행복한 나날들' '슬럼에서의 삶' '사치스러운 아파트' 같은 영화의 다양한 부분들에 대한 표제들을 갖고 있는 사절판 종이"(1984: 18)들을 지니고 있는 폴더들을 채우는 것과 관련하는 작동 방법을 다시 설명한다. 드라마가 아닌 뉴스에만 적절해 보이는 새롭고 휴대하기 편한 16밀리미터 카메라들에서 나온 쇼트들 위에서 즉석에서 만들어진 드라마 기법들――그리고 카메라들――을 통해 부분적으로 말해진다. 존 코너식으로 말하면 부분적으로 그것은 "이야기라인 주변의 다큐멘터리 공간"(1996: 106)을 열어 보이기 위해 제공하는 다큐멘터리

---

21) 이 공격들에 대한 설명을 위해 커(1990)를 보라.

쇼트들을 통해 그녀의 이야기 뒤에 있는 배경인 사회적 상황들을 기록하면서 캐시의 목소리로 자신의 이야기를 하는 것이다. 마침내 그것은 다른 범주에 있는 사람들을 통해 말해진다. 몇몇은 잠깐 나타나는 인물들인데 그들은 동정적이지 않은 도시의 중산 계층인 공무원들이고 집없는 동료들인 관리자들이다. 이들은 자신들의 이야기를 캐시와 레그 혹은 카메라에 직접 이야기한다. 육화되지 않은 몇몇은 통계나 정부의 입장을 이야기한다. 그 효과는 우리를 캐시와 함께 있게 하면서 그녀 밖에 있도록 한다. 클로즈업의 사용은 빈번하다. 그리고 다큐멘터리에서 유용하지 않은 방식으로 그녀 삶에 대한 친밀감을 공유한다; 그러나 동시에 캐시가 직접적으로 우리에게 말하는 동안에 아이라인 매치나 쇼트/리버스 쇼트의 사용은 없다——그녀의 눈을 통해 보지 않는다. 드라마의 주관적인 기법은 거절되었다; 대신에 우리는 인물을 따라다니는 것 같은 카메라를 자주 의식하고, 그들을 가로막고, 노출시키거나 은폐시키는 (그리고 우리의) 접근을 자주 발견한다.

만약 위에 기술된 리얼리즘에 대한 논쟁에 근거하여 **캐시**를 고려한다면 수많은 관찰을 할 수 있다. 그것은 리얼리즘을 지지하는 믿음을 단순화시킨다. 그 세계는 설명될 수 있고 진짜로 재현될 수 있다. 그리고 윌리엄스가 '진보주의적인 리얼리즘'의 주요한 특징으로서 동일시된 정치적 목적을 단순화할 수 있다. '진짜'와 의식적인 정치적 의도의 결합은 텍스트 밖[22]의 실재 세계에서의 변화의 결과이다. 그러나 동시에 '다큐멘터리적인 전망'의 활용과 시점 쇼트들의 부재, 화면의 끊임없는 어지럼힘과 차단은 인물의 힘을 강탈하는 것처럼 보인다. 그들은 자신들이 처한 상황에 대한 어떤 분석도 하지 않는다. 그리고 결

---

22) 샌드포드는 우리가 이후에 버밍햄에서 개최했던 영화와 어떤 만남들에 대한 결과로써 이 마을 그리고 사람들은 그들의 아내들과 아이들로부터 매년 3백 명 혹은 4백 명의 남편들을 분리시키는 그들의 관심을 멈추었다(1984: 19)고 보고한다; 커(1990: 80)를 또한 살펴보라.

코 내러티브 통제 안에 있지 않다: 그들은 단순히 동정받을 수 있고, 피할 수 없는 내러티브 속의 희생자일 뿐이다. 콜린 매케이브의 말에 따르면, 이 리얼리티에 대한 '투명한' 연출은 사실——그것의 대립적인 정치적 의도에도 불구하고——계급(모든 중산 계층은 동정적이지 않고, 모든 노동자 계층은 동정적이다), 인종(모든 흑인들은 희생자들이다) 그리고 젠더[23]의 재현 안에서 잠재적인 모순을 억압한 채로 이데올로기적으로 부과된다. 가족과 젠더 역할의 재현에서 특히 관습적이고 이데올로기적인 가치들과 일치한다. 레그와 캐시는 관습적으로 '행복한 가족'이지만 그들의 부르주아에 대한 꿈은 충족될 수 없다. 캐시는 전적으로 (백인) 여성성의 개념에 일치한다: 수동적이고, 가정적이며, 욕망이 없고, 아이를 방어하기 위해 분노의 반응을 하는. 마지막에서 〈캐시 집으로 오다〉는 리얼리즘과 그의 저항력에 대한 문제를 제시한다. '진실'을 요구할 때, 리얼리즘은 "허위의 기초 위에, 그리고 욕망의 결과로써"(1999; 61) 항상 의심받고 있는 것임에 틀림없고 그렇게 구성되어 있다고 존 엘리스는 다큐멘터리에 대해 기술한다. 그러나 존 코기식으로 말하면 텍스트와 드라마 사이의 간격을 이어 주는 도구로써 사건들로써 존재하는 능력뿐만 아니라 "텍스트일 수 있는 능력을 가지고"(1980: 34) 있는 드라마들을 생산하기 위해 그것은 아주 효과적일 수 있다.

새로운 리얼리즘들?

리얼리즘은 세계가 정확하게 재현되고 설명될 수 있다는 믿음을 내포한다. 그러나 알다시피 그 요구들은 리얼리티의 '진짜 같은' 연출과 응집적인 내러티브 형식에 질서를 요구하기 때문에 본래적으로 모순

---

23) 제2장 2에서 〈로일 패밀리〉의 토론을 살펴보라.

적이다. 매일의 '생생한 정보'에 대한 즉각적인 포획을 할 수 있는 대단한 능력을 가진 동시대의 텔레비전은, '실재'에 접근하기 위한 우리의 능력과 내러티브 형식을 통해 그것을 만들려는 우리의 요구를 어마어마할 정도로 증가시켜 왔다. 결과는 사실과 허구, 그리고 재현과 실재 사이의 경계를 흐리게 하는 혼종적인 형식들의 성장을 이루었다. 존 엘리스(1999)가 말한 것처럼 이러한 형식들은 내러티브화하기(narrativisation)를 통해 리얼리티의 무질서한 감각을 만들지만, 그 내러티브들은 현재적인 긴장감을 유지하면서 해결되지 않은 채로 열려 있다. 리얼리즘을 지지하기 위해 무자비할 정도로 몰아붙이는 **설명**은 더이상 확고하게 유지될 수 없다.

그러나 니콜스가 말한 바와 같이(1994: xi) 리얼리즘은 쉽게 방기되거나 소진되지 않는다. 진짜를 향해 다큐멘터리 관습들에서 끌어왔던 1960년대의 텔레비전 드라마와 마찬가지로 동시대의 드라마는 '진보주의적인 리얼리즘'의 새로운 형식들을 탐색하기 위해 '리얼리티 TV'의 기법들을 급습해 왔다. 1960년대 〈수요극〉의 프로듀서인 토니 가넷의 작업과 가장 최근의 〈경찰들〉(1998-2001)은 이것을 사례화한다. 1989년에 시작되어 현재 열다섯번째 시즌을 맞고 있는 미국 시리즈물 〈경찰들〉은 첫번째 리얼리티 쇼의 하나였다. 빌 니콜스는 이와 같은 쇼들이 도시의 거리들이 아닌 규범의 경계들에 대한 감각을 순찰하는, 경찰의 기능을 지니게 하면서 우리를 위치시킨 채 그들이 표현하는 무질서한 리얼리티의 '잠재적인 하위 버전과 초과'를 회복하려고 작동한다는 논의를 펼치기 위해 '순찰차의 피트수, 마약-상인의 체포들과 잠재적인 총격전'의 혼합을 활용한다. 이것들을 통해 잠재적으로 이상스러움과 위협은 진부해지고 매일의 결정되지 않은 내러티브들로 짜놓으며 사회적이거나 정치적인 목적을 피하게 만든다(1994: 43-6).

가넷의 시리즈물이 적당한 것은——타이틀과 함께——이 스타일이다. 첫번째 에피소드는 크레디트 시퀀스 없이 시작하고 우리가 듣는

음악은 디스코 비트로 드러난다. 사운드는 혼란스럽고 조명은 자연스러우며 이미지는 거칠다. 디스코클럽 화장실에서 콜라와 맥주에 콧방귀를 뀌는 소녀를 바라본다. 우리의 전망은 행인들에 의해 반복적으로 어두워진다. 다음 시퀀스에서 움직이고 불안정한 카메라는 그녀가 경찰서로 향할 때 그녀를 뒤따른다. 테이크들은 길다; 카메라가 옆면으로 마지막 화자를 포착하기 위해 흔들린다, 혹은 빨리 줌을 하고 초점을 흐린다; 클로즈−업은 있지만 시점 쇼트는 없다. 인물들은 서로에 대해 말한다. 스타일은 '거기에 존재하는' 것 같다고 가넷이 진술한다. 실제로 화면 위에 일어났던 것과 카메라는 그것을 기록하기 위해 주변에 있다. 그리고 여기서 존재한다(world−productions.com/cops 2000). 그러나 이것은 "속임수이고, 청중이 그 안에 존재하는 작은 게임이다"라고 그는 부가 설명한다. 에피소드식의 구조가 친숙한 드라마적 구조가 아니라──요컨대 우리는 새로운 중사들, 지속될 이야기 라인을 포함해서 수많은 인물들을 소개받는다; 지금 이동을 마치려는 견습생 멜과 함께 있고, 멜 자신이 만들어 갈 미래에 대한 결정을 하는 순간에, 우리는 에피소드를 종결한다──그 목표는 굳건하게도 리얼리즘의 그것이다. 그러나 가넷의 초기 창작물 이래 교훈적인 예리함이 완화되었던 리얼리즘이다.

리얼리즘은 이후에도 그 자체의 본래적인 모순과 객관적으로 사회의 기본적인 진실을 포착하려는 카메라의 능력에 대해 증가하는 충실함의 손실에도 불구하고 스스로 재발명한다. 그것의 경계들은 명확하지 않고, 그것의 관습들은 계속해서 표류하며 그리고 그것의 영역은 논쟁적이다. 그러나 텔레비전이 지금 세계를 "중재하기 위해 우리의 광장으로써 역할을 한다면"(1999: 69), 바로 그때 '진짜'에 대한 거침없는 탐색을 하는 리얼리즘은 그 중재에 대한 '진실'이 요청되고 가치 평가받는 도구로써 계속 존재한다.

제3장

권력과 주체성

1. 이데올로기, 헤게모니와 담론

이데올로기와 미디어

동시대의 미디어와 문화 연구들에서 사용되는 '이데올로기'라는 용어는 마르크시즘에서 기원을 갖는다. 그리고 사고·믿음·의미 그리고 가치와 관련한 모든 체계들은 그것들을 생산하는 사회적 그리고 경제적 구조들에 의해 결정된다. 이러한 정의 속에서 이데올로기는 사회가 물질 세계를 향해 그 자체의 구조들, 과정들, 그리고 관계성을 형성하면서 공유되는 의미와 가치들의 조합이다. 그러나 이 의미들과 가치들은 사고 혹은 믿음의 집합체로서 단순히 존재하지 않는다; 그것들은 교회, 교육 체계, 가족 그리고 문화와 미디어 기관들과 같은 특정한 사회 조직체들을 통해 구체화되고 순환된다. 그것들은 또한 '상식'——사람들이 세계와 사건들에 대한 감각을 만드는 데에 **유용한** 일상적 개념의 틀들——의 수준에 존재한다. 그러나 사회가 권력의 관계에 따라 구조화된 이래로 이 의미와 가치의 시스템들, 그리고 그것들이 의사소통되고 표현되는 모든 방식들은 중립적이지 않다. 가장 광범위하게 순환하고 가장 지배적인 것들은 사회에서 최고 권력 집단이 기원하는 세계에 대한 설명을 생산하고, 아울러 그것에 대한 관심을 제공한다. 그렇다면 이데올로기는 세계를 의미 있게 만드는 과정이고, 이데올로기적인 **권력**은 그 의미들이 우리의 생생한 경험을 구조화하는 확고한 힘이다. 테리 이글턴이 설명한 것처럼 그것은 "단지 의미의 재료가 아니라 의미를 **견고하게** 만드는 재료"이다(1991: 195).

이 개념이 발현하고 있는 미디어와 문화 연구의 영역 안에서 그와 같은 중요성을 가정했던 것을 보는 것은 쉬운 일이다. 그것은 사회적이고 물질적인 것과 관련한 **문제들**——경제와 권력의 문제들——을 재현의 결과물——세계를 의미 있는 것으로 만들어 놓는 내러티브들, 이미지들 그리고 형태들——과 연결한다. 그리고 그것은 **개별 주체들**이 그 **구조들**을 자신에게 어떤 방식으로 재현하고 그것들에 대한 공적 재현의 감각을 만드는지와 관계하는, 사회적이고 문화적인 구조들에 대해 관심을 갖도록 연계시킨다. 다음으로 이데올로기는 권력 관계와 깊이 관련하고 사회 기관들과 연결되어 있다. 그러나 그것은 **재현**을 통해 작동한다. 왜냐하면 우리의 삶에 부여하는 의미들이 개별 수준 안에서 개인적 정체성의 감각을 구성하기 때문이다. 캐스린 우드워드가 논의한 것처럼 "재현들은 우리의 경험과 우리가 존재하는 감각을 만들 수 있는 의미들을 생산한다." 그것들은 '개별적이고 집합적인 정체성'을 형성하고 "다음과 같은 질문에 대한 가능한 대답을 제공한다: 나는 누구인가? 나는 무엇으로 존재하는가, 나는 어떤 존재가 되고 싶은가?"(1997: 14)

이러한 특별한 이데올로기에 대한 정의를 전개했던 것은 프랑스의 마르크스주의 철학자인 루이 알튀세르였다. 이데올로기란 "존재의 실재 상황 속에 개인들의 상상적인 관계성을 재현하는 것이다"라고 알튀세르는 기술한다(1984: 36). 그것은 '이데올로기적인 국가 기구'라고 불리는 것을 통해 작동한다: 절대적으로 국가의 통제가 필요하지 않는, 군대나 공권력 같은 '억압적인 국가 기구들'의 힘을 통하는 것이 아니라, 가치들과 믿음들 그리고 관련 풍습들의 체계들을 통해 그 힘을 유지하고 있는 관계들 안에서 작동하는 종교, 교육 그리고 미디어 같은 기관들. 개별 주체들로서 우리는 이데올로기를 통해 우리의 정체성을 형성해 왔다: 우리는 이데올로기가 우리에게 가르쳐 준 이 개념적 틀이나 "의미의 지도들"(홀 1977: 330) 안에서 작동되고 **주체화됨**으로써만 **주체들**이——의미 형성자들과 행동의 저자들——될 수 있다. 이런 맥락에서 우리는 이데올로기에 의해 '질문받는다'——소위 우리가 점유하는 주체의 위치로 호출받으면서. 알튀세르는 전-자본주의 형성 시기에는 이데올로기적 국가 기구, 교회가 지배적이었고 그들의 다양한 양상들——교육, 가족, 출판과 의사소통——은 현재 독립적인 상황을 획득하였다(1984: 25)고 논의한다. 알튀세르가 '의사소통 기구들'이라 부르는 것——'신문, 라디오와 텔레비전'——은 현재 그 자체로 광범위하게 권력적이고 이데올로기적인 기관이 되어 왔다. 스튜어트 홀은 보다 더 이 지점을 전개한다. 1880년경부터 산업-도시 자본주의의 움직임을 가져온 서구 사회들의 변형——진보된 '자본주의의 단면'——은 또한 "근대 대중매체가 자신들에게 닥친 국면이 광대하게 확장하고 복잡해지자 자신들을 문화 생산과 기여를 위한 주요한 수단들과 채널들을 만든다. 그리고 점점 더 자신들의 범위 안으로 공적 커뮤니케이션 영역을 흡수한다고 그는 기술한다. 그것들은 점진적으로 문화의 이데올로기 영역을 **식민화해** 왔다"(1977: 340).

대중매체가 동시대의 사회에서 가장 권력적인 형태의 '이데올로기 기구'로 보여질 수 있다면, 텔레비전은 이 용어들의 분석을 위한 가장 중요한 초점이 되어 왔다. 알다시피 텔레비전은 일상적 리얼리티를 전달하고 기록하는 것처럼 보이는 이미지들의 연속적인 흐름으로써의 '생생함 혹은 현재성'의 감각을 제공한다. 그리고 우리에게 끊임없이 새롭게 만드는 '세계로 향하는 창문'을 제공한다. 그것은 다소 개인으로서의 정체성이 가장 풍부하게 표현되고 보존되는 공간으로 추정되는 집이라는 사생활 영역 안에서 개별체들과 가족 집단의 구성원으로서 우리를 직접적으로 설명하는 최고의 가정매체이다. 그러나 1975년에 스튜어트 홀이 말한 바와 같이 "텔레비전 화면의 **투명성**은 환영이다"(1975: 8). 텔레비전이 우리에게 제공하는 것은 리얼리티 그 자체가 아니라 세계에 대한 재현들과 내러티브들로서의 이미지들이다. 그것은 이데올로기와 관련하는 어마어마하게 거대할 정도의 권력적인 매개체로서 보일 수 있다. 홀은 동시대 사회에서 텔레비전이 수행한 '이데올로기적 작업'의 세 가지 형태들을 제안한다. 첫번째는 점차적으로 분열되고 있는 사회에서 우리와 친밀하지 않은 사회 조직들의 '삶, 의미들, 관습들(practices)과 가치들'에 관한 이미지들과 재현을 제공하는 것이다. 두번째는 이 친숙하지 않은 조직들을 위한 분류 부호들을 혹은 그들에 관한 감각을 만드는 방식들을 제공하면서 '사회적 이미지'를 질서화하는 수단을 제공하는 것이다. 결국 그것은 지금껏 가시화되고 분류화되어 왔던 **'용인된 질서'**를 동요시키는 것이고, 세계가 작동하고 의미하는 것에 관한 이데올로기적인 합치(일치)를 생산하는 것이다(1977: 340-2). 간단히 말해서 텔레비전의 이데올로기적 작동은 재현들을 통해 세계에 관한 초상을 '채우고' 이 재현들을 분류화하고 그것이 이제까지 구축한 '상상적 단위 혹은 응집'에 우리의 동의를 확실하게 작동시킨다.

텔레비전 분석에 관한 이러한 접근이 텔레비전 드라마에 적용되었던 방식들에서 빠져나오기 전에 훨씬 더 논쟁할 만한 요소들이 탐구될 필요가 있다. 루이스 알튀세르의 저술은 "물질 세계와 관련하여 재현 체계와 개인 체계라는 용어의 범위 안에서" 이데올로기를 정의하고 있기 때문에 미디어 연구에서 영향력이 있다고 미미 화이트는 논의한다(1992: 169). 그러나 알튀세르의 이데올로기 국가 기구에 관한 개념은 갈등이나 분쟁의 여지를 어느 정도 남긴다. 만약 개인으로서 우리가 인간 **주체들**이 되어 가는 과정에서 이데올로기에 종속된다면, 우리의 '의미의 지도'에 관한 개념이 '지배적인 이데올로기들'에 의해 제공된다면, 최소한 재현 그 자체의 수준에서 이것들이 어떤 방식으로 논쟁화될 수 있는지를 아는 것은 어려운 일이다. 알튀세르는 '통치적인 이데올로기'는 항상 사회 형성 과정에서 착취당하고 종속되는 계급들에서 발산되는 이데올로기들인 다른 이데올로기들과 갈등을 한다고 논의한다. 그러나 그가 표현한 것처럼 이 사회적 갈등은 이데올로기적인 수준에서 실행되지 않고 단지 반영되는 것처럼 보인다. 그리고 어떤 경우에서라도 '이데올로기 기구'의 작동은 그가 기술한 바와 같이 주체로서의 우리들을 갈등이나 분쟁에서 배제시키는 위치에 서게 하는 데에는 매우 효과적이다.

그러나 우리가 '읽는' 이미지들, 우리가 사용하는 용어들, 우리에게 제공되고 만들며 다시 만드는 세계에 대한 재현들, 그리고 그러한 재현들을 통해 구축되는 정체성을 이러한 방식으로 고정시키는 것 같지 않다. 1979년에 두 명의 페미니스트들이 "그 차가 숙녀였더라면 그 바닥을 꼭 조였을 텐데"에 "이 숙녀가 차였더라면 그녀가 당신을 달렸을 텐데"라는 것을 첨가하며 선언했던 피아트 127 자동차에 관한 광고 게시판에 나오는 광고에 반응했을 때, 그것들은 재현 그 자체——누군가가 말한 것처럼 '포스터를 넘겨받는'——의 수준에서 이 재현의 의미와 논쟁하고 있는 중이었고, 그럼으로써 그 광고로 인해 확고하게 된 것과 직접적으로 갈등하고 있는 여성들의 (적극적이고, 독단적이고 위트가 있는) 정체성을 표명하고 있었다(1982: 12-13). 유사한 방식으로 깊이 각인되어 온 재현들로서 '흑인,' '게이' 그리고 '퀴어'라는 용어들은 최근 몇 년 동안 논쟁에 휘말려 왔다. 그러한 논쟁과 분쟁을 설명하는 이데올로기 개념이 미디어 분석에 유용한지를 필요로 하는 것은 명백한 것처럼 보인다.

1970년대의 스튜어트 홀에게 있어서 그러한 설명을 제공했던 것은 안토니오 그람시의 '헤게모니'라는 개념이었다. 그람시에게 있어서 사회 지배 세력들이 착취당하는 세력의 동의를 얻는 과정은 항상 분쟁의 과정이라는 것이다. 이때 이 분쟁은 이데올로기, 재현의 수준에서의 분쟁이고 결코 완결되지 않는 분쟁이다. 헤게모니는 기껏해야 "불안정한 평형"이다(홀 1977: 334); 모든 이데올로기적인 기호나 재현은 의미를 넘어서는 잠재적인 분쟁의 지점이다. 그것은 "텔레비전 담론 안에서 암호화되고 해독되는" 홀의 비평을 지지하는 개념이었다(1973, 1980). 사건들은 실재적이거나 허구적이든지 간에 텔레비전에 의해 단순히 전달되지 않는다고 홀은 논의한다; 그것들은 지정된 의미들이거나 축적된 맥락 안에 놓이면서 '암호화' 된다. 이 비평[1]과 관련한 1973년 저술에서 홀은 요점을 설명하기 위해 텔레비전 서부시리즈물들을 사례로 활용한다. "윤곽이 뚜렷하고, 선/악의 마니교적 우주 세계, 악당과 영웅에 관한 명확하게 사회적이고 도덕적인 칭호, 내러티브 라인과 전개의 명확성, 도상적 특징들, 격렬한 총격과 추적, 개인적 결점, 거리 혹은 바에서의 결투"(1973: 5) 속에 뚜렷이 저장되어 있는 클라이맥스를 지니고 있는 텔레비전 서부물은 일반적인 코드들에 따라 축조된다(제2장 2를 보라). 그러나 격렬하지만 그 행동들은 잘 수립된 도덕적 규칙들에 따라 코드화된다(영웅은 항상 재빠르게 총을 꺼내고 곧바로 발사한다. 그러나 그는 결코 먼저 꺼내지 않는다; 요컨대 '악인'인, 성적으로 문란한 여인은 회복될지 모르지만 그녀는 항상 죽어야 한다), 그리고 그 인물들과 사건들은 오로지 장르에 의해 축조된 전체 의미 구조에 따라 의미를 갖는다. 장르는 특별한 역사적 순간에 이동하고 그 순간에 미국 사회의 문제들과 관심들을 내러티브 형태 속에 끄집어 낸다. 장르는 자신이 목적으로 삼는 문제들——폭력의 문제들, 법과 질서에

---

1) 이 에세이는 텔레비전 드라마에 대한 부분을 할애하지 않고 홀과 그 외의 사람들이 기술한 《문화, 미디어, 언어 *Culture, Media, Language*》(1980: 119-38)의 변경된 형식과 짧은 타이틀을 가지고 재판되었다.

관한 문제들, 젠더화된 정체성에 관한 문제들——에 관한 패턴들이자 '해결책'으로서 역사적 변화에 따라 유동한다. '지배' 이데올로기에 따라 구축되었을지라도 장르의 의미들은 단 한 번도 주어지지 않는다. 그 의미들은 장르 자체의 다양하고 유동하는 구현 속에 논쟁의 여지가 열려 있고, 프로그램이나 그 생산자들이 '선호하는' 사람들과는 꽤 다른 '의미의 틀 작업'을 따르고 있는 프로그램들이 서로 다른 문화적 배경이나 계급적 위치에서 나타나는 관객들의 독해 안에서 '해독'될지도 모른다.

이데올로기, 헤게모니와 텔레비전 드라마

1970년대와 1980년대에 수많은 광범위한 시도들이 텔레비전 드라마에 관한 이데올로기적인 분석을 적용하기 위해 이루어졌다. "고전주의적인 리얼리스트 텍스트"(1974)의 개념 속에 있는 문학과 시각 텍스트들에 관한 분석을 위해 콜린 매케이브는 알튀세르의 이론을 적용하려 한다. 알다시피[2] 매케이브는 19세기 리얼리즘주의 소설, 할리우드 영화와 대중적인 텔레비전 드라마는 모두 '진실들'에 대한 중심적인 집합체와 관련하여 인물 특색들의 행동들과 담론들을 틀지우는 '사회 지식'의 특별한 형태를 구성한다고 논의했다. 이 '진실들'은 소설의 경우 스토리텔링 그 자체에 의해 실행된다(소설의 '메타언어'). 그리고 영화와 텔레비전 드라마의 경우 카메라가 우리에게 보여주는 것에 의해 실행된다. 양자 모두 우리가 다양한 인물들의 담론들과 행동을 측정할 수 있는 것에 반(反)하는 리얼리티의 투명한 연출로서 '진실을 향해 직접적인 접근'을 제공하는 것처럼 보인다. 사실 그 명백해 보이는 리얼리즘이나 투명성은 내러티브의 이데올로기적인 작동을 은폐한다.

---

2) 이 책의 서문 그리고 제2장 3을 살펴보라.

'상식'에 관한 그것으로써 내러티브의 '진실'을 보는 것은 지배 이데올로기의 '진실'이다. 내러티브가 우리를 이끄는 결과를 받아들이면서── '사회 지식' ──우리는 그 이데올로기 안의 주체들로서 우리의 위치를 차례로 받아들인다.

　매케이브의 논문 출판에 뒤이은 논쟁들의 주요 초점은 텔레비전의 대중 역사드라마였다. 콜린 맥아더는 "모든 텔레비전(드라마를 포함하여)은 이데올로기적인 기능을 수행하고 프로그램의 대중성과 대다수 청중의 이데올로기적인 위치를 강화하는 범위 사이에 관계성이 내재할 것"이라는 논의의 주요 지점을 형성한다(1981: 288). 〈위층, 아래층〉(1971-6)과 같은 대중적인 시리즈물들을, 노동자 계급 역사에 관해 진보적인 초점을 맞추고 있는 앨런/로치/가넷의 〈희망의 나날들〉(1975) 시리즈물과 대조하면서, 그리고 두 시리즈물에 관한 청중의 반응을 비교하면서 맥아더는 또한 "습득되는 교훈들은 지배 이데올로기를 자연적인 것으로 간주하는 프로그램들과 정치적인 것으로 여겨지지 않는 몇 안 되는 사람들이다"라고 결론짓는다(인용., 297).

　그러나 이데올로기적 접근을 하는 비평가들에게 동의받지 못하는 것은 정치적으로 대립적 의도를 가진 채로 관습적인 내러티브와 인물들, 그리고 리얼리즘적인 기법들을 취하고 있는 〈희망의 나날들〉과 같은 시리즈물들이 지배 이데올로기 담론들을 방해할 수 있는지였다. 맥아더는 **주체 문제**가 지배 이데올로기와 모순하기 때문에 그것은 세계와 관련하여 상당히 다른 관점을 표현하기 위해 채택된 리얼리즘 기법들에 익숙한 청중에게, 방해할 만한 영향을 끼친다고 가능한 한 부드럽게 논의했다. 그러나 좀 더 특별하게 시리즈물들이 많은 리얼리즘 기법들을 채택하는 동안 그것은 인물들을 통해 특별한 관점을 갖지 않도록 하는 다른 것들을 중지한다. 특별한 장면에서 인물들이 **말하는** 것은 우리가 일어난 사실을 보는 것과 다르다. 그러므로 내러티브는 청중에게 이데올로기적 모순을 가진 채로 표현할 수 있다. 그러한 장면은

항상 우리가 **보는** 것에 대한 '진실'의 탓으로 돌린다는 것을 말하면서 카메라는 리얼리티에 대한 특권적인 접근을 가장하고 있기 때문에 캐릭터가 말하고 우리가 일어나는 사실을 본 것 사이에 있는 모순은 이미 항상 내러티브 안에서 해결되어 왔다고 논의하는 맥아더에게 매케이브는 동의하지 않았다……. 우리는 리얼리즘의 관습들 때문에 '진실'로서 간주되는 것을 '안다.' 양쪽 저자들이 동의하는 것은 단순히 콘텐트——우리에게 주어지는 여러 종류의 관점——를 통하는 것이 아닌 보다 중요한 형식을 통해 이데올로기가 텔레비전 드라마 안에서 작동하는 것이다. 내러티브가 '닫힌' 형태일수록 점점 더 그것은 리얼리즘과 장르의 관습들과 일치하고, 그럴 가능성이 작아질수록 이데올로기적 질문과 모순을 제공한다.

또한 그러한 관점은 《텔레비전으로 방송되는 '테러리즘'》(1983)을 저술한 필립 슐레징거, 그레이엄 머독과 필립 엘리엇에 의해 수용되었다. 이들은 논픽션과 허구적 장르 안에 있는 '테러리즘'에 대해 텔레비전이 처리하는 것을 다룬다. 시리즈물들의 포맷이 시리즈물의 형식보다 일반적으로 더 친밀하다고 논의하는 작가들은 다음과 같이 시리즈물의 그것을 설명한다:

> 플롯들은 항상 중심 인물들 주변에서 관계한다. 그들은 영웅들이다. 그들은 가장 최고의 시간과 행동이 자신의 관점으로부터 보여지는 화면 위에 있다. 악당의 기능은 사회적이고 도덕적인 질서를 방해하는 것이고, 해결해야 할 문제들을 영웅들에게 표현하는 것이다. 악당들은 이 역할을 충족시키기 위해 입체적인 인물들이지 않아야 한다. 그들은 단순할 정도로 쉽게 인지되는 형식 속에서 수립된 질서를 위협하도록 인격화되어야 한다. 그들은 에피소드의 초반에 거칠게 나타나고 엔딩에서 추방당한다(1983: 79).

대중시리즈물의 세계는 이처럼 지배 이데올로기의 세계이다. 그리고 그 헤게모니적인 프로젝트는 국가, 공동체 혹은 남성적 이상과 같은 지배 이데올로기적인 개념들, 그리고 동시대적 갈망에 대한 지배 이데올로기의 반응들 사이에서의 합치를 조직하는 것이다. 슐레징거와 나머지 사람들이 심도 있게 다룬 〈전문가들〉(1977-83)이라는 액션 시리즈물에서 우리는 공적 폭력의 합법성을 만드는 형태의 테러리즘이 일으킨, 질서와 민주주의에 대한 위협에 관한 동시대적 갈망들에 반응하는 시리즈물을 볼 수 있다. 그와 같은 상태 안에서의 잠재적 모순은——'수용될 만한' 폭력과 '테러리스트'의 폭력을 구별하는 것의 어려움과 적대자들로서 동일한 전략을 사용하는 비밀 국가 권력이 일으킨 민주주의에 대한 위협——질서와 무질서 사이에서의 국가와 테러리스트 간의 대립, 영국적인 것과 '외지인인 것' 사이와 심지어 자연적인 것과 비자연적인 것(가장 악질적으로 수많은 테러리스트들은 여자들이고, 그들은 '자연적인 여성성'을 속이고 있는 것으로 보인다) 사이에서의 법과 범죄 간의 대립을 대체시키면서 해결된다.

이제 다시 대중 텔레비전 드라마 시리즈물들은 동시대의 문화적 갈망들을 해결 가능한 내러티브적인 위협 속으로 동시대의 상황 속에 내재되어 있는 실제 문제들과 모순들을 대체하는 방식으로 다루는 것처럼 보인다——실제로 어떤 의미에서 그것은 시리즈물들의 유일한 형식을 통해 **이미** 항상 해결되어 왔다. 역사드라마 시리즈물에 대한 매케이브와 맥아더의 논쟁에서처럼 이데올로기적인 '종결'은 형식의 종결과 일치한다. 슐레징거와 나머지 사람들은 대중적인 시리즈물들의 '꽉 짜여 있는' 형식을 재현된 인물 형태들에 대한 안정적인 캐스트(cast)와 반복적인 내러티브 구조들, 이데올로기적인 개방성이나 문제 제기를 보장하지 않으면서 "개인적 관점들에 대한 여지와 양자택일적이거나 대립적인 관점들에 대한 개방성을 부가하며" 제공하는 단막의 '느슨한' 공간을 대조한다(인용., 77).

1970년과 1980년대 텔레비전 드라마에 대한 이러한 접근의 가장 저속한 적용은 게오프 허드, 앨런 클라크, 제임스 도널드와 다른 사람들이 수행한 대중경찰시리즈물들에 대한 분석에서 왔다. 1972년에 애슐리 프링글은 스튜어트 홀이 전체로서 텔레비전에 대한 '이데올로기적 작동'을 표현하는 사람들과 매우 비슷한 용어를 사용하면서 그 시리즈물들의 작동을 기술하는 텔레비전 드라마 시리즈물들에 대한 분석 방법론을 제안했다. 프링글이 기술한 드라마 시리즈물들은 '시청자의 경험이 다소 애매한 방식으로 대충 알아보거나 의심한 것'을 완성하면서 '타인들의 이미지들, 사회에서 친숙하지 않은 영역에 대한 (아마도) 그림들'을 제공한다. 이 이미지들은 "긴장의 지점들에 자신들을 위치시키고 가장 합치된 방식으로 수용되도록 하면서 동시대 사회의 해결되지 않는 모순들을 다른 방식으로 충족시키거나 정당화하는 데에 사용된다"(1972: 119).

대중 텔레비전 드라마 시리즈물들은 리얼리즘의 외형에도 불구하고 실제 사회적 모순들을 붕괴/퀘스트/회복(혹은 범죄/추적/체포의 동시대적 형식)을 통해 선과 악 사이의 '무시간적인' 대립 속으로 바꿔 놓는 신화로써 기능한다. 이처럼 그것은 내재적으로 이데올로기적이며 보수적인 것으로 보인다. 이러한 전망은 특히 경찰시리즈물들과 관련하여 수많은 작가들로부터 채택되어 왔다. 경찰시리즈물은 공중 질서에 대한 위협과 사회 조직들을 변방화하거나 위협하는 것을 공공연하게 다루는 장르이다. 그것은 또한 리얼리즘에 대한 명백한 권리를 만드는 장르이다; 실로 동시대 경찰(과 관련한 사항들)에 대한 수용할 만한 리얼리티에서 벗어나는 것처럼 보일 때 그것은 자주 경찰[3]로부터 공공의 비평을 받는다. 그러나 게오프 허드가 논의한 것처럼 구조화된 것의 주

---

3) 앨런 클라크의 〈이 사람은 보이스카우트가 아니야 This is not the boy scouts〉 (1986)를 살펴보라.

변에 있는 대립들은 신화의 산물이다. 최초에 〈스위니〉(1975-8)에 적용된 분석과 연이어 범위를 넓혀 다른 경찰시리즈물을 포함한 분석에서, 허드는 이 시리즈물 안에서 중요한 것으로서 다음의 표 3-1에서 보여지는 대립들을 인용한다. 이 안에는 시리즈물의 중심 인물들이 리스트의 왼쪽에 다음과 같이 항목화되어 있다:

표 3-1 경찰시리즈물의 이원적 대립

경찰	범죄
법	규칙
전문적인	조직
권위	관료주의
기관	계급(지위)
대중들	지식인들
동료애	계급(지위)

출처: 허드(1981: 66).[4]

담론과 이데올로기

제임스 도널드의 〈스위니〉에 관한 1985년도 분석은 중심 인물인 레건의 고통스러운 남성성에 집중을 하면서 시리즈물과 관련하여 보다 차이가 나는 양상들에 초점을 맞춘다. 이러한 관점으로 바라보면서 그는 "시리즈물은 그 시기 많은 영화들이 주목했던 남성의 자기 확신의 붕괴와 많이 관련하고… 법과 질서의 정치와 관련한다"고 논의한다 (1985: 133). 그의 논평들은 지금까지 우리가 고려해 왔던 것처럼 이데올로기 개념과 관련한 문제를 제안한다. 마르크스주의에서 기원하는 그것은 계급과 관련해서 중점적인 문제들을 전개시켰다. 예를 들어 스

---

4) 마들렌 맥머로 캐버너의 설명을 살펴보라(2000: 40).

튜어트 홀의 '암호화하기' 개념은 그 영역이 복잡할지라도 사건들이 '지배 이데올로기'의 범위 안에서 작동하는 '선호된 의미'에 따라 암호화될 수 있다는 것을 가정한다. 이 의미는 사회 형성 과정에서 다르게 위치지워지는 개인들에 의해서만 서로 다르게 '해독될' 것이다. 그러나 페미니즘 영역에서 시발된(제4장 2를 보라) 도널드의 관점은 권력의 다른 축들의 범위가 단일 텍스트 안에서 작동할지도 모르고(이 경우 계급의 축뿐만 아니라 젠더와 성의 축들), 그것들은 서로 복잡한 관계성을 가지고 작동할지도 모른다고 제안한다. 〈스위니〉에 대한 한 독해를 보면 레건은 낮은 계급의 이데올로기적 합치를 이루는 전개자로서 간주된다; 다른 데에서는 존경받을 만한 질서 영역에서 고통스러운 인물로 간주된다. 두 질서들은 서로 겹친다. 그러나 그것들은 같지 않다. 그리고 몇몇 시리즈물들에서 여성 경찰 수사관으로 나오는 사람들은 모순을 발생시킨다.

스튜어트 홀의 이후의 재현에 대한 토론은 '암호화하기'의 개념을 '담론'의 그것으로 대체한다. 담론에 대한 이 개념은 모든 담론들은 권력의 관계들에 의해 주입되어 있다고 논의하는 미셸 푸코의 저술에서 도래한다. 이 정의에 따르면 담론은 "특정한 집단이나 계급의 이익에 봉사하는 지식을 생산하는 진술들이나 믿음들의 집합이다"(홀 1992a: 292). 이러한 의미에서 담론 혹은 '왜곡된 형성들'은 이데올로기와 매우 비슷한 방식으로 작동한다고 말할 수 있다. 그러나 담론은 권력의 한 축과 연결될 수 없다. 예를 들어 의학 담론은 인간의 몸과 정신을 이해하는——'지식들' 혹은 '진실들'에 관한——특별한 방식을 생산하기 위해 작동한다. 그것은 특정한 사회 기관의——의학 기관——이익들과 연결되어 있고 이에 봉사한다. 그리고 특정한 관습들과 의식들을 구현한다. 그것은 왜곡된 권력——우리 신체에 대한 감각을 유효한 것으로 혹은 유효하지 않은 것으로 정의하고 생각하는 권력——을 수행한다. 그러나 그것이 권력 순환의 부분인 반면에 일반적으로 그 조직

내에서 그리고 사회 안에 존재하는 푸코식으로 말해서 '권력/지식'은, 지배 이데올로기나 집단의 권력과 단순하게 동일해질 수 없다. 그것은 **특정하다.** 그리고 그것은 다른 공적 담론들——예를 들어 폐지나 범죄 책임에 대한 논쟁들 속의 법적이고 종교적이거나 도덕적인——혹은 사적 영역 내에서 동일시되는 담론들——예를 들어 성적 관습들에 관한 논쟁 안에서의 젠더, 성 혹은 쾌락과 관련한 것들——과 겹치거나 갈등한다.

담론은 콜린 메르세르가 "연합된 의미들을 지니고 있는 것으로 추정될 수 없는 다르게 반영된 목소리들…에 대한 존재와 영향"이라고 부르는 것을 대신 인지시키면서, 단일하고 연합된 형태의 '지배적인 목소리'에 의미를 제한하지 않는 방식으로 대중 텔레비전 드라마 텍스트에 대해 생각하도록 만든다(1986: 62). 담론들은 '이데올로기적으로 결백하지' 않다; 그것들이 말한 이야기들과 그것들이 생산한 '지식들'을 통해 그것들은 지배 이데올로기 집단의 이익에 봉사하는 방식으로 권력의 관계를 조직하고 정규화하려고 할 것이다. 그러나 그것들이 작동하는 권력의 축들은 동일하지 않거나 연합되지 않을 것이다. 그리고 그것들은 복잡하고 때로는 모순될 수 있는 방식으로 상호 작용한다.

이처럼 담론을 통해 작동한다는 것을 근거로 해서 이데올로기 개념을 재고하는 것은 또한 이데올로기와 장르 간의 관계성과 관련한 몇 가지의 재고를 필요로 한다. 많은 분석을 통해 우리는 구성된 허구적 세계와 반복적인 플롯을 가진 텔레비전 장르의 포맷이, 사회의 리얼리티를 신화로 바꾸는 직접적인 이데올로기 방식으로 실행한다는 것을 직면해 왔다. 때때로 '고전주의적인 리얼리스트 텍스트'에 대한 콜린 매케이브의 개념을 가지고 있는 것과 같이 내러티브 그 자체는 이러한 기능을 불가피하게 수행해야 하는 것처럼 보인다. 어떤 면에서 붕괴된 내러티브 관습들이 문제 제기를 하거나 지배 이데올로기를 거부하는 것으로 보여질 수 있기 때문이다. 그러나 만약 내러티브와 장르의 개념들을 담론의 사고를 활용하는 것으로부터 분리한다면 보다 이데올로기와 텔레비전 드라마 간에는 이음새가 없는 관계성을 제안할 수 있다. 크리스틴 글레드힐은 자신의 책에서 멜로드라마, 장르와 대중 영화 그리고 텔레비전에 관한 그러한 구별을 이끌어 낸다. 글레드힐은 대중 장르들이 상징적이거나 '신화주의적' 구조들에 대한 멜로드라마적인 틀을 도출한다고 논의한다. 왜냐하면 "멜로드라마에 대한 초점은 양극의 대립물들——악당, 여성 영웅 그리고 영웅의 갈등 속에서 인격화된 선과 악의 싸움——로서 매니킨의 갈등 속에서 구축된 도덕적 질서이기 때문이다"(1988: 75-6). 그러나 이 인물들은, 자신들이 거주하는 안정적인 허구 세계 그리고 자신들이 수행하는 행동들이 만약 '실재적인' 것으로 보인다면, 동시대의 사회 담론들에 대한 언급을 하면서 대중드라마를 틀림없이 '충족시키려 할' 지도 모른다. 이와 같이 예를 들면 동시대의 탐정 영웅은 여성일지도 모른다; 그녀의 외형은 사회적 불평등, 페미니즘이 제기하는 몇몇 사람들로서 독립된 여성과 여성성에 대한 동시대의 담론들을 언급함으로써 '메워질' 것이다. 이것은 시리즈물에 대한 허구적 세계 안에서의 모순을 잘 생산한다. 왜냐하면 그것은 이 담론들 안에서 생산된 이해들을 '남성 영웅'과 '여성 영웅'에 대한 매우 다른 가정들의 주변에서 조직되는 상징적 구조로 통합하려고 노력하기 때문이다. 이러한 경우에 글레드힐이 기술한 것처럼 "상징적이고 언급되는 형태들의 맞물림은 인물들과 청중을 위한 시험, 병합의 목적으로서 여성 이미지를 구축한다"(인용., 85).

'종족' 이데올로기와 국가문화: 사례

다음의 사례 연구에서 우리는 두 가지 매우 다른 영국 텔레비전 드라마들과 관련하여 하나의 독특한 이데올로기적 문제를 시험해 볼 것인데 그것은 '종족'과 국가문화의 그것이다. 첫째는 BBC 드라마 〈태양으로부터 온 사나이〉이다. 이것은 1956년에 다큐멘터리-드라마 형식으로 만들어진 단막극이다. 둘째는 1998년에 오랫동안 방영한 ITV의 경찰시리즈물과 관련한 30분짜리 '한 남자, 두 얼굴(One man, Two Faces)'이라는 〈빌〉(1984-)이었다. 《근대성의 형성》(1992)에서 스튜어트 홀은 '서구와 나머지'와 관련한 담론이라 부르는 것을 통해 이데올로기적 구성을 직면한다. 그는 사회들의 이동을 제기하면서 근대의 산업화되고 도시화되며 세속적인 '서구'는 "지리학적 개념이 아닌 **역사적인 것**"이라고 강조한다(1992a: 277). 그것은 '서구'의 (긍정적인) 성질들이 '동구'('동부 유럽,' '극동' 혹은 '중앙 동구'이든지 간에) 좀 더 확장적으로 '비-서구' 사회들을 향해 부정적으로 기여한 성질들에 반대하면서 수립된 일련의 대립들을 기초로 하는 의미들에 의존한다. 이러한 대립들은 '서구'의 '자연적인 우위성'을 확고하게 하는 동안에 이 '타자들'에 대한 우리의 지식을 정규화하고 분류하는 기능을 한다. 우리는 표 3-2를 만들 수 있다.

홀은 거슬러 올라가 15세기부터 순화되어 왔던 '비-서구' '타자들'에 대한 서구적 재현의 특징적인 네 가지의 '왜곡된 전략'을 정체화한다(인용., 299-308). 첫번째는 **이상주의**이다: '순진무구한' 것으로서

표 3-2 서구와 나머지

서구	나머지
문명화된	원시적인
도시화된	시골의
산업화된	'개발되지 않은'
자본주의자	전-자본주의자 혹은 공산주의자
근대	'과거'
세속적인	미신적인/'원리주의자'
자유로운/민주적인/자유스러운	엄격한/비민주적인/전제적인

출처: 홀(1992a).

'비-서구'에 대한 재현, 자연의 상태에서 단순하고 순진무구한 어린아이들의 삶을 사는 태초의 파라다이스. 두번째는 그것의 거울 이미지이다: **욕망과 타락과 관련한 판타지들의 투사들**. 문명에 의해 억압되지 않은 '순진무구한 욕망'은 '야만'으로 바뀐 짐승적인 것(야만)과 파라다이스가 될 수 있다. 이 두 가지는 식민주의적인 문학의 페이지들을 뒤쫓는 귀족적이거나 타락한 '원시'의 그것으로 재현된 스테레오 타입의 '선하고,' '악한' 측면들을 형성한다. 세번째와 네번째 전략들은 또한 한 조를 형성한다. 이것들은 **차이를 인지하고 반영하는 데에 대한 실패이고 유럽적인 범위들과 규범들을 부과하는 경향이다**. 여기 차이만이 '우리'로부터의 차이로서의 의미를 지닌다; 다른 문화들 사이의 차이들은 단순하게 인지되지 않는다. '원시적인' 문화들은 자명하게도 닮아 보여야 한다; 그것들은 '문명화된' 사회들의 세련됨을 개발하지 않았다. 홀의 이 왜곡된 전략들에 관한 설명은 "'서구와 나머지'에 관한 담론"(인용., 318)이 근대 세계 안에서 살아남아 있고 잘 있으며 서구의 내부와 관련하여 구성된 '지식' 뿐만이 아니라 외부적 '타자들' 안에서 활동하고 있다는 말로 귀결짓는다. 1950년대의 영국은 '내부의 타자들'과 관련한 문제에 대해 매우 많은 관심을 가졌다. 영국으로 오도록 유도하고 새로운 독립연방국가들로부터 온 노동자들을 이끌면서 전후의 노동력 고갈과 입국의 권리를 부여했던 1948년 국적법(Nationality Act)의 통과는 특히 1948년 6월에 **에스에스 엠파이어 윈드러시**(SS Empire Windrush)를 출발했던 카리브인들이 이민의 물결을 이루어 왔다. 인종적으로 결과화되고 강조된 두려움들은 내각의 논쟁에서 명백해졌다: '독립연방의 모국으로의 자유로운 입국'에 대한 공식 정부의 정책에도 불구하고 1955년에 보수 내각은 '영국 백인을 지키라'는 선거의 슬로건(길로이 1987: 46; 게라티 2000: 116을 보라) 사용의 가능성을 토론했다. 그것들은 심지어 범죄(특히 조직적인 밀매음과 약물거래), 주거 문제(부족 현상들, 과밀 인구, 흑인 집주인들의 착취와 흑인 집을 매입하는 대출업자들의 역할), '부도덕' (특히 백인 여성들의 '부도덕한 돈벌이'를 위해 살고 있는 흑인 남자들에 대한 보고들)에 초점을 맞추었던 적대적인 신문의 캠페인들(길로이 1987: 79-81을 보라) 안에서 확실해졌다. 노팅햄과 노팅 힐에서 1958년도 '폭풍들'——흑인들에 대한 백인 젊은이들의 공격——은 '색깔 문제'로 인해 보다 명백한 것처럼 보였고, 1962년에 고용증명서들을 가진 사람들, 학생들과 의존자들의 입국을 제한했던 연방국 이민자들의 법령(Act)은 통과되었다.

〈태양으로부터 온 사나이〉는 영국에서 독립 텔레비전 수립 이후의 한 해인 1956년 BBC 드라마 분과[5]의 다큐멘터리 파트에서 만들었다. 그 당시에 그 드라마는 라디오와 비교해서 상대적으로 중요하지 않은 텔레비전으로서 간주되었을지라도 BBC는 여전히 매우 많이 교육에 관심을 갖고 있는 공영방송으로서뿐만이 아니라 오락방송으로 간주되었다(커렌과 시튼 1985: 193-207).

'다큐멘터리 탐색'을 기초로 글을 쓰고 실연되었고 기초했던 '다큐멘터리 드라마' 혹은 '극화된 다큐멘터리 이야기'는 알다시피 정치적으로 '다루기 힘든' 주체들(엘리엇 1992: 88)을 설명하는 방식이었다(제2장 3을 보라). 리얼리즘과 공평무사함[6]에 대한 요구, 그것의 '느슨한' 형식, 보수적이기를 꺼림, 모든 것은 '단막극'[7]에 기여해 왔던 위대한 이데올로기적 개방성과 연결짓는 것에 봉사한다. 그리고 나서 이것은 1950년대의 카리브 이민자들의 도착을 다루는 영국 텔레비전의 첫번째 시도였다. 그리고 그것은 채널 4가 칼릴 필립스의 〈마지막 통

---

5) 이것은 〈태양으로부터 온 사나이〉의 저자인 존 엘리엇(John Eliiott)(1992: 88)이 사용했다. 그밖에 이 집단은 극화된 다큐멘터리 그룹 혹은 단위로서 언급된다(굿윈과 커 1983: 3을 살펴보라).

6) 이 주장들에 대한 분쟁적인 견해들을 위해 BBC의 굿윈과 커 그리고 존 엘리엇의 극화된 다큐멘터리 그룹의 멤버들 중 한 사람인 칼릴 돈캐스터(Caryl Doncaster)를 살펴보라.

7) 튤로크(1990)를 살펴보라.

과〉라는 2회물을 생산했을 때인 1996년까지 유일한 것이 되었다(본 1998: 210). 그것은 일을 찾기 위해 영국에 도착한 자메이카 출신의 젊은 목수인 클레브 로렌스와 관련한 이야기를 말한다. 조력 없는 새로운 도착을 하며 결혼 서비스를 반향하는 '자 지금 나의 집, 좋을 때나 나쁠 때나' 하는 식으로 말을 되뇌이면서, 영국을 받아들일 수 있는 성인으로 성장하기까지의 그의 여행은, 클레브와 같은 보트를 타고 도착한 간호사가 되기 위한 야망을 가진 성 토마스 출신의 19세 아름다운 여성 에슬린 로데릭의 그것에 의해 제시된다. 그리고 이미 카리브 이민자로서 그녀의 결혼은 드라마를 종결짓는다. 두 사람은 유혹을 거절해야 한다(클레브의 경우 마약 전달에 대한 돈의 제공, 그리고 에슬린의 경우 밀매음의 그것). 그리고 영국 사회의 규범들을 받아들이도록 교육받아야 함에 틀림없고 그 안에 자신들을 위치시켜야 한다. 그들의 이야기를 통해 드라마는 동시대의 신문 리포트의 흑인 이민과 동일시되는 모든 문제들과 싸운다. 그리고 '인종 관계들에 관한 문제'에 자체적인 대답을 제안한다. 드라마는 "영국에 최근에 도착했던… 흑인의 목소리"를 제공하는 배우들에 의해 찬미되어 왔다(폴린 헨리크, 본에서 인용 1998: 211). 그리고 실제로 그것은 자메이카로부터의 직접적인 카메라 설명 형태로서 클레브의 목소리로 시작한다. 나를 위해 "당신이 무엇인가 하기를 원한다." 교육을 잘 받은 사람처럼 아주 잘 쓰지는 못하기 때문에 "당신이 편지 써주기를 원한다. 당신이 이 편지를 영국 런던의 앨빈 자비스 씨에게 보내기를 원한다. 당신은 편지를 쓴다: 사촌 앨빈에게 …"라고 그는 말한다. 그의 연설은 이와 같이 우리에게 직접적으로 설명적이거나 '질문한다.' 그러나 그것은 우리와 관계하도록 그를 위치시키는 기능을 한다. 그는 단순하고 순진무구하며 '자신의 손으로 일을 하는 동료였다'; 그는 야자나무들로 둘러싸인 그의 파라다이스 섬에서 연설한다. 청중은 가족을 부양하고 아버지 역할을 할 수 있게 교육받은 것처럼 설명된다. 백인 그리고 영국인은 클레브가 가진 것보다 훨씬 넓고 완전한 관점을 은근히 갖는다. 인종 분리를 위한 그리고 이에 대항하는 논쟁들이 자치 행정 회의실의 전통적인 환경에서 이루어지고 있는 드라마의 중심적인 설명 안에서 이러한 전략은 반복된다. 회의실 테이블 주변에 있는 집단 내의 보이는 곳에 위치하고 있는 우리는, 흑인 이민자들이 "나무들로부터 내려왔고, 수렁에 빠지고 슬럼가에 너무 많은 사람들이 넘친다는 불평들과 도덕적인 '소리의 낮아짐'에 대한 두려움을 갖고 있는 근대 사회의 삶" 속으로 그들을 적응시킬 수 있다고 기대감을 주는 고소들로부터 유래하는 백인들의 편견에 대하여 다양한 표현을 듣는다. 브랜트는 교육받은 흑인 중산층의 대표로서 반 이상의 이민자들에게 대답한다:

> 의장님, 나의 사람들은 정글로부터 곧바로 나오지 않습니다. 그들은 모국에 대한 무한한 꿈을 가지고 영국으로 옵니다. 매우 자주 그들은 환멸감을 갖습니다……. 나의 사람들이 당신의 나라에 올 때 그들은 생존하기 위한 사례와 방식을 찾아다닙니다.

브랜트의 연설은 책임져야 하는 **부모**로서 영국/영국인의 역할을 확실하게 한다. 그러나 토론 속의 중심적인 목소리는 그의 것이 아니라 미스 프리어의 그것이다. 초로의 백인 중산 계급 사회의 지원자인 미스 프리어는 파시즘을 지니고 있는 관용과 인종주의의 정체성과 관련한 우리의/영국의 역사를 상기시키면서 국가 정체성('어머니 영국')에 대해 말한다: "**우리** 공동체는 또한 받아들이는 것을 배워야 한다……. 만약 우리가 그것에 정면으로 맞서지 않는다면 우리는 국가로서 성공하지 못할 것이다……. 우리는 이 사람들을 고립 집단으로 몰지 말고 흡수해야 한다."

그러한 자유로운 의도들에도 불구하고 〈태양으로부터 온 사나이〉의 이데올로기적인 문제가 스튜어트 홀이 '서구와 나머지'에 대한 담론으로 동일시하는 재현 전략을 통해 구성된다는 것을 알 수 있다. 카리브의 이민자들은 어린애 같고, 미신적(마술적인 주문을 믿는)이며 '우리'의 교육과 도덕적 지침을 필요로 한다. 이것이 없다면 그들은 마약 판매에 매음을 결합하는 비도덕적인 세계의 유혹을 기원한다. 그들 자신의 문화는 본능적인 음악과 춤으로 단순하고 즐거운 것으로 표현된다. 그리고 그 문화들은 결혼에 의해 경계화되지 않는 성을 소유하고 있다: 그것은 또한 전체상으로 다르지 않으면서 카리브와 아프리카를 가로지르는 단일하고 동일한 문화이다. 우리는 또한 드라마의 선택들이 이러한 정규화와 계급화의 과정을 지지하는 다큐멘터리 스타일에 대해 논의할 수 있다. 존 코기가 말한 바와 같이 '다큐멘터리처럼 보이기'는 대상을 위치시키고 객관화시키면서 그것을 직면한 **채** 바라보는 것이다. 드라마의 인물들이 '외모를 교환하고 전복시키는' 동안에 우리의 정체성을 초대하고 우리의 판단을 개입시키면서 '다큐멘터리 형상들은 바라보아지고 바라본다' (1980: 30).

　'서구와 나머지'에 관한 담론에 따르면 우리는 작동하고 있는 두 타자들을 볼 수 있다. 한쪽은 다소 국가 정체성과 관련한 이데올로기들과 안정적으로 연결되어 있고 다른 한쪽은 그것보다는 덜하다. 전자는 계급의 그것이다. 축적을 향한 노동자 계급 이민자들의 여행은 또한 교육을 향한 계급 이동 여행이다: 에슬린과 클레브 두 사람은 양성과 자격증과 관련한 덕목들을 배워야 한다. 그리고 클레브는 또한 읽고 쓰는 법을 배워야 한다. 그러나 그들의 교육의 결핍은 나이가 많은 백인 노동자 계급의 그것과 평행한다. 이 계급은 무역 연합 회의의 반인종주의 해결들을 무시하고 있는 것처럼 보인다. 그러나 교육을 더 잘 받은 그들의 자식들은 기꺼이 변화하기를 기대한다. 인종과 국가문화의 문제들과 관련한 관용과 이해는 이처럼 교육받은 백인 중산 계급과 동일시된다. 그리고 그것은 교육받은 흑인 중산 계층의 인물인 브랜트이다. 이 인물은 밝은 색 피부를 가진 얼 카메론이 연기하는데 그는 '우리'와 거의 비슷하게 보이고 논쟁 회의에 이성적으로 판단해서 참여할 수 있다. 계급과 국가 정체성과 관련한 담론들은 이처럼 교육의 개념들과 '진보'를 통해 연결된다.

두번째 담론으로 성 담론은 드라마를 통해 훨씬 덜 안정적으로 진행된다. 알다시피 성에 대한 열망은 '인종'과 국가 정체성의 핵심 요소이다. 그리고 흑인 성에 대한 두려움과 독립적인 백인 가정에 대한 '침입'과 '타락'을 통한 국가의 '순수성'에 대한 위협은 1950년대[8]의 두려움들 중 중심 요소이다. 드라마에서 흑인 이민에 대한 '문제'를 해결하는 것으로서의 동화 작용을 변호하면서, 그리고 그러한 동화 작용을 위한 주요한 은유로서 결혼을 활용하면서, 이 두려움은 끊임없이 그러나 말해지지 않는 위협으로서 기능한다. 많은 지점에서 그것은 명백하게 나타난다: "너무 많은 사촌들이 있어서 그들은 여기저기서 바나나들처럼 자라고 있다"는 앨빈의 '여자'에 대한 말에서 '친절하게'; 매음을 하라고 에슬린을 유혹하고 마약 운반을 위해 클레브를 유혹하는 잡혼의 상징인, 미국 '혼혈'인 포주에 대한 형상에서는 덜한 편이다. 매우 명백하게도 그것은 새롭게 자격을 얻은 서구의 인디언 의사 윈스턴과 노동자 계층의 아버지로부터 직접적으로 카메라를 끌어낸 백인 사서 매기 사이의 관계에서도 나타난다: "**당신** 딸이 흑인과 다니는 것이 어떻습니까?" 우리가 알고 있는 정치적으로 유일한 흑인인 윈스턴은 '이성적인' 브랜트에 의해 '성숙하지 않은' 것으로 다루어지고 확신된다. 그리고 그 관계는 윈스턴이 아프리카를 향해 떠나고 매기가 그와의 로맨틱한 관계를 좀 더 수용할 수 있는 클레브의 선생으로서 대체할 때 끝난다. 그것이 종결되는 결혼식에서 미스 프리어는 드라마의 지배적인 개념을 명백하게 한다: 결혼 관계는 '함께 살 수 있는 두 인종들'의 관계와 비교될 수 있다고 그녀는 말한다. 그러나 그것은 두려

---

8) 이에 대한 토론을 위해 롤라 영(Lola Young)(1996: 84-114)을 살펴보라.

움에 대해 강력한 원천을 제공하는 성적 얽힘의 은유이다. 그러므로 드라마는 매기와 클레브에서 카메라를 빠져나오게 하면서 종결을 짓는 웨딩 댄스에서 대신에 '안정된' 흑인/백인 커플에 초점을 맞춘다. 이 커플은 성 '그 위에' 있는 것처럼 추측된다. 그는 교육의 덕택을 받았고 독신생활을 하고 있는 것으로 추정되며, 그리고 그녀는 초로의 나이를 지녔으며 영국 그 자체의 어머니를 대표한다.

이리하여 〈태양으로부터 온 사나이〉는 독특한 이데올로기 문제들을 둘러싸고 있는 공동체 그리고 '인종,' 계급과 성과 관련한 국가 정체성과 문화 담론을 작동한다. 그러나 그 이데올로기의 상태는 '진보적이지' 도 않고 재현적인 범위들을 도출하는 왜곡된 전략들과 내러티브 안에서 끊임없이 속이고 해결될 수 없는 흑인 성에 대한 두려움에 의해 파헤쳐진 것처럼 응집적인 형태로 제시되지 않는다. 우리의 두번째 사례 연구는 매우 차이가 나는 문화적 순간으로부터 이동하고 매우 다른 관습들에 따라 구성된다. 〈빌〉(템즈 TV, 1984-)은 캔리의 런던 도시에 배경을 잡고 있는 앙상블에 기초하는 경찰시리즈물이다. 이것은 20년 이상이나 수많은 포맷을 채택해 왔다. 우리가 초점화할 에피소드는 '한 남자, 두 얼굴' 로 1998년 8월에 방송된 25분물 에피소드이다.

이 에피소드에 관한 문화적 맥락을 처음으로 직면하면서 우리는 1950년대의 카리브 이민의 물결 이래로 '인종' 과 국가 정체성과 관련한 개념의 괄목할 만한 이동을 추적할 수 있다. '성적' 타락, '잡혼' 과 '혼혈' 종족[9] 속으로의 영국의 '타락' 에 대한 두려움을 강조하는 '종족' 과 관련한 '생물학적' 개념은 폴 길로이가 '종족' 에 대한 '문화적 정의' 라고 불러왔던 것을 포기해 버렸다. 1960년대 말에 에노크 포웰의

---

9) 1950년대 백인 영국인의 특징들을 표현하곤 했던 이 용어들은 최근에 스튜어트 홀(1992a, 1993)에 의해 채택되었다. 그는 살만 루시디(Salman Rushdie)의 〈이상적인 고향 Imaginary Homelands〉을 인용하면서 대신에 축하할 만한 용어로서 그것을 제공한다. '우리 잡종들로서의 자아들을 위한 사랑-노래' 안에서.

연설처럼 명백한 이러한 관점은, 폴 길로이가 논의한 바와 같이(1987: 60) '문화 인종주의'는 그것을 선행했던 생물학적 순수성의 개념처럼 쉽게 다루기 어렵다는 것을 명백하게 하는 연설을 하고 있는 1980년대에 '하나의 국가'라는 마거릿 대처의 수사에서 가장 강력한 용인을 얻었다. 이 수사에서 영국 국가 정체성을 위협하는 것은 "다른 **문화**를 가지고 있는 사람들에 의해 수렁에 빠지게 되는" 위협이다(마거릿 대처, 웹스터에서 인용, 1990: 157, 강조). 길로이가 논의한 것은 다음과 같다:

우리는 계속적으로 그처럼 인지되는 것을 꺼리는 인종주의와 직면한다. 그것은 국가 의식, 애국주의와 민족주의, 생물학적 열등성·우위성과 관련한 잔혹적인 사고들로부터 거리를 두고자 했고, 현재 연합된 **문화** 공동체로서 국가에 대한 상상적인 개념을 표현하는 것을 추구하는 인종주의와 '종족'이 연결될 수 있기 때문이다(길로이 1992: 53).

그러나 "우리 영국인은 항상 존재해 왔던 것처럼 존재한다"는 1980년대에 대처의 주장에도 불구하고 이러한 생각들은 계속적으로 이데올로기적 논쟁을 일으켰다. "이미 '디아스포라화된' 서구 국가들은 뒤엉킨 채로 '복합문화적'으로 되어가고 있다.――민족지학적으로, 종교적으로, 문화적으로, 언어적으로 '혼합된'"(1993: 356). 이러한 상황에서 '내부적 타자들'은 그다지 쉽게 동일시될 수 없다. 왜냐하면 공동체들은 점차 혼종적이고 복수적으로 되어가고 있는 도시의 전경과 겹치고, 형성되고 재형성된다. 국가 정체성에 대한 이데올로기들은 여전히 대처가 한 말의 경계를 정규화하는 데에 관심을 갖는 것 같고 이에 동일시하려는 동안에, '극단주의자들' 혹은 '내부의 적,' 국가의 '상상 공동체'[10]와 관련한 중요한 성질과 같은 경계의 중요한 위치는 점점 더 불확실한 사실이 되어간다.

〈빌〉에서 우리는 두 공동체 사회를 소개받는다. 첫번째는 경찰서의 울타리 밖에 놓여 있는 곳으로 법과 질서를 통해 규제를 받으려 하기 보다는, 불안함을 조종하고 사용하고자 하는 극단주의자들의 침입 때문에 불안하고 상처를 잘 받는 도시 구역인 복합민족적인 자스민 앨런 지역의 성 안이다. 수많은 내러티브를 운행하는 붕괴 지점을 발견하는 곳이 바로 여기이다. 두번째 공동체 사회는 외부 공동체 사회와 복잡한 관계를 맺고 존재하면서, 그리고 문화, '종족,' 계급과 젠더의 라인들을 가로지르는 복잡성, 성직자들, 착하고 나쁜 '경찰들,' 전통적인 경찰(통일화된)과 이단자 같은 형사들을 구성하면서 자주 포획되는 경찰서 그 자체이다. 동시대의 도시 내부 안의 긴장들과 갈등을 대체하고 해결하면서 '우리'를 위해 서 있는 것은 '유명한' 인물들이 포진하고 있는 이 공동체 사회이다.

'한 남자, 두 얼굴'에서 **PCs** 맥캔(흑인)과 산티니(백인)는 14세 흑인 소년, 벤지 태요를 공격한다. 그 공격은 '민족주의자 연합당' 지역 사무실의 수립을 수행하기 때문에 인종주의자의 동기 부여는, '지역 흑인 공동체 사회의 대변인'으로서 스스로 자칭하고 산티니가 아닌 맥캔에 의해 지지받는 중개자로서 버논 존슨에 의해 부과된다. 두 사람은 백인 공격자를 발견한다. 그러나 '민족주의자 조직'이 인종주의자의 인쇄물이 배포되는 것을 알게 될지라도 그 공격자는 그것과 연결될 수 없다. 의심을 받으며 그는 '민족주의자 조직'에 대항한 분노를 야기시키기 위해 존슨으로부터 공격을 실행하도록 지불받았다고 고백한다. 그러나 그 임무는 증명될 수 없다. 그리고 존슨은 벤지의 형제를 포함해서 지역의 흑인 청년 집단으로부터 격렬한 보복을 받기 위해서 경찰서를 떠난다.

붕괴/조사/해결의 '닫힌' 구조를 지닌 그 에피소드는 슐레징거와 나

---

10) 그 문구는 베네딕트 앤더슨에서 비롯된다. 앤더슨(1983)과 홀(1992: 292-5)을 살펴보라.

머지 사람들의 수많은 논쟁을 지지한다. 모든 종류의 극단주의자들을 거절하고 추방하면서 질서를 유지하려는 공동체 사회를 진실하게 재현하는 것은 에피소드를 넘어서서 우리에게 친밀한 경찰이다. 백인 최고 조직 대표가(지역 사람이 아닌, a Scot) "우리는 같은 곳에 있습니다"라고 말하는 서장 콘웨이에게 저항할 때, 콘웨이는 "같은 곳에 있다고! 우리는 심지어 같은 위성에서 살지 않아!"라고 대답한다. 그러나 그는 다른 외부자와 경찰인 존슨을 지지하는 것을 꺼린다. 에피소드 안에서 중심적인 경찰의 형상은 법의 대표자로서, '정당한' 절차들의 변호자로서 자신의 정체성과 '흑인 공동체 사회'에 대한 충실성 사이에서 선택의 기로에 놓여 있는 PCs 맥캔이다. '직관적'이지만 덜 윤리적인 경찰인 산티니는 그에게 대항하는 인물로 설정된다. 마지막에 두 사람은 반 정도의 권리를 지닌 자로 드러난다: 공격은 정치적 문제가 아니라 범죄이다. 그러나 법적 절차들과 '거기 밖에서' 발견되는 빈틈없는 행동들 사이에서의 구별을 주장하는 맥캔의 방식들은 결백한 것으로 입증된다. 그러나 좀 더 중요하게 '흑인 공동체 사회'의 개념은 '영국 백인주의를 지켜라'라는 슬로건처럼 정치적 허구와 위험스러운 것으로 보인다. 벤지의 형이 존슨에게 말한 것처럼 "나는 지역 흑인 공동체 사회에 관하여 **파멸**을 주지 않는다. **나의** 동생이 마이크 타이슨과 10회 경기를 한 것처럼 그 안에 있다……. 이것은 정치에 관한 것이 아니다. 그것은 나의 어린 동생에 관한 것이다." 그것은 경찰이 보호해야 하는 백인이나 흑인 가정들의 공동체 사회이다. 그리고 이 과정에서 자신의 충성심을 펼치기 위해 확장된 시야가, 클레브처럼 배워야 하는 맥캔에 의해, 권위주의적인 인물인 콘웨이에 의해 확보되지 않는다.

우리는 에피소드들이 '종족'과 관련하고 국가문화의 이데올로기와 관련하는 수많은 전략들을 가지고 있다는 것을 알 수 있다. 지금 '국가'라는 개념에 포섭될 수 있는 '평범한' 흑인 가정들과 그것을 위협하는 '흑인 공동체 사회'의 정치화된 개념 사이에서 도출된 구별은 명백한 이데올로기적 기능을 제공한다. 맥캔의 결백함과 존슨의 짓누를 정도의 잔인함(그는 자주 익스트림 클로즈업으로 보여진다, 땀흘리면서)의 재현 안에서, 스튜어트 홀이 비서구의 '타자'에 대하여 재현의 특징으로 기술한 왜곡된 전략들의 궤적을 발견할 수 있다. 마침내 우리는 내러티브적으로 해결될 수 있는 경찰력과 공동체 사회 안에 내재한 갈등의 재현을 통해 엄청난 숫자의 백인(그리고 인종주의자) 경찰력과 박탈당한 흑인 군중(길로이 1987: 98-14) 사이에서의 1980년대와 1990년대의 실제 갈등의 대체들을 추적할 수 있다. 그러나 이것은 이데올로기적 복합성이 없는 텍스트가 아니다. 맥캔이 직면하는 다양한 정체성의 담론들은 해결될 수 없다: 우리가 시리즈물을 통해 본 바와 같이 그의 정체성은 **복합적으로** 구성되어 있고 모순에 종속되어 있다. '외부의' 공동체 사회는 복합적이고 또한 겹친다. 그리고 인종주의의 정치적 리얼리티들을 부인하기 위한 시도로서 '흑인 공동체 사회'에 대한 에피소드의 거절을 읽어내는 동안에, 그것을 대체하는 복잡하고 다수 민족 공동체 사회 안에서 먼저 배제된 집단들을 포함하려는 국가 정체성과 시민에 대한 개념의 외연을 볼 수 있다. 스튜어트 홀이 논의한 것처럼 이데올로기적인 분쟁들이 자주 '존속 기간이나 경계와 관련한 새로운 일련의 의미들을 확보하기 위해 시도하는' 것을 구성한다면, 에피소드는 '공동체 사회'라는 용어의 의미를 넘는 싸움의 영역이 된다. 심지어 경찰시리즈물과 관련한 '닫힌' 포맷들은 이데올로기적인 모순들을 우리에게 표현할 수 있다.

결론

이데올로기 분석은 텔레비전 드라마 분석에서 유용한 도구임을 증명해 왔다. 그것은 테리 이글턴이 말한 것처럼 텔레비전 드라마가 세계의 의미를 우리에게 만들어 주고 우리의 정체성 감각을 구성하는 내러티브들, 이미지들 그리고 형식들을 통해서 "권력 분쟁의 방식이 의미의 수준에서 분쟁된다"(1991: 113)는 것과 관련하기 때문이다. 흔히 그러나 그것은 실험적이고 이데올로기적으로 대립하는 '열려 있는' '단막극'과 '지배 이데올로기'를 오직 관통할 수 있는 '닫힌' 형식의 대중시리즈물들 사이에 있는 텔레비전 드라마의 구별을 도출해 오곤 했다. 위의 사례 연구에서 우리는 각각의 드라마가 문화적 욕구를 제공하고 그것을 형성했던 이데올로기적인 합치를 향해 우리를 이끌고 그 형성 안에서의 모순과 긴장들이 펼쳐지는 영역이 되기 때문에 정체를 드러낼 수 있는 '권력 분쟁'들과 관련한 무엇인가를 보여주려고 시도해 왔다.

2. 정신분석학의 활용

정신분석학과 텔레비전

정신분석학은 인간의 무의식과 욕망과 관련한 개념을 학문의 대상으로서 받아들이는 프로이트가 창안한 원리이다. 그것은 모든 인간의 주관성과 관련한 이론 위에 있다: 인간 존재로서 우리는 자아 감각과 성적 정체성을, 즉각적으로 우리를 위치시키고 채널화하며 규율하고 우리의 가장 기본적 쾌락들과 욕망들을 억압하는 사회적이고 문화적 질서 안에서 획득하는 것과 관련한 이론. 정신분석학은 이러한 쾌락들과 욕망들, 그 무의식적 구조들과 채널화되고 억압된 것을 통한 메커니즘들을 탐색하고 대체되거나 환영화된 형식 안에서 흔한 표현을 찾는다. 이데올로기적 분석은 의미들과 가치들이 개인적 수준에서 경험된다 할지라도 사회 구조들과 관계하고 사회 권력과의 관계 속에 있다는 방식을 강조하는 반면에, 이것은 정신분석학적 질문의 초점인 개인적 정신심리와 욕망들, 두려움들이다. 양쪽을 접근할 때 **재현**들은 주요한 역할을 한다. 반면에 이데올로기적인 분석은 세계를 의미 있게 만들어 놓는 이야기들로서, 이미지들과 형식들로서 그 중요성을 강조하는 동안에 정신분석은 **욕망**의 구현체들로서 그들의 기능에 중점을 둔다. 정신분석학적 접근과 관련한 중요성에 대해 논의하면서 엘리자베스 코위는 "재현에 대한 쾌락이 의미라는 것 안에서만 의미화되지 않는 것"이라고 주장한다; 그것은 또한 내가 영화를 보고, 이미지를 보거나 텍스트를 읽을 때 참여하려는 욕망의 시나리오 안에 있다(1997: 4). 그러한 시나리오 안에서 우리의 조사가 무의식적 수준에 작동하는 사실은 정신분석학적이고 이데올로기적 분석 사이의 다른 주요한 차이를 강조한다. 이데올로기적 분석 안에 포획된 시청자는 이데올로기적으로 텍스트에 의해 위치지워진다. 그러나 분쟁이나 협약에 참가하는 많은 텍스트는 '자기 확신적'이거나 '자연스러운' 것 같은 의미를 표현하고자 한다. 반면에 정신분석학적 분석에 포획된 시청자는 순수하게 의식적인 의미를 침략해야 하고 파괴해야 하는 욕망하는 판타지들에 사로잡혀 있고 갈기갈기 찢겨 있다. 전자는 재현들이 우리의 정체성을 구성하고 관계하는 것을 통해 재료들을 공급하는 것을 제안한다; 후자는 재현들이 정체성들의 피할 수 없게 찢겨진 성격을 반복적으로 드러내는 것이다——엘리자베스 코위는 구제할 수 없는 "우리 자신의 타자"라고 부른다(인용.).

코기의 말들은 **영화**를 이해하는 것과 관련한 맥락 안에서 이루어졌다. 그리고 이데올로기적인 접근들이 지속적으로 텔레비전 분석 안에서 활용되어 왔던 반면에 정신분석학적 접근은 재현, 내러티브와 이미지들에 대한 강조에도 불구하고 많이 좀 더 빈번하게 적용해 왔다는 것이 두드러질 만하다. 실제로 비평가들은 정신분석학적 접근들이 텔레비전 드라마 분석에 적용될 **수 없거나** 최소한 그것들이 영화 분석 안에서 활용될 수 있는 방식으로는 아니라고 자주 주장해 왔다. 샌디 플리터맨 루이스(1992)와 존 코기(2000)는 이 문제들에 대해 토론을 하면서 영화와 관련하여 전개되었던 정신분석학적 접근들이 텔레비전에는 실제적으로 적용 가능하지 않다는 논쟁 속에서 텔레비전 드라마 분석에서는 '신기하게도 결핍되어' 왔다는 최초의 진술로부터 이동한다(코기 2000: 137). 이에 대한 이유들은 1970년대 이래로 전개되어 왔기 때문에 텔레비전 분석의 역사 안에 놓여 있다. 제1장에서 본 것처럼, 초기의 텔레비전 분석들은 영화와의 **차이점**을 주장하는 것과 관련했다. 이 차이점들은 두 가지 핵심 양상들 안에 있는 것처럼 보인다: 미디어로서 텔레비전의 사회적 성질, 그리고 **차이가 나지 않는** 특징. 전자는 텔레비전 프로그램들이 가정집에 널리 흩어진 채로 **생산**되지만 **수용**되는 산업매체로서의 텔레비전을 강조한다. 이와 같이 그것은 이데올로기적 의미들과 관련해서 매우 강력한 전달자로서 보여질 수 있다. 왜냐하면 특히 생생하고 즉각적인 '세계의 창'으로서 자기-촉진(self-promotion)은 구성된 성질을 효과적으로 은폐하기 위해 마땅한 이미지들에 대한 투명성과 중립성을 제안한다. 후자는 레이먼드 윌리엄스와 존 엘리스에 의해 소개된 '흐름'과 '분할'에 대한 개념들의 기원을 지닌다. 이 작가들이 제안한 것처럼 텔레비전이 우리에게 구별되는 경험들이 아니라 "이미지들과 느낌들에 대한 단일한… 흐름"을 보다 제공한다(윌리엄스 1990: 92). 이리하여 분석의 초점이 될 것은 특정한 내러티브나 재현 구조들과 이미지들보다 이 '흐름'과 그 요소들이다.

플리터맨 루이스와 코기 두 사람에게 있어 이 차이들은 텔레비전을 향한 정신분석학적 접근의 적용에 대해 기본적인 어려움을 생산한다. 플리터맨 루이스는 영화와 같은 방식으로 텔레비전을 단순하게 관찰하지 않는다는 것을 논의하면서 동일한 방식으로 우리의 무의식적 욕망들과 판타지들에 집중할 수 없다는 것을 제안한다:

영화는 우리가 다가가기에는 불가능한 곳에 화면 이미지를 만들면서 항상 공간적으로 우리와 멀리 떨어져 있다(우리는 극장 안에서 '멀리 떨어져' 앉는다). 텔레비전 세트는 방을 가로질러 바로, 침대의 끝에, 우리 손바닥 안에 혹은 어디에서나 가까운 근처 공간을 차지한다. 텔레비전 스크린은 이와 같이 관찰자의 시각 영역의 부분을 매우 협소하게 하고 좀 더 친밀하게 차지한다. 그리고 순간의 알아차림을… 가능하게 한다. 그것은 꽤 같은 방식으로 황홀하게 하지 않는다(1992: 218).

그녀는 텔레비전이 허구적 세계들보다 외부에 우리를 위치시키고, 강렬한 병합보다는 동일시와 연민의 복잡성을 제공하며, "그 바로 중심에 기분전환을 새겨 놓는" 꽤 다른 종류의 쾌락을 생산한다고 결론짓는다(인용., 238). 코기에게 있어 또한 텔레비전의 '끊임없는 흐름'과 관련한 규약과의 결합과 그것의 실제 저지 가능성(광고로 인해, 채널 돌리기로 인해, 가정 내의 대화로 인해, 활동과 오고 감으로 인해 저지당하는)은 영화와 같은 방식으로 욕망과 판타지들에 집중할 수 없다는 것을 의미한다. 대신에 그는 '진지한 드라마'가 일종의 '정신의 부재나 마음이 괴로워지는 것'과 그럼에도 불구하고 관여와 판타지보다 거리와 아이러니를 야기하는 비평적 관심을 불러일으키면서 훨씬 더 큰 이탈을 수행한다고 논의한다(2000: 138-40).

그러나 이러한 설명들은 수많은 방식으로 제한되는 것처럼 보일 수 있다. 코기는 '진지한 드라마'에 대한 관심을 배제하는 반면에 플리터맨 루이스는 사례 연구로서 미국의 일일연속극을 선택한다. 두 사람 모두 구조화되고 반복적인 네러티브들을 가지고 있는 대중 텔레비전 드라마 시리즈물들과 정체성의 문제에 대한 편견, 질서의 위협에 대한 끊임없는 재공연하기 그리고 가족 혹은 가짜 가족 관계성에 대한 계속적인 재작업들에 대해서 토론하지 않는다. 그러나 더 중요한 것은 1970년대와 1980년대에 이루어진 텔레비전 분석에 있다. 텔레비전에 대한 가장 최근의 설명은 이 모델에 대한 수많은 도전을 제공한다.

존 칼드웰은 자신이 저술한 《텔레비주얼리티》에서 "마음을 산란하게 하는 굴복 응시 이론"(1995: 25)이라고 부른 것을 공격한다: 텔레비전이 요청하고 강렬하고 관여적인 '응시'가 아닌 마음이 산란해지는 '힐끗 바라봄'(일별)과 일치하는 개념. 이것은 동시대의 텔레비전에 관하여 단순히 진실한 것만은 아니다. 양자 모두 강렬하고 판별할 만한 관계를 요청하고 보답한다. 존 엘리스가 인용한 강렬하게 관계하는 '영화통'은 오늘날 시리즈물과의 관계가 책들, CD들, 잡지들과 웹사이트[11]들을 통해 상호 텍스트적으로 조장된 〈엑스 파일〉(1993-2002)이나 〈버피와 뱀파이어〉(1997-)의 팬과 상대하는 것보다 더하다. 텔레비전 시청은 실제로 '늪과 같은 흐름'을 '관통해서 걸어가기'와 관계한다. 그러나 이것은 시청 경험 그 자체 안에서 방해받는 것 이상일 수 있다고 존 코기는 논의한다. 이것은 사실상 영화 관람주의보다 더 강렬할 수 있다. 왜냐하면 "영화 관람하기는 오고 가는 한 쇼트의 경험인 반면에 텔레비전의 관람주의는 시간이 지나갈수록 꽤 강렬해질 수 있고 고정될 수 있기 때문이다"(1995: 26).

몇몇 텔레비전 시청자들은 텔레비전의 판타지들에 깊이 연루된다. 그러고 나서 "시청하는 동안 매혹적인 고립 속에서 쾌락을 발견한다"(인용., 27). 실제로 생산과 관람에 대한 유동적인 패턴들은 영화와 텔레비전과 관련한 시청 형태의 융합 개념에 의지하며 언급될 수 있다. 칼드웰은 1980년대에 감독들과 생산 형태들 사이에서 이루어졌던 지속적인 교섭뿐만 아니라 1980년대와 1990년대의 텔레비전 드라마 시리즈물들에서 이루어진 고(高)생산가치들, 형태주의적인 전시, 시각적 초과가 점차적으로 확대되어 가고 있음을 강조한다. 관람객으로서 우리는 또한 영화와 보다 흔하게 일치하는 관람주의의 몇몇 텔레비전 시청 형태 안에서 모사할 것을 선택해야 할지도 모른다. 고품질 비디오

---

11) 라베리 외의 사람들(1996: 1-21)을 살펴보라; 또한 조디 딘(1997: 68).

나 DVD의 도움으로 어두운 방 안에서 저지당하지 않은 채 시청하고 가정 공간을 판타지의 공간으로 변형하면서 이런 형태로 영화와 TV 드라마들 중 시청할 것을 선택한다. 칼드웰이 말한 바와 같이 "이론가들은 방 안에서 아이러니한 상황에 있기 때문에 이론적인 결론을 내도록 뛰어오르지 말아야 한다"(인용.).

텔레비전 드라마의 허구적인 내러티브들 안에서 만든 **조사**[12]와 관련한 사고의 가장 유용한 방식은 아마도 사회적이고——의미들과 관련하는——그리고 심리학적인 것——욕망들, 두려움들 **그리고** 쾌락들과 관련하는——이라고 주장하는 것임에 틀림없다. 린다 윌리엄스는 '문화적 문제-해결'의 종류로서 작동하는 대중장르들에 대해 논의해왔다. "장르들은 자신들이 설명하는 문제들의 지속성 위에서 성장한다; 그러나 장르들은 또한 이 문제들의 성질들을 재생시키는 능력 안에서 성장한다"(1999: 280). 대중 내러티브들은 항상 역사적으로 독특하다: 그것들은 순간에 이슈화된 문제들과 두려움들을 다룬다(이슈화된 문제들, 아마도 범죄와 관련한 것, 사회적 변화, 붕괴 혹은 테러리즘). 그러나 그것들은 또한 훨씬 더 '지속적인' 두려움들을 향해 거슬러 도달한다: 자아 감각 혹은 성적 정체성들과 관련한 두려움들. 동일한 방식으로 제임스 도널드는 '의미의 지도들'이라기보다 이데올로기 분석이 제안한 것처럼 '판타지 지도화하기'를 창조하는 대중 텔레비전 드라마들에 대해 기술해 왔다: 그것들이 생산되었던 역사적 순간을 항상 언급하기 때문에 '지도화하기'이다; 그러나 그것들이 또한 "무의식적 바람과 두려움들에 형태를 부여하기" 때문에 **판타지들**이다(1985: 125). 이와 같은 판타지들이 구성되는 방식들과 우리가 그 안에 참여하려 다가오는 방식들 속에서 우리에게 통찰을 제공하는 것은 정신분석학적

---

12) 그 용어는 프랑스 사회학자인 피에르 부르디외(1986: 176-7)에서 비롯된다. 그러나 제임스 도널드(1985: 132)가 강조한 바와 같이 그 용어가 유용한 반면에 부르디외는 이 감정적인 '조사들'에 대한 힘노, 쾌삼노 선석으로 설명하지 않는다.

이론이다.

정신분석학 이론

알다시피 정신분석학은 무의식의 개념에 기초한다. 프로이트에 따르면 무의식은 (성적) 충족과 쾌락을 위한 가장 기본적 운영의 자원이자 저장소이다. 그것은 유아가 사회적 자아가 되기 위해 자신들의 욕망을 억압하거나 변경시키는 것을 배워야 하는 순간의 지점에 있다. 이것은 유아가 문화와 언어에 진입하는 지점으로 이 질서들이 내포하고 있는 모든 구조들과 규칙들을 지니고 있다. 이렇게 해서 자아 정체성과 자아 감각(**주관성**)을 획득한다. 그러나 문화의 정규화된 구조들에 항상 **종속되어** 있는 것은 정체성이다. 프로이트에게 있어서 인간 정신은 우리의 개인적 욕망들의 자원으로 남겨져 있는, 그러나 우리의 두려움들의 집적소이기도 한 무의식과 세계에서 이성적으로 그리고 사회적으로 작동하는 의식을 포함한다. 나중에 프로이트는 무의식을 **이드**, 의식을 **에고**라고 불렀으며 거기에 우리 모두가 성취하는 권위 혹은 사회 규칙들의 내면화된 목소리인 **수퍼-에고**의 개념을 첨가했다. 이러한 시나리오 안에서 정체성은 항상 타인에게 달려 있고 어떤 의미로는 그 자신과 항상 싸우며, 그리고 항상 환영적——정체성이라는 단어가 '단일성' 혹은 '동일성'을 포함하는 한에서——이다. 에고는 강렬한 욕망과 두려움 그리고 사회적 규칙의 힘들 사이에 잡혀 있고 이들은 에고 자신의 밖으로부터 나온다; 정체성은 항상 분열되고 그래서 우리는 우리 자신을 결코 알 수 없다.

프로이트가 먼저 통합하고, 이어서 프랑스의 정신분석학자인 자크 라캉이 통합하고 영화 이론가들이 채택했던 정신분석학 이론의 많은 주요한 요소들이 있다. 나는 여기서 세 가지——어린아이의 **정체성**, **꿈들** 그리고 **판타지**에 대한 성취——를, 이 개념들이 영화와 텔레비전 드라마 분석에서 사용되어 왔던 방식들을 변경하기에 앞서 강조할 것이다. 첫번째 요소들은 오이디푸스 콤플렉스와 관련한 프로이트의 개념과 나중에 라캉이 재작업한 개념을 중점으로 한다. 일찍이 어린아이의 어머니와의 관계성은 상호적이고 배타적이다: 어린아이는 어머니를 욕망하고 동일시한다. 그리고 그 요구의 충족은 연속적이며 즉각적이다. 이 단위는 어린아이가 사회적 질서 안에서 분리된 정체성과 위치를 획득할 수 있다면 깨뜨려져야 함에 틀림없다. 프로이트에게 있어 어머니를 향한 어린아이의 독점적인 접근을 노출시키면서 그것에 영향을 주며 개입하는 것은 아버지이다(라캉에게 있어 그것은 아버지가 재현하는 것이다: 사회적이고 문화적인 혹은 '상징적인' 질서). 엘리자베스 그로즈의 말로 표현하면 남자아이는 이 금지들을 거세 위협으로서 해석한다. 그리고 이것들은 조직의 손실에 대한 두려움 때문에, 남근의 '계승자'로서 아버지의 권위와 힘 때문에 즉각적으로 자신의 어머니에 대한 욕망을 포기하도록 이끈다(1990: 68). 여자아이(프로이트와 라캉에게 관심을 덜 받은)는 또한 어머니에 대한 욕망을 포기해야 한다; 대신에 여자아이는 '남근을 소유하지' 않았기 때문에 자신과 동일시하는 것을 배워야 하고, 적극적인 욕망을 갈망하는 사람으로서 역할을 포기하는 것을 배워야 하며 대신에 남성적 욕망의 대상이 되어야 한다.

중요하게도 어린아이가 쾌락적이고 공존하며 성적으로 어머니와 구별되지 않는 관계성 속에서 문화 안의 성숙한 정체성으로 이동하는 이 순간, 요컨대 무의식이 형성되는 순간은 **시각적인 것**이 중심이 되는 순간이라고 프로이트는 역설한다. 소년은 모든 인간이 페니스를 가지고 있다는 믿음에서 출발한다고 프로이트는 기술한다; 그것은 오이디푸스 콤플렉스를 촉발하는 여인의 차이점에 대한 시각이다. 소녀에게 있어 성적 차이에 대한 지식은 그 극복이 다소 차이가 날지라도 시각의 수행에 의해 촉발된다: "그녀는 그것을 보았고 그것이 없다는 것을 알며 그것을 갖기를 원한다"(1977: 336). 이와 같이 정체성의 감각이 형성되는 순간에 시각의 수행은 남자아이에 대해 보는 것으로서의 에로틱한 쾌락(프로이트가 절시증(scopophilia)이라고 부르는)과 성적 차이에 대한 두려움을 동일시한다. 이 후자는 프로이트가 '부정(disavowal)'이라고 부르는 곳으로 이끈다. 여기서 소년은 물신화된 대상 혹은 육체의 한 부분의 형태 안에서 대체된 남근을 가지고 있는 여자를 탐색하면서 여자는 차이가 나며 이 차이를 '은폐한다'는 것을 즉각적으로 **알아챈다.**

시각의 수행은 또한 어린아이의 어머니로부터의 분리에 대한 라캉의 설명에 중점적이다. '거울 단계'라고 하는 그의 기술은 어린아이의 완전한 어머니와의 흡수와 사회적이고 상징계 질서로의 진입 사이에 있는, 어린아이 그 자체의 이미지와의 동일시에 의해 지배되는 단계인 중간 단계와 동일시한다. 정체성이 세계의 나머지로부터 분리되도록 만드는 것처럼 우리 자신들을 바라보는 과정을 시작하는 것은 자아 **이미지**에 대한 이러한 인지이다. 우리는 **정체성을 동일시**[13]의 과정을 통해 가정한다.

시각적 이미지와의 동일시의 중요성에 대해 덧붙여 말하자면 정체성의 감각을 성취하는 이러한 설명 안에는 우리가 알아야 하는 세 가지의 주요 사항들이 존재한다. 하나는 개별적 주체로서 그 자체에 대한 첫번째 인식이 실제로 잘못 오인된 인지라는 것이다. 아이가 동일시하는 거울 이미지는 아이 자신보다 더 상호-질서화되어 있고 더 통합되어 있으며 조절된다. 그럼에도 불구하고 아이가 '이상적인 에고'로서 내면화하는 것은 이 상상적 총체이다. 새럽의 말로 표현하자면 거울 국면은 "자기 기만의 순간이고, **환영적** 이미지에 의한 유혹의 순간이다" (1992: 83, 강조). 논의할 두번째 지점은, 어머니와의 초기 관계성에서처럼, 아이가 그 자체의 이미지와 동일시하고 이를 욕망한다는 것이

---

13) 마단 새럽(Madan Sarup)(1992: 64)을 살펴보라.

다. 세번째로, 라캉은 자기 인지의 이 순간은 또한 자기 소외와 분열의 순간이라는 것을 강조한다. 아이는 항상, **어디에서든지** 그 자체의 이미지와 동일시한다——영화나 TV 화면상의 이미지들처럼——그리고 어떤 의미에서는 타자의 이미지와 항상 동일시한다. 우리는 바라보는 자아와 바라보아지는 자아 이미지 사이에 있는 차이를 끊임없이 그렇게 하려고 할지라도 은폐할 수 없다.

이 모든 개념들은 영화 화면 위에서 이루어진 이미지들에 사로잡혀 있는 우리 자신들을 발견하는 방법과 이유에 대한 이후의 설명들에 대해 매우 암시적으로 증명하는 것이었다. 그러나 영화와 TV 드라마는 이미지들의 재료만이 아니다; 이것들은 또한 문화의 생산이자 '상징적 질서' 뿐만 아니라 '상상계' 인 이야기들이다. 언어 즉 상징계로의 아이의 진입에 대한 라캉의 설명에서 그는 문화를 향한 아이의 진입에 대한 설명으로써 프로이트의 오이디푸스 콤플렉스를 다시 기술한다. 그것이 '나' 라고 말할 수 있는 자아 감각의 **가능성**을 창조하는 거울 단계를 통해 경험되는 동일시와 분리의 감각이라면, 우리가 사용하기 위해 배우는 언어는 항상 우리 앞의 거기에 있는 구조이다. 이 안으로 들어가면서 우리는 '나' 라고 말하는 것을 배우고 그렇게 해서 자아의 감각을 형성한다. 그러나 자아의 감각은 타자에게 달려 있다. 타자들 또한 '나' 일 수 있고 언어로 우리는 '그' 혹은 '그녀,' '그를' 혹은 '그녀들' 로서 또한 위치지워진다; 다시 말해서 언어는 **우리를** 심지어 우리 자신들을 그 안에 있는 주체들로서 표명한다. 언어는 한 번 이동할 때 항상 부재하는 리얼리티에 대한 언어적이고 문화적인 상징들을 대체하는 다소 상징계의 영역이다; 존재의 즉각성에 대해 교환하는 **의미를** 약속하는. 라캉에게 있어서 프로이트에게서처럼 실재적이고 육체적인 아버지가 아닌, 아이의 욕망들을 억압하는 그 '아버지' 를 구성하는 것이(라캉은 그것을 '아버지의 이름' 혹은 '아버지의 질서' 라 부른다) 바로 이 언어적이고 문화적 체계이다.

이것은 우리가 언어를 사용할 때, 이야기를 말하고 들을 때 욕망이 두 가지 방식으로 작동하고 있는 순간을 의미한다. 첫번째는 우리가 충족의 순간들을 욕망하면서 이야기를 구성하는 의미의 연쇄들에 사로잡히게 되는 방식들과 관련한다――의미가 형성되고 정체성(그 이야기 안에서 우리 자신과 인물들의 그것인)이 확고하게 되는 순간의 이야기의 끝. 그러나 이것은 항상 재빠르게 지나가고 항상 실망스러운 순간이다. 왜냐하면 결국 이것은 이야기**일 뿐**이다. 그리고 그것이 수행하는 욕망들은 충족되지 않은 채로 남겨진다. 이렇게 해서 우리는 구조들과 과정이 지금 막 끝났던 것의 그것들을 반복하는 다음 이야기로 넘어간다. 욕망이 작동하는 두번째 방식은 억압과 관련한다. 만약 우리가 말하고 듣는 이야기들이 항상 사회적이고 문화적인 질서가 말하도록 허용하는 이야기들이라면, 그것들은 항상 표현**될 수 없는** 그 욕망들과 두려움들의 즉각적인 억압이나 왜곡이다. 몇몇 (허용된) 의미들을 표현하는 말들이나 이미지들은 즉각적으로 문자적으로 말할 수 없는 타자들을 억압한다. 그러나 이 억압된 욕망들은 두려움에 대한 그 전율과 무의식, 욕망들, 두려움들이 표면 위로 아주 가까워질 때의 빛을 만들면서 이야기에 그림자지우는 것을 계속한다.

내러티브의 **이중성**은, 특히 시각적 용어로 말해진 내러티브, 그 안에서는 욕망이 즉각적으로 표현되고 억압되는데, 또한 우리가 여기서 강조할 정신분석학 이론의 두 가지 다른 요소들의 주요한 특징이다: **꿈 이론**과 **판타지 이론**. 인간 정신에 대한 프로이트의 모델에서 전(前)오이디푸스적 주체 안에서 억압된 그러한 자극들은 끊임없이 의식으로의 접근을 갈망한다. 잠을 잘 때 그 자극들이 적극적 표현을 향한 접근이 부인될 때, 정신의 센서는 완화할 여유를 갖는다. 무의식적 소망은 자신들을 환각의 형태로 시각적 기억의 분절들에 달라붙게 하면서 이렇게 해서 한정된 표현을 성취할 수 있다. 이처럼 꿈은 억압된 소망의 가장되고 환각적인 충족이다. 마단 새럽식으로 표현하면 "가장은 꿈의 '잠복적인' 내용물을, 금지된 꿈의-사고를 '명백한' 꿈의-이야기들——꿈꾸는 사람이 기억하는 것——로 변환시키는 '꿈의-작동'의 결과이다"(1992: 6). 이 '꿈의-작동'은 네 가지 양상을 가지고 있다. 첫번째는 **시각적 이미지들**로 욕망들 혹은 두려움들의 변형이다. 꿈들은 논리적이거나 우연적인 관계들과 추상적인 사고들을 시각적 형태로 재현할 수 있어야 한다. 두번째는 수없이 억압받는 욕망들이나 두려움을 실어 나르는 합성적인 이미지들이 되기 위한 **응축**으로, 이 안에서는 두 가지 혹은 그 이상의 사고들이 응축된다. 꿈의-작동의 세번째 양상은 **대체**이다. 여기 무의식적 소망이나 두려움은 다른 방식으로 연합되지만 스스로 억압을 끌어내지 않는 형상이나 이미지로 대체됨으로써 가장된다.

이러한 모든 과정들은 우리가 꿈과 관련하여 경험한 감정들이 꿈의 내용물과 떨어져 있는 것처럼 보이는 이유를 설명할 수 있도록 돕는다. 그러한 과정이 **화면**의 이미지들과 관련하여 작동한다면, 그것들은 이에 대한 우리의 반응의 강도를 틀림없이 설명할 수 있을지도 모른다. 마침내 **두번째의 교정**이 있다. 이 과정에서 꿈은 상대적으로 응집되고 이해할 만한 이야기를 만들기 위해 재조직된다; 우리가 꿈을 꿀 때, 우리는 지속적인 내러티브를 생산하기 위해 갭들(gaps)과 모순들을 펼쳐나가면서 이 과정에 집중된다. 프로이트의 설명은 꿈과 관련한 무의식적 판타지들, 일상적 꿈에 의해 재현된 좀 더 의식적인 판타지들, 그리고 대중 내러티브들 안에서 구성된 공적 판타지들 사이에서 확고한 구별을 만들지 않는다. 판타지와 관련한 이 확장된 개념은 '판타지 지도화하기'를 창조하는 것처럼 대중드라마 시리즈물에 대한 제임스 도널드의 기술에서 보는 바와 같이 영화와 TV 드라마의 생산성을 증명해 왔던 것이다.[14]

정신분석학, 영화와 텔레비전 드라마

시각적 내러티브들의 분석을 위한 정신분석학적 이론의 가장 최고의 적용은 영화와 관련해 왔다. 어두운 객석, 미동하지 않는 관람자와 거대한 스크린을 가지고 있는 영화는 꿈의 상황을 모사하고 있는 것처럼 보인다. 따라서 그러한 방식으로 판타지와 욕망을 향해 접근하도록 한다. 다소 그것은 두려움과 욕망에 대한 '농축되고' 화려한 이미지들을 제공할 뿐만 아니라; 그것은 또한 스타들의 형상을 통해 동일시할 수 있는 '이상적인 에고'를 제공한다. 라캉의 거울-이미지처럼, 스타는 관람하는 자아보다 더 강력하고 통제된다. 그리고 스타의 궁극적인 승리는 관람객의 정체성 감각에 대한 재강화로서 수행한다. 또한 남자아이처럼 대중영화의 관객은 영웅이 소유하는 여자들의 형상들을 통해 성적 차이의 에로틱한 이미지를 제공받는다; 그러나 아이처럼 관객은 에로틱한 것이 아니라 가령 **팜므 파탈**적인 형상을 지닌 것처럼 그들의 차이 속에서 혼란스러워하고 위협받는 것을 깨닫는다. 비교와 관련해서 두 가지 마지막 지점들이 형성될 수 있다. 첫째, 판타지와 관련한 정신분석학적 설명에서처럼, 관객은 자주 동일시의 복합적이고 유동적인 지점들을 가지고 있는 '욕망의 시나리오' ——카메라의 앵글들과 움직임, 그리고 시점 쇼트들——를 제공받는다. 둘째, 이 시나리오들은 시각적 이미지들뿐만 아니라 **이야기들**을 제공한다; 꿈의 내러티브처럼, 그것들은 갭들과 모순들을 펼치려 하고, 다른 이야기에서처럼 동시에 우리의 욕망에 대해 말하고 억압한다.

정신분석학 이론은 이후 두 가지 방식으로 적용되어 왔다. 첫째, 그

---

14) 장 라플랑슈와 장 베르트랑 퐁테일이 저술한 1964년도의 〈판타지와 성의 기원 **Fantasy and the Origins of Sexuality**〉에세이를 살펴보라. 이들은 이 개념에 프로이트의 저서를 동시에 끌어오고 그 중요성을 형성한다(라플랑슈와 퐁테일 1986).

것은 차이에 대한 공포와 두려움인 문화적 두려움들과 억압들의 저장소로서 **텍스트**를 다루어 왔다. 아네트 쿤식으로 말을 하면, 이러한 접근은 "영화와 같은 문화적 생산물들이 무의식적 의미들——억압받기 때문에 무의식적이고 그래서 직접적인 형태로 말하기 어려운—— 의 영역으로 간주될지도 모른다"는 것을 내포한다. 이러한 의미들은 "텍스트 안의 거기에 있으나 가장한 채로 나타난다——번역되어야 하는 어떤 신호들이나 단서들 속에서만 자신들을 속이면서"(1990: 92). 판타지의 공적 형태들은 이후 우리 자신이기도 한 욕망과 공포의 구조들 속으로 우리를 끌어내면서 "카메라 앞에서, 항상 같지만 다르게" 이야기들을 재생한다(코위 1997: 138). 이 형태들에 대한 주의는 그것들이 문화적 생산물의 형태들을 통해 자신들을 작동하는 동안 무의식적 과정을 작동할 수 있기 때문에 문화의 억압들, 금기들과 강박관념들을 드러낼 수 있다.

둘째, 명백하게 관계적인 정신분석학 이론의 적용은 **관객-텍스트의 관계**였다. 이것은 먼저 관객이 우리가 공유해야 하는 응시를 가지고 있고 크리스티앙 메츠의 표현대로 '**모든 것-알아보는**'(1975: 51) 카메라와 동일시하기 때문에, 그리고 다음으로 카메라가 자주 취하는 영웅 시점이 중심 형상과 동일시하기 때문에 작동하는 **동일시**의 과정을 이해하는 방식을 포함해 왔다. 그것은 또한 관객이 경험하는 쾌락들에 대해 설명하려고 하였다: 영화의 **쾌락**들은 프로이트의 '지각적 열망들'의 그것들이고 특히 '보고자 하는 욕망' 혹은 '관음증(voyeurism)'의 그것들이다(인용., 59). 페미니스트 비평가들에 의해 사용되는 것처럼, 그것은 또한 스크린이 제공하는 시각적 쾌감들의 구조 속에서 **성적 불균형**을 설명하는 데에 활용되어 왔다고 메츠는 논의한다. 주류 영화에서 그것은 '이상적인 이미지'의 이미지를 제공하는 남성 스타의 형상이라고 로라 멀비(1989)는 논의한다; 영화 속에서 여자의 이미지는 **남성** 응시의——에로틱하고 혼란스럽게 만드는——대상으로 남겨지면서 뉴스에서 바라보아지는 것처럼 자주 암호화된다.

마침내 그리고 보다 최근에, 정신분석학적 **판타지** 이론은 여전히 존 칼드웰이 시청 과정의 '황홀한 고립'이라 불리는 것을 강조하면서도, 젠더화된 동일시의 위치에 우리를 고정시키는 것보다 이것이 작동하는 방법의 보다 유연하고 유동적인 형태를 제공하는 관객(성)의 개념을 제안해 왔다. 판타지 이론은, 영화나 텔레비전의 공적 판타지들이 **양쪽 모두** 역사적으로 그리고 문화적으로 독특하고, **그리고** 무의식 운행에 반응하는 것을 제안해 왔기 때문에, 사회적이고 공적이거나 심리적이고 개인적인 것 같은 그들의 사고 밖에 있는 방식들을 제공한다. 그리고 매우 자주 뒤따르는 논쟁들과 관련한 방식들을 제공한다. 요컨대 **텔레비전**은 전자를 다루며 **영화**는 후자와 관련한다. 실제로 시리즈물 형식들을 통해 반복의 일반적 패턴들에 대한 강한 의존 속에서, 단독 영웅보다 집단 혹은 한 조에게(자주 젠더들과 '종족'과 혼합되는) 특권을 부여하려는 경향 속에서, 그리고 '욕망의 시나리오들' 안의 복합적이고 유동적인 동일시 패턴들의 활용 속에서, 대중 텔레비전 드라마는 영화의 **보다** 구별되는 내러티브들보다 정신분석학적 이론 안에서 전개되는 것 같은 판타지 개념에 일치하려 한다고 말하는 것임에 틀림없다.

놀랍지 않게도 이러한 접근으로부터 가장 주의를 받아 왔던 텔레비전 드라마의 두 장르들은 은폐와 조사 위에서 행연되는 비합법적이고 비허용적인 **수사 혹은 범죄시리즈물**이다; 욕망과 공포의 판타지적 형상들을 창조하는, 그리고 그들이 거주하는 '다른 세계들'인 **공상과학 시리즈물**이다. 제3장 1에서 우리는 경찰시리즈물이 이데올로기 분석과 관련하여 분석되어 왔던 방법들을 살펴보았다, 이에 따라 붕괴/탐색/해결의 성격적인 구조는 붕괴적이거나 위협적인 요소들을 추출해 냄으로써 이데올로기적 상태를 회복하는 것으로 보인다. 그러나 스티브 닐은 이 구조가 또한 보다 다른 기능을 제공한다고 논의한다. 대중 장르들은 차이, 두려움과 욕망을 정규화하는 방식으로 작동한다고 그는 말한다. 붕괴에 대한 위협은 질서, 응집과 정체성에 대한 위협이다; 그것의 회복은 우리의 자아 감각의 응집을 강화시킨다(1980: 26). 그러나 질서의 회복이 우리에게 명백한 쾌락을 준다면, 그것의 붕괴는 일시적일지라도 무의식적 욕망들과 공포의 이완을 통해 다른 종류의 쾌감을 창조한다. 수사 장르의 경우, 이 과정들은 특히 현저하다. 그 이야기들은 명백하게도 법과 그것의 상징적 구조들과 관련한다. 수사관은 보통 남성으로 이 구조들에 대한 위협을 다루어야 한다. 그리고 그는 지식으로 이끄는 단서들이 시각적으로 드러나는, 시각적 탐색의 절차를 통해 이를 수행해야 한다. 이와 같이 수사 영웅은 끊임없이 정신분석학적인 설명 안에서 남성적 정체성이 수립되는 것을 통해 과정을 반복한다. 대중장르들은 끊임없이 "성적 차이와 성적 정체성 구성의 진행 과정"에 집중한다고 닐은 논의한다(인용., 56).

제임스 도널드는 1970년대의 시리즈물인 〈스위니〉에 대한 분석에서 이러한 접근을 끌어낸다. 중심 인물이자 반항적이고 반-권위주의적인 수사관 레건은 "법의 남근적 권위를 향해 자신을 억누르지만 법이 **되기 위해** 자신을 그 권위로 구현하기를 갈망하는 오이디푸스 콤플렉스를 가진 아들"로서 역할을 한다(1985: 129). 이러한 의미에서 시리즈물들은 여전히 매우 많은 문화적 순간에도 남성적 정체성에 대한 두려움보다는 법과 질서에 대한 위협과 덜 관련한다. 〈스위니〉의 세계 안에서 여성적 성은 '신비스럽고 문제적인' 것이다; 시리즈물 안에서 여성들은 위협받는 순수의 상징이거나——틀림없이 남성 영웅에 의해 구출되는 순진무구한 공주——그의 권위에 대한 위협을 재현하는 성적이고 '비정상적인' 형상들이다. 이와 같이 레건이 회복하고자 하는 질서는 '총체성'의 상상적 질서만큼——"두려움과 위협에 대한 유아적이고 문화 이전의 세계의 기피"(인용., 131)——이데올로기적 그 상태이다. 〈스위니〉 같은 대중시리즈물이 제공하는 것은 무엇보다 "공포에 대한 판타지적 경험——정확히 말해서 억압된 두려움의 행연"——이라고 도널드는 논의한다(인용., 134).

공상과학의 경우 이러한 두려움들은 직접적으로 장르로써 성격화하는 동떨어진 세계들과 판타스틱하고 흔한 괴물스러운 거주자들의 형태로 구체화될 수 있다. 오랫동안 방영된 BBC 시리즈물인 〈닥터 후〉(1963-96)의 분석에서 존 툴로크와 마누엘 알바라도는 이러한 많은 생각들을 명백하게 만든다. 츠베탕 토도로프의 저서 《판타스틱》(1975)을 도출하면서 그들은 이러한 내러티브들 안에서 두 가지 종류의 정체성의 신화를 발견할 수 있다고 논의한다. 첫째는 '자아의 테마들'과 관련한다(토도로프 1975: 146). 그리고 메리 셸리의 《프랑켄슈타인》(1818) 혹은 로버트 루이스 스티븐슨의 《지킬 박사와 하이드의 이상한 밀실》(1886)과 같은 이야기들 속에서 사례화된 것을 볼 수 있다. 여기 자아에 대한 위협은 내부적이고, 자기 소외 혹은 정체성의 분열 형태로, 지식, 이유 혹은 통제에 대한 과도한 열망에 의해 야기된다. 둘째는 '타자의 테마들'과 관련한다(인용., 147). 그리고 우리는 브람 스토커의 《드라큘라》(1897)와 뱀파이어 이야기들 안에서 그것을 볼 수 있다. 여기서 자아에 대한 위협은 외부적이고 신체적으로 침입, 변형과 융합의 위협이다(툴로크와 알바라도 1983: 127). 물론 사실상 둘은 한데 얽혀 있다: 괴물스러운 '타자'는 분열된 자아라기보다 다소 덜한 '이드(Id)로부터 나온 몬스터'이다: 양쪽 모두 육체와 (외부적) 욕망들에 대한, 성과 성적 차이에 대한 두려움을 구체화한다; 둘 모두 정체성의 허약함으로 가득 차 있다. 이와 같이 프로이트의 '근본적인 판타지들'은 닮은꼴 혹은 '비정상적인' 자아(〈닥터 후〉의 경우, 닥터의 동료로 마스터인 타임 로드) 그리고 이 형상이 자주 방랑하는 어두운 지하의 땅굴과 터널들(무의식적인)이 형상화되는 것처럼 이론들 안에서 현저하게 형상화된다. 프로이트의 '언캐니'(불안한 야릇함, das Unheimlich) 개념은 가장 친숙한 것(친숙한(heimlich)이거나 가정적인)이 또한 가장 은닉되어 있고, 가장 비밀스러우며 어둡다는 것 안에서 흔한 테마이다. 따라서 친숙하고 친숙하지 않은 것이 혼란스럽게도 동일스러운 것이 된다.

물론 공상과학은 '판타스틱한 것'과 같지 않다. 그리고 공상과학작가들은 두 가지를 구별하고자 했다. 공상과학은 '과학적 리얼리즘'과 동일시되어 왔다: 그것의 양자택일적인 세계들은 기술적 정확성을 가지고 기술되고 판타스틱한 것의 '비합리적인' 변형들과 같지 않게 내부적으로 긴밀하며, **가능할 만한** 세계들로부터 소개된다(인용., 99-127). 그러나 툴로크와 알바라도에게 있어 이것은 너무 단순한 분할이다. 다른 공상과학물처럼 〈닥터 후〉는 '긴밀성을 향한 운행'——이름짓기, 정의하기, 설명 가능하게 만들기——**그리고** '비일관성의 인지'——설명되거나 억압될 수 없고 끊임없이, 지속적으로 **우회할** 수 있는 몬스터들과 닮은꼴들——와 관련된다고 그들은 기술한다.

정신분석학과 텔레비전 드라마: 두 가지 사례 연구들

다음 사례 연구에서 우리는 여기서 언급된 두 가지 대중장르들인 **공상과학시리즈물과 수사 혹은 범죄시리즈물**의 각기 사례를 시험해 볼 것이다. 첫째는 가장 지속적으로 보여진 공상과학시리즈물인 〈스타 트렉〉의 첫번째 시리즈의 에피소드이다. 1966년 1월 2일에 미국에서 처음으로 방영된 '어린 소녀들은 어떻게 만들어지는가?'는 시리즈물의 안내 이후에 보여진 여섯번째 에피소드였고 그 타이틀은 정체성과 성적 차이에 대한 질문을 하며 관심을 보여준다. 그 안에서 스타십 엔터프라이즈는 '고고학적인 의사 파스퇴르라 자주 불리는' 남자, 거기서 일찍이 5년 동안 사라졌던 의사 로저 코비를 찾으러 엑소 III 별에 도착한다. 코비는 접촉을 시도하고 캡틴 커크와 코비의 약혼녀인 크리스틴은 혹성을 향해 빛을 쏜다. 이 혹성에서 코비와 그의 팀은 혹성의 동결된 표면 아래에 있는 지하 땅굴에서 살고 있다. 코비는 혹성의 잃어버린 문명 뒤에 남겨진 거대한 인조인간인 로크의 도움으로 '새로운 파라다이스'를 만들고자 인조인간을 만드는 방법을 배워 왔다. 커크를 죄수로 감금하면서 그는 캡틴과 흡사한 인조인간을 창조하는 힘을 과시한다. 그러나 커크는 지하 터널로부터 탈출한다. 그는 로크에게 잡혀 다시 돌아오고 감정(욕망)을 가진 인조인간이 서로 그들을 파괴하려고 한다는 것을 안내받는다. 마침내, 우리는 코비 또한 자신의 정신을 변형해 왔지만 합체된 형태로 인간적 정체성으로부터 외떨어져 있던 인조인간의 육체를 가지고 있다는 것을 발견한다. 이것을 깨달으면서 그는 자신과 그의 '기술적인 게이샤'인 여자 인조인간 안드레아를, 추적 총에서 나오는 단일 광선으로 그녀가 그에게 키스할 때 폐기한다. 의사가 사라진 것에 대해 스포크가 문제 제기할 때, 커크는 의사 코비는 "결코 여기에 있지 않았다"라고 응답한다.

그것은 프로이트의 꿈과 판타지 이론의 많은 특성들을 배열한 에피소드이다. 가장 명백하게 터널들과 방들을 가진 지하 세계에서 우리는 프로이트의 세 가지 '근본적인 판타지들'이 작동하고 있는 것을 발견한다. 아버지로서 코비와 아들로서 커크가 함께 실제 자기 몸에서 (오리지널) 나와 고통스럽게 분열된, 그리고 남자와 여자 인조인간인 로크와 안드레아의 도움으로 코비의 땅굴의 기계 자궁 안에서 벗겨진 채로 창조되는 증식된 커크를 생산할 때 (자아) 임신과 출생의 판타지가 있다. 인조인간인 어린 여자 안드레아에게서 우리는 욕망을 향한 안드레아 자신의 접근이 커크의 유혹을 통해 창조될 때(남자 인조인간 로크는 아버지인 코비를 향한 **공격**의 발견을 통해서이다) 유혹을 통한 프로이트의 '성의 솟구쳐 오름'이 실행되는 것을 알 수 있다. 마침내 우리는 매우 명백해 보이는 커크가 자신의 라이벌을 향해 무기로써 휘둘러대는 거대한 남근의 '바위' 안에서, 게다가 또한 **의사** 코비와 그의 보조자인 **의사** 브라운은 전혀 더 이상 자신들은 남자들이 아니라는 것을 밝히는, 자신들의 권력이 벗겨져 내리는 시각적 드러남 속에서 '거세'의 판타지들을 추적할 수 있다.

무엇보다 이것은 남성적 정체성과 권위에 대한 두려움들과 인종적이고 성적 차이의 두려움들로 가득 차 있다. 커크의 경우 이상화된 영웅-형상이고(혹은 이상적 에고), 코비는 오이디푸스처럼 자신의 권위를 확고하게 하려면 대체해야 하는 권위의 형상(커크는 그를 'sir'라고 부른다)으로서 상실된 아버지이다. 코비의 약혼녀인 크리스틴은 양면적으로 위치하고 어린 여자인 안드레아를 향해 양가적으로 모성성과 질투를 갖는다. 그리고 남성적 권위의 두 형상들인 코비와 커크 사이에서 괴로워한다. 코비는 자신의 '딸'인 안드레아와 관련해서 근친상간적인 욕망의 대상(그리고 아마도 주체로서)이자 켄슈타인처럼 기술을 이용해서 임신과 출생의 기능들을 빼앗아 버리는 붕괴된 아버지이다. 그의 궁극적인 오만은 자아 손실로 처벌받는 죄로서 **자신에게** 출생을 창조하고 부여하고자 하는 것이다: 그는 사실상 이러한 통합되지 않은 정체성을 요구할 수 없다는 것을 인지하기에 앞서 "**나는** 로저 코비**이다!**"라고 엔딩에서 외친다. 평행적인 분열이 또한 커크를 위협하는데 그의 닮은꼴 인조인간은 에고 통제에 대한 능력이 아닌 그의 취향과 기억들을 공유한다: 스포크가 이것이 사실상 실제 캡틴이 아니라는 것을 이해하는 것은, 실제 커크에 의해 프로그램화된 인조인간이 스포크를 '미숙아'라고 부를 때이다. 그러나 잡혼에 대한 두려움들은 부분적으로 에피소드가 표현하는 것이다──그리고 억압들. 코비·브라운·안드레아와 로크는 커크의 분열된 '복사본'처럼 모두 '미숙아'이다. 그러나 지금까지 에피소드에서 가장 혼란스러운 형상은 성적 모호성에 인종적인 불확정성을 가지고 있는 로크이다. 지하 터널에 거주하고 '고대인의' 옷과 '원시적인' 말을 사용하는 로크는 무의식 혹은 이드의 드물게 통제된 자극들(성적이고 공격적인)로 구체화된다. 그러나 두 여성 인물들에 대한 그의 욕망──그리고 경멸──은 **동일시**의 형태를 채택한다: 로크는 그들의 유혹적이고 거꾸로 점잖게 내는 목소리를 완벽하게 복사할 수 있고, 그렇게 함으로써 그는 젠더의 경계를 패러디하고 혼란스럽게 하는 여성성을 수행한다.

에피소드 마지막에서 커크의 완벽한 남성성(백인 미국인)의 정체성과 권위는 다시 확고부동해진다. 그러나 동시대의 혼란과 관련한 이 내러티브 속에서 우리는 좀 더 깊숙하게 뿌리박힌 정체성에 대한 특별한 두려움들과 공포를 역사적으로 추적해 갈 수 있다. 1960년대의 미국은 시민의 권리들, 반-베트남 전쟁과 학생 운동들 그리고 여성의 자유 운동의 시작을 보았다. 수립된 질서에 대한 이러한 위협들에 대항하기 위하여 〈스타 트렉〉의 미국 상원(USS Enterprise)의 시민 임무의 **권리**와 관련한 끊임없는 재주장은 '어떤 남자도 가보지 않았던 곳에 대담하게 가기 위해' 과학적 합리주의와 미국적 가치들을 가져오고 백인 미국인의 지도하에 다문화적인 군중들을 조직하면서 이데올로기적 목적을 명확히 제공했다. 그러나 동시에 정체성의 허약성으로 가득 찬 시리즈물에서 신체적으로 분리와 외계의 침입에 대한 위협을 가진채, 타자들에 대한 금지된 욕망들과 공포를 가진 채, 그것은 아네트 쿤의 말로 표현하면, "개방된 채로 표현될 수 없는 문화적 금기들과 강박관념들… 순진무구하게 보이는 은폐하에"(1990: 92-3) 작동하는 두려움들을 행연했다.

〈죽음을 깨우기〉는 2000년 9월에 처음으로 방송된 영국의 범죄시리즈물이다. 여기서 '냉혈한 분대(Cold Case Suad)'라고 하는 수사관 집단은 해결되지 않았던 심각한 범죄들을 조사한다. 이러한 많은 시리즈물들에서처럼 그 '분대'는 정체성의 복수적인 지점을 제공하면서 가짜 가정 집단을 형성한다: 아버지 같은 리더인——그러나 여전히 반항적인——수사 국장 피터 보이드, 어머니 같은 범죄심리분석관 닥터 그레이스 폴리, 그리고 세 명의 젊은 인물들: 여성 법의학자 닥터 프랭키 휘턴, 흑인 수사관 스펜서(스펜스) 조단 그리고 젊은 여성 수사관인 멜 실버. 많은 다른 시리즈물들에서처럼 또한 그것은 이 경우 시리즈물의 기본적 문제에 의해 강화되는 중심성, 그 중심에 있는 가족과 가족적인 관계들에 대한 탐색이다: 과거와 관련해서 숨겨진 비밀들에 대한 탐색.[15] 정신분석학적 탐색처럼, 그것은 스스로 가장 친숙한 것의 마음속에 숨겨져 있는 것에 대한 고고학적 탐색을 제공한다(프로이트의 **친숙한(heimlich)/친숙하지 않은(unheimlich)**).

두번째 시리즈물의 마지막 에피소드인 〈희박한 공기〉는 2002년 11월 3일과 4일에 방영되었다. 부자 출판업자의 18세 딸인 조안나 골드가 집 근처 햄스테드 히스에서 12세 때 사라졌다. 그녀가 입고 있었던 빨간 드레스는 임대 지하 유치장에서 상점 마네킹에 걸쳐진 채로 발견되었고 그녀의 사라짐과 관련한 스크랩북이 함께 있었다. 유치장의 임차인인 알렉 가비는 조안나 골드의 책임 의장인 경찰 국장의 초기 체포 이후 추적되고 조안나의 살해자로 지명받는다. 그러나 가비가 자살을 시도한 후 보이드는 조사를 재개한다. 그는 조안나에게 부모가 모르는, 그녀가 사라지던 날 히스의 중심에 있는 황폐한 교회에서 만났고 가비에 의해 목격된 흑인 남자친구가 있었다는 것을 발견한다. 남자친구의 정체성을 알았던 가족의 첫번째 유모가 살해되었다. 조안나가 사라졌을 때 현재 같은 나이인 그녀의 여동생이자 그녀 또한 미행당하고 관찰되고 있다고 느끼는 클라라의 주장에 따라 보이드는 조안나의 드레스를 입고 밤에 황폐한 교회로 되돌아올 것을 클라라에게 허락한다. 일단 거기서 클라라는 보이드를 껴안는다. 그리고 그들은 카메라의 클릭하는 소리를 듣는다. 그러나 관찰자는 보이드에게서 벗어난다. 감정적으로 기능장애가 있는 조안나의 남자 형제인 데이비드는 그녀가 사라졌을 때 13세였는데, 그는 조안나와 유모를 살해했다고 고백하고 조안나의 몸이 골드 집안의 정원에 매장되어 있다고 밝힌다. 그러나 보이드는 데이비드만이 살해자와 매장하는 것을 보았다는 것

---

15) 프로이트가 저술한 〈정신분석학적이고 법적인 명백함 Psychoanalysis and Legal Evidence〉(1959: 108)을 살펴보라.

을 알아낸다; 살해자는 조안나의 아버지이다. 그의 딸에 대한 소유 욕망이(지금 그의 어린 딸에게 반복되는) 딸이 사라지던 날 저녁에 집으로 돌아왔을 때, 그리고 흑인 남자친구와 떠나려는 의도를 들었을 때 그녀를 살해하도록 야기했다.

이 소녀의 순진무구함과 아버지 형상의 범죄적인 욕망들과 관련될 에피소드라는 것은 루이스 캐럴의 《이상한 나라의 앨리스》의 순환되는 언급들로부터 제시된다. 앨리스처럼 조안나는 가비가 유치장을 빌려 준 가장된 이름이 앨리스 거리의 미스터 화이트라는, 그리고 가비의 엄마가 만들어 준 인형집들 아래에 있는 '구멍 아래로' 사라졌다. 그러나 캐럴의 이야기들은 마리나 워너(1998)가 제시했던 것처럼 초기 민담들의 재작업들이다. 흰 옷을 입은 소녀가 빨간 것으로 놓이고 피처럼 점점이 박힌다. 소녀는 그녀가 사냥꾼/늑대의 애매모호한 형상을 만나는 숲의 위험스러운 터널로 들어간다. 그리고 그녀의 이동해 버린 성에 대해 벌을 받는다. 소녀는 민담의 중심 형상이다. 숲으로의 여행은 유혹을 통한 욕망의 깨달음에 대한 프로이트의 이야기이다. 그리고 그녀는 항상 애매모호한 형상이다. 잭 지페의 빨간 모자 이야기에 대한 분석과 연속적인 일러스트레이터들은 숲에서의 만남에 대한 지속적인 에로티시즘을 드러내고, 사회의 관습들 밖에 위치한 숲에 대한 그것의 혼란스러운 성질은 '욕망 충족을 위한 자연스러운 설정이며' 또한 "마녀들의 만남의 장소이자 늑대인간들의 사냥 장소이다"(지페 1989: 243). 늑대와 소녀는 거울에 비추어진 형상이다라고 그는 말한다: "어린 소녀는 그녀의 모자를 쓴 잠재적인 마녀이다……. 그리고 조상이 늑대인간이었던 늑대는 악마의 공범자였다"(인용., 244). 두 인물은 남성적 에고의 '타자' 이다. 앨리스 또한 마리나 워너가 제안했던 것처럼 ──[캐럴의] 판타지의 명백하고 에로틱한 캐릭터' 라고 강조하며 말한다(1998: 90)──순진무구한 탐색자이자 괴물스러운 변형체이다. 〈희박한 공기〉에서 상실된 소녀의 형상 속에서의 이 애매모호함은 이야기를 통해 순환하는 연결된 이미지들에 의해 지시된다: 그들이 히스를 가로질러 웃으면서 달릴 때 여전히 아무렇지 않아 보이는 가족에 의해 나부끼는 빨간 연의 이미지들, 그리고 성의 침범을 통해 가정의 붕괴를 신호하는 딸이 입었던 빨간 드레스의 이미지.

〈희박한 공기〉에서 클라라는 두번째 탐색가이자 지나치게 성적화된 조안나의 닮은꼴 언니이다. 그녀의 닮은꼴에 대한 클라라의 탐색은 이와 같이 '바라보는 유리잔을 통한' 여행이 된다. 흑인 남자친구와 조안나의 만남은 순진무구에 대한 그녀의 상실을 신호한다: "나는 더 이상 처녀라고 생각하지 않는다"라고 그녀의 이전의 (백인) 남자친구는 이야기한다. 그러나 딸의 이야기는 보이드가 명확하게 만들 때 반복되고 전형화된다. 아버지 골드는 고백을 하면서 클라라의 얼굴을 어루만지고 "그들은 이 나이에 너무 아름다워——그들은 떠나기 바로 전에 아직 여자들이 아니라 더 이상 소녀들이 아니었어"라고 중얼거린다. 두 딸들은 히스의 중심에서 황폐화된 교회로 가는 길을 발견한다. 둘은 거기서 에로틱한 만남을 가지고 피가 점점이 흩뿌려진 채가 된다(클라라는 손을 자르고, 조안나의 코는 흑인 남자친구에 의해 맞은 후 출혈한다). 그리고 둘은 비밀스럽게 관찰된다. 이 장면들의 판타지적인 성질은 현재와 플래시백 시퀀스들을 가르는, 가지들의 터널들을 통해 인물들을 따라가는, 그리고 프레임들의 가장자리를 디졸브하는 카메라 움직임의 꿈같은 성질에 의해 강조된다.

다른 닮은꼴들이 또한 존재한다. 가장 명백하게도 아버지 같은 탐색가[16]인 보이드는 죄를 지은 아버지, 골드와 평행한다. 두 사람과 클라라의 관계는 유혹적이다; 두 사람은 범죄의 욕망에 반응한다. 두 사람은 '차이'를 위협하는 검은 것(blackness)으로부터 의해 신호받은 젊은

---

16) 보이드는 문자 그대로 이 시리즈물에서 아버지 같은 조사자이다. 자신의 아들 조는 16세에 사라졌다. 그리고 보이드의 많은 탐색들은 아들을 찾기 위한 과정을 반복하는 것으로 보인다.

남자들에 의해 도전을 받는다: "그것은 젊은 남자의 게임입니다, 아저씨(sir)"라고 스펜스는 스쿼시를 하는 도중에 보이드를 공격할 때 말한다. 이와 같이 나이든 사람을 대체하려고 위협한다. 이 위험스러운 젊은 남자들에게 '거세된' 오이디푸스 아들들인 데이비드와 가비는 대조를 이룬다. 두 사람은 여자들과 관계를 맺는 것이 불가능하다: 가비는 아스페르게 증후군을 가지고 있고, 조안나의 교장과 관계를 맺은 어머니의 아이인 데비드는 계부의 냉혹함에 의해 무력해졌다. 두 아들들은 에로틱한 것과 격렬한 것이 혼합되고 펼쳐지는 가운데에서 단지 프로이트의 '최초의 장면'과 관련한 판본들을 지켜볼 수 있다. 양쪽 '가정들'에서 어머니는 도움을 주지 못하고 버림받은 형상이다: 그레이스 폴리는 보이드가 클라라와 비밀스러운 관계를 추구할 때 단지 지켜만 볼 수 있고, 리 골드는 자신의 아들을 지키는 것을 허용받은 대가로 그녀의 두번째 상황(점점 [골드]가 조안나를 경이롭게 바라볼수록 그는 나를 점점 덜 생각했던 것 같다)을 받아들인다.

이처럼 여기에는 과거 속에 묻혀 버렸던 (문자적으로) 비밀들을 드러내는 가족에 대한 탐색이 있다. 반면에 그것은 동시대의 관심들과 두려움들 안에 꽤 많이 놓여 있는 이야기이다: 그것이 생산되고 방영된 시기에 강렬한 국가의 공공성을 받았던 어린 소녀들의 사라짐과 살인의 두 경우가 있었다, 그리고 그 에피소드의 방영은 그것 때문에——그리고 아마도 결말의 혼란스러운 성질 때문에——6주 동안 지연되었다. 그러나 그것은 성과 욕망의 성질과 남에게 달려 있는 정체성에 집중하고 있는 훨씬 더 지속적인 두려움을 불러일으키기 위한 능력 안에 힘이 실려 있는 이야기이다. 그것의 닮은꼴들과 반복들을 통해, 그리고 민담과 신화의 환기를 통해 그것은 정신분석학적인 이론으로부터 친숙한 욕망의 시나리오들을 우리에게 돌려놓는다. 우리가 살펴보았던 〈스타 트렉〉의 에피소드처럼 그것은 여성의 성과 그것의 애매모호함과 위협스러운 성질에 관한 남성적 판타지들과 관련하고, 남성적 정체성과 힘의 허약함에 관련한다. 그러나——특히 그 고통받는 중심 형상인 보이드를 통해——그것은 **남성적** 욕망과 힘의 혼란스러운 성질을 인정하려는 초기의 시리즈물들보다 훨씬 더 꺼린다. 부모들에 대한 기억들, 꿈들과 판타지들에 대한 프로이트의 '고고학적' 탐사들은 너무 자주 이동된 아버지 욕망의 이야기들이 유혹에 대한 **여성적** 판타지들의 증거였다고 결론짓도록 이끈다. 〈죽음을 깨우기〉는 죄지은 아버지의 열정을 드러내는 것을 꺼리는 것처럼 보인다.

　〈희박한 공기〉 같은 에피소드를 살펴보면서 '욕망의 시나리오들'로 끌어내리지 않으려는 것은 어렵다——특히 영국 텔레비전의 저지되지 않는 형태 속에서 방영된 것 같다. '판타지 지도화하기'처럼 그 동등함들은 뉴스거리인 우리 딸들의 안전에 대한 바로 실제적인 두려움들이다. 그러나 이것들을 탐색하면서 다른 영역으로 이동한다: 정체성과 성에 대한 남성적 힘과 여성적 차이에 대한, 그리고 가정의 한가운데에서 억압된 욕망들에 대한 두려움들로. 이렇게 함으로써 그것은 정신분석학적 이론에 의해 탐색되어 왔던 영역으로 들어가고 그 통찰을 바탕으로——결론이 항상 내려지지 않을지라도——우리는 유용하게 분석을 할 수 있다.

제4장

젠더와 성

1. 페미니스트적 접근

페미니즘과 미디어 이론

1990년 제인 밀러는 여성 관계에 대해 연구하면서 페미니즘에 대한 정의를 다음과 같이 문화 이론에 소개하였다.

> 내 견해로 페미니즘의 목적은 변하지 않는 남성적 응시와 경제, 그리고 문화적 권력의 구조에 대한 남성들의 의심할 여지없는 점유를 회복할 수 없도록 저해하는 것이다(밀러 1990: 10).

밀러의 정의는 페미니스트 미디어 이론과 비평에 중심이 되어 온 세 가지 개념의 상호 연결성을 강조하고 있다는 점에서 유용하다. 첫째, 페미니즘은 **정치적이다**: 이것은 사회 속에 존재하는 권력 구조를 분석하고 변화시키는 것——'회복할 수 없도록 저해하는 것'——과 관련한다. 이것은 다른 용어로 분석될 수 있다. 예를 들어 계층 그리고 '인종'과 관련한 권력 구조는 근본적으로 **가부장적이다**: 이것은 가사일 또는 '사적 영역' 같은 여성의 관심사를 좀 더 넓은 '공적 영역'인 남성의 관심사 아래에 둔다. 만약 그러하다면 젠더는 우리의 경제 · 사회 · 정치적인 유물적 존재의 구조적 원리이다. 둘째, 밀러가 주장하는 바와 같이 이러한 권력은 또한 '문화적'이고 '의문의 여지가 없다.' 달리 말하면 가부장적 권력은 또한 **이데올로기적**이다: 이것은 우리의 유물적 존재가 재현되는 상징적 형태를 구성한다. 마지막으로 이러한 권력과 '변하지 않는 남성적 응시'와의 연결을 통해 밀러는 이데올로기적 구조와 젠더, 그리고 성적으로 구별된 개인으로서 우리 자신의 정체성을 유지하면서 바라보기의 이미지와 시각적 재현 그리고 구조의 **재현적 시스템**의 중심에 관심을 둔다.

따라서 미디어 재현의 분석은 일반적으로 페미니스트 이론과 비평의 발전 속에서 중심이 되어 왔다. 아네트 쿤이 기술하고 있듯이 "그 시초부터 페미니즘은 아이디어와 언어 그리고 이미지를 여성의 (그리고 남성의) 삶 속에서 중대한 것으로써 간주해 왔다"(1985: 2). 여성이 미디어에 나타난 이미지는 주된 1960년대와 1970년대의 '제2의 물결'을 이룬 페미니즘의 주된 관심사였다. 베티 프리단의 《여성적 신비》(1965)는 그녀 자신이 여성 잡지와 광고 이미지에서 발견한 미디어 재현을 바탕으로 여성성(프리단이 '행복한 주부 영웅'이라 불렀던)에 대해 미국이 가지고 있는 전쟁 이후의 이상적 이미지 구조를 추적했다. 시위 운동들이 1968년에 개최된 미스 아메리카 콘테스트와 그 다음해 런던에서 열린 미스 월드대회에 반대하며 조직되었다. 그리고 페미니스트 저널인 《여성과 영화》가 1972년 출시되었을 때 이는 사회적 · 재현적 구조의 상호 관계에 대해 이것이 가지는 의미를 알리며 "영화에서 여성의 이미지와 영화 산업에서 여성이 하는 역할과의 싸움"(1972: 5)을 떠맡는 저널로써 정치적 임무를 맡게 되었다.

그러나 이러한 염려를 바탕으로 제기된 문제들은 미디어와 영화, 그리고 텔레비전 연구에서 현존하는 작업에 대한 도전을 만들어 냈다.

'개인적인 것은 정치적이다'라는 '제2의 물결'의 페미니즘이 일으킨 주장과 결합된 사회적 · 상징적 세계를 구성하는 원리로써 젠더에 대한 초점은 지금까지 이러한 분야를 선취해 왔던 것과는 매우 다른 탐색의 질문들을 만들어 낸다. 아네트 쿤은 이러한 질문 중 몇 가지를 제안한다:

바라보기는 성과 어떤 공통점이 있는가? 남성적임과 여성적임과는 어떠한가? 권력과는? 지식과는? 여성의 이미지는 특히 관중에게 어떻게 말을 거는가? 관중에게 남자/여자, 남성/여성으로서 말을 거는가? 여성성은 재현을 통하여 특정한 방법으로 구성되는가? 왜 여성의 신체 이미지는 우리 사회에서 그렇게 널리 퍼져 있는가?(1985: 2; 6)

이들은 개별적 정체성과 '개인적인 것(the personal)' 사이의 문제인 젠더와 성의 문제와 함께 사회의 권력과 지식의 문제――자주 '공적' 세계의 관심사로써 보여지는――를 야기시키는 질문들이다. 이들을 탐색하기 위해 페미니스트 미디어 이론과 비평은 현존하는 이데올로기와 담론 이론인 정신분석학적 이론에 의존한다. 이것은 이 두 가지의 종종 상반되는 이론적 전통을 강제적으로 관계 맺도록 하였다. 그리고 현존하는 이론적 패러다임에 도전했고 궁극적으로 변형시켰다.

문화적 연구에 영향을 준 이 개입 사실들을 묘사하면서, 스튜어트 홀은 1992년에 "페미니즘의 개입은 분명하고 결정적이었다. 이것은 파열적이었다. 이것은 매우 특정한 방식으로 그 분야를 재구성하였다" 라고 기술했다(1992b: 282). 그가 묘사하고 있는 '재구성'은 서로 관련된 두 개의 그룹에 속해 있다. 전자는 권력과 이데올로기의 이론에 관한 페미니즘의 영향력과 관련한다. 페미니즘은 남성적 권력이 결혼과 육아 그리고 성행위 같은 '개인적인' 제도를 통하여 행사되고 당연하게 여겨질 뿐만 아니라 **외부적인** 정치성을 의미하는 '개인적인 것'의 개별적인 영역에 대한 개념이 정치적이고 이데올로기적인 목적에 도움을 준다는 점에서 '개인적인 것은 정치적이다' 라고 주장했다. 이것은 권력의 개념이 이데올로기와 주도권의 개념과 함께 재고되어져야 함을 의미했다. 젠더와 성에 관한 질문은 권력을 이해하는 데에 중심이 되었다. 그러나——그리고 이것은 홀의 '재구성'과 관련한 후자의 집단을 구성한다——이러한 방식으로 분석해야 할 '개인적인 것'의 영역 안에 종속되어 있는 페미니즘은 또한 주체성과 개별적 정체성에 대한 질문을 열어 놓았다. 그리고 페미니즘은 이를 위해 정신분석학적 이론을 활용하였다. 그러므로 이것은 개별적인 젠더의 정체성에 대한 관심을 바탕으로 정신분석과 이데올로기의 이론을 연관시켰고, 정신분석학적 이론을 정치적으로 다루었다.

이데올로기

만약 이데올로기가 이것이 제공하는 틀 속에서 삶을 살고 정체성을 구성하기 위하여 세계의 **의미**를 만드는 과정이라면, 그리고 만약 이러한 틀이 재현을 통하여 작동한다면 페미니스트 비평을 위한 핵심적 관심은 그것들이 순환시키는 여성성과 재현의 이데올로기와 함께해야만 한다. 이에 따라 1970년대의 페미니스트 비평은 1960년대 후반과 1970년대 초반에 특징을 이루었던 리얼리티의 정형과 **왜곡**으로써 미디어 재현에 대한 비평을 중지하였다. 그리고 재현이 그 리얼리티를 구성하는 방식을 탐색하였다. 이 초기 연구의 대부분은 영화에 초점을 두고 있다. 1970년대 초반에 클레어 존스턴은 의미가 명쾌하며 '자연스러워' **보이지만**(존스턴 1988: 38) 실제로 지배적인 권력 구조를 만족시키는 재현의 시스템으로써 루이 알튀세르의 이데올로기 정의를 채택하였다. 그러나 존스턴은 **가부장적** 이데올로기의 분석 안에서 이 개념을 이용하였다. 그녀가 기술하고 있는 바와 같이 '성 차별주의자와 남성–지배적인 영화 속에서' 여성은 남자를 위해 재현하는 것으로 제시된다. 그러므로 '영화 속에서 볼만한 것으로서의 여성에게 놓인 커다란 중요성'에도 불구하고 "여성으로서의 여성은 일반적으로 존재하지 않는다"(1973: 26). 대신에 여성의 이미지는 영화 속에서 자신의 삶의 '리얼리티'가 아니라 남성의 욕망과 환상으로 언급되는 기호로 작동한다. 기호에 대한 이데올로기적 가치를 부가하고 '신화'에 대한 롤랑 바르트의 개념을 언급하면서 존스턴은 "신화는 성의 이데올로기를 전달하고 변형시키며 그것을 보이지 않게 한다"고 주장한다(인용., 25). 가부장적 신화 또는 이데올로기는 실제 여성과 관련된 그 의미의 기호인 '여성'을 사라지게 하고 그것을 남성의 환상과 대체시킨다. 존스턴은 영화에서 분명히 강한 여성 캐릭터가 끊임없이 에로틱한 볼거리로 격하되거나, 그들의 반란을 위하여 내러티브 속에서 '혹사당한다'고 분석한다. 그러나 또한 이러한 인물은 내러티브와 이데올로기적 일관성을 붕괴하기 위해 위협하면서도 영화 텍스트 속에서 여전히 갈망의 영역이 되는 방식으로 응징된다.

다른 페미니스트 비평가들은 안토니오 그람시의 **헤게모니** 개념을 사용하였다. 스튜어트 홀은 그것을 이데올로기적 '의미의 지도'가 결코 간단히 강요되는 것이 아니라 항상 의미에 대한 잠재적인 투쟁점의 기호나 재현과 함께 논쟁되어진다는 것을 주장하기 위해 사용하였다. 크리스틴 글레드힐은 수사물과 '여성 영화' 같은 대중영화나 텔레비전 장르가 실제로 클레어 존스턴이 제안한 것처럼 젠더화된 이데올로기를 재생산할 수도 있다고 주장한다. 그리고 남성 주인공의 중심적 역할과 강인함을 재확인하면서 이들에게 익숙한 플롯과 인물의 패턴 속에서 활동적이거나 반란적인 여성을 사회 주류에서 몰아내거나 응징한다. 그러나 그녀는 그러한 텍스트가 또한 종잡을 수 없는 (광범위한) 투쟁의 장이라고 덧붙인다. 만약 주류 텍스트가 대중적인 청중을 지배하려 한다면 이것들은 한편으로 선과 악, 영웅, 악한과 희생자와 같은 진부한 전형을 재생산하며 익숙하고 일반적인 도덕적 도리에 의존해야만 한다. 그러나 다른 한편으로 그것들은 역사적으로 특정한 문화적 갈망과 논쟁, 그리고 담론과 함께 인식할 수 있는 동시대 사회적 세계를 외부적으로 언급해야 한다. 이러한 조건에서 여성 인물은 항상 가부장적인 상징 이상으로만 기능을 할 것이다: 만약 여성 캐릭터가 청중에게 '현실적'으로 보여져야 한다면 이들은 경험과 역할 그리고 동시대 여성의 위치에 의존해야 하고 그들의 목소리로 말해야 한다. 글레드힐에게 있어서 대중영화나 텔레비전 드라마 텍스트 속에 나타난 '여성 인물'은 항상 그 의미가 논쟁되거나 협상되는 인물이다. 그리하여 그 텍스트는 분석과 동일시를 위한 한 범위의 장소를 제공한다. 우리가 찾는 것은 남성과 여성의(글레드힐 1987: 37) 또는 테레사 드 로레티스가 말하는 '여성' ── 헤게모니적인 담화가 만든 '허구적 구조' ── 과 **여성들** ── '이러한 담화를 피할 수 없지만 이것들을 논쟁**할 수 있는** '진짜 역사적 존재' ── 사이의 목소리의 투쟁이다(드 로레티스 1984: 5).

1980년대 여성 중심의 미국 경찰시리즈물[1]인 〈캐그니와 레이시〉는 글레드힐이 대중 텔레비전 드라마[2] 속에서 '문화적 협상'에 대한 본보기로 사용한 텔레비전 텍스트이다. 그녀가 기술하는 바와 같이 경찰시리즈물에서 **여성** 2인조 동료를 등장시키려는 결정은 '인식의 갈등 체계'를 만들어 낸다. 이러한 갈등 중 몇몇은 한편으로는 우리가 경찰쇼

---

1) 이 연속물들을 위하여 파일럿 원고는 1974년에 개발되었다. 보고에 의하면 여성 동료 영화가 전혀 없었던 시기에 〈숭배에서 강간까지 From Reverence to Rape〉에서 몰리 하스켈(Molly Haskell)이 관찰한 것에 영감을 받았다. 파일럿은 1981년이 되어서야 TV를 위해 만들어진 영화로써 CBS에서 방송되었다. 디-아치(D-Acci)를 보라(1987).

2) 경찰시리즈물과 시트콤은 이데올로기와 헤게모니 이론을 지지하여 대부분의 페미니즘적인 분석을 이끌어 온 두 가지 장르이다. 시트콤이 가장 일반적으로 비위협적이고 교감적인 작용을 제공하는 전반적인 구조 안에서 여성들의 찬성하지 않는 목소리로 헤게모니적인 흥미를 갖게 하는 장르로써 보여져 온 반면에(브런스든 외. 1997), 여성 중심의 수사물은 이데올 로기적으로 분열적인 것으로써 보여지는 경향이 있어 왔다(스키로 1985; 브런스든 1987; 가먼 1988; 클라크 1990; 손햄 1994).

나 동료시리즈물에 가져오는 기대와, 다른 한편으로는 '여성 영화'나 연속극에서 좀 더 빈번히 발견되는 캐릭터인 '독립적 여주인공'의 인물에 대한 기대 사이에서 상호 포괄적이다. 그러나 글레드힐은 이러한 캐릭터와 그들의 상황에 대한 우리의 '인식'이 또한 장르를 넘나든다고 기술한다.

여성 '동료' 관계는 오로지 여성의 사회적 교제와 문화의 하위문화적 체계에 의존하여 '실재적으로' 구성될 수 있다. 연속극 내부에서 그러한 체계는 당연한 것으로 여겨진다. 그러나 경찰시리즈물 내부에서 그것들은 장르와 이데올로기 모두를 위한 중요성의 한 범위를 가진다 (1988: 70).

그 결과로 "법과 경비의 목적뿐만 아니라 젠더의 역할과 성의 정의, 이성애적 관계와 여성적 우정에 대한 정의에 대한 협상시리즈물에서 텍스트가 구성된다"(인용.). 대네 클라크는 자신의 에세이 〈캐그니와 레이시〉(클라크, 1990)에서 이 부분을 좀 더 상세하게 다룬다. 그녀는 이 시리즈물이 수많은 방식으로 남성 중심 경찰시리즈물의 이데올로기적 가정(assumption)을 붕괴시킨다고 기술한다. 그 중 하나는 내러티브 구조를 통해서이다: 이 시리즈물은 각각의 에피소드가 사건을 해결함으로써 결말이 나는 경찰물의 '닫힌' 구조와, 주인공들의 개인적 삶이 전경에 그려지고 토론이 행위보다 좀 더 중요한 연속극의 열린-결말 구조를 결합시킨다. 더욱이 캐릭터들의 직업적 삶에 대한 경찰 중심의 이야기는 경찰시리즈물을 지지하는 공적-사적 계급제를 교란시키면서 그들 개인과 직면하는 문제와 나란히 상호 작용한다. 둘째, 단일 '여주인공'보다는 **두 명의** 여성을 주연으로 하면서 〈캐그니와 레이시〉는 여성들 **사이의** 관계를 그 중심에 두며 드 로레티스의 언어로 '여성'과 '**여성들**' 사이의 차이를 경찰시리즈물이 탐색해 나갈 수 있게 한다. 두 여성, 그리고 이들이 직업적 삶에서 마주치는 사람들은 유사함뿐만 아니라 계층·인종·결혼·모성성의 차이에 걸쳐 구성된다. 그리고 이러한 차이는 교섭되어야 한다. 셋째, 적극적인 의사결정자와 '진실'의 폭로자로서 여성들을 지지하면서 경찰시리즈물은 광범위한 권력을 소유하고 있는 남성이 아니라 여성들의 목소리를 만들어 낸다. 마지막으로 클라크가 주장하는 바와 같이 경찰시리즈물은 '비전의 경제(economy of vision)'를 통하여 가부장적 담론에 도전한다. 이러한 여성들은 응시의 대상이 아니라 주체이다. 관음증과 성욕 도착에 관하여 전통적으로 젠더화된 관계는 수많은 방식으로 전복된다: 전통적인 '여성성'은 '자연스런' 정체성이 아니라 구성된 연기와 '가면'(형사는 자주 '여성으로서 옷 입혀진 여성'으로서 비밀조사를 해야 한다)이라는 것을 제안함으로써; 여성에게 탐색적 응시와 견해를 제공하면서; 그리고 여성 캐릭터의 성적 대상화를 거부함으로써(클라크 1990: 128-32).

정신분석학

이 마지막 주장은 대중영화와 텔레비전 드라마에 대한 글레드힐의 분석을 지지하는 주장과는 다소 다른 이론적 영역으로 우리를 인도한다. 젠더화된 주체가 어떤 방식으로 유성(有性)의 대상으로서 구성되고, 재현을 통해 어떠한 입장에 놓이는지에 대한 질문은 우리를 1970년대 페미니스트 정신분석학적 영화 이론이 열어 놓은 영역으로 이끈다. 그 이론은 엘스페스 프로빈이 텔레비전 드라마의 "모든 현재의 이론화를 위한 가능성의 조건"(1990: 154)이라고 좀 더 최근에 묘사한 이론적 전통에 놓여 있지만 우리는 지금 그것을 상당 부분 수정하기를 원할 것이다. 로라 멀비는 1975년 기사인 〈시각적 즐거움과 내러티브 시네마〉에서 이 분석을 위해 용어를 정리하였다.

클레어 존스턴과 함께 멀비는 영화에서 여성의 이미지는 가부장적 문화에 의해, 그리고 이것을 위해 구성된 것이라고 논의한다. 그리고 이것은 남성으로 하여금 "의미를 만드는 사람이 아니라 소유인으로서 자신의 공간에 조용히 종속되어 있는 여성의 고요한 이미지에 환상과 망상을 부여하면서 살아가게 한다"(멀비 1989: 15). 영화의 즐거움은 바라보기와 판타지를 통한 욕망의 성취에서의 에로틱한 즐거움과 유아의 '거울 단계'[3]의 즐거움으로의 회귀를 포함한다. 이 단계에서 어린이는 남성 주인공이 영화에서 제공한 이상화된 거울 이미지와의 동일시를 통하여 정체성에 대한 지각을 형성하였다. 그러나 이것들은 오로지 **남성** 관중들을 위해 제공되는 즐거움이다. 여성은 관객의 즐거움을 위해 에로틱하게 되고 종종 산산히 부서지는 자신의 육체를 응시하는 주체가 아니라 대상이 된다. 그러나 시각적 즐거움은 두 가지 양상을 가진다. 전자는 여성의 에로틱한 이미지를 적극적으로 (자주 공격적으로) 응시하는 관음증이다. 후자는 바라보는 자신의 '이상적 자아'와 동일시하는 즐거움인 자아 도취이다. 이상적 자아는 이상화된 거울 이미지 속에서 유아가 최초로 감지해 낸 더 완벽하고 더 완전하고 더 강력한 인물이며 현재 남성 영화 주인공의 인물 속에서 재발견된다. 멀비는 적극적/남성과 소극적/여성 사이의 분리가 또한 영화 내러티브를 구성한다고 주장한다. 사건과 여성 그리고 에로틱한 응시를 조종하며 이야기를 진전시키는 것은 영화의 '남자 주인공'이다. 대조적으로 '여성'은 카메라가 천천히 그녀의 몸을 훑고 갈 때 내러티브의 전진 운동을 진척시키기보다는 방해하는 에로틱한 볼거리로서 기능한다.

영화적 코드는 시각적 이미지를 통해서뿐만 아니라 시간과 공간의 차원을 통제하는 영화의 능력을 통하여 의미를 구성한다: 쇼트, 프레이밍, 편집 그리고 내러티브 속도의 선택을 통하여. 그것의 힘과 즐거움은 멀비가 영화의 '세 가지 다른 방식으로 바라보기'라 부르는 것과

---

3) 섹션 제3장 2와 손햄을 보라(1997; 2장).

나란히 한다. 관객으로서 **우리가** 보는 것은 카메라의 응시에 의해 결정된다. 그리고 각각 영화 캐릭터의 응시와 함께 시점 쇼트를 통하여 정렬된다. 후자에서 특권을 부여받는 것은 중심적 남성 캐릭터의 바라보기이다. 우리는 일반적으로 그의 눈을 통하여 사건을 바라보고 그의 응시와 동일시한다. 따라서 "사건을 통제하기 때문에 남성 주인공의 권력은 남성 관객을 위해 '전지전능의 만족스런 감각'을 제공하는 조합인 에로틱한 바라보기의 적극적인 권력과 일치한다"(인용., 20).

물론 이러한 코드는 주류 영화에서뿐만 아니라 그것의 뒤를 잇는 대중드라마 시리즈물에서도 작동한다. 1980년대 미국 액션시리즈물인 〈에이-팀〉에 대한 존 피스크의 분석은 권력과 독립의 개념을 전제로 하는 남성 정체성의 단일화된 개념을 끝없이 재확인하며 이것의 선점을 기술한다. 〈에이-팀〉에서 그는 다른 유사한 시리즈물에서처럼 여성이 "온전히 남성성에 대한 위협으로써 재현된다"고 기술한다(1987: 204). 여성은 그 시리즈물의 주인공이지만 궁극적으로 내러티브에서 배제되는 남성 집단의 이성애를 확언하기 위해 에로틱하게 되고 희생자로서 이용당한다. 여성의 흔적은 피스크가 '배제적 글쓰기(exscription)'라 부르는 것——방해하는 것이 담론으로부터 쓰여지는 과정——의 과정을 통하여 "여성이 내러티브로부터 쓰여진" 바로 그 〈에이-팀〉의 남성적 담화에서 제거된다(인용.). 로렌 가먼 또한 멀비의 용어를 활용하면서 경찰/형사시리즈물 속의 여성이 모두 너무나 자주 육감적인 볼거리로써 재현된다는 주장을 한다. 그녀는 심지어 여성이 주인공인 경우에도, 예를 들어 1980년대 미국 시리즈물 〈여성 경찰〉 혹은 〈찰리의 천사들〉(1988: 9)에서 이 인물들은 육감적인 성적 대상이며 "상당히 여성 중심적인 엔터테인먼트"의 초점으로서라기보다는 남성의 판타지에 대한 대상으로서 구성된다고 주장한다(인용., 9-10).[4]

'남성의 응시'에 관한 멀비의 주장에 대해 E. 앤 카플란은 두 가지의

심화된 주요 사항을 덧붙인다. 이것들은 영화 비평과 텔레비전 드라마의 분석에서 영향력이 있다고 증명되었다. 첫번째는 여성을 목표로 하고 여성 중심 캐릭터——예를 들어 '여성'의 영화나 연속극——를 주연으로 하는 장르에서 발생하는 것에 대한 질문에 관심을 둔다. 이 두 가지 모두는 가족의 개인적이고 친밀한 세계와 성적 관계에 초점을 맞추고 있고 멜로드라마의 높은 집중도와 감정적 과잉과 관련된다. 1940년대 '여성 영화'에 대한 메리 앤 돈의 연구에 의존하면서 카플란은 이러한 장르에서 제공된 판타지는 **마조히스트적**이라고 주장한다: 이것들은 남성 중심의 드라마와 함께하지만 이 드라마들의 여성 캐릭터들의 무기력함과 고통에 질식할 만큼의 동일시로서 낯설고 강력한 에로틱한 응시가 아닌 여성 관중들로부터 초래한다(카플란 1983: 28).

카플란은 두번째 주요 사항으로 대중영화와 텔레비전 드라마에서의 좀 더 최근의 인물에 관심을 두고 있다: '남성' 행위 역할을 넘겨 받는 여성. 만약 TV의 〈찰리의 천사들〉에서 여성이 남성 판타지의 성적 대상의 인물로 여전히 남아 있다면 이들의 뒤를 잇는 좀 더 적극적인 인물은 '남성' 역할 속으로 좀 더 한 걸음 내디뎠다. 이러한 경우에 카플란은 여성 주인공이 거의 항상 그렇게 됨으로써 매력적인 모습의 여성이 아니라 친절함, 인간적임, 모성 등의 전통적인 여성의 캐릭터를 잃어버린다고 기술한다. 그녀는 지금 자신이 침범한 위치의 남성들처럼 냉정하고 정력적이며 야심차고 조작적이다. '남성의 응시'를 적절히 이용하면서 그녀는 '남성적' 위치 속으로 한 걸음 들어갔다(인용., 29). 그리고 이것을 위하여 그녀는 내러티브 속에서 그리고 '여성적' 캐릭터의 손실 때문에 응징당할 것이다. 예를 들어 비평가들은 앞에 나온 시리즈물 〈캐그니와 레이시〉에서 야심찬 미혼의 크리스틴 캐그니

---

4) 그러한 논쟁들은 결국 관중들이 이러한 구조들에 관하여 만들어 낼 수 있는 바로 그 다른 용도 내지는 내러티브가 작동하는 실제적인 방식을 고려하지 못한다(제2장 1을 보라).

가 알코올 중독과 외로움 속으로 빠져든 것이나 ITV 시리즈물 〈프라임 서스펙트〉(1991)에서 제인 테니슨에게 아이가 없는 것과 가족과의 소원함 그리고 배우자를 잃은 점을 지적한다.[5]

텔레비전 드라마와 페미니즘

텔레비전 드라마의 초기 페미니스트 분석은 일일연속극에 초점을 맞추었고 멜로드라마와 '여성' 영화에서 이루어진 저술을 그들의 출발점으로 택했다. 1980년대 후반까지 우리는 중요성에 대한 두 가지 변화들을 추적할 수 있다. 첫번째는 다른 텔레비전 장르와 뚜렷하게 시트콤과 수사 장르를 포함하는 분석적 초점의 확장이다. 두번째는 페미니즘에서 생겨나는 문제들과 좀 더 특별하게 '여성적인 것(the feminine)'과 '페미니스트(the feminist)'를 중재하는 문제들과 함께 그 장르 자체 내에서 증가하는 우려이다.

파트리샤 멜렌캠프(1986)가 증명한 바와 같이 심지어 초기의 시추에이션 코미디조차 '행복한 주부 여자 주인공'(프리단)의 전형에 반대하는 여성의 반란이 개척될 수 있었던 공간을 구성하였다. 미국 시트콤 〈조지 번스와 그레이시 앨런 쇼〉(1950-8)와 〈나는 루시를 사랑해〉(1951-7)에 대한 분석에서 멜렌캠프는 어떤 방식으로 이것들이 여성 주인공들에게 '고분고분하지 않는 것'과 독립에 대한 욕망과 가사일로부터 도피할 공간을 주었는지를 증명한다. 동시에 그 쇼는 시트콤 형태의 반복적인 구조를 통하여 이들을 매주 다시 가사일에 순종적으로 임할 수 있도록 하였다. 이 시리즈물에서 유머는 관습적인 여성성의 '의미'가 '아직 만들어지지 않은' 수단과 육체적이고 언어의 중심인

---

5) 〈캐그니와 레이시〉에 대한 읽기를 위해 알락과 로브슨(1990)을, 〈프라임 서스펙트〉에 대해서는 손햄(1994)을 보라.

여성 선도자에 의해 전복된 가부장적 가설이 되었다. 그러나 시작 지점에서 각 에피소드를 되돌리는 시트콤의 형태와 함께 유머는 동시에 이러한 반전이 '심각하지 않게' 생각될 수 있고, 따라서 유쾌하기도 하고 냉정하기도 한 수단이다.

〈메리 타일러 무어 쇼〉(1970-7)와 그것의 속편 〈로다〉(1974-8)처럼 1970년대 시트콤은 이혼한 중심 캐릭터를 공공의 영역(메리는 뉴스 보도국에서 일한다), 즉 그 쇼의 제작자가 언급한 바와 같이 "여성의 권리가 이야기되고 영향력을 가지는 배경 속으로 이동했다"(배트릭 1984: 103-4). 그러나 여기에서 시트콤의 형태는 여성의 의견 차이가 개척될 뿐만 아니라 억제될 수 있는 구조가 된다. 세라피나 배트릭이 기술하고 있듯이 이러한 시리즈물은 공동의 지지를 제공하는 한 명의 직장 여성을 주인공으로 하였다. 그러나 이 시리즈물들은 또한 여성이 남성 그룹의 특성을 이루는 권력과 독립성이 아니라 가족적 신뢰와 협력이라는 친밀한 여성적 능력을 구현하는 가부장적으로 구성된 가짜 가족으로서 노동 환경을 재구성하였다.

1980년대와 1990년대의 시트콤에 대해 기술하고 있는 좀 더 최근의 페미니스트 비평가들은 시트콤 형태에 의해 동원된 억제 전략[6]보다는 이러한 '제2의 물결' 이후의 파괴적인 잠재성에 좀 더 초점을 맞추는 경향이 있어 왔다. 미국 시리즈물 〈로잔느〉(1988-97)에 관하여 기술하고 있는 캐슬린 로는 그레이시 앨런과 루실 볼 같은 초기의 인물들로부터 로잔느의 '다루기 힘든' 가정 내 여성의 역할에 대한 세습을 강조한다. 그러나 그녀는 〈로잔느〉에서 이 '다루기 힘든 사람들의 기호학'이 "한편으로 60년대 후반과 70년대 초반의 신좌익과 여성 운동의

---

6) 〈조지 번스와 그레이시 앨런 쇼〉와 〈나는 루시를 사랑해〉에 대한 파트리샤 멜렌캠프가 쓴 책의 장에서 그녀는 외부적·내부적 '적들'의 '견제'를 목표로 했던 미국의 정치적이고 군사적인 전략과 여성들을 목표로 했던 가정 내의 이데올로기적인 전략 사이의 명백한 평행 상태를 이끌어 낸다(1986: 81).

이상과, 다른 한편으로 20년 후 노동 계층 가족의 삶의 리얼리티 사이의 차이를 노출시키기 위해 사용된다고 주장한다"(로 1990: 409). 〈로잔느〉는 가족 시트콤이지만 주인공의 다루기 힘들고 극적인 과잉은 표준의 불가능성, 그리고 부조리에 관심을 끌면서 가정적이고 에로틱한 여성성의 모든 표준을 위반한다. 로라 멀비의 주장으로 되돌아가서 로는 여성적 표준을 '**시각적이고 우스꽝스럽게 만들기**' 가 관습적으로 젠더화된 권력의 관계를 붕괴시키고 여성 주체——욕망에 대한 권리를 주장하지만 욕망을 표현하기보다는 '과도한' ——를 위한 또 다른 가능한 지위를 구성하기 시작한다고 주장한다. 그녀는 응시되는 것이 반드시 무력한 것은 아니라고 주장한다; 결국 가시성은 공적 영역에서 행동을 위한 전제 조건이다. 대상화하는 응시에 대한 로잔느의 무관심이 그녀의 시청자들에게 권한을 부여해 주는 원천이 될 수 있다. "남성적 바라보기로 되돌아가서 우리는 바라보는 사람(의 구경거리를 만들 수 있다)을 노출시킬 수 있다. 그리고 이미지로써 우리에게 이미 주어진 권력을 이용하면서 우리는 공적 영역에서 우리 자신의 '비가시성' 을 부정하기 시작할 수 있다"(인용., 412).

여성적 표준의 '당연성' 에 관한 가정을 붕괴하려는 '다루기 힘들' 거나 '과도한' 여성의 권력은 또한 영국 시트콤 〈엄청나게 웃긴〉(1992-6과 2001)에 관하여 이용되어 온 논쟁점이다. 〈로잔느〉처럼 〈엄청나게 웃긴〉은 적절한 여성적 행동과, 이것과 관련된 이상적 이미지의 가정에 대한 '제2의 물결' 이후에 제기된 질문에 대한 산물이다. 모녀 관계의 '정상성' 에 대한 그 시트콤의 반전과 대부분 시트콤의 에피소드가 종결짓는 이데올로기적인 종류의 '결말' 을 승인하지 않고, 무엇보다도 중심 캐릭터인 팻시와 에디나의 모든 풍자적이고 시각적이며 사회적인 과도함을 통해 〈엄청나게 웃긴〉은 여성의 행동과 신체의 통제자로서 여성적 이상과 기능에 대한 모순점에 관심을 기울인다. 패트 커크햄과 비벌리 스케그는 "팻시와 에디나의 여성적 가면은 여성성의 불가능성에 대한 유머러스한 노출이라고 주장한다……. [그들의] 극적인 드러내보이기는 당연하게 이루어지는 것이라기보다는 가끔 주어지는 형태로써 여성성을 과시하면서 타당성과 자신에 대한 보호와 여성의 책임감과 존중에 도전한다"(1998: 295). 〈로잔느〉처럼 〈엄청나게 웃긴〉은 여성적 이상의 **통제적인** 기능을 노출시킨다. 그러나 커크햄과 스케그는 다른 시트콤작가들처럼 또한 그것의 이중 감정의 특징을 강조한다. 만일 에디나와 팻시의 다루기 힘든 지나친 행위가 여성 시청자에게 잠재적 권한을 부여하는 초월적인 즐거움을 제공한다면 이것은 또한 우리 대부분이 미치는 범위를 넘어서 부와 쾌락적 소비의 세계로 제한된다. 특히 아름답고 귀족적인 조안나 룸리가 연기하는 팻시는 풍자적 과도함에 이러한 이상을 노출시키기 때문에 백인과 상류층의 상징으로서 기능을 계속한다. 계층에 의한 것이든 인종 또는 다른 문화적 장벽에 의한 것이든 이러한 이상으로부터 배제되는 우리들 중 이러한 사람들에게 있어서 코믹한 가면에 대한 이것의 감소는 바람직함을 감소시키지 않을 수 있다.

페미니즘과 수사물: 사례 연구

알다시피 텔레비전 수사물 또는 범죄물에 대한 페미니스트의 탐구는 1980년대의 〈캐그니와 레이시〉에서 시작되었다. 범죄 장르는 공적 사회 세계에 대한 문제와 범죄 장르의 중심 캐릭터의 부정을 폭로하고 정찰하는 (그리고 관습적으로 또한 에로틱한) 바라보기의 권한이 부여된, 이 세계 속의 자신감 넘치는 배우와 진실의 폭로자들에 대한 문제에 관심을 둔다. 전통적으로 이러한 조사자들은 대체로 동료 또는 부자 관계의 남성들이다. 그리고 조사는 첫째로 그들의 정직함과 심지어 정체성을 위협하기도 한다. 그리고 행동과 지식의 연결된 형태를 통하여 이것을 다시 확인한다. 여성은 그 형사의 임무로 인해 배제되지만 그가 보호해야만 하는 가정 세계의 상징이거나——'나쁜 여성'으로서——그 형사의 조사 경로에서 떨어져 그를 유혹하는 불성실한 주변적 인물이다. 마지막으로 전통적인 연속극이나 시트콤 같은 '여성적' 장르와는 달리, 감정보다 행동의 공적 세계와 함께 범죄물에 대한 관심은 특권이 부가된 형태인 '리얼리즘'과 이것을 동일시하였다.

　여성 형사 또는 실제로 그녀의 맞수인 여성 범죄자는 잠재적으로 상당히 관습을 거스르는 인물이다. 그녀는 그 변화들에게, 그리고 그 변화들에 관하여 이야기하며 페미니즘의 영향을 받은 사회적 변화의 시기에 등장한다. 그리고 그녀는 전통적으로 젠더화된 재현과 전통적인 포괄적이고 시각적인 구조에 도전한다. 〈캐그니와 레이시〉는 그러한 획기적인 시리즈물이었다. 또 다른 것으로는 1991년 영국 시리즈물 〈프라임 서스펙트〉가 있다. 린다 라플랑트가 원고를 쓰고 헬렌 미렌이 주연을 맡은 두 파트의 경찰드라마 〈프라임 서스펙트〉는 1991년 4월 ITV에 처음으로 선을 보였고 1,400만 시청자들의 관심을 모았다. 그 내러티브는 DCI 제인 테니슨이 관여하고 있으며, 그녀는 조사관 DCI 존 셰퍼드의 갑작스런 죽음 이후에 처음으로 살인 조사에 대한 통솔을 맡게 되었다. 그녀는 남성 동료들로부터의 적대 행위와 자신의 우수함에 대한 지지가 부족함에도 불구하고, 연쇄 살인범에 대한 연구를 통해 살인범을 확인하고 유력한 용의자 조지 말로로부터 자백을 받아내는 데에 성공한다.

　텔레비전 기관에서 전통적으로 남성 중심의 장르 속에 여성 중심 인물을 도입하는 것은 사회 변화에 반응하는 것이었다. 테니슨은 공식적으로 국가에서 유일한 두 명의 여성 DCI 중 한 명인 DCI 잭키 말튼에 근거를 두고 있었다. 그러나 이 캐릭터는 또한 1990년 5월에 시작하여 1992년까지 계속된 경찰에 성차별을 증언하는 사건의 경찰 부국장인 앨리슨 할포드의 이야기와 연관되기 시작했다. 동시에 이것은 한 평론가의 말에 의하면 텔레비전에 방영되는 사기꾼드라마의 등가물이 되어 왔던 일반적 형태의 회복을 제공하는 것이다: 남성 지배적이고 고도로 예측 가능하며 그리고 예전만큼 재미있지 않다(로버트 찰머스, 〈독립〉, 1991년 4월 7일). 라플랑트의 초기 시리즈물 〈미망인들〉(1983)처럼 〈프라임 서스펙트〉는 또한 남성적 장르 안에 의식 있는 페미니스트 개입을 재현한다. 길리언 스키로가 초기 시리즈물에서 논평한 바와 같이 "〈미망인들〉의 공로는 이러한 관습과 교전하기 위해 노력했다는 것이다. 그리고 그것들을 이용하고 동시에 질문을 던진다; 시청자와 텔레비전 기관 양자 모두에 대한 기대와 함께 교섭하는 끊임없는 과정"(1985: 174). 1983년 시리즈물에서 여성은 오직 **미망인이 됨**으로써 활동적이 될 수 있었다. 그러나 1991년 '대처 시대'의 끝에서 〈프라임 서스펙트〉는 변화된 사회 상황과 여성의 지위에 대한 다른 담론에 의존하였다. 제인 테니슨은 표면적으로는 남성 권력의 구조 속에 받아들여졌지만 좀 더 교묘하게 주류에서 밀려나 있는 1970년 이후에 직장에서 명백히 성공한 여성이다——그녀는 승진되었지만, 책상 업무로 제한되었다——그리고 그녀가 그것들을 이용하려고 할 때 불가피하게 분열이 일어난다. 그녀의 제도적 위치에서의 이러한 양면성은 한때 여성이 중심에 있었던 경찰물의 일반적이고 시각적인 구조에 끼친 영향으로 평행선을 이룬다. **주인공**이 되려는 여성 캐릭터를 위해 그녀는 수행, 행동, 언어 구사 능력, 공공 장소의 점유, 광범위한 재량과 조사적 바라보기의 통제를 이용해야만 한다. 물론 이 모든 것들은 여성성의 표준을 거스른다.

　〈프라임 서스펙트〉는 동시에 사회적이고 제도적이며 포괄적이고 재현적인 이러한 구조들 모두에 관심을 끌고 그 안에서 작동한다. 만약 대중 텔레비전 드라마 시리즈물들이 '리얼리스틱'한 것으로 인식되고 〈프라임 서스펙트〉가 그 언급을 통해 매우 강조된다면 그것들은 외부적으로 동시대의 사회적 담론을 언급해야 한다. 모든 남성 경찰의 구축을 토대로 하고 있는 테니슨의 대본은 우리가 본 것처럼 앨리슨 할

포드의 사건에 의존하지만 그 시리즈물은 또한 그 사건의 보고를 통해 재현되는 '직업 여성' 주변의 사회적·미디어적 담론에 대해 명백하게 언급한다. 할포드와 같이 테니슨은 강박적이고 고립된 직업적인 여성[7]에 관한 선정적인 특집 기사의 희생자이다. 둘째로, 테니슨이 조사한 연쇄 살인범은 1975-81년 사이에 요크셔 리퍼와 피터 수트클리프가 수행한 것들을 반영한다. 그들의 목표 안에서——어떤 면에서 여성성과 그들의 방법을 '수행하는'——연쇄 살인범은 그들을 날카로운 스크루 드라이버로 찌르고 불구로 만들면서 '신호적 젠더'인 여성의 신체 부분들을 공격한다. 〈프라임 서스펙트〉보다 2년 전에 출간된 요크셔 리퍼 사건에 대한 조안 스미스의 페미니스트 분석에서 그의 체포를 지체시켰던 것은 바로 수트클리프의 평범함이다. 특히 살인자에게 동기 부여를 하고 있는 여성 혐오는 그 경찰과 공유된다. 〈프라임 서스펙트〉에서 이러한 여성 혐오는 두 희생자(한 경찰관에 따르면 '창녀(slag)는 설치류와 같이' 그것을 위한 단어가 아니다)와 테니슨 자신(또 다른 경찰관에 따르면 '매춘부(tart)' '동성애자(dyke)' '창녀(tight-arsed bitch)')으로 향한다. 테니슨이 조사한 바와 같이 조지 말로 외에 이 사건의 유일한 용의자는 셰퍼드 자신이고, 그는 두 명의 살인자를 조사하는 경찰관이자 매춘부 희생자의 의뢰인이었다. 이 시리즈물은 때때로 조사의 대상이 남성성 자체가 되기 위해 경찰과 살인자 사이에서의 평행선을 지속적으로 강조한다.

유사한 방식으로 이 시리즈물은 범죄물의 관습을 이용하고 비평적

---

7) 우리가 보는 타블로이드판 신문의 보급은 앨리슨 할포드가 언론을 대하는 태도뿐만 아니라 1980년대 말 남성적 경찰 계급제에 반대했던 또 다른 전문적 여성인 마리에타 힉스의 그것을 상기시킨다. '결백하고' '추적당하는' 말로의 가족 사진과 병치를 이루는 강박적이고 고립된 여성으로서의 테니슨에 대한 타블로이드 신문의 재현은 1987년 클리블랜드 아동 학대 사건에서 '결백한 (남성) 부모들을 대신하여 힉스와 진술에 반대하는 '공동 모의'와 '강박증'에 대한 고소와 평행을 이룬다. 좀 더 상세한 사항은 캠프벨(1988)을 보라.

노출에 이것을 열어둔다. 범죄 조사에서 '아웃사이더' 경찰의 투입은 경찰드라마에서 친숙한 일반적 장치이다: 이것은 살인을 해결하고 시험해 보지 않은 새롭고 '다른' 영웅의 창조와 수용을 포함하는 이중 플롯 구조를 소개한다. 그러나 여성을 중심 역할에 위치시키는 것은 이러한 친숙한 구조를 저해하고 의문을 제기한다. 테니슨이 행한 최후 수용이 **남성적** 의식(럭비송과 샴페인으로 완결하는)으로 특징지워지고 자주 이 드라마에서 40명의 경찰관들(forty policemen)의 완전한 물리적 주둔에 관심을 끌도록 돌아가는 카메라를 통해 강화된다는 사실은 이것이 해결하기 어렵고 심지어 불가능하기까지 한 성질을 가지고 있음을 나타낸다. 여성처럼 테니슨의 다름은 해결될 수 없다. 무소속 경찰관의 '직관적인' 수사와 경찰국 사이에서, 그리고 경찰관과 악당 사이에서 경찰시리즈물의 흔한 구조적 반목은 대체된다. '직관적인' 경찰 셰퍼드와 그를 지지하는 경찰 동료 모두 살인자 말로와 불안한 평행 상태를 가지고 있다. 셰퍼드의 미망인을 위한 기금을 모으기 위해 조직된 복싱 매치의 장면에서 두 사람의 남성성은 의식적 폭력과 여성의 배제, 명예 훼손 그리고 숨겨진 동성애 속에서 발견된다.

〈프라임 서스펙트〉는 경찰드라마의 시각적 관습을 이용한 것 중에서 가장 모험적이다. 확인, 수사 그리고 시각적 실마리는 모두 특별히 남성적 '보기'와 연관된다. 베아트릭스 캠벨이 기술한 바와 같이(1988: 71) 수사는 무엇보다도 **명백한** 것과 **증거**인 것에 관한 모든 것이고 이러한 결정은 이상적으로 중립적이지 않다. 셰퍼드는 **오직** 신체**만을** 보았기 때문에 첫번째 희생자를 잘못 확인한다; 희생자의 **얼굴**과 그녀의 개인적 신분 표시물을 보았다고 주장하는 사람은 바로 테니슨이다. 계급과 계층의 경계를 가로지르는 여성 사이의 응시는 반복적으로 ──감시, 해부, 사진 증거── 남성 세계의 제도적 바라보기와 대조를 이룬다. 〈프라임 서스펙트〉에서 우리와 경찰은 양쪽 모두 분해된 채 절단된 여성 신체의 증거 사진을 바라보는 사람으로서 반복적으로 배치된다. 테니슨의 마지막 보고에서 여성 신체의 분해된 부분 사진, 스냅 사진의 인터컷, 학교 사진, 홈비디오 등의 이러한 이미지들은 젠더 라인을 따라 시청자를 나누기 위해 노력한다. 사진들 앞에 서서 테니슨 자신은 때때로 그 속으로 녹아 들어간다. 그러나 증거는 시각적일 뿐만 아니라 언어적이고, 공적(남성적) 담론과 여성의 상호 작용을 특징짓는 격식없고 자주 말을 낚아채는 논쟁 사이에서 대조가 이루어진다. 중대한 정보를 이끌어 내는 것은 매춘부의 두 친구들에 대해 테니슨이 공감을 하는 부분(명백한 계층의 경계에 걸쳐)이다. 그리고 사회적으로 과소 평가되고 크게(남성들에게) 눈에 띄지 않는 WPC 모린 헤이버스의 제안은 비공식적으로 모호하게 테니슨 자신에게만 제공했고, 이것은 테니슨에게 중대한 전진을 두 배 정도 가능케 하였다. 경찰 시리즈물의 중심에는 젠더화된 정체성에 관한 질문과 염려가 놓여 있다. 그러나 대부분의 시리즈물들이 이러한 정체성의 관습적인 개념을 확인하는 것에 관심을 두고 있는 반면에 젠더화된 관습과 함께 〈프라임 서스펙트〉의 각본은 의문점에 이것들을 열어 놓는다. 경찰 복싱 매치의 의식적인 수행이든지 여성 희생자들이 관련된 화장 의상, 그리고 머리의 의식이든지 간에 남성과 여성의 성 정체성 모두에 중심으로써 보여지는 것은 바로 **퍼포먼스**이다. 말로의 여성에 대한 증오의 중심에는 장식하고 꾸미기(adornment conceal)라는 여성들의 의식에 대한 공포가 놓여 있다: 성적 차이. 그러나 이러한 선점은 또한 경찰 복싱 매치에서 이루어지는 〈빨간 모자를 쓴 소녀〉 이야기의 형태로 발견된다. 이 매치에서 주제는 여성의 숨기기와 변장이다. 그리고 성적 차이는 노출되고 응징된다.

여성은 이 드라마에서 변장을 선택한다. 그러나 이것들은 또한 자주 여성성에 대해 본질적이거나 경제적 생존을 위한 전략으로써 보이지 않는다(말로가 그들을 보는 것처럼). 그러나 샤를로트 브런스든은 가장 강력한 변장은 남자들 중 한 명이 되기 위해 의상 중에서 '남성 유니

폼'을 택할 뿐만 아니라 매너와 말씨 중에서 제인 테니슨의 것을 채택한다고 기술한다(1998: 231). 그녀는 언어 구사 능력을 바탕으로 남성들에게 점점 수용된다. 그래서 그녀는 전통적인 '보스'가 되고――그리고 테니슨처럼 프로그램 자체는 그녀의 가정적 삶의 초상화인 '여성적' 양상을 잃어버린다――좀 더 긴밀하게 일반적 관습을 고수한다: 추적, 체포, 그리고 자백. 따라서 온전한 남성 집단 속으로 그녀를 '수용'하는 순간은 승리와 패배 사이의 평형을 유지하는 것이다.

'포스트페미니즘'과 텔레비전 드라마

〈프라임 서스펙트〉가 이룬 포괄적인 변화는 다른 영국 드라마 시리즈물인 〈침묵의 목격자〉(1996, 손햄 2003을 보라)에서 대부분 계속되어 왔다. 거기에서 구체화된 수행(agency)과 '진실'의 탐색자로서 여성의 역할은 법의학 병리학자가 되어 그 지위가 높아진다. 그러나 이와 함께 그리고 그것과 대조를 이루는 몇몇 방식에서 우리는 또 다른 변화를 주목할 수 있다: '페미닌'과 '페미니스트' 사이의 관계와 함께 자주 문제가 되는 참여(engagement)에서부터 '포스트페미니스트'의 용인을 통하여 이 문제의 '해결'에 대한 축하에 이르기까지.

'포스트페미니스트'(또는 '포스트-페미니스트')라는 용어는 1980년대 학술적이고 대중적인 담론에서 등장하였다. 수잔 팔루디에게 있어서 대중적 담론 속에 이것이 등장한 것은 명백히 페미니즘에 맞서는 반발의 산물이다: "젊은 여성들의 기록 수치가 1980년대 중반의 페미니스트 목표를 지지하고 있을 때, 그리고 모든 여성들의 대다수가 자신들을 페미니스트라 부를 때 미디어는 페미니즘이 70년대의 취향이고 그 '포스트-페미니즘'이 새로운 이야기였음을 선언하였다"(1992: 14). 데보라 로젠펠트와 주디스 스테이시가 제공한 학술적인 정의는 보다 더 복잡하지만 결국 비평적이다. 이들은 포스트페미니즘이 동시에 "제2의 물결의 페미니즘에 의해 진보된 근본적인 문제들의 많은 부분을 통합하고 변경하며 비정치화시키며 부상하는 문화와 이데올로기의 한계를 정한다"고 기술한다(1990: 549). 핵심 단어는 물론 '비정치화'이고 의미의 페미니스트적 논쟁과 그 용어의 유용성을 지배해 온 것은 접두사 '포스트(post)'의 정확하고 정치적이며 이데올로기적인 책임에 관한 이 논쟁이다.

대중적이고 학술적인 용도를 각각 언급하고 있는 수잔 팔루디(1992)와 타니아 모들스키(1991) 같은 작가들에게 있어, 페미니즘이 주장하는 시대 구분(그것은 페미니즘이 1980년대 중반에 끝났다고 제안한다)은 한편으로는 페미니즘의 계획이 다소 완결되었음을, 다른 한편으로는 실패했음을 확언하기 때문에 필연적인 반응이고 현재 대체 가능하다. 모들스키는 이러한 주장이 "실제로 비평을 부정하고 페미니즘의 목적을 손상시키고 있다"고 주장한다(1991: 3). 그러나 다른 비평가들은 이와 관련된 용어인 '포스트모던 페미니즘'을 결합시키면서 그 용어를 적절히 이용하고자 하였다.[8] 이런 견해 속에서 포스트페미니즘은 '제2의 물결' 페미니즘의 존속과 비평이며 그 주제에 대한 후기 구조주의자적 정의를 채택하는 반면에 동등함에 대한 이것의 목적을 혼합한다. 이러한 정의 안에서 젠더는 차이와 억제의 유일한 장이 아니라 계층·인종·성·나이 그리고 문화적 차이를 넘어 다양한 지위에 의해 완성된다. 정체성은 고정되어 있지 않고 진행 중이며 '필연적인 성격'이 아닌 퍼포먼스를 통하여 이루어진다. 그리고 권력은 여성들이 점유하는 주체적 지위의 범위에 따라 다르게 경험된다. 이런 작가들에게 있어서 '여성'이라는 정체성은 상당히 문제적이고 차이와 다양성과 경계의 불분명을 끌어안는 정체성이기보다는 자기 묘사로써 아

---

8) 이 용어들을 둘러싸고 있는 혼란에 대한 토론에 대해 샤를로트 브런스든(1997)을 보라.

마도 유용하지 않은 '페미니스트'의 그것이다.

그러나 분명한 것은 여성을 주인공으로 하고 목표로 삼는 동시대 대중문화적 텍스트의 범위에 대한 묘사를 위해 포스트모더니스트라는 용어는——아마도 그것의 정치적 양면 가치 **때문에**——유용하다고 증명되었다. 〈버피와 뱀파이어〉(1997-2003), 〈앨리 맥빌〉(1997-2002) 그리고 〈섹스 앤 더 시티〉(1998-2004) 같은 한 범위의 미국 대중시리즈물은 텔레비전 드라마 속에서 매우 자주 이러한 방식으로 지명되어 왔다.[9] 하지만 〈깊숙이 찌르기〉(2002-)나 〈축구선수들의 아내〉(2002-) 같은 좀 더 최근의 영국 시리즈물이 또한 포함될 수 있다. 이 모든 시리즈물들은 일반적으로 혼합되어 있고 연속극, 시리즈 드라마, 코미디, 판타지 그리고 〈버피와 뱀파이어〉의 경우 공포 요소를 통합하고 있다. 이 모든 시리즈물들은 주로 여성 시청자를 목표로 하고 있으며,[10] 도시 배경 속에서 젊고 독립적이며 일반적으로 미혼의 여성을 주연으로 한다. 그리고 이것들은 '제2의 물결'의 페미니즘에 의해서, 그러나 페미니스트들의 초기 세대에게 정반대를 이루는 것으로써 보여질 수 있는 모순적이고 쾌활하며 스타일에 민감한 방식으로 생겨난 문제와 관계한다. 파트리샤 펜더가 〈버피와 뱀파이어〉에 대해 쓴 기사에서 시작하는 질문은 그것들이 야기하는 문제를 좀 더 일반화시키도록 해준다. 그녀는 이것이 "개척적이고 권한을 부여하며 관습에 거스르는 텍스트인가? 또는 그것의 정치적 잠재력이 타협을 이루고 유도된 산물이며 구성되는가?"라고 묻는다(2002: 35). 그 대답은 명확하지 않다.

---

9) 좀 더 포괄적인 목록과 범주화에 대해 도(1996)를 보라.

10) 그들이 또한 남성 판타지를 자극하는 정도(그들의 선조격인 1970년대의 〈찰리의 천사들〉 또는 〈원더우먼 Wonder Woman〉, 1976-9처럼)는 물론 상당히 논쟁되어져 왔다. 펜더(2002)와 모슬리 그리고 리드(2002)를 보라.

〈섹스 앤 더 시티〉: 사례 연구

뉴욕에서 네 명의 30-40대 친구들의 서로 얽힌 삶을 특색 있게 다루는 〈섹스 앤 더 시티〉는 포스트페미니즘에 의해 제기된 딜레마에 **관한** 상징적이고 직접적인 언급이라 할 수 있다. 첫번째 에피소드에서 사만다의 이야기는——전형적으로 식당이라는 공공 장소에서 네 명의 친구들과의 모임에서 만들어진——분위기를 결정한다: "친구야, 남자를 섹스의 대상으로서 다루는 동등한 사치스러움**뿐만 아니라** 여자들이 남자들만큼 많은 돈과 권력을 가지게 된 점은 맨해튼의 역사에서 처음이야." 만약 1990년대 여성 형사가 확고하게 가부장적인 상태의 세계——그녀가 반대할 뿐 아니라 타협해야만 하는 세계——속에 존재한다면 〈섹스 앤 더 시티〉의 여성들은 **선택**에 의한 특징을 이루는 후기 가부장적 세계에 살고 있다. 그러한 선택은 샤를로트가 직업을 포기하기 위해 자신의 선택을 정당화하려고 역설적으로 주장할 때 페미니즘에 의해 뚜렷하게 제시된다: "여성들의 활동은 선택에 관한 것으로 되어 있어. 그리고 만약 일을 포기하는 것을 선택한다면 그것은 나의 선택이야……. 나는 내 선택을 선택하는 거야"('시간과 벌,' 4.7).[11] 여성들은 어디에서 살든지, 혼자 살든지, 관계를 가지든지, "남자처럼 섹스를 하든지"(1.1), 오럴, 애널, 셋 혹은 홀로 섹스를 하든지, 남자와 잠을 자든지, 여자와 잠을 자든지, 낙태를 하든지, 아이를 낳든지에 대한 선택권을 가지고 있다. 또한 뉴욕의 도시 풍경을 배경으로 하고 살았던 그들의 1980년대 선두자인 캐그니와 레이시와는 달리 이 여성들은 그들의 생활을 논의하기 위해 '여성의 방'으로 후퇴해 들어갈 필요가 없다; 그들은 여성들의 담론과 가장 중요한 여성들의 우정, 그리

---

11) 시리즈 4의 에피소드 7을 표시한다.

고 공유하는 '경제의 비전'을 위하여 사적인 공간뿐만 아니라 공공 장소를 적절히 이용한다.[12] 실제로 제목의 순서가 명확히 보여주는 바와 같이 그들은 뉴욕 그 자체이다. 그 순서는 명백히 도시와 사랑에 빠져 뉴욕의 거리를 걸어가는 캐리의 얼굴 쇼트와 고층 빌딩과 도시 거리의 빠른 쇼트 사이에 대조적인 장면을 이룬다. 캐리의 몽상이 깨어지지만 그녀의 이미지가 뉴욕의 버스 위에서 거리를 이동하기 때문에 반복적인 그녀의 이미지를 바탕으로 이는 계속된다. "어느 누구도 당신보다 더 뉴욕스럽지 않다"고 '패션의 권위자' 린 카메론은 캐리에게 말한다('실재의 나,' 4.2).

이들은 또한 때때로 1970년대 페미니즘을 명백히 반영하는 방식으로(예를 들어 샤를로트가 반사경과 손거울로 자신의 질을 살펴보는 것을 배울 때처럼),[13] 그러나 종종 여성성과 성적 정체성의 **수행성**(performativity)을 강조하는 방식으로 자신들의 신체를 통제해 온 여성들이다. 여러 번 이 시리즈물은 그것을 깨뜨리기 위해 '배우들'과 '진짜 여성들' 사이에 대립을 설정한다. 특히 캐리는 '양자 모두'이다: 그녀는 이상적인 여성성을 수행하고('비밀 섹스,' 1.6; '실재의 나,' 4.2) 신화로써 그것을 개척해 나간다; 그녀는 성적 감정을 일으키는 대상의 역할을 할 수 있지만 또한 성적 대상이 아님을 자인한다.[14] 디안 네그라의 말에 의하면 제목의 순서가 자신에 대한 그녀의 지각을 보여주듯이 그녀의 몽상이 일시적으로 깨진 후, 자신의 이상화되고 에로틱한

---

12) 대네 클라크(1990)는 여성이 응시를 전환하고 그들이 따르는 가부장적 세계로부터의 모순적인 거리와, 서로서로 최초의 동일시를 확립하는 외양의 구조를 공유하는 사람에게 남성적 응시의 에로틱한 대상이 되는 관객 모델을 이 시리즈가 대체하고 있음을 설명하기 위하여 〈캐그니와 레이시〉의 문구를 이용한다.

13) 4.2에서 1970년대의 페미니스트 행동주의에 대한 이 양상을 위해 손햄(2000: 7장)을 보라.

14) 이 시리즈는 가장 열광하는 대상, 즉 하이 힐 구두에 대한 캐리의 탐닉에 관하여 훌륭한 극을 만든다.

이미지에 의해 다시 안정될 때 우리는 이 시리즈물이 욕망적이고 매력적이지만 너무 모순적이고 애매모호함을 가지고 있는 동시대의 여성의 개념을 자극하는 방식을 본다. 캐리의 이상적인 자아는 상업화된 판타지로서 그녀가 꿈꾸는 자아는 '버림받은 도시의 신데렐라'('네그라,' 근간: 17)이며, 명주 베일 스커트(포스터의 '벌거벗은 드레스'가 아닌)로 완성된다; 그녀는 그녀 자신이 갖고 있는 욕망의 성적 대상이다.

이렇듯 아이러니한 시각적 플레이는 이 시리즈물 스타일이 갖는 연속적 특징이고, 흔한 페미니스트 영화이지만 재미있고 종종 애매한 방식으로 테크닉을 언급하는 것처럼 보인다. 섹스 장면에서 남자들은 자주 우스꽝스럽게 보이도록 설정된다. 그리고 우리는 그 여성들과 함께 응시의 교환에 대한 인식을 공유하도록 초대받는다. 카메라에 의해 에로틱하게 분열되는 여성의 신체를 보여주기 위해, 그리고 우리가 알고 있는 공모자(카메라를 직접 통하여 또는 캐리의 목소리로)를 불러오는 방식 속에서 여성에 의해 구성되고 통제되는 이미지를 가져오면서 노출시키는 카메라만을 위해 제공될 수 있다. 또는 그것이 남성 사진작가들/관객들의 부적절함과 모순점을 노출시키며 응시를 전환하기 위해 제공될 수 있다('베이비 샤워,' 1.10; '실재의 나,' 4.2).

그러나 만약 이 모든 양상들이 파트리샤 펜더의 말처럼 이 시리즈물에게 권한을 부여하고 관습을 거스르도록 만들 수 있다면 우리는 동등하게 이것을 '구성하는' 요소를 지적할 수 있다. 이 여성들의 '후기 가부장적' 세계는 상당히 특별하고 부유하며 압도적으로 유행과 유명인사의 백인 뉴욕 세계[15]에 위치해 있다. 이들은 유행과 소비를 선택하

---

15) 디안 네그라는 "네 명의 여성 주인공(홉스, 브래드쇼, 요크와 존스)의 백인계 성(姓)에 대해 우스꽝스러운 동일성"을 지적한다(근간: 22). 예를 들어 샤를로트와 트레이가 중국인 아이를 입양할 수도 있다는 생각에 혐오감을 갖는 트레이 어머니에 대한 재현에서 인종 차별이 논평될지라도, 그것은 개인적인 편견과 스타일에 대한 문제이지(트레이의 어머니는 구식이고 편협한 사람이다), 구조적인 불평등이 아니다.

고, 이것은 이 시리즈물이 온전한 여성 집단의 중심성에도 불구하고 그들을 개인적 성공과 자유의 서구적 이데올로기를 쉽게 공동 선택할 수 있게 만든다. 실제로 〈섹스 앤 더 시티〉 시리즈물의 내러티브를 구성하는 것처럼 보이는 것은 여성성의 관습적인 서구적 내러티브와 함께 계속되는 대화이다. 제목의 배열에서 신데렐라의 시각적 언급은 동화적 로맨스에 대한 많은 언급 중 하나이다('나는 뉴욕을 사랑해,' 4.18에서, 예를 들어 '빅(Big)'은 '차밍 왕자'로서 명백하게 언급된다). 그리고 로맨스, 결혼, 아기, 가족 구조, 도시 바깥의 삶은 모두 계속 이어지는 텍스트 속에서 계속되는 역-내러티브이다. 이는 일반적으로 그들의 선택을 확인하기 위해 이용되지만 지속적으로 여성성의 대안적 구성으로써 여성들의 삶의 언저리에서 맞닥뜨린다. 이것은 개인적인 것이 정치의 유일한 형태인 세계이다.[16] 그리고 사회적이고 계층적인 차이와 함께 형사 캐그니와 레이시의 뉴욕을 특징짓던 사교클럽과의 마주침은 꿈과 판타지 그리고 이미지에 의해 대체된다. 정체성은 이 여성들의 1980년대 선도자들에게는 이용 가능하지 않았던 방식이지만 사회적이고 계층적인 입장이 아닌 유행의 문제로써 차이를 배치시키고 리얼리티——여성의 세계의 언저리에서 바라보는 리얼리티——를 손상시키지 않게 남겨둘 수 있는 판타지의 공간으로써 후기 가부장적이고 여성화된 형태의 뉴욕을 구성하는 대가로 시도되고 수행될 수 있다.

'포스트페미니스트' 텔레비전 드라마는 샤를로트 브런스든이 기술하고 있는 바와 같이 우리에게 "페미니스트 관련 문제에 대한 논쟁이 변화된 배경"을 상기시킨다(1997: 102). 대중 텔레비전 드라마에 관

---

16) 공적 영역의 정치적 이해 관계에 대한 이례적이고 다소 불편한 언급에서 캐리는 '결혼한 사람들의 으르렁거림'(1.3)에서 "아마도 기혼과 미혼 사이의 싸움은 북아일랜드에서의 전쟁과 같다"는 의견을 말한다: "우리는 모두 기본적으로 똑같아, 그러나 다소 다른 편에서 끝이 날 뿐이지."

한 학술적 글쓰기와 점차적으로 텔레비전 드라마 자체 모두를 선점해 온 '페미니즘'과 '여성성' 사이의 관계는 현재 다르게 변화되고 있다. 텔레비전 드라마의 포스트페미니스트 주인공들은 협력하고 자주 명백하게 '제2의 물결'의 페미니즘의 이점을 언급하지만, 이것은 협소하게 개인성의 그것을 넘어서 모든 정치적 약속을 대가로 하는 것처럼 보일 수 있다. 페미니스트 비평을 위해 이러한 '관습을 거스르는 극'은 대중 텔레비전 드라마처럼 개인적이고 대중적인 즐거움뿐만 아니라 "강력한 문화적 타협의 장소"(펜더 2002: 42-3)로써 분석될 수 있다.

2. 성적 주체들

가까운 과거에는 레즈비언과 게이가 동일하거나 눈에 띄게 다르다는 신념과 이 동일한 사람들이 눈에 보이지 않는다는 신념이 함께 공존했다. 실제로 동성애의 재현에 관한 논쟁의 중심은 동성애적 정체성과 동성애 행위가 이러한 정체성을 보이지 않게 만드는 문화 속에서 어떤 방식으로 시각화되는가에 대한 관심이었다. 예를 들어 가까운 과거로부터의 많은 텍스트들은 레즈비언과 게이들의 숨겨진 세계에 관하여 다양한 수준의 당황스러움과 불안을 드러낸다. 미셸 푸코는 그의 《지식의 고고학》(1989[1969])을 통해 제도 안에서, 그리고 제도를 통하여 작동하는 담론이 주체가 자아와 세계의 진실을 이해하는 기초적인 조건을 어떤 방식으로 세우는지를 제시한다. 그의 《성의 역사》 1권(1978[1976])은 이성애적 질서가 지배적이기 때문에 자연스럽고 '진실하며' 쉽게 시각화되는 것이 어떻게 해서 당연하다고 여겨져 왔는지를 제시한다. 대신에 부자연스러운 동성애적 주체는 행동과 수행(performances)이 지배적인 사회 집단이 그 사람의 성적 신체를 읽고 시각화할 방법과 반목을 이루는 것을 드러낼 누군가로서 형상화된다.

마찬가지로 만약 사회의 합법적이고 의학적인 담론이 동성애자들의 인식과 귀속화에 관한 이중적 가정을 반영해 왔다면 명백하게 보이는 (보이지 않는) 동성애적 주체가 재현되는 방법은 이중적이고 '퀴어적' 일 것이다. 수사물에서 범죄자처럼 문화적 텍스트는 대다수의 동성애자를 **실제로** 탐지하는 것이 불가능하다고 자주 기록해 왔다.

레즈비언과 게이 주체들의 문화적 관행은 비밀스러운 지식과 코드 또는 이브 세드윅이 '벽장의 인식론'이라 부르는 것과 연관되어 있다 (1990: 1-63; 67-90).[17] 그러나 대중적 재현에서 동성애자는 또한 의도를 드러내는 것을 의식하면서 상황을 누설하는 경향이 있다. 내부적으로 그러나 항상 외부적으로, 공공의 그러나 은밀히 비밀스럽게 동성애자들은 전통적으로 은둔과 은폐 그리고 고립을 조건으로 시각화되어 왔다. 레즈비언과 게이 연구를 알려 주는 이론적 궤도의 중심은[18] 여전히 (a) 정체성의 재현과 (b) **어떤 방식으로** 정체성이 문화적 텍스트와 관행 속에서 시각화되는가의 문제이다. 레즈비언과 게이 남성이 시각화될 때 포착되는 것은 무엇인가? 시청자들은 무엇을 탐지하는가? 레즈비언과 게이와 양성애자들은 (비)시각적으로 '퀴어'인가? 그리고 이 '퀴어'는 누구인가? 이들의 복식 형태와 말하는 방식 그리고 성적 관행이 과거 레즈비언과 게이의 세계와 다른가?

성, 언어, 그리고 담론

푸코의 성에 대한 몇몇 연구에 정보를 제공해 주는 것은 정체성과 시각화와 관련된 문제들이다. 그의 《성의 역사》 1권은 19세기 말에 서구 문화를 지배하게 된 성 정체성의 형태가, 어떤 방식으로 **이성애적** 대

---

17) 성, 시청하기와 텔레비전(2001)에 대한 연구에 린 조이리치가 중요하게 기여한 바를 보라.

18) 엡스타인과 스트럽(1991) 그리고 신필드(1994, 1998)의 저술을 보라.

상의 선택이 성적 욕망의 정상적이고 자연스러운 표현인가에 대한 전제 속에서 기초가 되었는지를 기록하고 있다. 있는 그대로 모든 성적 관계에서 남성은 여성을 위해 있고 여성은 남성을 위해 있다. 물론 이 주장에는 많은 예외가 있고 욕망의 비−이성애적 표현은 19세기의 금지와 처벌에도 불구하고 지속적이다. 그럼에도 불구하고 초기에 이루어진 억압과는 달리 《성의 역사》는 성이 다양한 담론 속에서 어떤 형태로 새겨져 있는지를 기록한다. 푸코는 훌륭하게도 19세기에 어떤 방식으로 동성애가 특별한 해부학적 구조와 "미스터리한 신체"(1978: 43)를 소유하면서 개인적 삶의 형태가 되었는지를 묘사하였다. 신체적인 특징이 조심스럽고 두드러지지 않는 이성애자와는 달리 동성애자의 성은 '항상 폭로해 버리는 비밀인' 얼굴과 몸에 "조심성 없이 쓰여 있다"(인용., 43). 더 이상 단순히 정체성의 **하나의** 양상이 아니며 더 이상 성적 행동의 조건으로 이해되지 않는 성은 현재 문화적 가시성 속으로 가져와야 하고 자아의 모든 진실로써 보여져야 한다. 푸코의 연구는 성이 단순히 내면의 열망이나 욕망의 자연스런 **표현**이 아니라는 점을 제안하고 있다는 점에서 중요하다. 성은 개인적 정체성과 진실의 구성에 관한 것인 만큼 모든 인간 관계에서 권력의 작용에 관한 것이다. 푸코는 성적 욕망의 표현에 귀속되어 있는 권력과 권위가 어떤 방식으로 다른 것보다 좀 더 정당화될 수 있는지를 검토한다. 이성 관계가 표준적이고 규정되어 있었던 동시에 전체 인구는 이성애 아니면 동성애 중 하나였던 정체성을 조건으로 분류되었다. 20세기 초에 종교적·의학적·과학적, 그리고 법률적 담론은 이성애가 수용 가능하고 개인의 성적 관계의 공적 얼굴이 되었다고 확신하였다. 정체성이 재현되는 **방법**이 중요한 반면에 푸코의 연구는 (a) 성이 정체성의 유일한 한 가지 양상이라는 점을 설립한다; (b) 정체성——사람의 자아 또는 주체성에 대한 인식——은 담론 속에서 구성된다; 그리고 (c) 담론의 작동은 권력뿐만 아니라 신체가 문화 속에서 '기술된'(시각화된) 방법에도 귀속된다.

성이 신체 안에/위에 기술된 방식을 강조함으로써, 그리고 동성애가 어떤 방식으로 문화적 (비)가시성 안에서 강요되고 있는가를 보여줌으로써 푸코는 성이 삶의 자연스럽거나 명백한 사실이라는 개념을 해체하기 시작한다. 만약 성이 신체 안에/위에 새겨져 있다면 성적인 것을 또한 **텍스트적**으로 만드는 것은 담론(예를 들어 의학적·법률적·종교적인)이다. 1981년에 쓰여진 중요한 에세이에서 롤랑 바르트의 기호학에 대한 연구를 이용하면서 해럴드 비버는 푸코의 성에 대한 고찰을 확장시킨다. 비버의 '동성애적 기호(Homosexual Signs)'(《롤랑 바르트를 기념하며》)는 텍스트적으로써 (기호들의 배열) 성(동성)을 위치시킨다. 그러나 거기에서 성을 의미하는 텍스트들은 다양하면서도 문제점이 있다. 비버는 '동성'이 이미 존재하는 '것'을 위한 이름이 아니라 "발전하고 있는 언어의 부분적인 네트워크"라고 기술하고 있다 (1981: 103). 성과 텍스트성이 연결되어 있음을 주장하는 것은 성적인 것이 단어, 기호 체계, 담론 그리고 재현과 관계하여 인식되는 것을 제안하는 것이다. 그러나 성이 인식되는 방법을 구성하는 데 도움을 주는 기호의 다중성과 복수성은 어떤 기호도 적절하게 성이라는 것을 이용하거나 포함하지 않음을 제시한다.

비버는 성의 기호가 그것들의 **내포적인** 힘과 관련하는 것보다는 **외면적인** 것을 조건으로 하는 것이 덜 의존적이라고 제안한다. 비버의 주장은 두 종류이다: 레즈비언과 게이는 (a) 독자-소비자, 그리고 (b) 작가-생산자로서 기호의 강력한 관계 속에 놓여 왔다. 궁극적으로 파괴적인 비버의 지위는 성과 텍스트성 사이의 관계 속에 유용한 통찰력을 제공한다:

동성애는 자신과 모든 우연한 지인들 사이에서 기호에 의해, 발산하는 모든 것 또는 발산하지 못하는 것을 해석하려는 충동으로 둘러싸여 있다. 그는 숨겨진 의미, 숨겨진 체계, 숨겨진 가능성의 기호의 거대한 소비자이다. 일반적인 코드에서의 배제는 열광적인 탐구를 추진시킨다: 짧은 순간 바라보며, 뒤섞인 외모, 간간이 취하는 제스처, 우연한 마주침, 상반된 이미지, 갑작스런 미끄러짐, 낮은 경계심. 순식간에 의미들은 노출될 수 있다; 왜곡되거나 누설되는 비밀들(인용., 105).

비버는 동성애의 기호가 필수적인 관계와 대립함으로써 임의적으로 구성된다는 것을 제안하고 있지만 성과 기호 체계 사이의 관계가 강력하다는 것을 분명히 한다. 반면에 비버는 동성애가 부재와 은둔, 그리고 미끄러짐(누출)을 조건으로 나타났다고 주장한다. 이 기준에서 레즈비언과 게이는 모든 자아와 정체성의 기호 형태 속에서 읽어야 한다는 필요성을 강요받는다. 이 방식으로 기호를 읽는 것은 자주 "그녀(그)는 ~인가(아닌가)?(Is s/he or isn't s/he?)" 또는 "당신은 ~에 관하여 들어본 적 있는가?(Have you heard about…?)"와 같은 질문으로 번역되어 왔다. 누군가가 레즈비언이나 게이라는 것을 '알아야 할' 필요성은 주체들에게 자주 여전히 공포스러운 '아우팅(outing)〔호모임을 밝힘-역주〕' 또는 커밍 아웃에 대한 권한을 빼앗아 왔다. 기호와 재현과의 마주침을 통해 동성애적 주체는 세계 속에서 정체성과 지위를 시각화하기 위한 시도를 한다. 다른 한편으로 대중미디어의 재현 속에서 동성애자는 불안하게도 보이지 않게 스쳐 지나갈 수 있고 군중과 함께 섞일 수 있는 누군가이다. 이 표준에서 보이지 않는 동성애자는 가시성 안에서 강요당하고 성과 젠더의 문화적 우연성을 자연스럽게 하는 효과를 가진 담론에 의해 구성된다. 유사한 방식으로 파괴적인 전략을 채택하면서 리 에델만은 현재 텍스트화되어 있는 레즈비언과 게이 남자의 신체는 이성애 파트너와는 달리 "'읽혀져야 하는' 낯선 요구"에 종속된다(1994: 12).

비버는 19세기 담론이 이상적인 사회적·개인적 삶의 표준으로써 어떤 방식으로 이성애자와 일부일처주의 그리고 결혼한 파트너를 정의내리는지에 대해 계속해서 지적한다. 이성애적 결혼을 통한 특권은 성적 관계의 "모든 다른 형태를 **반-자연스럽고** 사회와 건강에 대한 위협"으로 보이게 만들었다(1981: 102). 달리 말하면 성이 다중적 기호 체계 속에서 이해되어지는 반면에 당연시되는 이성애적 질서의 기호는 19세기 말에 지배력을 가지게 되었던 것이다. 비버는 기호가 문화적 정치학의 외부를 절대 작동시키지 못한다는 주장에 신중하다. 그리고 자크 데리다와 푸코의 뒤를 이어 그는 주체가 파괴적이거나 반-추론적인 방법으로 우월한 언어를 사용한다고 주장한다. 그러나 동성애는 오랫동안 금기시되는 주체였기 때문에 그것은 '타락한 전형'에 의존해왔다. 비버는 현재의 익숙한 분류를 정리하고 있다: "천사 같은 얼굴(angel-face), 남자 동성애자(arse bandit), 굴곡(bent), 남색자(bugger), 매춘남(bum boy), 남자 동성애의 여성역(poofter), 동성애자(turd burglar), 변태자(pervert)"(인용., 103). 만약 이성애자가 자주 결혼, 가족과 아이들, 생산적인 성관계와 건강의 안전한 영역에 관련하여 나타난다면 동성애자는——이 이분법적 논리를 통해 다음에 오는——좀 더 일반적으로 남녀의 독신이나 성적 관행과 질병을 보유하는 것과 연관이 된다.

비버에게 상당히 많은 부분을 동의하는 바바라 크리드(1995)는 '레즈비언의 신체'가 어떤 방식으로 시각적인 바라봄과 동일시에 종속되는지를 고찰한다. 그녀는 자신의 관찰에 유동적이며 안정되지 않고 가벼운 여성의 이미지에 의존하고 있는 가부장제를 연관짓는다. 크리드의 논쟁에서 여성의 신체는 '좀 더 미발달된 상태의 존재'로 되돌아가려는 잠재성을 나타낸다. 그리고 "그녀의 이미지는 따라서 조종되고 만들어지며 변형된다"(1995: 87). 그러나 크리드는 만약 여성의 신체가 "타자를 의미한다면 어떤 방식으로, 그리고 레즈비언의 신체는 소위 '정상적인' 여성의 신체와 다른가?"(인용., 88)라고 묻고 있다. 그녀는 레즈비언 신체의 세 가지 전형을 정리한다: '활동적이고 남성적인; '동물적인,' 그리고 '자기 도취적인' 것으로써. "여성의 성에 대한 뿌리 깊은 두려움에서 나온 이러한 전형은 레즈비언의 신체를 뚜렷하게 언급하고, 레즈비어니즘이 가부장적인 이성애적 문화에 제공하고 있는 위협적인 성질에서 기인한다"(인용.). 크리드는 문화가 '여성 동성애자와 남자 같은 여자 그리고 매춘부'의 신체를 "가짜 남성"(인용., 101)으로 만들었음에도 불구하고 레즈비언 신체가 양성애자나 이성애자의 신체와 달라야 하는 어떤 자연적이거나 생물학적인 이유가 없다는 점을 명확히 하고 있다. 읽어야 할, 읽혀야 할, 보아야 할, 보여져야 할 필요성은 물론 (성적) 재현의 체계에 도전하는 정치학에 있어 아주 중요하다. 그러나 마조리 가버는 레즈비언과 게이의 문화에 있어 기호 체계의 '양날의' 성질을 주목한다. '동성애자들의 사회적 기호학은 종종 동성애 혐오를 유발시킨다,' 그리고 "절제를 요구하기 위해 게이와 레즈비언 공동체로부터 사과를 선동하기도 한다"(1993: 140).

텔레비전에 방영되는 내추럴 섹스

푸코의 연구는 다른 무엇보다 더 많이 **섹스**와 **성** 그리고 **젠더**라는 단어가 당연한 범주나 경험을 가리키지 않는다고 제안하는 동시대의 주장을 지지해 왔다. 재현의 작동을 통하여 자아의 문화적 창조를 앞서는 성적인 '자아'는 본질적으로 존재하지 않는다. 주디스 버틀러의《젠더의 문제》(1990)와《문제적인 신체들》(1993) 그리고 이브 세드윅의 《벽장의 인식론》(1994)은 푸코의 연구에 의존하고 이를 확장시키면서 젠더(남성이나 여성이기를 의도하는 것에 대한 문화적 기대)와 성(젠더가 만들어진 것이라 여겨지는 아마도 문화-이전이나 '자연스런' 근거) 사이의 관계가 직접적이지도 않고 계속적이지도 않다고 주장한다. 버틀러의 경우에 있어서 젠더와 성은 확고한 섹스-젠더의 분류와 함께하는 문화 속에서 요구되는 수행(performances)과 마찬가지로 특정 방식의 세계 속에서의 '존재'에 관한 것이다.

버틀러와 세드윅 모두에게 있어 성은 생물학의 자연스런 결과라기보다는 삶의 문화적이고 조건적인 사실이다. 성의 문화적 특수성에도 불구하고 이것은 재현의 체계와 복잡한 관계를 가지고 있다. 그러나 만약 성이 단순히 보편적인 방식으로 경험되는 자연스런 범주가 아니라면 이것은 '게이,' '동성애가 아닌 사람(straight),' '여성적인(feminine)' 그리고 '남성적인(masculine)' 같은 용어가 단순한 방식으로 성이나 젠더와 연관되어 있지 않음을 따른다. 버틀러와 세드윅의 주장에서 레즈비언, 게이, 동성애가 아닌 사람, 퀴어, 여성적이거나 남성적으로 만드는 신체의 필연적이거나 결정적인 진실은 없다. 버틀러의 《권력의 정신적인 삶》의 결말에 대해 아담 필립스는 "반드시 그래야 하는 것처럼 두 개의 성별로 시작하는 것은 우리를 종종 살아 있는 경험과 이야기된 경험으로부터 멀리 떨어져 있는 논리적이고 이분법적인 체계 속에 가두어 버리는 것이다"(버틀러 책에서, 필립스 1997b: 158). 이와 유사하게도 주디스 홀버스탬(1998)은 그녀의 중요한 저서인 《여성적 남성성》에서 성과 젠더의 몇몇 '경험'을 고찰한다. 그녀는 남성과 연관되어 있는 젠더의 특성이 어떤 방식으로 쉽고 파괴적으로 여성에게 부착되어 있는지를 상세히 보여준다. 항상 주류문화를 지배하는 것들보다 좀 더 여성다움의 형태가 있어 왔던 반면에 홀버스탬은 소위 '(동성애의) 남성역의 여성'에 의해 제기되는 남성성과 여성성에 대한 위협을 응시한다. 이성애적이고 가부장적인 여성성의 관습보다 여성다움의 형태에 대한 더 많은 설명이 항상 있어 왔다 할지라도 버틀러와 홀버스탬의 저술은 남성성과 여성성에 대한 개념에 대해 주체 자신들이 그러하리라 인식하는 단정적이고 완고하며 고정된 것으로 보여온 이유를 지적한다. 우리가 성과 텔레비전을 고찰하는 것은 제도와 담론이 이성애적 남자다움과 여자다움의 단호한 개념에 분명하게 회부된 것처럼 보이는 사회의 배경 속에서이다.

성에 대한 텔레비전의 재현은 수많은 추론에 따라 구성되어 왔다. 과거에는 특별히 인종적이고 정치적이고, 그리고 이로 인한 재현적인 고찰은 '성'이 저속한 것으로 선고를 받았고 동성애적 성은 훨씬 더 저속한 것을 의미했다. 동성 파트너 사이의 관계를 통제하는 법은 이성애자들보다 훨씬 더 자유롭지 못하고, 그래서 동성 관계의 재현은 어떤 점에서 언급될 수 있거나 언급되지 않을 수 있고 차단될 수 있는 것의 정치로 인해 변화된다.[19] 서구 사회에서 일반적으로 특권을 받아온 성 정체성은 "강제적인 이성애"의 요구와 관련되어 왔다(리치 1980). 이러한 관찰은 성 정체성이 단순히 주체성의 한 가지 양상이라기보다 개인의 진실로써 형상화되어 왔던 이러한 관찰과 연결된다. 사회 계층과 젠더에도 불구하고 성은 개인적 정체성의 단일하고 가장 결정적인 양상으로써 보여지게 되었다. 미디어 결과물은 종종 **이성애의 표준을 따르는** 이데올로기의 지지를 받아 왔다.[20] 시트콤과 대중드라마 시리즈물은 레즈비언과 게이 캐릭터를 묘사하기 위해 젠더 전형의 반전에 의존하는 경향이 있어 왔다. 레즈비언은 남성적이고, 게이 남자는 여성적이거나 여장을 한다. 그러나 항상 상당히 전형화된 젠더의 이미지를 따른다. 젠더 전형의 풍자는 자주 그러한 젠더나 성이 수행되는 '진지한' 세계의 효력을 약화시키는 데에 일조할 수 있다. 예를 들어 BBC의 〈김미 김미 김미〉(BBC, 1999)는 유머를 통해 소위 '변두리' 집단이라 부르는 문화가 어떤 방식으로 변두리와 주류 세력이 통할 수 있게 하도록 두 세력의 복잡한 상호-작용에 의존하고 있는지를 탐색하는 소재를 사례화한다. 존 샹파뉴가 주장하는 바와 같이 주디스 버틀러

---

19) 역사적 배경의 요약은 데이비드 휴(1997), 닐 밀러(1995), 그리고 콜린 스펜서(1995)에서 찾아볼 수 있다.

20) '이성애 표준을 따르는(heteronormative)'이라는 용어는 마이클 워너(1993)와 관련되어 있다. 그것은 예를 들어 기관, 담론 그리고 미디어 텍스트가 이성애를 가장 일관적·지배적이고, 그러므로 성정체성의 특혜받은 형태로 보이게 만드는 방식을 언급한다.

의 《젠더의 문제》가 제대로 여장과 젠더 패러디의 수행 가능한 정치에 관심을 끌어 왔지만 여장은 양날적인 동시에 "정치적으로 저항적이고 반발적"이다(1995: 122). 그러나 젠더의 관습에 대한 도전의 잠재성에도 불구하고 초기 텔레비전은 성과 방송에 관하여 다른 체계의 관습에 의해 통제되었다.

섀도우 속에 서 있기

이 시기에 성적 주체 또는 성적 문화에 관하여 무엇이 이야기될 수 있는가? 만약 많은 사람들이 텔레비전을 가지고 있지 않다거나 많은 프로그램들이 방송되지 않는다면 동성 혹은 이성애와 텔레비전 사이의 관계가 진지한 결론이 없다는 것으로 결말짓는 게 안전한 것인가? 그 대답은 '예' '아니오'여야 한다. 그러나 주로 '아니오'이다. 동성애의 재현은 1954년 현재의 불륜 프로그램 〈뉴스에서〉에서 토론의 형태로 최초로 방송되었다. 그리고 1964년 다큐멘터리 〈이번 주〉는 게이 남성의 생활을 탐구했다. 테리 샌더슨은 그 당시 동성애가 여전히 불법적이었기 때문에 "대부분의 참여자들이 실루엣으로 보여졌다고 강조하면서 이 시기를 기록한다. 이 방송은 물의를 일으켰고, 그 다음해 〈이번 주〉는 레즈비언에 관한 프로그램과 함께 여세를 가했다"(1995: 16).[21] 다큐멘터리가 이성애의 표준적인 이데올로기에 근거를 두고 있는 것들 외에 시간을 '생활'에 할애했다는 사실은 중요하다. 그러나 변함없이 동성애의 반복적인 선정적 보도는 또한 의학적이고 사회적인 일탈의 형태로써 그 지위를 강화시켰다. 일반적으로 동성애자들이 문제적인 조건에서 형상화되었다 할지라도 1970년과 1980년대 초에 이르러 몇몇 프로그램들은 이성애자들의 삶과 문화의 대체물을 언급하

---

21) 샌더슨의 책은 변함없이 귀중한 원천과 요약이다.

고 재현하며 검토하기 시작했다. 이러한 일반적인 규칙에 대한 예외는 〈게이들: 목소리를 높이기〉(템즈, 1978)와 〈게이의 삶〉(LWT, 1980-1)을 포함한다.

1980년대 후반에 '게이 주제'의 밤(BBC와 채널 4에서)과 더불어 채널 4의 〈화요일 야외에서〉(1989년 2월 14일) 같은 프로그램들을 통해 점차 모든 동성애자들이 똑같다는 견해를 와해시키는 형태로 성을 검토해 나가기 시작했다. 그러나 동성애가 점차적으로 정부의 후원을 받는 안전한 성 광고에 사용된 부정적 이미지와 관계를 가지게 된 것 또한 1980년대였다. 1970년대 이전에는 방송된 대부분의 프로그램이 시청자들을 가족의 가치와 합의를 바탕으로 한 도덕성의 중요성에 관해 의심할 여지가 없도록 하였다. 이러한 의미에서 이것은 성에 대한 지배적인 텔레비전의 형태가, 이성애적 자아의 재현에 모든 타자를 **명백하게** 배제할 수 있는 특권을 부여한 것이라는 결론에 관한 것이다. 동성애에 의하거나 그것에 관한 프로그램들이 지배적인 가치에 이의를 제기한다는 것을 보증할 수는 없다 할지라도 1970년대까지 성이 대부분 가족과 거실의 영역으로 제한되었다고 결론짓는 것이 안전하다. 1950년대 중반에서 1960년대 후반까지 텔레비전은 여전히 드라마, 다큐멘터리, 시트콤 그리고 어린이 프로그램을 대량으로 책임지고 있었고 이것은 가정된 이성애를 기준으로 시청자들에게 말을 걸었다. 이성 간의 결혼과 그 가족은 지배적이었고 성적 관계의 표준적 모델로서 드라마와 연속극에서 재현되었다. 스테픈 와그는 1950년대와 1960년대에 걸쳐 텔레비전 소유의 대중화가 가족생활의 일반적인 비평에 기여하였다고 논평한다. '가정에 침입한' 텔레비전은 "또한 세 가지 가장 큰 걱정거리와 함께 유년 시절의 존엄과 순수함을 지키려는 성인들과 직면하였다: 섹스, 폭력 그리고 광고"(1992: 155). 그러나 이것은 결코 동성애적 성이 아니었고 그 광고는 '좌경(左傾) 사상(pink)'에 관한 것이 아니며, 그 가족의 바라보기는 철저하게 이성애의 표준적인 이데올로기에 의해 스며든 문화적 분위기에서 발생하였다. 리처드 다이어는 영화와 텔레비전에 의해 설정된 동일시의 지배적인 형태가 '그러한 감정이 존재하는' 것을 암시하면서 시청자가 "이성애적 감정의 개념에 동의하도록 장려하는 내러티브에 근거를 두었다"고 주장하였다 (1993: 119). 파트리샤 줄리아나 스미스는 1960년대의 대중 미디어 문화에 대해 기술하면서 유사한 방식으로 "60년대가 가져온 성적 자유는 주로 이성애의 남성의 혜택을 위해서였다"고 주장한다(1999: 105).

　BBC의 '공공 서비스' 윤리는 가족의 가치, 연방국과 (백인) 기독교에 대한 의무와 함께 교육적·문화적·도덕적 영향력(스카넬 2000)의 범위 안에서 의심할 여지없이 이성애적으로 일치할 것을 확실히 하였다. 이것은 초기 텔레비전이 고의적으로 동성애를 혐오하였다는 주장이 아니다; 그리고 〈벌거벗은 공무원〉(템즈, 1975)이 동성애를 혐오하여 물리적으로 저지르는 만행을 상당히 정확하게 묘사한다 할지라도 '공개된' 동성애자들이 직면한 적개심 역시 과장되어야 한다는 것도 아니다. 그러나 미디어 기관과 관행은 성에 대해 의문을 가져보지 않은 시청자들에게 질문을 던졌다. 질문이 이루어지는 시간 동안 동성애는 스캔들이나 정신적 질병의 관점에서 보고되고 시각화되었다. 로버트 코버(1997)는 미국과 서부에서 일반적으로 어떻게 해서 남성 동성애자들이 자주 소비에트 형태의 공산주의와 관계된 국가 안전 위험으로 간주되었는지를 상세히 설명한다. 오늘날 쓰이는 용어들――양성애, 레즈비언, 게이, 퀴어, 성전환자뿐만 아니라 그들의 이름표를 숨기고 있는 다양한 성적 문화들――은 1950년대와 1960년대 냉전 속에서 다르게 변화되었다. 동성애자들은 구별되어 있는 한 집단이다. 비(非)-백인 주체들은 전통적으로 일반적인 용어, '흑인(blacks)'을 사용하도록 인식되어 왔다. 그래서 레즈비언과 게이 그리고 양성애자들은 단순히 '동성애자'로서 분류되었다. 동성애자들의 삶의 재현은 변함없이 시각적 특권을 부여하는 카메라 렌즈와 이성애를 우선시하는 관습을 통하여 스며 나왔다. 드라마, 시트콤, 수사물 그리고 어린이 프로그램은 정체성의 지배적이고 통제적인 표준으로써 엄마와 아빠, 남편과 아내 그리고 가족을 위치시켰다. 그 시간대의 '부엌 싱크대'의 잡일에 껄끄럽게 노출되어 있는 갈등적인 대인 관계에도 불구하고 이 똑같은 드라마들은 결혼, 가정생활 그리고 일에 대한 그들의 허구를 극화하기 위해 이성애적 관계에 의존하였다. 영국의 아시아인 혹은 아프로-카리브 공동체가 자기 재현에 대한 접근이 해결하기 어려운 문제라는 것을 이해해 온 방식으로(말리크 2002) 1950년대와 1960년대에 레즈비언과 게이, 그리고 양성애자들이 경험했던 동성애 혐오는 완전하게 재현되지 않았다.

안과 밖

물론 어떤 미디어의 재현도 이성애자들을 위하여 만든 관심사의 범위가 어느 정도인지 언급하지 않는다(그리고 그 정도까지, (이성애) 성차별자이다). 그러나 앞서 이루어진 관찰은 동성애적 자기 재현이 육체적으로 덜 직접적인 방법을 강조하는 것을 목표로 한다. 텔레비전의 재현에 대한 토론은 단순히 스크린의 공간을 차지하는 정체성의 '징표'와 관계하는 것은 아니다. 예를 들어 여성이 남성만큼 많은 텔레비전 드라마에 나오지만 **누가** 재현되는가와 **왜, 언제, 어디서, 어떻게** 재현이 일어나는가와 관계하고 있는 것이 그 경우가 될 수 있다. 래리 그로스는 그의 에세이 《이 사진에서 무엇이 잘못되었는가? 텔레비전에 나오는 레즈비언 여성과 게이 남성》(1994)에서 상징적이고 재현적인 정치학을 둘러싸고 있는 몇몇 주장들을 포착한다. "우리 대중문화의 계획된 '리얼리티' 안에서의 재현'은 그 자체가 힘이다; 확실히 그것은 비재현이 중요한 육체적이거나 정치적인 힘의 근원을 소유하지 않는 그룹의 무력한 상태를 유지하는 경우"라고 그로스는 주장한다(1994: 143). 어떤 의미에서 동성애자들은 항상 미디어에서 그러나 타협, 부재, 비주류와 침묵을 조건으로 암묵적이고 필수적인 재현의 부분이어 왔다.

그러나 자기 재현은 단순히 이미지의 문제가 아니다. 그리고 민주적 재현이 관습과 경험의 다양성을 반영하는 성을 포함하는 모든 프로그램을 보증하지 않는다. 동성애자들이 만들고 쓴 드라마들이 반드시 그릇된 재현의 문제를 해결해 주지는 않는다. 모든 재현은 왜곡의 형태이다: 텔레비전의 언어와 이미지는 특별한 방식으로 모든 리얼리티를 굴절시킨다. 더욱이 알렉산더 도티가 관찰한 바와 같이 영화와 텔레비전은 항상 레즈비언, 게이 그리고 퀴어의 바라보기 전략을 용이하게 해왔다. "퀴어의 위치, 퀴어 읽기, 그리고 퀴어의 즐거움은 이성애적이고 동성애가 아닌 위치에 의해 만들어진 것 안에 그리고 동시에 옆에 서 있는 환영의 공간이다"(1993: 15). 물론 대부분 텔레비전의 재현이 이성애의 표준적인 헤게모니를 기준으로 삼아 발생되어 온 것을 무시할 수는 없다. 그러나 도티의 논리를 통해 다음에 오는 시각화——어떤 것을 보이게 만드는 것——는 만약 모든 프로그램들이 읽기의 범위에 공개된다면 누구의 성이 텔레비전 화면에서 시각화되는지에 대해 온전히 관여하지 않는다.

의심할 여지없이 재현은 텍스트의 몇몇 형태로 발생한다. 텍스트——텔레비전 드라마, 영화, 문학 소설——는 의미를 구성할 뿐만 아니라 또한 의미에 관한 논쟁이 발생하는 장소를 구성한다. 성의 재현이 또한 정체성에 부착되어 있는 의미와 관련되어 있지만, 정체성이 재현되는 방법이 항상 일치와 포함의 문제에 관심을 기울이는 방식으로 수행되지는 않는다. 1985-6년의 레즈비언과 게이 방송 프로젝트의 결과는 텔레비전에서의 레즈비언/게이 캐릭터와 문제의 비율이 '현저하게 낮았다'는 것을 보고했다. "텔레비전에서 적어도 90퍼센트 이상의 캐릭터는 두 종류를 차지한다: 범죄자와 여자"(샌더슨 책에 보고

되었다 1995: 18-20). 특별한 경우로써 객관화되기 위해 슬픈 희생자나 위험한 시민은 사회적인 성적 차이를 지정하고 그 주체가 갖고 있는 희생의 배경을 강조하며 어떤 방식으로 성적인 시민의 자격이 역사적으로 성적 소수자들을 부정해 왔는가를 노출시키는 자기 재현의 형태를 혐오할 수 있다. 데이비드 밀러(1991)는 시각적 미디어에서 동성애자들의 재현이 내포와 암시의 함축적 형태에 의존해 왔다고 주장했다. 레즈비언과 게이의 삶의 재현에서 지배적이고 영구적인 전략으로써 내포는 암시·흔적·추론·풍자·힌트 그리고 빈정거림을 기본으로 하는 캐릭터와 사건들을 시각화한다. 유사한 지적을 하면서 다이어는 "성, 남성 또는 여성이 상징되는 것만큼 직접적으로 보여지지 않고 피부색, 기질, 대상, 빛의 효과, 물건의 모양, 모든 것이 환기, 반향 그리고 관계를 통해 성을 전달한다고 주장한다"(1993: 112). 때때로 이러한 추론은 분명치 않고 뚜렷하지 않으며 긍정적이고 동시에 부정적인 방식으로 판독될 수 있는 코드와 함께 작동한다. 예를 들어 알프레드 히치콕의 영화가 암시적으로 이성애적 로맨스 플롯의 구성 속에 있는 남성 동성애자에게 의존하고 있지만 이 동일한 동성애자들은 결혼이나 이성적 사랑의 승리 속에서 거부당하거나 격하된다.

과거 동성애자 캐릭터는 고전적으로 지나치게 간섭하는 부모로 인해 강박증을 겪거나, 미혼 여성, 남성으로서 홀로 살아간다; 매너리즘이 종종 젠더 반전의 기준으로 묘사된다(예를 들어 여성은 남성적 방식으로, 게이 남성의 목소리는 여성적으로 나타난다); 그리고 레즈비언과 게이는 보통 의학적이고 신경적이거나 정신의학적 병력을 가지고 있다. 1960년대에 가수 더스티 스프링필드는 동시대의 인물 룰루, 실라 블랙 그리고 샌디 쇼와는 다른 삶을 살고 다른 경력을 가졌다는 온갖 종류의 의혹을 받게 되었다. 반면에 수도원 교육, 독신 상태, 그리고 아프리칸-아메리칸 음악 전통의 전유 등의 혼합은 애매한 성적 설득력의 주체를 지나치게 한정시켜 지시했던 기호 표현이었다. 반면에 이 동일한 기호는 스프링필드가 동성애자가 아닌 사람들과 레즈비언 그리고 게이 시청자들에게 말을 건네면서 동시에 주체와 관중의 범위를 암시할 수 있었다는 것을 의미한다. 1960년대 텔레비전 시청자들이 탐지할 수 있었던 텔레비전은 루시 오브리엔의 BBC 시리즈 〈먼지 날리는〉의 설명에서 반영된다. 오브리엔은 어떤 방식으로 스프링필드가 자신이 만든 커리어의 최고점에 있었는지를 주목하면서 이 가수가 "가족 청중을 굳건히 세웠던 방법과 자신의 이미지를 나쁘게 만드는 위협적인 것을 빠르게 진압한 방법"을 관련짓는다(1999: 98). 인종과 성의 문제를 연결하면서 스미스는 흑인 음악에서 스프링필드의 복잡한 전통의 재생에 관하여 기술한다. 거기에서 시각적 기호 표현은 이 가수가 파괴적으로 "한 동성애 소녀를 위해 입에 담기 어려운 성을 분명하게 표현하는 추방된 성적 자유와 권력을 상징할 수 있도록 하였다"(인용., 108).[22]

벌거벗은 채 서비스받는

1970년대에 BBC1의 〈도와드릴까요?〉에서 존 인맨이 연기한 미스터 험프리는 자신의 성에 관하여 좀 더 직접적이고 자기 언급적이다; 시청자들에게는 그의 허구적 사생활에 관하여 명백한 단서들이 주어진다(그는 어머니와 발레복과 화려한 옷을 사랑한다); 그리고 남자 옷에 대한 관심 다음으로 나긋나긋하고 우스꽝스러운 행동은 그의 성이 1970년대의 남자다움과 상당히 맞지 않음을 지적한다. 관습을 거스르고 반체제적인 동시에 체제순응적이고 보수적이며 나긋나긋함과 여자 복장은 오랫동안 게이 남성의 미학과 관련되어 왔다. 〈도와드릴까요?〉

---

22) 때때로 주체의 성은 스프링필드의 수행(performances)이 양가적으로 촉진시켰던 잠재적으로 자유로운 읽기에 개방되어 있지 않았다. 길버트 하링의 〈페이스 투 페이스〉 인터뷰에 대한 담론을 위해 메드허스트(2000)를 보라.

의 1973년 에피소드 제목('섹시한 속옷에게,' '동성애' 그리고 '다이아 몬드는 남자들의 가장 좋은 친구죠')은 그들이 직장의 동성애가 아닌 사람들의 세계와 이성애적 공공 영역의 지배적인 비율을 풍자하는 것만큼 유머에 대한 이 쇼의 동성애적 감각을 제안한다. 여러 방식으로 〈도와드릴까요?〉는 자신이 여성적 남성성과 남성적 여성성과 관계되어 있는 내포적 수사학을 확인하는 것만큼의 이의를 제기한다. 인맨의 빈정거림은 노골적이다. 그리고 그 시대의 주류를 이루는 코미디와 비교할 때 그의 유머는 좀 더 도전적이고 논쟁적이다. 그의 캐릭터가 동성애적이고 남성의 나약함과 관련된 매너리즘 주변에서 구성되지만 어떤 것도 이러한 성격 묘사와 관련하여 과도하게 문제가 되지 않는다는 것이 논쟁될 수 있다. 그러나 이것이 게이의 삶의 전형으로서 설정될 때 심각하게 문제가 된다. 실제로 남성적임, 남성성 또는 성적임을 구성하는 것이 수행적인 왜곡과 패러디를 쉽게 받아들이고 있다는 불편한 인식 속으로 험프리가 일부 남성 시청자들을 자극하는 것은 당연하다.[23] 미스터 험프리의 이중적 행동 속에 나타나는 '동성애자가 아닌 남자'처럼 허풍을 떠는 슬로콤 부인은 섹스와 젠더 상징주의와 함께 그 시리즈물의 전체적인 선입관을 강조하는 데에 도움을 준다. 요란한 태도와 유머가 중심인 슬로콤 부인은 **이성애적** 욕망의 분명한 표현에 대해 부끄러워하지 않는다. 그녀가 갖고 있는 캐릭터의 희극적인 양상이 자신이 의도하고자 하는 진지함을 약화시키는 반면에 많은 여성들이 여전히 결혼, 가사일 그리고 부엌일로 제한되는 시기에 여성의——그리고 단지 이성애적 여성이 아닌——솔직한 모습을 재현한다. 코미디의 장치를 통하여 보여지기 때문에 그녀의 분노는 덜 위협적으로 보이지만 이 코믹한 이미지는 "여성의 성적 에너지와 남성성을 테스트할 방식과, 그리고 남성 우월주의에 도전하는 방식에 대한 남성

---

23) 커렌과 시튼(1985)에서 인맨/험프리에 대한 스튜어트 홀의 논평을 보라.

의 두려움과 갈망을 분명하게 표현하고 있다고 다이어는 말하고 있다" (1993: 116).

1970년에 또한 템즈 텔레비전은 쿠엔틴 크리습의 자서전 〈벌거벗은 공무원〉을 각색하였다. 1975년 베리티 램버트와 배리 핸슨이 창시한 프로덕션은 화려하고 멋진 존 허트를 극의 제목과 같은 배역으로 주연을 맡겼다. 크리습의 실제 삶은 다음과 같이 묘사된다: 동성애적이고 나약하며 엉뚱하고 자만한다. 그리고 그 책의 유쾌함은 템즈의 각색에서 완전하게 활용된다. 〈도와드릴까요?〉에서 미스터 험프리가 하는 연기 효과 중 하나는 이성애적 남성과 관련된 표준을 붕괴하는 것이다. 유사한 효과는 〈벌거벗은 공무원〉에서도 이루어진다. 그리고 허트의 크리습에 대한 묘사는 1970년대의 시청자들에게 접근 가능한 성과 젠더의 개념을 확장시킨다. 그레이스 형제 가게의 조수는 백화점의 허구적 세계와 관련해서 상당히 중요한 부분이다. 그러나 이 코미디의 특징 중 하나는 험프리가 결코 그 가게 이상의 외부적 리얼리티에 노출되지 않는다는 것이다. 그 결과로써 그의 행동은 결코 잠재적으로 반목하는 공공 환경의 강제성에 적응하기 위해 변화되지 않는다. 그리고 그의 행동은 남성적인 진지함과 매너에 대한 다른 남성 캐릭터들의 시도와 반대적일 수밖에 없다. 그러나 크리습의 삶에 대한 극적인 재공연은 어떤 방식으로 그의 나약함과 화려함이 냉담한 영국에서 그 캐릭터의 정체성을 구성하는 데에 중심이 되는지를 보여준다.

이 템즈 TV 드라마는 해설자의 목소리(voice-over), '생생한' 연기 장면, 프레이밍, 흑백의 배경과 크리습의 삶에 대한 묘사에서 애니메이티드(animated) 화이트 스크립트(무성영화의 대사와 함께)를 사용한다. 허트의 하얀 피부는 불타는 적갈색 머리와 짙은 마스카라 그리고 밝은 립스틱을 두드러지게 한다. 크리습의 거만함과 빈정거림에 대한 묘사는 '실제' 세계 속에서 결단과 저항에 대한 그의 전략과 관계되어 있다. 그리고 이 드라마가 가지는 적의와 희롱에 대한 재현은 동성애 혐오의 역사를 상기시켜 준다. 여러 형태로 〈벌거벗은 공무원〉은 바라보기, 응시 그리고 관중(spectatorship)에 대한 시각 미디어의 구성을 붕괴하기 시작하는 단계에서 중요한 터닝 포인트를 제시한다. 키스 하우즈가 방송 역사에서 '양자 비약(quantum leap)'(샌더슨 1995: 17–18 에서)을 나타내는 것으로 간주하고 있는 〈벌거벗은 공무원〉은 아마도 시청자들을 게이 남성의 부끄러움/자존심의 양상, 동성의 열정 그리고 남성과 남성의 관음증과 직면하게 하는 최초의 텔레비전 제작물 중 하나이다. 관객들이 남성적 응시와 강제적으로 동일시된다는 로라 멀비의 논문에서 시점은 동성애가 아닌 남성의 반대로써 게이에게 초점을 맞추고 있는 제작 때문에 전복적이기보다는 복잡하게 나타난다. 이것은 **반드시** 레즈비언과 게이라는 시청의 위치가 있다는 것을 주장하는 것은 아니다. 또한 크리습의 삶에 대한 그 프로덕션의 극화는 특별한 종류의 시청자들을 반드시 자극하거나 혐오감을 주지 않는다. 그러나 이 드라마는 크리습이 표준과 가치가 육체 관계의 지배적인 모델과는 다른 성적 소수자에게 속해 있다는 것을 명백하게 한다. 그의 이력서는 주인공의 세계에 대한 인식이 그의 이성애 동료들과 반목을 이루는 방식만큼 동성애자들이 정체성을 세우기 위하여 적절히 이용해 온 하위문화적 공간에 관한 것을 밝히는 데에 도움을 준다. 이 작품이 뉴욕에서 스톤월 폭동이 있은 지 6년 후에 방송되었다는 것을 상기해 볼 가치가 있다. 많은 레즈비언과 게이 그리고 양성애자들은 자신들의 성에 관하여 '세상에 폭로(out)'하거나 개방하지 않았다. 〈벌거벗은 공무원〉은 이것이 여전히 투옥형을 받을 수 있는 범죄였던 시대에 자신의 성에 대해 개방할 준비가 되어 있었던 한 인물의 이야기를 극화한다는 점에서 중요하다. 크리습의 자서전은 작가가 이 극이 당연시 여기는 이성애에 문제를 제기하는 도전의 효과들 중 하나인 성적 인내심을 제시했던 것보다 게이의 자유에 덜 전념했다는 것을 명백히 한다.[24]

레즈비언과 게이를 재현하는 문제가 동성애의 특정함 또는 필연적인 '성질'을 우려하는 문제가 아니라는 점을 강조하는 것은 중요하다. 아주 명백하게도 **이성애**에 대한 재현은 문화가 당연한 것에 대한 주장을 강제적이고 필연적으로 보이게 만들었음에도 불구하고 동일하게 문제가 된다. 역사적으로 지배적인 제도들(예를 들어 교회 · 정부 · 교육 · 미디어)이 자주 모든 주체들을 이성애적이라 가정한다면 동성애자들은 그들의 (비)가시성을 가장 효과적으로 재현하는 방법에 대한 문제를 직면해야 할 것이다. 그러나 만약 성, 젠더 그리고 어느 면에서도 의미 있는 정체성을 만들어 주는 기호 체계 외에 어떤 성에도 본질이 없다면 그것은 집단들이 어느 정도의 수행을 행하려는 기호 체계 ──텔레비전 · 영화 · 담론──의 수준에서이다. **모든** 성은 어떠한 영구적인 기호 표현도 고정된 지시대상을 지시하지 않는다는 점에서 비가시적이다. 그러나 **어떤** 성은 빈번히 잘못 재현되거나 전혀 재현되지 않을 때 텔레비전의 매체가 지배적인 표준에 이의를 제기하는 중요하고 강력한 장소가 된다. 다음 장은 텔레비전에서 성의 재현을 재고하기 시작한 최근 결과에서 이루어진 몇몇 방법들을 고찰한다.

동성애 아니면 퀴어? 현시점

1999년 2월, 3월, 4월과 2000년 2월에 채널 4는 〈퀴어 에즈 포크〉를 방송하였다. 남성의 동성에 대한 욕망과 널리 연관된 문화와 공간

---

24) 〈벌거벗은 공무원〉과 BBC의 1990년 자네트 윈터슨(Jeanette Winterson)의 〈오렌지가 과일인 것만은 아니다 Oranges Are Not the Only Fruit〉를 제외하고 1990년대까지의 방대한 주요 텔레비전 산출물은 지배적인 것으로써 이성애 표준을 형상화했던 산출물과는 달리 문화에 양도되지 않았다. 몇몇 시리즈는 소수의 레즈비언과 게이 캐릭터를 포함했다. 예시들은 〈자유로 가는길 The Roads to Freedom〉(BBC, 1970); 〈포리지 Porridge〉(BBC, 1974-8); 〈천사들 Angels〉(1976-82); 런던 주말 텔레비전의 〈고뇌 Agony〉(1979-81); 〈텐코 Tenko〉(BBC, 1981-4); 채널 4의 최초 일일연속극 〈개울가 Brooksides〉(1982); BBC1의 〈런던 시의 동부 사람들〉을 포함한다.

을 시각화한 이 시리즈물은 급속하게 21세기 초반에 유사 프로그램들을 위한 자체의 기준을 세웠다. 이것의 대중성과 청중의 인기도는 이것이 게이 남성 이상의 사람들에 의해 시청되었음을 제시한다. 레즈비언과 게이 그리고 양성애 청중들은 궁극적으로 모든 종류의 비밀과 동성애적 동일시가 부정되지 않은 반면에 〈퀴어 에즈 포크〉는 매우 공적이고 가시적인 은밀한 세계를 만들고 싶어 하는 것처럼 보인다. 음악과 술집 또는 생활 방식의 가시성을 부끄러워하지 않았던 하위문화의 배경 속에서 동성에 대한 욕망과 세대 사이의 관계에 대한 묘사는 직접적이고 자주 강제적인 이성애 세계의 논리를 낯설고 실제로 아주 이상하게 보이도록 만들었다. 때때로 반전이 일어났고 이것으로 인해 〈퀴어 에즈 포크〉에서 '동성애가 아닌 세계'는 그 자체를 흐릿하게 하고 은폐시켰다. 수많은 주제와 하위 플롯이 방송의 몇몇 관습을 붕괴시켰고 많은 사람들에게 〈퀴어 에즈 포크〉는 샐리 문트가 기술한 바와 같이 축하해야 할 '자존심과 부끄러움'(문트 2000)의 이야기였다. 그러나 몇몇 이 스토리 라인(레즈비언과 게이 부모; 미성년자 성관계, 인터넷 포르노그래피, 채팅룸과 소년 남창; 분명한 게이 남성의 성행위와 일상에 대한 언급; 역기능 가정생활)은 의심할 여지없이 수많은 시청자들에게 도전하였다. 문트는 그 시리즈물에 대해 몇몇 언론의 반응을 상세히 설명한다(인용., 532-3); 그리고 이 시리즈물에 대해 베컴이 하는 후원(the Becks Sponsorship)이 급속히 중단되었다. 그럼에도 불구하고 이 시리즈물은 방송을 준비하고 있는 여러 종류의 시리즈물에 영향을 주었다. 〈도시의 성〉(2001), 〈틴셀 타운〉(2002)과 〈밥과 로즈〉(2001) 같은 프로그램들의 성공은 〈퀴어 에즈 포크〉의 대중성과 관계된 부분이다. 그래서 그 시리즈가 무엇을 얻었고 시청자는 무엇을 소비했는가? 〈퀴어 에즈 포크〉 안에서 시각화된 것은 무엇인가?

복수적 정체성의 지속적 문제

정체성의 문제는 레즈비언과 게이 그리고 퀴어 연구에 정보를 제공하는 이론적인 포물선의 궤도이고 〈퀴어 에즈 포크〉가 성 정체성과 관련하고 커다란 부분 속에 있다는 것은 의심할 여지가 없어 보인다. 이 시리즈물은 청중들이 빈스(크레이그 켈리), 스튜어트(아이단 길렌), 그리고 나단(찰리 허냄)으로 알려지는 정체성들을 소개하는 데에 거의 시간을 낭비하지 않는다. 어느 부분에서 세 명의 모든 캐릭터들은 그들의 정체성과 관련하여 자부심, 수치심의 정도를 나타낸다. 그러나 이전 세대의 레즈비언과 게이의 전형과는 달리 이 시리즈물은 캐릭터들이 자신들의 수행과 자기 결정에 대한 노력을 쏟을 수 있게 한다. 이들은 은폐된 과거에서의 '멋진' 게이 소년들이 아니다. 스튜어트는 이것과 가장 거리가 멀다. 더욱이 〈퀴어 에즈 포크〉는 성과 정체성이 복수적(plural)이고 유동적인 용어로 이해되는 문화를 개척해 나가는 것처럼 보인다. 거기에서 동성의 욕망은 단지 주체성에 대한 하나의 표시일 뿐이다. 물론 정체성의 문제들은 쉽게 정착되지 않는다. 재현하는 정체성의 정치학에 관심을 두는 이 시리즈물은 이러한 정체성들이 자주 확고하게 고정되어 있는 사회와 싸우기 위하여, 그리고 결국 재현적인 어떤 정체성도 없다는 것을 부분적으로 증명하기 위하여 레즈비언과 게이의 다양한 이미지를 활용한다.

처음부터 이 시리즈물은 고정된 정체성과 연관된 문제들과 직면한다. 에피소드 1의 결말에서 스튜어트는 자신의 아이가 태어난 병원으로 달려간다. 스튜어트는 '아버지'로서의 자신의 정체성이 이성애적인 정체성과 '아버지임'과 관련된 결혼에 계속적으로 특권을 부여하는 사회 속에서 문제적인 것으로 읽힐 수 있음에도 불구하고 로미의 아기 아버지이다. 유사한 방식으로 명백히 영국 의회의 어떤 것과 관련이 있는 한 로미에 대한 레즈비언의 정체성은 그녀가 임신한 아이를 낳을 수 있는 능력에 의심을 갖게 할 수도 있다. 그녀의 친구 중 세 명이 병실에서 로미의 옆에 있다. 러셀 데이비스의 원고는 우리에게 "리사(LISA)가 클래식한 립스틱의 레즈비언이고, 시오반(SIOBAHN)은 대머리이며, 수지(SUZIE)는 절대 한마디도 하지 않는 레즈비언임을 말해준다"(1999: 22). 정체성의 기호 표시들은 문제가 된다. 그러나 정체성과 자기 동일시는 까다롭고 다중적이며 복잡하다. 레즈비언과 게이 남자가 동성애적 과거를 공유하고 있는 반면에 '동성애자'라는 이름표는 동성 경험을 전체화하고, 레즈비언과 게이 지지자 **안에** 그리고 **사이에** 존재하는 차이점들을 표시하지 못한다. 퀴어 이론의 목표 중 하나는 성과 정체성에 관한 다른 사실들 사이의 관계에 대해 우리가 이해하는 방법을 흐리게 하고 확대하는 것이다(예를 들어 나이, 인종 그리고 사회 계층). 스튜어트의 성적 욕망은 그들이 게이의 '남성 능력'의 한 형태 중 동성 행위에 대한 것이기 때문에 나이, 사회 계층 그리고 신체의 문화적 구조에 대해 그들이 노출시키는 것에 흥미를 주는 관계 속에서 표현된다. 버나드의 나단에 대한 충고를 활용하면서 이 시리즈물의 서두 대사들은 표상적이거나 이상적인 어떤 형태도 없다는 것을 분명히 한다:

나 단: 실례합니다만, 저는 그저 둘러보고 있어요, 아니오. 내 말은… 가볼 만한 좋은 곳이 어디죠?

버나드: 당신이 다음에 뭘 할지에 따라 달라요. 만약 사내놈(bastard)을 원하면 저쪽으로 가세요. 만약 자위를 원하면 저쪽으로 가고, 매춘부를 원하면 어느 건물이나 가능해요. 모두 그런 사람들로 가득 차 있어요.

그러나 이 시리즈물이 구성하는 건물과 공간은 '매춘부(piss tart

dickheads)'의 이상을 포함한다. 예를 들어 스튜어트의 마주침은 위험, 관습을 거스르는 느낌(예를 들어 에피소드 1에서 '그리스 신,' 에피소드 2에서 '멋진 섹스')과 '큰 물건의 도시로 오세요'(시리즈 2)에 의해 고조된다. 이것들은 빈스나 짧은 기간 동안 연인이었던 카메론이 살고 있는 비교적 '안전한' 영역을 낯설게 하는 무대와 경험들이다; 그리고 로미와 친구들은 스튜어트가 가지고 있는 세계와의 먼 거리가 젠더의 분리와 차이를 암시하며 그만큼 자기 확신적인 게이 남성의 오만함을 강조하는 공간에 거주한다. 이와 동일하게 알렉산더의 세계(안토니 코튼), 버나드(앤디 드바인) 그리고 해젤(데니스 블랙)은 시청자들에게 동성애자가 아닌 여자와 게이 남자가 행복한 모습으로 여장 술집의 동성애 세계에 공존하는 '퀴어'의 역사를 상기시킨다. 예를 들어 나단의 이성애적인 어머니는 이 세계가 자신의 아들의 성과 타협이 이루어지는 매우 가치 있는 지지의 원천임을 알게 된다. 그리고 〈퀴어 에즈 포크〉에서 기능적 가정들은 결혼이나 관습에 대립되는 것으로써의 필요성을 기초로 하여 맺어진 것이다.

이 시리즈물의 복잡성에 대한 인식은 과거 산업 시대와는 달리 후기 자본주의 경제가 어떤 방식으로 '게이 마을'을 이용하고 싶어 하는지 보여준다. 문화가 더 퀴어적이고 더 성적으로 분열될수록 더 많은 소비자 자본주의가 시장과 이윤의 토대를 확장시킬 수 있다. 그러나 〈퀴어 에즈 포크〉는 또한 이러한 퀴어들이 어느 정도의 제한된 수행을 발휘한다는 것을 명백히 한다. 알렉산더는 마을 중심에서 자신을 보이지 않게 하려는 부모님의 시도에도 불구하고 시야로부터 침묵하거나 숨지 않을 것이다; 늘 반항적인 스튜어트는 두번째 시리즈물에서 신랄하게 동성애를 혐오하는 자신의 조카와 맞닥뜨린다; 그리고 첫 번째 시리즈물에서 나단은 가정생활의 안락함을 거부하는 대신에 해젤과 버니의 임시적인 가족을 받아들인다. 그러한 분노, 직접성 그리고 공동의 지지는 대체적으로 초기의 방송에서는 나와 있지 않다. 그리고 이 시리즈물은 청중들이 동성애적 자기 명명(名名)이 몇몇 내러티브가 이전에 했던 역할보다 훨씬 복잡한 하위문화를 고찰하도록 한다. 여러 측면에서 그러한 성적 복잡성에 대한 인식은 불안하거나 그러할 수 있다. 예를 들어 그러한 복잡함의 영향 중 하나는 그것이 1969년 스톤월 폭동 이전과 직후에 레즈비언과 게이 역사를 형성하도록 도와준 안정적인 정체성 범주를 동요시킬 수 있다는 것이다. 스톤월의 배경 속에서 정체성 정치학은 자주 성의 확고한 개념 안에 근거를 두었다. 그리고 정체성에 대한 강한 인식은 그것의 권리를 옹호하는 하위문화를 위해 필요한 표시가 되었다. 그러므로 이것들은 특정한 공간에서 동일시할 수 있는 지지자를 반영하는 이름표일 수 있는 반면에 레즈비언, 게이 그리고 양성애자는 특별한 시대의 기간을 증명하는 용어들이다. 신필드는 이것이 '게이'와 '레즈비언'이 "역사적인 현상이고 현재 이것들이 우리를 돕기보다는 더 방해할 수도 있다"는 것을 인식할 필요가 있다고 기술한다(1998: 5). 신필드는 피터의 퀴어-운동가 전략을 받아들이는 데에 주저하지만 "레즈비언/게이/양성애자들이 어떤 방식으로 그 순간에 위치하는지에 대하여 어떤 동의도 없음"을 인정한다(인용., 195). 그러나 이것들은 특정 이미지와 재현을 구성하기 위하여 사용되어 온 용어들이다. 성에 대한 몇몇 비평적 견해들은 레즈비언이나 게이 같은 표시를 계속해서 사용하는 반면에 다른 것들은 퀴어를 통합하는 혼합물을 채택한다.

퀴어 이론들

최근 비평에서 '퀴어'(명사·동사·형용사로써)는 당연시되는 이성애와 젠더의 안정적인 개념을 비평하기 위해 사용되어 왔다. 그러나 여러 측면에서 '퀴어'는 포괄적인 용어이고 레즈비언, 게이 그리고 양성애의 정체성 주변에서 불확실성의 섀도우를 던지는 기능을 한다. 어쩌면 주디스 버틀러의 연구는 성의 붕괴와 관련해서 좀 더 특별히 유용할 수도 있다. 자크 데리다와 미셸 푸코, 자크 라캉에 대한 후기 구조주의 연구로부터 전례를 가져온 그녀의 연구는 안정적인 성의 개념에 대해 의심을 하였다. 버틀러는 이분법적인 용어에서 성과 젠더를 보기보다는 가까운 과거의 성적 역사와 관련된 분명한 차이를 애매하게 만드는 욕망, 관행 그리고 동일시의 범위를 지적한다. 그녀는 자기 명명의 전략적 필요성을 주장하면서 레즈비언과 게이와 같은 용어를 계속 사용하고 있지만, 《젠더의 문제》와 《문제적인 신체들》은 젠더와 성이 명백하게 성적인 또는 젠더적인 해부학적 구조에 단순히 근거를 두고 있지 않다는 것을 제시한다. 성이 언어와 담론과 관련하여 이해되어진다는 푸코의 주장을 확대시키면서 버틀러는 어떤 방식으로 신체가 젠더와 성이 구성되는 미리 주어진 형태가 아닌지를 보여준다. 버틀러에게 있어 신체는 그 자체로 외부적인 문화적 형성과 재현을 말하지 않는다.

항상 표준적인 (이성애) 성행위를 지지하는 가설에 의문을 제기하면서 버틀러의 연구는 어떤 방식으로 단순한 이분법적인 이성애-동성애가 극단적으로 단순한 이성과 동성애 성행위의 구분으로 여전히 남아 있는지를 보여준다. 에델만과 세드윅의 연구와 유사한 그녀의 관찰은 의미를 만드는 과정을 고찰하기 위해 레즈비언과 게이의 신체에 대한 개념을 중지한다. 이분법적 표준의 외부에 있는 성을 생각하는 데에 있어서의 어려움에 귀를 기울이면서, 그럼에도 불구하고 《젠더의 문제》와 《문제적인 신체들》은 동시대 삶에서 성과 권력의 복잡한 개념에 대한 시도를 통해 이성애-동성애의 구분을 붕괴하기 시작한다. 만약 성이 명료한 문제, 즉 경계가 확고한 것이 아니라면 성 정체성의 시각화는 결코 기호 표시와 신체가 보증한다고 여겨지는 의미들에 대해 단순히 근거를 두지 않을 것이다. 성이 형성되고 읽히는 방법을 복잡하게 하는 다양한 시도 속에서 퀴어 이론은 모든 성 정체성의 파생적이고 텍스트적인 상황을 강조한다. 만약 명사/형용사로서 '이성애'가 대다수의 성경험을 적절하게 정의하고 있지 않다면 레즈비언과 게이는 성이 시각화되고 인식되는 방식을 제한한다고 간주하는 용어이다. 예를 들어 홀버스탬의 연구는 여자들의 신체적 특징이 해석될 수 있는 다양한 방식을 지적하면서 섹스-젠더 시스템의 많은 문화적 관습을 초월하는 읽을거리를 만들어 낸다; 그리고 에반스와 가면은 몇몇 게이 남자들이 "그들이 '소년들'이라고 오해한 레즈비언 여자들의 이미지를 별스럽게 매력적"이라고 이해하는지를 주목한다(1995: 41).

퀴어 이론은 그들이 왜, 누구를 위해 유용한지를 묻는 것까지도 포함하는 정체성의 범주를 거부하지 않는다. 성적 동일시가 이루어지는 하나의 장소에서 보다 더 많이 존재할 수 있는 정도에 이르기까지 모든 주체들은 잠재적으로 퀴어이다. 퀴어가 비-이성애적 경험들을 모으기 위해 사용되어 왔다 할지라도 그 용어는 갈라지는 욕망과 관행을 보다 일반적으로 지시하기 위해 사용된다. 예를 들어 변태성욕자 엔터테이너 에디 이자드는 실제로 이성애 또는 동성애 전형에 순응하지 않는다. 그리고 분리된 양성애, 동성애 또는 이성애 청중들과 간단히 관련되어 이해되는 그의 페르소나의 생산과 소비 역시 그렇지 않다. 그러나 〈퀴어 에즈 포크〉가 보여주는 바와 같이 형용사 퀴어는 이성애적 정체성의 당연하고 억지스러운 자기 증거를 동시에 뒷받침하는 반면에 동성애를 거부하기 위해 계속해서 되풀이된다. 에피소드 1의 결말에서 나단을 학교로 내몰면서 "아이들은 (지프차 위에서) 크고 하얀 글자로 퀴어(QUEERS)라는 한 단어를 페인트로 썼다." 또한 가족의 신성함과 국가의 순수함을 조장하는 배경 속에서 퀴어는 계속하여 기호의 역사에 부착되어 있는 동성애 혐오와 여성 혐오를 문제 속에 역설하는 방식으로 목소리를 낸다. 모든 정체성의 파생적이고 텍스트적이며 관련성 있는 성질을 강조하면서 '퀴어'는 정체성과 성 양자 모두에 관하여 좀 더 문제적인 것을 제시한다. 그러나 퀴어는 또한 모든 성 정체성이 외모, 젠더 전형, 얼굴 표현, 몸동작 또는 목소리에 근거를 두고 쉽게 시각화된다는 것을 가정하는 재현과 전략에 의심을 던진다. 간략하게 말하면 시각화가 노출시키는 것이라 여겨지는 지식 또는 비밀은 심각하게 문제화된다.

퀴어가 모두 여기에?

푸코의 연구를 확장하면서 세드윅은 18세기 후반 이후에 이루어진 다음과 같은 많은 문화적 관행의 증거를 주목한다.

> '지식'과 '섹스'는 서로서로 개념적으로 분리 불가능하다——그래서 지식은 우선 성적 지식을 의미하고 무지는 성적 무지를, 모든 종류의 인식론상의 압력은 점점 성적 충동으로 가득한 힘처럼 보인다(1993: 73).

〈퀴어 에즈 포크〉는 20세기 후반의 문화에 대한 관심을 반영하고 있지만 성과 정체성에 관한 논쟁이 좀 더 까다로운 인식론을 표시하고, 성이 19세기 후반보다 좀 더 솔직하게 **고려되며** 논쟁되어지는 곳에서 많은 캐릭터들이 성과 관련된 비밀과 함께 살고 있다는 의미를 지닌다. 에피소드 2의 시작 부분에서 나단은 학교에 있고 막 그의 '비밀'을 가장 친한 친구 도나와 공유하려 한다; 빈스는 할로의 슈퍼마켓에 있고 조심스럽게 손수레를 가지고 있는 두 소년 뒤에서 바라본다. 그리고 스튜어트는 PR 광고 사무실에 있고 유부남과 사무실 화장실에서 짧은 만남을 가질 준비를 한다. 모든 세 장면은 비밀과 지식, (비)가시성 그리고 침묵과 관련된다. 비밀의 효과 중 하나는 그것이 주체들로 하여금 관련성 혹은 동일시의 특정한 형태를 저항하거나 거부할 수 있게 한다. 어떤 경우에 슈퍼마켓에서 빈스의 통과하기(passing)는 그가 자신의 비밀을 감출 수 있게 할 뿐만 아니라 자신의 정체성이라고 여겨지는 비밀을 노출시키려는 다른 공동체 내에서 그러한 담론들을 저항할 수 있게 한다. 모방하기, 통과하기 그리고 거짓말하기('동성애가 아닌' 남자에 대한 빈스의 패러디에서 보여진)는 그가 상상하는 바와 같이 직장에서 정체성에 관한 어떤 것도 게이스럽지 않다는 것을 확신시키는 효과를 가진다. 통과하기와 거짓말하기는 또한 빈스의 비밀로써 상상되는 '지식'을 감추는 효과를 가진다. 그러나 거짓말하기/통과하기는 다수의 정체성 수행과 밀접한 관계가 있기 때문에 감추기는 또한 객체화된 의미 안에서 이해될 수 있다. 동성애자가 아닌 배우인 크레이그 켈리는 게이 남자 빈스를 연기한다. 그는 현재 동성애자가 아닌 매니저 미스터 빈센트 타일러를 연기하고 있고, 그는 또한 직장 동료 로잘리가 접근할 수 있는 '동성애자가 아닌 남자'로서 읽혀진다. 자신의 독백 공간에서 빈스는 자신이 보이지 않고 들리지 않는 직업 공동체에 나타나면서 동시에 정체성을 투사할 수 있다. 만약 직장에서 비밀, 즉 성지식이 있다면 직장 동료들은 그것의 존재를 보거나 공표를 들을 수 없다. 그러나 실제로 이러한 독백과 사적인 말들과 비밀 세계에 대한 이 묵상이 오직 빈스에게만 특별히 알려진 사적인 영역임을 강조한다고 여겨질지라도 이 장면에서는 모든 다른 사람들을 차단하지 않고 공공 무대의 필요성을 주장한다. 퀴어 무대 위에서 지식은 현재 상당히 많이 개방된 비밀이고 빈스가 이 시점에서 자신의 무대에서 '드러내'지 않았다 할지라도 모든 사람들은 이해할 수 있다.

흥미롭게도 연기하기, 통과하기 그리고 모방하기는 빈스나 또 다른 '게이' 캐릭터들에게 특별하지 않다. 슈퍼마켓에서 일하는 직원들은 유일하게 매우 퀴어적으로 연기할 수 있다. 슈퍼마켓에서 여자들이 나긋나긋한 게이 남자의 캐릭터를 몸짓으로 나타낸다 할지라도 이 시리즈물은 그들이 하는 연기의 질이나 정확성을 확언하거나 부정하는 원천적인 모델을 제공하지 않는다. 빈스나 그의 직장 동료에게 모방될 수 있는 원래의 게이나 동성애가 아닌 사람은 없다. 만약 이 여자들의 제스처가 성공적이라면, 그리고 이들이 신나서 유쾌하다면 이 모방(따라하기)은 게이들에 의해 가정되는 확실성(진짜)을 능가하고 대체한다. 이후에 에피소드 8에서 나단은 뉴 유니온 바에서 그의 동성애를 혐오하는 학급 친구 중 한 명인 크리스틴이 여자친구 캐시와 함께 있는 것을 보게 된다. 나단의 가장 친한 친구 도나가 말한다; "그는 감동을 주려고 애쓰고 있어. 캐널 거리, 아래 6번가로 향하는 뉴욕이지." 물론 크리스틴이 게이 바에서 편안함을 느끼기 위해 그는 무언가가 여전히 발견되지 않고 있다는 것을 가정해야만 했다. 예를 들어 어느 누구도 그의 성 ID 카드를 보여 달라고 요청하지 않는다. 학교에서는 그렇게 편하게 통할 수 없기 때문에 나단은 이성애 학급 친구인 크리스틴이 눈에 띄지 않고, 대수롭지 않게 여겨지는 것에 분노한다. 마치 보이지 않는 것처럼. 나단은 노래방 무대에서 차례가 되었지만 노래하지 않는다.

나단: 저기 저 애 말이야. 블론드 머리 여자친구와 함께 있는 파란 셔츠, 하얀 셔츠에 검은 머리 남자애. 나는 같은 학교를 다녀. 그 애 이름은 크리스틴 홉스야. 그리고 크리스틴 홉스, 그가 뭘 하는지 알고 싶니? 그는 남자를 찾아, 그리고 만약 그 남자가 좀 조용하거나 조금 다르다면, 크리스틴 홉스는 그 남자 머리를 걷어차. 크리스틴은 그들을 걷어차고 퀴어라고 부르지. 그 애가 저기 있어. 그 애는 우리가 퀴어이기 때문에 우리를 기습하지.

캐시는 완전히 굴욕감을 느껴 뛰어나가고 크리스틴에게 자신의 견해에 대해 아무런 의심도 갖지 않게 한다. 나단은 그가 '퀴어'의 이중 작동을 노출시키는 만큼 자기 확신을 뽐내면서 말한다. 한편으로 만약 사람들이 조용하거나 다르다면 그들은 '퀴어'(구어법)이고 그 결과 때문에 괴롭힘을 당하기 쉽다. 반면에 게이 바에서 조용하고 겸손한 크리스틴은 표현하기도 전에 정체성을 연기하는 게이로서 읽힌다. 그의 신체는 또한 '퀴어'(신어법)이고 있는 그대로 크리스틴이 갖고 있는 욕망의 진실을 밝힐 수 없다. 로잘리 또한 빈스가 파티를 하는 동안, 그리고 끝난 후에 빈스의 비밀과 함께 잠시 동안 동거한다. 그러나 이러한 비밀이 문제가 되기 위하여 또는 비밀 속에 들어 있는 정체성이 생명력을 지니기 위하여 청중들과 캐릭터들은 다양하게 관련된 배경 속에 결합된다. 이러한 배경들이 섹스와 성에 관련된 것이라 할지라도 동일한 배경들은 다양한 읽기와 신체·사춘기·젠더·공동체·두려움·결속 그리고 우정과 연관된 해석에 잠재적으로 개방되어 있다. '퀴어'라는 용어는 주체들을 억압하기 위해 사용되어 온 그 정체성의 범주들을 원래대로 되돌리는 것을 목표로 하는 비평적 작동을 언급한다.[25] 그러나 재현과 관련된 이것의 비평적 작업은 또한 중요하다. 모든 재현은 성이 결코 간단히 시각화될 수 없다는 점에서 '퀴어'(이상한, 특이한, 낯선)하다. 문화가 자주 성이 신중한 '정체성'으로써 말해지고 고백되며 상상되고 시각화되도록 요구한다 할지라도 성의 재현은 그 정체성의 수많은 원천을 지적한다.

〈퀴어 에즈 포크〉는 '동성애'가 정체성이라기보다는 오히려 동성 관계가 여전히 정신분석학적 오용과 관계하는 사회에서 요구되는 수행으로써의 정해진 조건으로 언급되며, 그 주체가 잊고 싶어 하는 것으로써 어떤 방식으로 인식되어지는지를 보여준다. 그러나 이 시리즈물은 자신들의 종속에 대한 조건을 다시 적절히 이용하면서 어떤 방식으로 퀴어 주체들이 저항하는지를 보여준다. 〈퀴어 에즈 포크〉의 두 번째 시리즈물에서 스튜어트는 가족 앞에서 조카의 동성애 혐오와 어쩔 수 없이 직면한다.

나는 퀴어야, 나는 게이야. 나는 동성애자야, 나는 여자역의 호모야,

---

25) 버틀러의 요약을 보라(1993: 223-42).

나는 계집애 같은 사내야. 나는 정신이 나간 놈이야. 나는 남색자야. 나는 남성 동성애자야. 나는 셔츠를 들어올려. 나는 남자 동성 연애자야……. 나는 변태가 아니야. 만약 이 가족 중에 삐뚤어진 녀석이 하나 있다면, 그놈은 바로 여기 이 공갈협박자야. 그래 축하한다. 토마스, 내가 방금 공식적으로 너의 비밀을 폭로했어.

스튜어트의 당당한 대답은 언어와 담론이 성적 주체들을 제한하는 정도를 강조하고 어떤 방식으로 언어가 레즈비언과 게이의 품위를 떨어뜨리고 굴욕감을 주기 위하여 배치(전개)되어 왔는지를 강조한다. 스튜어트가 사용하는 언어의 이 퀴어적 이용──그는 동성애자가 아니라 성도착자로서 그의 조카를 폭로한다──은 상징적인 저항이 잠재적으로 가능한 재현 형태의 재구성 속에서 하나의 선택이라는 방식을 지적한다.

제5장

재현의 종말? 텔레비전 드라마와 포스트모더니즘

텔레비전 이미지 때문에──이 새로운 시대의 궁극적이고 완전한 목적이 되고 있는 텔레비전──우리의 신체와 우주를 둘러싼 전체는 통제적인 스크린이 되어간다……. 사람마다 자신의 기원의 우주로부터 무한히 거리를 둔 채로 완벽하고 역행하는 주권의 위치에서 고립된 상태에서 가정적인 기계의 통제를 받고 있는 자신을 바라본다.

장 보드리야르, '의사소통의 엑스터시'

1. 공통문화와 가치들

현재의 동일한 프로그램들을 비교해 볼 때 1950년대와 1960년대의 시트콤들, 일일연속극 그리고 시리즈물들의 차이점은 무엇인가? 다양하고 일반적인 많은 텔레비전 생산의 특징 다음으로 경쟁 채널, 프로그램들과 일정들을 지닌 채 오늘날 콘텍스트의 반복과 수용은 BBC와 ITV가 '국가'에 방송을 할 수 있는 유일한 두 채널이었을 때와는 광범위하게 다른 것처럼 보인다. 가령 엘리자베스 2세의 즉위식은 시민들이 공통문화를 공유했던 국가를 위해 생산되었던 것인가? 그렇지 않으면 이 공통문화는 물질적이고 경계가 있는 영역만큼 정규적인 이상으로서 실제적인 것보다 신화적인 것을 엮어 놓는 것이 훨씬 더 어려운 것인가? 1950년대 초기와 비교해 보면 오늘날 국가의 '삶의 방식'은 좀 더 복수적으로 나타난다. 런던에서 거행된 2002년 골든 주빌레 식장에서 재현된 삶과 문화들은——외관에 불과할지라도——50년대 초기의 즉위식에서 명확하지 않았던 다양성을 반영한다. 이러한 복수성의 결과로서 문화적 차이 혹은 문화적 동일성을 기초로 하여 프로그램들이 생산되고 소비되는 것인가? 오늘날의 청중들은 1950년대 청중들이 그러지 않았던 방식으로 분산되고 분절되는 것인가? 다수 공동체들, 하위문화들과 종교적 정체성이 통합된 청중을 형성하려고 결합되어 나라에 뉴스와 현행 사실들을 다룬 프로그램들이 방송되는 것인가? 그렇지 않으면 더 이상 프로그램들이 공유된 문화적 정체성을 기초로 해서 생산되지 않거나 소비되지 않는 것인가?

'포스트모던'한 세계에서 아마도 공유된 문화들, 가치들과 정체성들의 개념들은 20세기 역사의 최초 순간의 유품들이다. 이러한 질문들이 제기하는 몇몇 종류들의 대답들은 수많은 변이체들에 의존한다. 샤를로트 브런스든(1983, 1987), 린 조이리치(1988, 1990, 1996), 데이비드 몰리(1986, 1992), 그리고 린 스피겔(1992)의 연구에 의하면 나이, 민족성, 직업, 종교적 정체성, 성과 사회 계급들은 국가들, 텔레비전 생산물과 공동체들이 어떤 방식으로 상호 이용할 수 있는지를 본질적으로 알려 주는 요소들이다. 보다 G. W. 브랜트(1993), 존 코기(2000) 그리고 로빈 넬슨(1997)들이 기술한 바와 같이 텍스트성, 특질, 형식과 장르는 서로 다른 질문들을 생성한다. 이론적 관점들은 심지어 훨씬 더 질문들과 대답들을 복잡하게 만든 것이다. 그러나 지난 30년 이상 텔레비전 방송의 활기를 띠게 해왔던 것은 이론적이고 실용주의적이며 사회-경제적인 복잡성들이다. 이 시기에 수많은 모순적이고 사회적이며 문화적이고 정치적 변이체들이 텔레비전 생산과 수용을 둘러싸고 지도해 왔다. 이 책은 텍스트 분석틀, 텔레비전 민속지학 그리고 시청자 연구들이 어떤 방식으로 텔레비전 드라마가 구상했던 방법을 풍부하게 하고 확장시키는 것과 결합하는지를 제시했다. 그러나 우리가 보아왔던 것처럼 정신분석학, 퀴어, 페미니스트 그리고 탈식민주의 비평들은 반복적으로 텔레비전이 투명한 매체가 아니라는 것을 표명한다. 이 영역 안에서 변화들에 대한 요약은 포스트모더니즘, 소비자 자본주의와 텔레비전 연구들과 관련하여 일어났던 몇몇 주요한 전개들을 이해하기 위한 중요한 역사적이고 전후 맥락적인 배경을 제공한다.

(포스트)모던한 영국의 불안정한 통합과 불확실한 분리

1970년대 중반까지의 기간에 영국 텔레비전은 문제적이고 불안정할지라도 사회복지, 자유 국민 건강과 국가 교육, 경제 회생 그리고 국가 계획에 여전히 서약되어 있던 문화와 사회 안에서 소비되어 왔다. 동일한 맥락들이 문자, 영화 그리고 다른 미디어의 생산을 주관했다. 이 시기에 많은 사회적 변동이 있음에도 불구하고 교육, 영국 교회와 BBC 방송 같은 국가 기관들은 자유로운 휴머니스트의 '상식'에 의해 지지를 받는 합의된 가치들에 의존했다.

사라 아메드(1999), 폴 길로이(1987, 1992), 스튜어트 홀(1992a, 1993, 2000) 그리고 사리타 말리크(2002)의 저술이 제안하는 바와 같이 상식, 영국인주의 그리고 국가 소속의 개념들은 문제가 있을지라도 백인주의, 중산 계급의 규범들, 그리고 젠더-성의 구분들에 묶여 있고 현재에도 그러하다. 아놀드적인 가치들과 리비스적인 문학적 미학들이 보편성과 새로운 폴리테크닉 속에서 경쟁해 왔을지라도 정치적, 사회적 그리고 제도적 합의들은 공통 국가문화의 개념에 계속적으로 헌신하려는 지지를 받으려 했다. 의심할 여지없이 대중문화들은 '고급' 문화의 엘리트주의를 위태롭게 했다; 그리고 뉴래프트 운동은 '나이든' 노동력을 대체물로서 움직였다. 그러나 여전히 광범위한 대다수의 학교들은 영국 문학의 정전에 의존했다; 그리고 표준 발음을 따르는 표준 영어의 지배는 문화적이고 언어적 원천의 지속적인 기호들이었다.

많은 문화적 합치와 이후의 '불일치'(이 용어는 1995년[1] 파트리샤 워의 《60년대의 성과》에서 사용되었다)는 대규모의(포디즘적인, Fordist) 산업 생산을 일으켰던 경제와 양식들과 연결되었다. 선박과 자동차 제조의 측면에서 광산업과 철강산업들은 고도의 집약 노동이었다. 그러나 전쟁 후 경제적 합치들을 특징지워 왔던 간섭 정책들은 1차 산업 분야의 붕괴, 공동체 사회의 분열 그리고 공적 영역의 점차적인 민간화에 기여했던 통화화폐주의와 자유**방임주의** 이론들과 실행들에 의해 도전을 받았다. 경제 영역에서 이러한 도전들의 측면에서는 수많은 문화와 이론들의 전개가 특히 개인주의, 수행 그리고 정체성과 같은 자유주의적인 인간의 가치들을 손상시키는 데에 이바지했다. 이러한 관점들과 연결된 몇몇 이름들(장 보드리야르 · 자크 데리다 · 프레데릭 제임슨 · 자크 라캉 · 장 프랑수아 리오타르)은 현재 매우 유명하고, 그들의 이론적 작업은 이후에도 논의된다. 이 이론들은 '포스트모더니즘' 그리고 '포스트구조주의' 라는 현재의 꽤 친숙한 용어로 자주 묶여진다. 물론 어떤 이론도, 포스트모던도 극적이고 허구적이거나 다른 창조적인 실행을 위한 기초를 제공하지 않는다. 그러나 지난 20년 동안의 드라마 작업 안에서 표현된 몇몇 이슈들은 창조적이고 이론적인 작업들이 동일한 협의 사항을 그대로 표현하는 방식들을 드러낸다. 정체성, 언어 그리고 의사소통의 문제들에 대한 포스트모던 이론의 관심들은 자주 민족성, 젠더 그리고 성을 탐사해 왔던 허구적이고 드라마틱한 텍

---

1) 이 기간 동안 위의 연대기화는 지배적으로 문학 연구를 다루고 있을지라도, 지난 40년 동안의 배경에 대항하여 창조적이고 이상적인 산출을 연구하고 있는 사람들을 위하여 매우 유용하다는 것을 증명한다.

스트들 속에서 반영되어 왔다.

주관성, 개인과 국가 정체성 그리고 수행 이론들을 문제화시키는 데에 공헌했던 것은 바로 한편으로는 자유인문주의와 다른 한편으로는 포스트모더니즘과 포스트구조주의 사이에서 1970년대와 1980년대의 팽팽하게 긴장되어 있고 불일치했던 대화들이었다. 경제 전방에서는 1945년 이래로 확장된 복지자본주의의 혼합 경제와 간섭주의가 경제 '자유'에 대한 자유 시장의 '안티 모델'에 의해 계속적으로 의심받아 왔다. 그리고 초기의 노동과 생산에 대한 집산주의적인 억압은 소비 자주의, 자유 그리고 선택을 강조했던 경제 이론에 의해 도전을 받았다. 영국에서 마거릿 대처 정권 기간은 "소유적 개인주의 혹은 사업 기획에 대한 합치의 목표를 개방적으로 대체할 수 있었다"라고 파트리샤 워는 기술한다(1995: 20). 문화 생산이라는 용어에 입각하여 수많은 텔레비전 극작가들, 영화 제작자들, 그리고 작가들은 자신들의 산출물 속에 그러한 긴장감을 반영했다. 앨런 블리세달·하니프 쿠레이시·베리티 램버트·마이크 리·필 레드먼드·페이 웰던 그리고 자네트 윈터슨은 어떻게 '영국'이 공유문화를 가지고 있지 않은 나라이거나 그렇게 구성되지 않고 있는지를 연대기적으로 기술한다. 〈실직한 청년들〉(1982)은 문화와 공동체들이 어떤 방식으로 자유 시장 경제의 결과로서 제도적으로 파괴되었는지를 제시한다; 〈오렌지가 과일인 것만은 아니다〉(1990)는 서로 연대하기 위한 감각을 만들기 위해 종교에 매달려 있는 문제적 가정인 레즈비언의 시선으로 성-젠더의 제도를 노출한다; 〈부처의 교외생활〉(1993)의 민족성과 계급의 탐사는 복잡한 정체성과 욕망을 범주화하는 정도를 드러낸다.

때로는 비평이나 이론보다 이러한 드라마틱하고 창조적인 작업들은 지난 25년 동안의 불확실한 조화와 한정된 분쟁을 심문해 왔다. 전쟁 후 몇 년 동안 영국의 상대적으로 낙관적인 합치를 알리는 지배 담론이 연합과 간섭의 약속을 생성했다는 것에는 의심의 여지가 있다. 그러나 위의 저자들에 의해 드라마는 '공식적인' 국가문화의 합치를 해체하는 데에 효과적임을 증명하는 어린 시절, 가족, 남성성, 성, 민족성과 젠더와 관련한 지배적인 역사들을 보충해 왔다. 1980년대와 1990년대부터 수많은 드라마 시리즈물들(〈크래커〉(1993-), 〈어둠의 가장자리〉(1985), 〈GBH〉(1991), 〈악녀의 삶과 사랑〉(1986), 〈빛나는 형사〉(1986)와 〈투티 프루티〉(1987))은 리얼리즘, 초현실주의, 고딕, 행동-스릴러와 공포를 한데 섞어 작동한다. 코기는 몇몇 드라마 속에 "점차적으로, 때로는 거의 미세해 보이는 광기의 침입——개인과 제도들과 관련한——그리고 초현실로의 리얼리즘의 변형이 어떤 방식으로 존재하는지를 논의한다"(2000: 205). 트로이 케네디 마틴의 〈어둠의 가장자리〉(BBC, 1985)는 리얼리즘의 전통들을 유지하면서 자연주의로부터 벗어난 제한적인 움직임이다. 앤드류 라벤더의 말로 표현하자면 대처-레이건 기간 동안의 정치적 비평 영역으로써 그리고 행동드라마의 영역으로써 드라마는 '논쟁적인 리얼리즘,' '시적이고' 그리고 '신비적인' 것과 연관된 전략들을 펼친다(브랜트 1993: 104-5에서). 마찬가지로 〈악녀의 삶과 사랑〉(BBC, 1986)은 웰던의 고딕스럽고, 판타지적이고, 초현실적이며 공포적인 소설적 환영을 활용하는 BBC 드라마의 리얼리즘적인 형태로부터 벗어난다. 드라마의 페미니즘적인 합의 사항은 어떻게 전통적으로 소수 주체들이 자유로운 인간 가치들을 파괴하는 것이 가능한지——혹은 그렇지 않은지——를 탐구하면서 여자들의 역할과 가사와 관련한 문제들을 역설한다. 고딕스러워 보이는 여성 영웅은 어머니가 되고, 아내가 되며, 연인 그리고 임금 노동자가 되는 것을 계획하는 지배적인 판본(version)에 저항한다. 드라마와 소설 양쪽 모두는 전통적으로 가부장제와 관련된 내러티브 전략들에서 벗어나는 비참여적 형태인 리얼리즘의 관습에서 벗어난다. 그러나 거기에는 여전히 모순이 남아 있고 한 시기, 그리고 다른 시기 사이에 이루어질 수 있는 명백한 어떠한 파괴도 존재하지 않는다.

많은 자연주의자/사실주의자, 모더니스트 그리고 실험적인 드라마는 1970년대 후반 이래로 정치적 통합과 1974년 전의 시기를 정형화하는 것으로 여겨지는 문화적 응집을 넘어서는 모순적이고 어두운 면을 추출해 낸다. 그러나 워가 지난 40년에 대해 말한 바와 같이, 이 앞의 시기는 "합치의 부적절함을 갖고 있는 심오한 불만족을 드러낸다." 그리고 1980년대는 "대처 정권 기간 동안의 무자비한 야욕에 동일하게 반응한다"(1995: 20). 텔레비주얼한 간섭이 '영국적인 것'으로 의미화되는 단일하고 총체적인 판본들을 파괴하는 데에 작동해 왔던 것은 이 이접적(離接的)인 문화적 맥락 안에서이다. 때때로 이것은 풍자적이고 유머스러운 방식들의 혼합된 장르들의 형태 속에서 이루어져 왔다. 〈다 알리 지 쇼〉(2000), 〈이것 참, 어렵쇼〉(1998) 그리고 〈김미 김미 김미〉(1999)는 영국인의 반을 차지하는 **타자**를 시각적으로 구성하는 데에 실패해 왔던 인종과 성과 관련한 초기 판본들을 공격하면서 민족성과 성이 국가 정체성과 개인 정체성에 어떤 방식으로 영향을 주는지를 부분적으로 제시한다. 〈오늘날〉(1994), 〈브래스 아이〉(1997-2001) 그리고 〈젠틀맨 리그〉(1999-)는 공동체, 가족 그리고 합치된 도덕성에 대한 의심스러운 개념을 호출한다. 그러나 영국인의 문화적 혼종성에 대한 의문 혹은 실험적이고 개혁적이며 혹은 미약하게나마 '포스트모던한' 산물 속에서 실행된 정체성의 파괴는 리얼리즘적이고 사회-리얼리즘적인 드라마들과 대조적으로 위치한다.

2. 텔레비전 드라마와 포스트모더니즘

포스트모던한 상황 속에서의 텔레비전

장 프랑수아 리오타르의 《포스트모던의 조건: 지식에 대한 보고》

(1984)는 문화적 혼종성과 포스트모더니티의 바라보기 맥락 사이에 있는 관계들에 대해 토론을 시작하는 데에 있어 유용한 자원이다. 그의 저술은 '포스트모던한 상황'이라 부르는 것의 출현에 기여해 왔던 사회적·경제적 그리고 문화 수행들 안에서의 수많은 도전들을 강조한다. 근대 사회들이 응집, 중심화 그리고 봉쇄에 의해 거대하게 특징화된다면, 포스트모던 사회들은 분열, 비중심화 그리고 분산으로 특징화된다. 리오타르의 저술은 과학적 지식의 권위가 그 진실로서 자신을 드러내는 능력 안에 입각했을 때였던 계몽과 근대의 시기와, 지식의 지위가 좀 더 의심스럽고 모순적인 포스트모던 시기를 대조하면서 지식의 지위와 기능을 강조한다. 과거의 거대하거나 지배적인 내러티브들이 현재 미시적이거나 작은 내러티브에 그들의 힘을 양도했다는 것이 리오타르 논의의 중심이다. 주요한 교리들의 기초 위에서 세계와 인간 역사를 설명하는 거대한 내러티브들은 과거와 현재에 대한 보다 강제적인 설명들로써의 다른 것들과 경쟁하도록 현재에 강요받는다. 갈등은——개인적이거나 사회적인 종류의——총체적이거나 거대한 설명들이 갈등이 일어나고 해결될 수 있는 방법들에 대한 용어들을 구축하기 때문에 항상 해결된다. 예를 들어 프로이트적인 정신분석학은 치료를 기반으로 하는 심리적 해결을 보장한다; 고전주의적인 마르크시즘 이론은 계급적 갈등을 극복하는 방법으로써의 해결을 강조한다; 그리고 자본주의는 자기-정당화의 이론적 해석이 개인적 부를 창출한다는 거대 서사 주변에서 구성된다. 이 모든 형태들 속에서 개인 주체는 완전하지 않음에도 불구하고 변화될 수 있는 사회에 자리 잡는다. 지식과 과학은 사회적 진보와 전진과 관련하여 의미를 이해할 수 있다. 근대에 과학은 "자신을 메타 담론과의 관계 속에 정당화시킨다"고 리오타르는 논의한다(1984: xxiii). 사회는 이성의 담론 안에 기초하고 있었고 과학과 진실은 '근대적'이다.

포스트모던한 이론들은 진실이 얼마나 상대적이고 우연적인지를 제시하는 만큼 진실에 관한 담론을 방기하지 않는다. 포스트모던 사회에서 진실은 기능이라는 용어 안에서 유용하다. 그러나 진실의 생산은 좀처럼 종교 혹은 과학의 거대 서사들에 묶여 있지 않다. 리오타르의 포스트모던 사회는 분열, 리비도적인 무정부 상태, 다양성과 절충주의로 특징지워진다. 근대성과 비교해서 권력과 진실의 원천들은 균열되고 분산된다. 언어는 욕망의 게임, 다른 것들과 경쟁하는 하나의 언어적 체제가 되면서부터 그것의 지시적 기능을 상실한 것처럼 보인다. 스타일, 패션과 취향들이 결코 '내부에'도 '외부에'도 존재하지 않는 동시대 문화의 다면적이고 절충주의적인 특성은 텔레비전이 프로그램들, 스케줄 그리고 산출물을 조직하는 방식 속에 반영된다. 텔레비전 시간은 항상 '현재적'이다; 스튜디오와 기술은 한순간에 과거를 재창조할 수 있다; 그리고 인공위성과 디지털 수단 때문에 '현재'의 가능성을 제공했던 멀티-채널의 세계는 청중들이 허용할 수 있는 만큼 채널들에 대해 다수적이고 즉각적이다. 광고와 뮤직 비디오들은 그들의 세계와 캐릭터들을 창조하는 데에 있어서 시각적으로 놀랍다; 일일연속극의 플롯들은 '총리의 문제들(Prime Minister's Questions)'에서 토론되었다; 그리고 범죄와 정의를 다루는 프로그램들은 강도, 폭행과 살인을 극화한다. 초기 영국 방송과 비교해 보면 단지 다섯 개의 채널에서 접근 가능했던 이미지들, 장르들 그리고 스타일들의 범위는 거대하다. 장 보드리야르와 피에르 부르디외에 따르면 미국의 텔레비주얼한 공간-시간은 연대기적 시간보다 더 리얼한 것처럼 보인다; 그러나 시간과 공간은 텔레비주얼한 기술들에 의해 불구가 되어 있고 동강나 버렸다; 그리고 멀티적인 일반 프로그램들이 끊임없이 재순환되는 소재의 잔여물과 조각들을 시청자에게 남긴다고 간주된다.

피에르 부르디외(1998)의 동시대적 프로그램들에 대한 비평은 프랑스의 대중적인 텔레비전의 비정치적인 경향들로써 간주한 것에 유의한다. 부르디외의 저술은 사회적인 것으로 확장되는 반면에 포스트모던한 미디어 문화들에 대한 그의 통찰은 이와 같은 현재의 아우트라인에서 유용하다. 제임슨(다음을 보라)처럼 부르디외는 "[텔]레비전 권력의 확산"(1998: 44), 그리고 "일상적인 모든 것"을 만드는 그의 능력에 대해 기술한다(인용.). 서구와 같이 텔레비전의 이미지들이 중심적이고 상징적으로 지배적인 사회 영역 안에서, 그리고 "순수오락 [그리고] 의식이 부재하는 잡담 형태의 토크 쇼"(인용., 3)가 "분석적이고, 철저히 파헤치는 인터뷰들 [그리고] 진지한 다큐멘터리들"(인용.). 위에서 특권을 갖는 영역 안에서 "[연]속적이고 영구적인 불평등의 관계성들"(인용., 40)이 생략된 채로 위험에 처해 있다. 부르디외가 "과거의 온정주의적이고 교육적인 텔레비전"(인용., 48)에 대한 향수를 공유하지 않는 동안에 그는 그럼에도 불구하고 '대중적 취향들에 대한 선동적인 대중추수적인 자발성은(인용.) 온정주의적인 1950년대와 1960년대에 부과되었던 것만큼 텔레비전의 "민주적 활용"(인용.)에 아주 많이 위협적이라는 것을 동시대의 텔레비전 속에서 바라본다. 부르디외의 연구를 통해서 그는 시청자들에 대한 텔레비주얼한 이미지들의 영향뿐만 아니라 '국가 미디어'와 "훌륭한 대다수의 저널리스트들에게 사상들, 포뮬러 그리고 전술의 모델이자 원천으로써 이바지하는, 특히 미국 텔레비전의 상징적인 영역"(인용., 41)에 소속되어 있는 '상징적인 중요성'을 강조한다.

프랑크푸르트 학교의 전통에 속해 있는 이론가인 위르겐 하버마스(1985) 또한 포스트모던 이론에 신중하다. 하버마스에게 있어서 근대와 계몽의 기획들은 여전히 불충분하고 미완적이다. 보수주의적이고 반응주의적인 하버마스에게 보여지는 리오타르 같은 포스트모더니티 이론가들은 의사소통과 대화가 비교하기에 불가능하거나 불필요하다는 방식들을 인정하지 못한다. "매일 일상의 커뮤니케이션 속에서 인식적인 의미들, 도덕적 기대감들, 주관적 표현들과 평가들은 서로 관계해야 한다"(1985: 11). 그는 삶과 예술 그리고 "허구와 습관"(인용.)

사이에 있는 경계들의 흐릿함이 정치적으로 위험스럽다고 논의한다. '예술이기 위해 모든 것을 선언하는 것'은 "아주 무의미"한 것이다(인용.). 그는 '일상을 합리화했던' 공공 영역의 중요성이 여전히 성취해야 할 목표라고 강조한다. 영화나 허구 속에서 이루어진 문화적 표현보다 사회 분열의 기원을 이해하려는 데에 열중하는 하버마스는 "근대성과 상실된 결과로써의 기획을 포기하는 대신에 우리는 근대성을 부정하려 했었던 그 엉뚱한 프로그램의 실수를 배워야 한다"(인용., 12).

포스트모더니티[2]의 전망하기 맥락들

포스트모더니티의 이러한 갈등적인 평가에도 불구하고, 포스트모더니티를 전망하는 맥락들을 정형화시키는 특징들에 관한 동의의 몇몇 도구들이 있다. 그리고 다음과 같이 요약된다.

멀티-채널 세계: 최근에 이르기까지 영국 시청자에게 유용한 두 개의 채널은 BBC와 ITV였다. 여전히 꽤 규율적이지만 한편으로 ITV는 상업과 광고, 특정한 지역에 기여했던 그리고/혹은 독립 네트워크에 공영방송 프로그램을 생산했던 그라나다 같은 회사들과 연결되어 있었다. 예를 들어 토니 워렌의 〈대관식의 거리〉는 그라나다와 ITV의 개척적인 일일연속극이었다. 〈주간 스포츠의 세계〉와 〈교차로〉(초판)는 ITV의 지역/국가 범위의 다른 사례들이다. 다른 한편으로 수익이 라이센스 비용과 직접적으로 연결되어 있는 BBC는 자유 시장의 요구에 저항할 수 있었고 시청자의 평가, 대중성 혹은 상업주의의 강압에 얽매이지 않았던 프로그램들을 생산하려 했다. 1990년대를 관통하고 증가 추세에 있으면서 규제를 받지 않은 채 텔레비전 방송에서 훨씬 초

---

2) 유용한 요약과 토론들은 버튼(2000: 39-40, 161-3, 291-302)을 기초로 한다. 크리버(2001: 43-6), 홀랜드(1997: 247-60); 그리고 넬슨의 상세한 요약과 토론(1997: 50-98).

과된 무엇인가와 이해 관계가 있는 채널들, 개인 기업들, 프로덕션 기업들 그리고 투자자들은 채널 4가 1982년에 독점을 저지당했을 때를 상상했다. 비규제에 대해 덧붙여 말하면, 지난 20년 동안의 기술적 발전은 케이블, 디지털, 위성, 온라인-상호적인 유료 시청제 **BBC TV**와 **ITV**에 압력을 증가시켜 왔다. 부분적으로 비규제가 가능하고 가정과 국제 시장의 가능성을 깨달은 **BBC**는 미국과 유럽으로 확대하면서, 24-시간 뉴스 서비스를 제공하면서, 가정에서의 시장 공유를 확장시키면서, 그리고 **ITV**와 관련된 유용할 만한 생산물들을 조사하면서 몇몇 성공에 반응해 왔다. 좀 더 많은 경쟁과 채널들은 시청자들이 필수적으로 문화적이고 민족적이며 혹은 사회적 다양성에 접근할 수 있는 기회를 갖는 것을 의미하지 않는다. 그러나 포스트모던 문화의 특징들 중 하나는 과거의 '대서사들'이 지역——그러나 글로벌하고 소비자 자본주의가 결코 멀리 있지 않은——에 의해 관통되어져 왔던 정도이다.

낡고 새로운 미디어: 시운과 훌텐(1998)은 그들이 '낡은 미디어'——혹은 근대성과 관련 있는 미디어——라고 언급했던 것을 새로운 미디어와 비교해 왔다. 새로운 미디어의 특징들과 기능들은 포스트모던한 상황의 분산된 영역에 보다 일치되는 것 같다. 그들의 분리는 **낡은** 미디어가 포디즘적인 생산과 더 가까이 관련되는 방식을 설명하고 어떤 방식으로 **새로운** 미디어가 보다 소비자, 소비, 경쟁 그리고 시장에 초점을 맞추는지를 설명한다. 오래된 미디어가 독점과 관련하는 반면에 새로운 미디어는 보다 국제 시장에서 자본주의적 경쟁의 요구에 일치한다. 텔레비전은 동시에 지역적이고 세계적이다. 최근 과거의 미디어가 공적으로 기금을 적립하고 몇몇 '민주주의' 혹은 공공 서비스의 감각으로 작동할 수 있었다면 오늘날의 미디어는 '이익'을 기초로 작동하기를 강요받는다; 방송사들은 1980년대보다 더 무자비한 맥락속에서 살아남을 것을 강요받는다. 시민들은 소비자들을 위해 길을 비켜 주고 이웃과 국가의 맥락들은 지금 자본주의 소비자에 관한 세계적

관심 범위 안에서만 의미를 갖는다(시운과 홀텐 1998: 36).

복수적인 스크린들과 다수의 이미지들: 미디어 기술은 다음과 같이 네 가지의 주요 원칙적인 방식들에 근접한 시각적 이미지들을 생산했던 근대성과 관련했다: 회화 · 사진 · 영화 그리고 나중에 텔레비전. 포스트모더니티 안에서 새로운 기술로의 이전은 디지털 사진술, **PC**/인터넷 모니터들, 비디오 게임들, 비디오 레코더들과 캠코더들, **DVD**들, 모바일 폰, 이메일, 팩스, **TV** 프로그램 유료 시청제, 그리고 위성 신청 서비스들은 생산 · 재현 · 기부와 이미지들의 소비 속에서 서로 경쟁한다. 또한 포스트모던을 필수적이거나 근본적인 것으로 만드는 기술에는 특정한 어떤 것도 없는 반면에 기술의 활용은 어떤 원천이나 채널이 진실의 권위적인 조정자로서 스스로 위치할 수 없음을 강화한다. 프랑스 프로덕션 팀에 의한 뉴욕 소방서에 관한 다큐멘터리 제작은 **CNN**과 **SKY** 뉴스가 제공했던 설명들을 보충하면서 2001년 9월 11일에 대한 설명을 제공했다. 다른 비디오의 길이는 9월 11일의 사건과 관련한 프로그램들에 접근되고 있는 많은 이미지들을 추가한다. 그러나 그것들에 대한 이러한 자료들 중 어떤 것도 그 특별한 날의 사건들과 관련한 의미들을 완전하게 설명할 수 없다.

유연한 스케줄과 형식들; 1970년대까지 텔레비전은 보통 자정에 끝을 맺었고 약 일곱 시간 동안 폐쇄했다. 다소 하루는 자주 에필로그나 종교적 (기독교의) 사고들과 일치했다; 그리고 방송국은 애국가를 틀어주었다. 고정된 영역(**TV** 수상기를 소유한 대부분의 가정은 거실에 위치했다)과 관계해서 일어났던 시청, 형식, 장르 그리고 프로그램들의 구조들은 오늘날 보다 더 엄격하게 제한되어 있었다. 예를 들어 〈라디오 시대〉는 **BBC** 프로그램들을 목록화했고 교육적이고 정보적인 것으로 간주되었던 정보를 제공하였다. **BBC**와 **ITV**는 상당히 표준화된 시청 패턴들과 행동에 따라 프로그램화하고 시간 편성을 했다. 어린 시절, 가족, 젠더, 민족성 그리고 나이에 대한 상대적으로 고정된 개념들은 프로그램들이 제한적인 방식으로 설정된 시간 속에 그리고 미약해 보이는 유연성을 가지고 만들어졌다는 것을 의미한다. 몇몇 형식들은 존재하지 않는다(리얼리티 텔레비전, 다큐-일일연속극); 존재했던 형식들은 개별적 실재로써 방송되었다. 다큐멘터리들, 드라마들 그리고 일일연속극은 현재 혼성된 형식으로 생산된다. 다큐-일일연속극, 드라마-다큐 그리고 다큐-드라마들은 초기 형태처럼 대중적으로 소비된다. 최근에 은행 자동 납부 때문에 라이센스 비용을 지불한 BBC 광고는 다양한 다른 장르들의 모방작인 BBC의 〈사무실〉(2001)과 매우 비슷하다. 채널들이 절대적으로 실재적이고 허구적인 것을 흐릿하게 해왔다고 주장하는 것이 정확하지 않은 반면에 텔레비전의 '근대' 시기는 다소 확고한 구별일지라도 보다 명확한 것을 향해 나아갔다.

리얼리즘과 자연주의; 실험과 반영성; 한스 베르텐의 《포스트모던의 사고》(1995)는 포스트모더니즘과 재현의 사고와 관련하여 몇몇 주요한 지점들을 요약한다. 그는 경험적이고 포스트모던한 관점들을 구별한다. 경험적 견해는 '언어가 리얼리티를 재현' 할 수 있다, 그 언어는 "투명하고, 세계에 난 창이며, 그리고 지식이 리얼리티에 대한 우리의 직접적인 경험을 끄집어 내어 일으키며, 언어에 의해 왜곡되지 않고 오염되지 않는다고 간주한다"(1995: 6). 리얼리즘과 자연주의는 세계를 향한 경험적 견해 속에 기반하는 정도이다. 이러한 틀 작업 안에서 리얼리티가 묘사될 수 있다는 것은 의심할 여지가 없다. 리얼리즘과 자연주의 형태는 허구적이고 비허구적인 방식으로 세계의 진실을 재현할 수 있다. 포스트모던 이론은 이러한 경험주의를 거절하고 "언어의 재현적 기능을 포기하고 세계를 반영하기보다 언어가 구성하는 사고 속에서 포스트구조주의를 따른다"(인용.). 데리다와 라캉의 포스트구조주의의 영향을 받지 않은 베르텐은 지식은 항상 '언어에 의해 왜곡된다고 주장한다. 요컨대 그것이 제기하는 역사적 상황들과 특정한 환경들에 의해 왜곡된다"(인용.). 이 현행 논쟁에서 중요한 것은 언어 혹은 재현의 외부에 있는 주관성이나 자아 감각이 전혀 없다는 것이다. 포스트모던 세계에서 텔레비전의 명성은 역할 모델이 된다; 재능 있는 쇼들은 명성을 보장한다; 그리고 광고들은 그들이 생산과 물품을 향상시킨 만큼 정체성을 구성한다. "근대성의 자발적 주체는 객관적으로 이성적이고 자기 결정적이다. 그렇지 않으면 언어에 의해 구성되고 그 안에서 크게 결정되는… 포스트모던한 주체에게 양보한다"(인용.).

텔레비전, 포스트모더니즘과 프로그램 형태

앞에서 '포스트모던'과 '포스트모더니즘'은 시기별 형태로 전개되어 왔다. 그러나 이 용어들은 또한 '모던'과 '모더니즘'과 관련된 개념들에 대조적으로 사용되어져 왔다. 후자 용어들은 흔히 20세기 초기의 아방가르드 글쓰기, 예술 그리고 드라마를 기술하는 데에 활용되곤 한다; 그리고 '포스트모던'은 동시대의 문화들을 기술하기 위해 1970년대 후반 이래로 대중적으로 사용되어 왔다. 모던(이스트)한 문화는 항상은 아닐지라도 자주 경제에 의해 부과되는 한계들에 묶여 있지 않은 '예술가'가 생산한 무엇인가로써 자동적으로 상상된다. 포스트모던(이스트)한 문화는 보다 소위 고급문화와 대중문화 사이의 구분이 흐릿해지는 후기-자본주의 소비자 문화들과 관련된 다른 출처들로부터 절충주의적으로 빌려온다. 포스트모던한 문화의 절충주의는 라이스와 워의 유용한 요약에서 포착된다:

동시대 문화 속에서 이루어지는 스타일의 다양성과 복합성은 외관을 기초로 하는 분절과 강조로 특징지워지는 상황 속으로 이끈다……. 포스트모더니즘은 일반적으로 문화 속에 표현(signifier)의 영역을 확장한다. 그리고 좀 더 급진적인 의미의 '상실'을 설정한다; 그것은 사회 문화 영역 안에서 의미를 조직하고 통제하는 언어의 기능과 능력에 대한 의심을 추출한다; 그것은 이데올로기의 합리 안에서 유지되는 사회적 매체들의 역할을 다시 추출한다; 그리고 그것은 끊임없이 이론에 대한 합리적 설명을 제거하는 행위로써 그것을 간주하는 소비를 강조한다 (1989: 259-60).

포스트모던 문화를 절충주의로 언급한다면, 포스트모던한 텍스트들은 다른 재료들을 고전적으로 강탈하고 재배열한다. 우선 먼저 요약해 보면 포스트모던한 텍스트들은 흔히 (a) 다른 미디어로부터 원천들, 형상들 그리고 이미지들을 강탈해 온다; (b) 빗대고 놀기 좋아하는 형태로 초기 미디어의 구성을 재작동한다; (c) 다수적이고 분열적인 것으로써 리얼리티를 재시각화하고 재구성한다; (d) 텍스트적이고 주제적이며 서사적 응집을 파괴하고/혹은 위협한다; (e) 단일한 논리에 반대하며 복수적으로 작동한다; (f) 형식적이고, 일반적이며 스타일리스틱한 경계들을 흐릿하게 한다; (g) 인지되거나 친숙한 전경들이 불완전하고 하이퍼리얼한 것처럼 보이도록 하기 위해서 공간과 시간의 감각을 혼란스럽게 한다; (h) 유동적이고 분열되거나 파편화된 '주체들'을 대신에 제공하면서 완전하게 형성된 개념들 혹은 총체적인 '인물'을 위협한다; (i) 텍스트에 대한 단일한 독서를 강요하는 독자의 시도들을 어리벙벙하게 한다; (j) 고급문화와 대중문화 사이의 구별을 어둡게 한다; (k) 결론이 나지 않고 열린-결말 형태로 끝나는 것처럼 보인다.
  궁극적으로 많은 비평가들에게 있어서도 한 시기가 다른 시기와의 비교를 통해 어떻게 기술되는지에 대해서는 어떠한 갈라짐도 결렬도 존재하지 않는다. 텔레비전은 포스트모던 이론의 중심 역할을 해왔다. 물품, 이미지들과 소리들에 대한 소비자 상품이자 전달자로서 텔레비전은 전형적으로 포스트모던 이론가들인 장 보드리야르와 프레데릭 제임슨에 의해 간주된다. 제임슨에게 있어서(1985) 텔레비전 기술은 대중매체에 의한 고급문화의 사라짐과 침식과 관련한다. 포스트모던 문화에 대한 그의 설명은 두 갈래이다. 한편에서 제임슨은 후기 자본주의 혹은 소비자 문화가 모조품에 의해 전형화된다는 것을 논의하면서 포스트모던 문화의 실제를 탐사하기 위해 패러디와 모조(pastiche)의 개념을 사용한다. 두 용어들이 다른 형태들을 모조하는 것과 관계하는 동안 패러디는 모조된 사람이나 사물을 조롱하고 풍자하는 효과를 가지고 있다. "형태들의… 독특함을 자본화하고 개성들을 사로잡는"(1985: 113) 패러디와 달리 모조는 패러디의 동일한 기질 속에 있는 원천들을 도출하면서 절충주의적으로 형태들을 섞어 놓는다. 그러나 "풍자적인 충격이 없고, 웃음이 없다……. 모조는 유머의 감각을 상실해 왔던 패러디, 바로 공백 상태의 패러디이다"(인용., 114).

　다른 한편으로 텔레비전은 일반적으로 포스트모던한 미디어의 측면에 있고 시간에 대한 정신분열증적(흐릿하고 분열되어 있으며 다수의 의미로) 경험의 부분이다. 자크 라캉의 저술에서 이끌어 내면서 제임슨은 포스트모더니즘과 정신분열증이 표현들 사이의 관계성의 동일한 붕괴로 표징된다고 제안한다. 의미에 대한 구조주의적 설명들이 단어들, 의미와 언어 외적인 리얼리티(단어들은 실제로 물질 세계의 사물들을 지칭한다) 사이의 상호 관계성에 대한 몇몇 정도에 의존하는 반면에, 포스트모던하고 포스트모더니스트들의 설명은 표현들이 세계의 사물들에 대한 안정된 의미를 지칭하는 것이 아니라 좀 더 표현하는 것에 주안하는 것을 지칭한다. 과거와 현재의 물질적인 리얼리티들이나 언급들에 대한 역사적 감각은 고립, 비연속성 그리고 비응집성의 감각을 생성하는 포스트모던 미디어에 의해 문제화된다. 과거의 감각을 제거하거나 어둡게 만듦으로써 어떤 텔레비전 프로그램들, 그리고 특히 비디오텍스트들은 영원하고 끝없는 현재 순간의 감각을 생산할 수 있다. 개인의 경험적인 정신분열증을 가지고 있는 것에서처럼 텔레비전은 세속의 연속성이 붕괴하는 "현재 안에 있는 세계의 분화되지 않는 비전"을 제공하는 것 같다(인용., 120). 포스트모던 문화는 모더니즘이 그랬던 것처럼 '기념비적인' 텍스트들을 생산하지 않지만 "끊임없이 선재적인 텍스트들의 파편들을 다시 섞어 놓는다"고 제임슨은 논의한다(인용.).

상징들과 이미지들이 보드리야르가 관심을 갖는 리얼리티의 중재와 구성과 관련하는 것처럼 보이는 것은 권력이다. 그는 또한 자신의 논의를 실현시키기 위해 1983년에 출간된 자신의 책인 《시뮬라시옹》의 개념들을 전개하면서 미국의 대중매체를 도출한다. 보드리야르는 자주 모든 리얼리티의 개념들을 이론화하는 어떤 사람으로서 간주된다. 자본주의 세계에서 궁극적으로 이익을 목적으로 하는 미디어 기술은 리얼리티를 결정한다. 마셜 맥루안과 같은 노선에 있는 보드리야르는 미디어가 메시지라는 것을 제안한다. 그러나 보드리야르의 책에는 메시지 안에 남겨진 의미가 많지 않으며 메시지가 도달하는 어떤 확실성도 없다. 그리고 그 메시지는 점점 더 메시지들 속으로, 점점 더 이미지들 속으로 우리를 이끈다. 포스트모던 세계에서 이미지들, 언어들 그리고 기호들은 어떤 각도로 세계 '밖의 거기'를 굴절시키고 반영하는만큼 리얼리티를 구성한다. 그의 가장 영향력 있는 《시뮬라시옹》(1983) 안에서 보드리야르는 동시대 문화들이 더 이상 어떤 기원들을 갖고 있지 않은 이미지들의 주변에 기초한다고 논의한다. 영화와 텔레비전 그리고 광고에 의해 생성된 공간적이고 시간적 영역은 중재된 세계에 반대하는 '리얼'한 것으로 받아들여진다. 근대 혹은 20세기 초 문화 속에서 기호는 외부-텍스트 리얼리티와 연결된다. 그리고 재연은 객관적이거나 주관적인 리얼리티들을 반영하는 기능을 했다.

포스트모더니즘의 하이퍼리얼하고 시뮬레이트한 영역 안에서 이미지들은 외부-텍스트 대상과 조금도 혹은 전혀 연결되지 않는다. 텔레비전의 잠재적인 이미지-창조하기는 실제적인 것과 허구적인 프로그램들이 더 이상 명확하게 구별되지 않는다는 보드리야르의 저술 안에서 추출된다. (또한 부르디외가 만든 비평주의) 시뮬라시옹은 "기원이나 리얼리티 없이 실재의 모델에 의한 생성을 남긴다: 하이퍼리얼"

(1983: 2). 그러나 시뮬레이트한 세계의 결과 중 하나는 사실과 판타지, 진실과 잘못, 그리고 더 이상 문제가 없는 것처럼 보이는 물질과 비물질 사이의 구별이라는 점이다. "삶 속으로의 TV의 분해 [그리고] TV 속으로의 삶의 분해"(인용., 55)는 보드리야르가 미국 텔레비전과 미디어 기술들에 의해 생성된 흐릿해 보이는 구별들을 기술하는 방법이다. 보드리야르 평가의 정교함과 영향은 나중에 고려된다. 그러나 보드리야르, 제임슨과 리오타르 같은 비평가들의 작업은 포스트모던 형태의 주요한 형태적 특징들과 관련한 다음과 같은 요약을 제공하는데에 기여한다.

텍스트 리얼리티들: 많은 이론가들은 포스트모더니즘이 어떤 방식으로 재현의 가능할 만한 형태로서 리얼리즘을 방기하지 않는지를 설명해 왔다. 보다 포스트모던한 텍스트들은 재현과 리얼리티의 중재되고 텍스트적인 성향에 초점을 맞추기 위해 다른 형태들과 혼합하여 리얼리즘을 전개한다. 1977년 초기에 롤랑 바르트의 콜레주 드 프랑스에서의 '취임 강연'([1977] 1993a)은 리얼리즘과 중재를 둘러싼 논쟁들을 포착했다. "리얼한 것은 재현적인 것이 아니다. 왜냐하면 사람들이 문학사에 있는 용어로 그것을 재현하려고 하기 때문이다"(1993a: 465). 바르트의 논의는 외부–텍스트의 리얼리티의 거절이 아니라 그만큼 리얼리티의 구성과 재현의 문제적인 성향에 유의하자는 거절이다. 그러나 보드리야르에 따르면 영화적이고 텔레비주얼한 리얼리티들은 '실재' 세계이다. 포스트모더니즘의 하이퍼리얼한 영역 안에서 '실재' 이미지들은 "더 이상 실재가 아니다"(보드리야르 1983: 25). 마이클 리안은 "문화적 기호들이 새로운 본질들, 새로운 사회적 형태들, 새로운 행동과 사고의 방식들, 새로운 태도들을 창조하고 불러일으키면서 그들 스스로 적극적인 대리자가 되어가는" 상황으로서의 하이퍼리얼리티에 대해 기술한다(1988: 560).

다수–산만한 영역: 어떤 담론도 장르도 확고한 방식으로 의미를 구조화시키는 데에 이바지하지 못한다. 몇몇 비평가들은 포스트모더니즘이 불확정성으로 표징된다고 결론을 짓지만, 피터 니콜스는 "비해결적인 **모순**"(1966: 52; 기원을 강조한다)이 좀 더 포스트모던한 텍스트들의 지배적인 특징이라고 제안한다. 이러한 모순들은 자주 고급문화에 대중담론을, 허구에 사실을, 그리고 장르에 장르를 혼합하고 흐릿하게 만든 결과로써 발생한다. 과학, 철학, 종교, 도덕 그리고 예술 담론들은 마지막 의미를 결론짓는 어떤 코드도 어떤 내러티브 관점도 제공하지 않는 텍스트 구성 속에서 서로 경쟁한다. 바르트는 다시 《저자의 죽음》(1977)에서 포스트모더니즘의 몇몇 형태를 포착한다. 텍스트는 "글쓰기의 다양성, 그것들 중 어떤 것도 기원이 없으며 혼합되어 있고 부조화스러운 대다수 규모의 영역"으로서 간주된다(인용., 146). 기원을 거부하는 것으로서 비권위에 대한 바르트의 강조는 포스트모던한 텍스트들이 역사와 "문화의 헤아릴 수 없는 중심의 재작업"(인용.)인 만큼 그다지 새롭거나 혁신적인 것은 아니라는 방식을 밝히는 데에 있다. 리오타르가 제안한 바와 같이 포스트모더니즘은 파괴적이고 모순적이며 제멋대로의 파트너인만큼 모더니즘과 절연하지 못한다.

일시적 혼란: 흔히 포스트모던 텍스트들은 리얼리스트와 자연주의자들의 작업에서 관찰되지 않는 방식 안에 시간과 공간을 혼란스럽게 만든다. 심지어 시간에 대한 심리적이고 주관적인 경험에 연대기적인 것을 섞어 놓는 모더니스트의 작업들은 혼란 혹은 부정확성에 반대하는 것과 같은 크기와 깊이에 기초한다. 딕 헤브디지는 시간에 대한 포스트모던한 개념 속에 "과거는 형태에 대한 재미있는 범위, 장르들 [그리고] 결합되고 마음 내키는 대로 재결합되기 위한 의미 있는 실제들로써 행연되고 다시 행연된다고 제안한다. 그때(그리고 거기)는 현재(Now) 속에서 포섭된다"(1989: 277). 시간과 시간성은 보드리야르와 리오타르의 저술 속에서 문제화된다. 그들의 저술은 포스트모던 문화들이 기호들, 이미지들 그리고 과거와 연결되어 있는 관점들을 어떤 방

식으로 재생하는지에 대해, 그러나 어떤 과거도 다른 과거 위에서 특권을 부여받지 못하는 것에 대해 기술한다. 역사는 그것이 거절되기보다는 해체된다(과거 이미지들은 현재를 알려 준다). 이미지들은 서로 충돌하고 경쟁한다; 꿈 같은 상태들은 객관적이고 사회적인 것에 심리적이고 주관적인 것을 혼란스럽게 한다; 사실과 허구의 영역들은 더 이상 구별되지 않는 것처럼 보인다; 그리고 얼마 안 되는 프리미엄이 의미에 대한 텍스트의 다른 영역들에 대한 감각을 만드는 데에 자리 잡는다. 제임슨은 "포스트모더니즘을 이미지들 속으로 리얼리티의 변형으로써 일련의 영구적인 현재 속으로 시간의 분절로써 기술한다"(제임슨 1985: 125).

파편화된 주체들과 자아들: 프로이트의 작업은 어떤 방식으로 자아가 이드, 에고 그리고 수퍼 에고의 개념과 연결된 채로 의식과 무의식 영역을 구성하는지에 관심이 있다. 그의 저술은 자아가 단일하기보다는 세 갈래이지만 라캉주의적이고 포스트구조주의 이론에 위치하고 있는 파편화되고 분열된 주체와는 상당히 다르다는 것을 제안한다. 포스트모던 세계에서 자아는 언어와 담론으로부터 구성된 '필수적인 허구'이다(《발전된 도덕성》, 1995). 자아에 대한 라캉주의적 개념들은 환영적이고, 상상적이며 관계적인 상태를 가정한다. 그리고 주디스 버틀러의 《젠더의 문제》(1990)는 어느 누군가가 해부학적으로 남성 혹은 여성으로 판명되어 여자 혹은 남자로 태어날 것이라는 사실이 틀림없다는 반면에, 육체를 젠더화하고 정체성을 수립하는 것은 문화이자 사회라는 것을 주장한다. 소녀는 태생적인 소녀가 아니라 '소녀'가 되는 과정에 즉각적으로 종속된다(분홍색 옷들, 어떤 이름들과 다른 것들이 아닌 이름들 등등); 소년들은 마찬가지로 소년들로 만들어진다. 포스트모던 담론 속의 정체성은 고정된 것도 아니고 우리가 간단하게 선택하는 것도 아니다. 버틀러가 제시한 바와 같이 젠더와 성을 통해 정체성의 확실한 고정은, 출생할 때 형성된 것처럼 정체성이 자연스럽게 보이기 때문에 정확히 계승된다. 그녀의 저술은 왜곡과 언어(푸코)를 갖고 있는 사회적이고 심리학적(라캉)인 복잡한 내부-작동이 마지막 닻 혹은 땅을 가지고 있지 않은 주체를 구성하는 데에 이바지한다는 것을 보여준다. 앤소니 엘리엇은 "포스트구조주의자들의 정신분석학적 분석 안에서… 자아에 대한 환영적인 성향에 대한 강조는 외관, 이미지들 그리고 파편들에 대한 포스트모던한 강조와 교묘하게 들어맞는다"고 논의한다(2002: 34).

3. 두 가지 사례 연구

포스트모더니즘과 포스트모더니티는 스타일과 동시대의 문화, 그리고 지식과 사회 각각에 관한 토론에서 전개하는 용어들에 대해 종지부를 찍는다. 한편으로 포스트모더니티는 모더니티 이후의 기간을 언급한다. 다른 한편으로 포스트모더니즘은 모더니즘 이후의 기간을 언급한다. 최근의 텔레비전 드라마를 탐구하고 이해하기 위해서 이러한 용어들이 보다 얼마나 도움이 될 수 있는가? 앞서 언급한 바와 같이 텔레비전이 자주 포스트모더니티의 조건과 관련하여 토론되지만 극적인 텍스트들이 유사한 방식으로 포스트모던하다고 가정하는 것은 안전한가? 형태, 장르 그리고 콘텐트가 자주 의심을 받게 되는 상황에서 리얼리스트 텍스트들이 곧이곧대로의 방법으로 호소하는 것은 가능한가? 그 사례 연구에 선택된 텍스트들은 경험적인 영국뿐만 아니라 대중적인 미국의 결과물을 반영한다. 데이비드 린치의 〈쌍봉우리〉는 미국과 영국 그리고 유럽에서 계속적으로 대중적인 동경을 받고 있는 미국 텔레비전 드라마(그리고 영화)를 반영하기 위하여 선택된다.[3] 그것의 포스트모던한 상태는 이 미국 시리즈물이 발생시킬 수 있는 끝없는 의미들을 주제로 한 웹사이트들과의 협의에 의해 추가적으로 확인된다. 미국의 산출물(예를 들어 〈쌍봉우리〉 〈마이애미 바이스〉 〈버피와 뱀파이어〉)은 영국과 미국에서 비난받고 찬미되었다. 그리고 몇몇 이 비평에 대한 고찰은 초기의 주장을 확대시킨다. 〈소피의 세계〉(1995)는 포스트모던하고 경험적인 텔레비전과 관련된 몇몇 부정적인 비평에 대한 반발로써 선택된다. 1990년대 중반의 BBC2 프로덕션은 노르웨이의 요슈타인 가아더가 쓴 소설로부터 시작했다. 텔레비전 버전이 폴 그린그래스와 마이크 풀이 포스트모더니즘의 그 소설 자체의 양식과 장치를 복잡하게 만드는 수많은 문제의 전략에 의존하는 것을 알고 있을지라도 그 소설의 판매와 번역은 그것의 대중적인 상태를 증명한다.

〈쌍봉우리〉(1989): '꿈속에 나오는 모든 캐릭터들이 당신일지도 모른다.' (Log Lady)

데이비드 린치의 〈쌍봉우리〉는 종종 포스트모던한 영화와 텔레비전 드라마의 많은 양식적 특징을 드러내는 사례 작품으로써 언급된다. 그런 이유로 인해 이것은 포스트모던한 문제를 이해하기 위해 활용되는 유용한 텍스트이다. 그러나 이것은 또한 텔레비전과 포스트모더니티에 관한 초기의 토론에서 제기되는 문제와 관련하여 텔레비전 시청하기의 배경과 윤리에 관한 중요한 질문을 제기한다. 한 층위에서 이 드라마는 로라 팔머의 살인자를 둘러싼 사건들에 관하여 말한다. 물론 TV 시리즈물에서 살인자에 관해 특별히 이상한 것은 아무것도 없다; 극적인 내러티브를 유발하기 위하여 수사 장르를 이용하는 것은 매우 일반적이다; 그리고 범죄에 대한 핵심 수사(이 경우에 FBI 수사관 데일 쿠퍼(카일 맥라클란이 연기한)) 연구를 하는 것은 대중 텔레비전의 역할

---

3) 이 제작에 대한 에세이 모음집에 대해 데이비드 레이버리(1995)를 보라.

중 한 부분이다. 핵심 캐릭터와 장소를 매주 활용하는 것은 또한 텔레비전 드라마에서 표준적이며 전략적 청중들은 보통 의문을 갖지 않는다. 두번째 층위에서 드라마는 가정 폭력과 관계한다; 또 다른 층위에서 시청자들은 개인적 고립, 역기능적인 공동체와 사회적 소외감을 생각하도록 권고받는다; 그리고 네번째 층위에서 〈쌍봉우리〉를 미디어 재현과 대중문화의 텍스트에 의존하는 프로그램인 텔레비전의 볼거리로써 이해하는 것이 가능하다. 이 마지막 주장을 통해 지속적으로 〈쌍봉우리〉가 실제로 실제(즉 포스트모던한 실제) 세계라는 것이 주장될 수 있다. 리얼리티에의 접근은 항상 중재적이고 결코 즉각적이지 않으며 항상 복잡하게 다른 텍스트들을 지칭하는 텍스트들을 기본으로 한다.

이 시리즈물은 확실히 복잡하고 또한 생각에 잠기게 한다. 청중들은 분명히 은행 금고실에서 오드리, 피트 그리고 에크하르트에게 무슨 일이 있었는지 알기를 원한다. 매주 시청자들은 정확하게 행성들의 결합이 무엇에 관한 것인지 그리고 누가 사라를 통하여 경찰 브리그스에게 말을 하는지에 대해 궁금증을 가진 채 남겨진다. 우리는 텔레파시 능력의 로그 레이디와 관련한 궁극적 의미를 발견하였는가? 아직 시청자들은 익숙함과 어느 정도의 확실성을 만들어 내는 풍경, 영토, 공간적 차원, 시간, 사람들, 의복, 실내 인테리어 그리고 영화와 텔레비전의 그러한 다른 국면들에 의해 완전히 이화되지 않는다. 그러나 연속극, 영화 누아르의 암시, 히치콕의 영화, 기괴한 긴장감의 전통과 많은 다른 텔레비전 시리즈물, 배우 그리고 양식은 린치의 세계의 정착과 고정에 의심을 갖게 한다. 그러나 린치의 허구적 세계가 그 자체의 **환상**(하나의 극적인 허구의 '리얼리티'는 또 다른 것을 강조하기 위해 사용된다)과 고투하고 있지만 다양한 암시는 일반적으로 린치의 살인자 조사와 〈쌍봉우리〉의 세계에 기여한다. 그러나 로라를 죽음으로 이끌었던 상황이나 동기에 대한 조사보다 훨씬 더 많이 이루어지는 것은 평범하지 않은 살인자에 대한 조사이다. 린치가 범죄 장르를 택한 배경은 이성, 논리 그리고 희생자의 확실성에 대해 모더니티의 책임을 포기한 세계를 부분적으로는 재미있게, 부분적으로는 혼란스럽게 탐색하고 있다.

〈쌍봉우리〉의 암시들은 인간과 지구 밖 생명체 사이의 영원한 구원과 파멸을 다룬 기독교적이고 불교적인 영성인 티베트의 《죽은 자의 서(書)》를 암시하는 것처럼 대중미디어 문화를 지적한다. 때때로 명백한——그리고 때때로 애매모호한——이분법적인 반목(예를 들어 어둠과 빛, 두 개의 산봉우리, 특정한 에피소드의 두 형태, 유죄와 무죄)의 고리는 시청자들을 〈쌍봉우리〉가 허용하는 많은 읽기 속에 묶어 둔다. 이 드라마의 대립적인 양상들은 몇몇 에피소드에 의해 제시된다: '가면 씌어진 공' '로라의 비밀 일기' '고통 속의 휴식' '무기를 가진 한 남자' '이중 플레이,' 그리고 '노예와 주인.' 이 시리즈물 자체는 공동 제작이고, 몇몇 에피소드들은 마크 프로스트와 함께 공동 집필되었다. 그러나 이 이중적이고 반목적인 특징들은 이 시리즈물이 캐릭터들을 맺어 주는 방식으로 묶여 있다. 이 시리즈물에서 살해 희생자, **로라** 팔머의 캐릭터는 동일한 이름의 1950년대 누아르에서 영감을 받았다. 〈쌍봉우리〉의 보안관, 해리 S. 트루먼은 직접적으로 이전의 미국 대통령을 인용한다; 데일 쿠퍼는 유사한 방식으로 미국 북서부의 핵심 인물을 언급한다; 그리고 20세기 중반 미국 문화의 반항적이고 로맨틱한 연예인 히어로인 제임스 딘은 제임스 헐리의 구성을 분명히 나타낸다. 왜 〈쌍봉우리〉가 명백해 보이는 방식 속에서 상호 텍스트적으로, 그리고 자기 반영적으로 연기하는가?

〈쌍봉우리〉는 실체의 역사보다 더 허구적인 다른 재현 속에 뚜렷하게 혼합되어 뿌리내리고 있는 캐릭터들을 구성하면서 역사적 과거의 고정성을 거부한다. 그러나 '쌍봉우리'(그리고 〈쌍봉우리〉 안에서)라는 장소 안에는 단일한 개념의 어떤 역사도 없다. 이 시리즈물은 북아메리카의 역사와 문화를 지적한다. 그러나 〈쌍봉우리〉는 어떤 역사들이 과거의 진실한 형태를 구성하는지를 결정할 수 없다. 예를 들어 로라는

〈쌍봉우리〉의 플롯에 허구적으로 '사실적'이고 필연적이다. 그러나 그녀는 다른 허구적 정체성을 기본으로 구성되어 있다. 〈쌍봉우리〉——장소, 사람들, 그리고 역사——는 그것이 단순히 다른 행성의 나라에서 온 외계인의 경험에 관한 것이 아니라는 점에서 필연적으로 미국을 반영한다. 그러나 어쩌면 이것은 린치가 목표로 하는 부분일지도 모른다. 미국은 문화적으로, 사회적으로 단일민족이 아니며 어떤 재현도 어떤 종류의 왜곡을 피할 수 없다. 린치의 반영(reflection)은 미국이 포함했던 모든 주(state)들이 시민들을 소외시키는 정도로 소외시키고 있다. 만약 〈쌍봉우리〉가 청중들을 소외시킨다면 이러한 주장은 빈번하게 많은 시민들을 소외시키는 (또는 그 견해를 왜곡하는) 사회의 배경 속에서 이해되어야 한다. 서부에서 문화적 시민권을 둘러싼 캠페인들은 많은 주-조직의 정치가 하지 않는 방식의 포섭과 민주주의에 관한 정치에 반응을 일으킨다. 이러한 의미에서 린치의 포스트모던한 작품은 몇몇 집단들이 항상 공식적 역사에 숨겨진 사회의 배경 속에서 의미를 갖는다.

유사하게도 〈쌍봉우리〉가 수많은 원천에서 나온 형태인 것처럼 미국은 그 자체가 파생적이고 수많은 경쟁적인 내러티브로부터 구성되었다. 〈쌍봉우리〉처럼 미국은 국내·외적 의미의 정체성을 위하여 대중적인 미디어 텍스트들에 부분적으로 의존한다. 그리고 여전히 〈쌍봉우리〉와 닮아 있는 미국은 항상 하나의 읽기 이상을 열어 놓는다. 만약 〈쌍봉우리〉가 **허구적** 수사의 영역에서 청중들을 이상한 경로로 데리고 가는 것처럼 보인다면 이러한 이상함은 미국의 **사실적인** 수사의 몇몇 **실제적인** 배경과 함께 이해되어야 한다. J. F. 케네디의 암살을 둘러싼 궁금증에 대한 상세한 내용들, 워터 게이트 사건(the Watergate affair), 또는 2000년 대통령 선거 동안 플로리다에서 있었던 재계표는 〈쌍봉우리〉의 세계를 비교적 리얼리즘적으로 보이게 한다.

〈쌍봉우리〉의 범죄-살인 스릴러와 추리 소설의 관습과 초현실주의와 매혹적인 리얼리즘적인 양식에 의존하는 요소의 혼합은 끝없는 이

중 코드의 언급과 텍스트적 암시를 뒤얽히게 한다. 이 다중적이고 일반적인 형식은 아이러니한 용어로 읽히기 위해 포스트모던한 미학과 일치하여 의도된다: '청중을 아는 것'은 경쟁적인 장르들과 함께 고의적으로 즐거워하고, 이것이 야기하는 가능성 때문에 즐거워하며 숙고한다는 것이다. 아이러니와 혼성화는 자체가 이중 코드이고 이 시리즈물의 허구적 세계(〈쌍봉우리〉 안에 그와 같은 세계가 **실제로** 존재하는가?)의 리얼리티를 약화시키기 위해 작동할 뿐만 아니라 시청자들에게 우리가 이 세계의 허구적 리얼리티로 인해 '실재' 시간 속에서 강요당해 온 것을 상기시킨다. 우리는 매주 주파수를 맞추고, 의미를 지니거나 우리를 즐겁게 해주는 많은 암시들을 통과시키며, 아마도 이 시리즈물이 에피소드 6으로 시간 낭비를 한다는 결론을 내리고, 다음주에 조금 더 오랫동안 주파수를 맞춘다. 〈쌍봉우리〉의 이중코드적이고 아이러니한 담론에 유일하게 자극을 받는 청중들을 위한 기호들로써 수행하는, 북아메리카의 포스트모던한 드라마에 반영되는 세계는 의미없는 것이란 말인가? 또는 이 드라마에 반영되는 포스트모던한 세계는 20세기 후반에 있는 그대로 경험된 세계인가: 혼란스럽고, 비합리적이고 악몽 같은?

상당히 명백하고 표준적인 일반 관습(작가적-텍스트 자료, 〈미들마치〉(1994)와 같은 수행(performance)을 하며 새로운 산출물, 수사물 또는 메디컬드라마)을 따르는 드라마의 사건, 캐릭터의 관계, 장소와 타이밍의 순서는 의미에 대한 특정한 기대를 구성하기 위하여 장르와 혼합된다. 〈미들마치〉는 소설이자 19세기 영국의 산업적 변화와 관련이 있는 텔레비전 드라마이다; 텔레비전에서 우리는 캐릭터들이 시대를 나타내는 방식으로 옷을 입고 있는 것을 안다; 배우들은 반드시 성실한 체한다; 그리고 우리는 현재 장소에서 세부적으로 디테일한 것들이 특정한 과거의 느낌을 제공하기 위하여 가장되어진다는 것을 인식한다. 우리는 또한 소설과 드라마의 허구적인 세계가 바로——허구라는 것을 안다. 그러나 〈쌍봉우리〉와는 달리 두 가지 형태 모두 독자/시청자들이 리얼리티를 일관성이 없고 유동적이거나 또는 후기 구조주의자들이 '탈중심적'이라 이름 붙이려는 것으로써 간주하도록 권하지 않는다. 〈미들마치〉 이야기의 일상적이고 객관적인 세계는 형태나 장르에 의해 이의가 제기되지 않는다: 이 허구는 그것이 재현하는 리얼리티에 충실한 것처럼 보인다. 반면에 〈쌍봉우리〉는 다중적이고 불확실하며 시청자들은 기꺼이 그들의 불신을 멈추지 않는다. 아마도 〈쌍봉우리〉와 같은 드라마가 하는 일은 자연스러운 상태를 확보하는 이데올로기를 가장하면서, 일상생활의 파편화와 양심을 노출시키는 것인 만큼 일상의 세계가 어떤 방식으로 미디어의 구조물이 되는지를 보여주는 것이다. 〈5월의 향기로운 꽃봉오리〉(1991), 〈심장박동〉(1991) 그리고 〈헤티 웨인스롭의 조사〉(1996)와 같은 대중드라마들은 일상적이고 일관된 방식으로 그 세계를 제시한다; 일상의 영역은 이상적이고 낙관적인 용어로 변함없이 제시된다; 그리고 이 시리즈물에 살고 있는 캐릭터들은 당연히 선하고 소통적이며 공동체주의자처럼 보인다; 만약 캐릭터들이 '선하지' 않다면 그들은 나름대로의 부도덕한 실수를 보도록 설정된다.

많은 사람들에게 이러한 드라마에서 재현된 일상 세계는 낯선 세계이다. 자주 그 세계가 질문받지 않고 남겨 두는 형식과 장르 속에 묶인 채로 몇몇 드라마들은 한결같이 그 세계를 제시하고, 거기에서 사람들은 공통의 가치들 주변에서 연결된다. 그러나 평범하고 일상적인 세계는 어떤 사람들에게는 지루하고 요구하는 것이 많고 낯설 수 있다. 드라마라는 것에 관심을 끌면서 〈쌍봉우리〉가 시청자들에게 텔레비전 시청에 대한 윤리를 숙고하도록 권하는 것은 당연하다. 양자택일적으로 표현해서 〈쌍봉우리〉와 〈소피의 세계〉는 우리가 우선적으로 텔레비전 드라마를 보는지를 조사하는 것에 관심을 갖는다. 여러 측면에서 〈쌍봉우리〉와 〈소피의 세계〉는 일상생활의 몇몇 형태를 둘러싸고 있는 일반 상식적인 윤리를 붕괴한다. 〈쌍봉우리〉에서 거리와 일상생활의 현장은 더없이 행복하지도 가정적이지도 친근하거나 마음을 끌지도 않는다. 오히려 분명하게 범죄, 살인 그리고 단절을 포함하는 일상생활의 세계는 드라마에서 위험스럽게 보여진다. 아마도 포스트모던한 텔레비전에서 드라마들은 **실재** 세계를 지시한다. 그러나 그렇게 함으로써 어떤 방식으로 이 세계가 텍스트성 자체에 의해 **실재처럼 보이기 위해 만들어지는지를** 노출한다. 그러나 이것은 이 시리즈물의 끝없는 텍스트적인 암시이고 경계 없는 기호 현상이다. 거기에서 표면은 모든 것이고 의미 만들기는 무의미하다. 이것은 몇몇 비평가들이 포스트모더니스트의 주장과 실험적 연구의 주장에 의심을 하도록 하였다.

넬슨은 포스트모더니티가 "기호의 과부하"에 의해 특징지워진다고 주장한다(1997: 169). 로렌스 그로스버그의 연구를 언급하며 그는 텔레비전의 시각적·양식적·언어적 그리고 이미지적인 과잉에 대해 관심을 갖는다. 넬슨의 견해에 따르면 "브리콜라주(손에 닿는 대로 아무것이나 이용하는 일 또는 그렇게 만든 작품)와 내러티브는 이미지의 스타일보다 덜 중요하게 보이는 것이 전부인 구성의 병렬을 이루는 원리와 더불어"(인용.), 수많은 채널과 어느 하나의 프로그램에 설정될 불가능성에서 야기되는 결과로부터 생기는 '겉으로 보이기'를 향한 텔레비주얼한 '무의미'를 가져올 수 있다. 넬슨은 "텍스트의 상호 텍스트적인 작용과 유연한 주관성이 억제되지 않고 자유롭게 하는지에 관하여 이것은 여전히 논쟁적"이라고 제안한다(인용.). 대중적인 청중의 "'리얼리스트' 기질을 간과하지 않는 것이 중요하다"(인용., 168). 그는 "포스트모던한 미학의 의미 작용 안에서 잠재적일 수 있을지라도 이것의 자유에 대한 힘은 미리 가정될 수 없다"(인용., 171)고 계속해서 주장한다. 더욱이 "적극적인 독자들의 즐거움은 확고한 반응적인 태도에서 자유로울 것이라는 어떠한 단일한 확언도 할 수 없다"(인용.). 마지막으로 "포스트모더니즘이 세계를 이해시키려는 전체주의적 시도의 포기를 촉구한다 할지라도"(인용., 174) 주체들은 "자신들의 사생활을 이해시키는 타고난 경향이 있다. 그러나 이런 배경에서 이루어지는 요구는 환영적이긴 하지만 어떤 안정성을 인정한다"(인용.).

여러 측면에서 넬슨의 포스트모던한 텔레비전에 관한 염려와 이것의 산출물이 정당화되는 것은 당연하다. 시청자들의 향수를 불러일으키거나(조종하거나?) 또는 피상적인 것들을 끝없이 자유롭게 표류하도록 작용하기 위하여 매체의 '의미를 만드는' 기회를 포기하는 프로그램들은, 도로시 홉슨이 보고한 바와 같이 텔레비전 드라마의 평형력을 필요로 한다. 그리고 이것은 우리의 "삶에 안정적인 느낌을 제공한다. 우리는 우리에게 강요된 충분한 변화를 가지고 있다"(홉슨, 넬슨 1997: 174에서 인용). 그러나 얼마나 많은 프로그램들이 넬슨이 쓴 책의 장에서 암시하는 것만큼 포스트모던한지를 상당히 질문해 볼 필요가 있다. 더욱이 특정한 드라마를 위한 인물 시청하기(〈버피와 뱀파이어〉(1997); 〈바이커 그로브〉(1989); 〈퀴어 에즈 포크〉(1999); 또는 〈틴셀 타운〉(2000))는 청중들이 최근의 산출물에 동의할 수 있음을 제안한다. 넬슨이 설명하는 텔레비전의 포스트모더니즘은 그의 책이 암시하는 바와 같이 보이는 만큼 지배적이거나 침투적이지 않다. 조지 W. 브랜트의 《1980년대의 영국 텔레비전 드라마》는 한 장의 한 부분만을 포스트모더니즘의 토론에 희생한다(1993: 227-8). 존 코기의 최근 책(2000)은 '질(quality)'과 '모더니스트' 드라마(코기의 용어)를 지지하여 소위 포스트모던하거나 실험적인 산출물을 다소 무시한다. 존 코너의 연구(1998, 1999)는 포스트모더니즘, 양식, 그리고 텔레비전보다 이미지의 개념과 이미지의 힘에 더 많은 초점을 맞춘다.

아마도 더 흥미로운 질문들은 누가 실험적이거나 포스트모던한 산출물을 '시청하는가,'[4] 누가 그것을 쓰고 만드는가, 그리고 왜 리얼리즘적인 형태는 조화를 이루며 좀 더 혼합되는 소재를 지지하면서 버려지기도 하고 재작업되기도 하는가와 관련한다. 하나의 에세이를 제외하고[5] 브랜트 그리고 코기와 넬슨의 이 설명들이 정체성의 (포스트모던한) 문화적 정치를 고려하는 소재를 거의 언급하지 않는다는 점을 살펴보는 것은 흥미롭다. 거시적 정치 논쟁이 결코 무시될 수 없는 반면에 젠더, 민족 그리고 성에 대한 사적·공적인 정치는 모든 주체들의 관심을 재현하기 위하여 국가적이고 세계적인 정치적 실패에 부분적으로 응답한다. 주체성의 경향에 뒤떨어진 모델의 결과이기 때문에 사회적 배제는 한없이 깊은 경제적 정책과 관련된다. 이것은 지배적이거나 주류를 이루는 재현들 속에서 전통적으로 과소평가되는 집단들이 형식과 장르 양자에 도전하는 데에 기여한 창조적인 작품들을 생산하고 기술하는 경우가 될 수 있다. 만약 리얼리즘적인 드라마가 사회적 상황을 비평할 수 있다면 이것은 누군가의 사회적 상황이 감시 아래에 있고 어떤 방식으로 비평이 기능하며 어떤 집단들이 결코 리얼리즘적인 산출물의 형식적인 제한과 조화를 이루는 것처럼 보이지 않는지를 질문해야 할 필요가 있다. 지난 35년 간의 리얼리즘적(사실주의적)이고 자연주의적인 드라마들은 종종 젠더, 인종 그리고 성의 문제에 대해 침묵해 왔다. 페미니즘적인 논평은 그 분야에서 리얼리즘과 자연주의 형태가 사회의 가부장적 구성 안에서 매우 명확한 근원을 가지고 있다는 것을 강하게 주장한다. 더욱이 드라마와 다른 허구들이 주류에 도전하려고 했을 때 멜로드라마, 판타지, 고딕, 공포, 수사 그리고 1인칭 내러티브 형태들이 리얼리즘 형태와의 폭넓은 관련성을 뛰어넘어서 선택되어 왔다. 예를 들어 19세기에 이것은 자주 극적일 뿐만 아니라 사회적인 부합에 의문을 제기하는 뮤직홀과 멜로드라마의 광란적이고 과도하며 불쾌한 세계였다.

드라마의 주요한 기능 중 하나가 사회적 삶을 비평할 수 있는 능력

---

4) 데이비드 몰리(1986)가 지적하는 것처럼 '텔레비전 시청하기'라는 문구는 부적절하게 청중-프로그램의 관계를 설명한다.

5) 브랜트(편저, 1993)에서 리즈 버드와 조 엘리엇의 〈악녀의 삶과 사랑〉을 보라.

이라는 것에는 의심의 여지가 없다. 그러나 이 비평의 형태는 고정되어 있지 않다. 그리고 드라마가 단독으로 삶과 문화를 바꿀 수 있다는 보장도 없다. 넬슨은 1990년대 〈북부의 우리 친구들〉을 "당대의 복잡한 삶의 경험을 감추지 않으려고 노력하는" 드라마로 칭송한다(1997: 241). 그는 이 작품을 "뉴캐슬의 사실적으로 형편없이 고층으로 지어진 주택문제와 임대주택 부문의 임대료 착취 사건들에 추가하여 개인적인 문제와 '경찰 부패와 같은 더 넓은 정치적 문제'를 혼합하는 것으로써 본다"(인용.). 넬슨의 〈북부의 우리 친구들〉에 대한 평가는 의문을 제기하지 않는다. 그리고 그는 분명히 지역 역사와 정치에 대한 이해라는 점에서 이 시리즈물의 중요성을 바르게 지적한다. 그러나 만약 이것이 "지난 30년 이상 영국에서 문화적이고 정치적인 변화에 대한 진실된 (허구적이라 할지라도) 설명을 주려고 하는 드라마라면"(인용., 241) 이것은 또한 뉴캐슬 안과 주변에서의 삶에 대한 설명이 부분적이고 불완전할 뿐인 드라마이다. 많은 고층 아파트들은 여전히 존재하고 그 집에서 사는 많은 집단들(노인, 젊은 독신들, 레즈비언과 게이 남자들, 그 지역에 새로 온 사람들)은 만약 위원회가 자신들을 끌어내린다면 자신들이 위원회를 몰아낼 것이라고 지역 주택 경영위원회에 명확히 말해 왔다. 〈북부의 우리 친구들〉은 많은 사람들에게 전체주의적 정치와 그 정치가들은 유권자들의 다양한 필요성이 계속하여 부족하다는 것을 증명하는 효과를 가지고 있다. "비평적 리얼리즘이 비평적 포스트모더니즘보다 인식의 변경을 위한 잠재력과 함께 좀 더 생산적인 문답을 교환할 수 있다" 하더라도(인용., 248) '인식의 변경'에 대한 방향이나 결론에 관해 보장할 수는 없다. 유사한 주장을 하면서 피터 플래너리는 좋은 효과를 위해 〈북부의 우리 친구들〉에서 사회적 리얼리즘을 활용한다. 그러나 다른 극적인 형태들은 자신들이 〈북부의 우리 친구들〉이 하지 않는 방식으로 문화적·사회적 다양성을 상세히 하는 비평에 도움이 되도록 한다.

〈소피의 세계〉(1995)

사회적 리얼리즘의 비평적 잠재성과 관련하여 포스트모더니즘은 어느 정도로 급진적인가? 영화나 텔레비전 드라마는 청중들에게 실제로 리얼리즘적인 산출물이 하지 않는 비평적 위치의 영역을 차지하게 하는가? 포스트모더니즘과 관련된 양식적인 특징들(예를 들어 대중적인 〈마이애미 바이스〉; 실험적인 〈소피의 세계〉)을 채택하고 있는 드라마들은 텔레비전 드라마에서 좀 더 비평적이거나 반발적인 형태를 제안하는가? 또는 포스트모던한 양식에 관심을 갖는 텔레비전 산출물은 냉소적이고 풍자적인 방식의 기호와 기호 표현으로 단지 시간을 낭비하는 수단인가? 새로운 유행과 양식은 돈을 벌어들인다――삶의 모든 영역에서 프로그램들이 문화적 다양성을 찬양하고 촉진시키는 것처럼 보이지만 텔레비전은 결국 커다란 사업이고 궁극적으로 시장, 소비자 경향 그리고 정치적 이데올로기와 묶여 있다. 이 책의 초반부 토론은 이엔 앙과 데이비드 몰리와 같은 비평가들에 의한 연구가 어떤 방식으로 텔레비전 소비가 적극적이고 상호적 작동인지를 설명하는 청중 설문조사와 민속지학을 지칭하는지를 보여준다. 그러나 저항과 비평적 잠재성을 부여받은 형식과 장르는 어느 정도까지인가? 수행(agency)의 기능은 무엇인가? 존 피스크가 암시하는 것처럼 인간의 수행(human agency)은 글자 그대로 '자기 창조적'인가? 아니면 항상 경제·연구·담론·제도처럼 구조에 묶여 있는가?

1980년대 시리즈물 〈마이애미 바이스〉를 논의하면서 피스크(1987)는 파괴적이고 반목적인 포스트모더니즘을 위하여 담론과 (텔레비전의) 이미지를 통제하는 힘을 해제하는 어떤 것을 주장한다: "거부적인 의미에서 포스트모더니즘은 우리의 삶과 생각을 통제하는 사회적 기계와 그것의 힘을 거부하고 있다"(1987: 254). 앞서 언급한 바와 같이 그 자체로 포스트모던한 이론에 대립하는 것으로써 포스트모더니즘은 종종 실제의 영역과 재현된 것의 영역 사이에 있는 애매모호한 구별과 연관된다. "이미지는 진짜보다 더 필수적이다"라고 피스크는 주장한다(인용.). 내용과 실질보다 좀 더 이미지와 겉모습을 강조하기 때문에 포스트모더니즘은 '실체의' 리얼리티가 나타나고 이해되는 방법을 복잡하게 만드는 것으로써 간주된다. 보드리야르적인 의미 안에서 피스크는 "[포스트모더니즘]이 분류를 거부하고 구별짓기를 부정한다고 주장한다. 이것은 뚜렷하게 일반적인 차이를 거부한다. 포스트모던한 양식은 젠더와 계층의 그것만큼 쉽게 장르의 경계를 교차한다"(인용.). 게다가 개인적 경험, 자아 그리고 심리학적 내면성으로 설명하는 것은 주체들이 진실하거나 실제 자아를 **표현하기**보다는 역할을 **수행**(perform)하는 일련의 가면과 가장무도회로써의 정체성 개념을 따르면서 우회적으로 표현된다. "자아는 변화하는 일순간의 정체성, 즉 글자 그대로 자기가 창조하는 것이다"(인용., 259). 정체성의 몇몇 이분법적인 모델은 주체들이 분쟁을 기초로 하여 교섭하는 수행(agency)과 구조의 상관적 독립성을 강조하고 있는 반면에 몇몇 포스트모던한 설명들은 언어의 자유로운 작용과 표현하기의 관습을 지적한다. 예를 들어 리오타르는 어떤 방식으로 주체들이 언어 게임과 미시적 내러티브의 범위 안에서 발견되는지를 관찰한다. 시간, 연대, 일직선상의 진보, 인과 관계의 거시적 내러티브를 지닌 근대 시기는, 유동성과 단절을 가리키는 포스트모던한 시대의 형태와 대조를 이룬다. 피스크가 주장하는 것처럼 "[포스트모던]한 문화는 젠더 **또는 다른 어떤 것들의** 근원을 이루는 '진실한(true)' 의미인 진짜(authenticity)의 죽음을 알린다"(인용.; 부가된 강조).

이것은 요슈타인 가아더의 〈소피의 세계〉에 대한 BBC2의 각색에서 주제가 된 자아와 정체성의 문제이다. 이 드라마는 친구 조안나와 함께 학교에서 집으로 걸어오는 소피(제시카 마셜-가디너)에서 시작한다. 서술자의 목소리(가아더의 목소리)는 이러한 행위의 일상성을 청중들에게 재확인시킨다. 그리고 그의 구어적 영어는 대중적인 디즈니 버전의 동화와 관련된 노르딕 억양을 강하게 떠올리게 한다. 린치의 〈블루 벨벳〉을 연상시키는 하얀색 말뚝이 박힌 정원과 아무렇게나 서 있는 우편함으로 꾸며진 장소로서의 '집'으로 일단 돌아오면 소피는 이상한 편지들을 받기 시작한다. '너는 누구냐?' 라고 첫번째 편지가 우쭐대며 묻는다. 청중들은 이 사람이 소피 아문젠이라는 것을 알고 있다(또는 그들이 알고 있다고 생각한다). 그녀는 거울을 응시하면서 그녀가 그녀이기로 되어 있는 그녀 자신에게 말을 건넨다. 그러나 포스트모던한 세계에서 지식은 불확실성, 아이러니, 그리고 불신과 관련하여 이해된다. 소피의 탐색에 당연히 화가 난 유쾌하면서도 배려심 깊은 그녀의 어머니는 자신의 딸이 결국 소피 아문젠이라는 사실에 의심을 갖지 않는다. 그러나 이 편지들은 쌓여 있고 그 결과 소피는 좀 더 알아내기 위해 편지 왕래의 경로를 찾기 시작한다.

그녀의 학습에서 중심은 스승이자 아버지이며 조언자이고 익살꾼이며 때때로 소피에게 학생이 되기도 하는 알베르토 크낙(폴 그린그래스)이다. 그의 내러티브를 구성하는 아이디어의 변천을 이용하면서 크낙은 자아와 세계가 인식(이성)과 감정(감각)에 의존하는 고전적인 방법을 이용하여 가장 먼저 어떤 방식으로 이해되는지를 설명한다. 이것은 제한된 설명임이 곧 밝혀진다. 그러므로 우리 자신과 이 세계를 이해하는 대안적인 방법을 찾는 여정은 다양한 철학적 내러티브와 언어 게임에 대한 알베르토의 코믹한 설명을 포함하고 있다. 궁극적으로 소피는 자신이 누구인지 아는 것처럼 보인다. 그러나 이 지식에 부착된 다른 의미들로 혼란스러워 한다. 지식과 정체성에 대한 이 작용은 피스크가 언급했듯이 포스트모던한 논쟁의 중심이 되고 〈소피의 세계〉의 양식적인 복합물은 리오타르(위)의 연구에서 제기된 종류의 문제를 분명히 경계한다. 이 드라마의 오프닝 순서에서 시청자들은 자판 위에서 타이핑을 하는 한 쌍의 손과 마주친다. 카메라는 한 남자의 손으로부터 카메라에 대고 고의적으로 윙크를 하고 있는 얼굴로 이동한다. 이 사람은 〈소피의 세계〉의 작가인가? 또는 그 이야기가 작가보다 더 중요한가?

〈소피의 세계〉에 대한 청중들의 지식은 즉시 확실해지고 다의성을 가지게 된다. 가아더의 목소리는 "소피 아문젠이 친구 조안나와 함께 학교에서 집으로 돌아오는 길"이라고 보고를 한다. 그러나 이 20세기 후반 학교의 학생들은 지금 두개골과 가짜 과학 실험 차트와 여타의 장비들로 꾸며진 17세기 탐험가 연구의 모험 영화 묘사와 닮은 오프닝 세트 옆에서 제시된다. 소피가 집에 도착하자마자 청중들은 곧바로 그 집이 보통 근처에 있는 숲과 무대장치처럼 마분지로 만들어진 것임을 안다. 리얼리티의 구성된 상태를 강조하면서 〈소피의 세계〉 BBC2 버전은 이 프로그램의 텔레비주얼한 상태를 숨기기 위해 어떤 시도도 하지 않는다. 무대장치는 《오즈의 마법사》의 구불구불한 노란 길과, 비디오와 실내 오락실, 어린이 프로그램(ITV의 〈무지개〉와 BBC의 〈마법의 교차로〉), 뉴스와 다큐멘터리 그리고 텔레비전과 녹음실을 언급한다. 알베르토 크낙은 소요학파의 선생님 겸 철학자이고 동시에 서커스 사회자이며 탐정이자 어린이들의 익살꾼이다. 소피는 알베르토와 부엌에서 어머니와 함께 시간을 보낸다. 우리가 보고 있는 '집'의 유일한 부분은 사실상 부엌이다; 소피의 포스트모던한 세계 속에서 유리, 청소 그리고 가사일과 관련된 공간은 계속적으로 젠더화되고 여전히 여성이 차지한다. 부엌 창문은 마분지 숲이 보이게 되어 있고, 이케아(IKEA) 스타일의 부엌은 〈엄청나게 웃긴〉의 세트와 우스꽝스러움을 상기시킨다. 트위기는 마이크 리의 〈아비게일의 파티〉(1977)에 나오는 캐릭터인 아비게일과 혼합되어 후반부 시리즈에 나오는 캐릭터들에 의존하면서 엄마의 역할을 연기한다. 우리는 절대 남편이나 아버지를 보지 않는다; 알베르토가 아버지로서 이중 역할을 하고 텔레비전 화면을 통해 군인 유니폼을 입고 있는 것을 볼 수 있지만 소피의 '진짜' 유엔(UN)군인 아버지는 부재중이다. 드라마 전체에 걸쳐 텔레비전 화면은 종종 알베르토의 다중적인 모습을 투사하거나 뉴스 중개와 전쟁의 이미지를 방송하기 위해 사용된다. 이 드라마의 오프닝은 청중들에게 제작의 현재 시간과 드라마의 첫 텔레비전 방송을 상기시키면서 예전의 유고슬라비아와 사라예보의 최근 전쟁 지도를 활용한다; 컴퓨터 화면, 워드 프로세서, 음악 그리고 그래픽들은 유사한 효과를 낸다. 시청자들은 워드 프로세서에서 타이핑을 하는 한 남자의 손과 마주친다. 이 사람이 〈소피의 세계〉의 작가인가? 아니면 이것은 우리가 이 세계 속에 있음을 말해 주는 그래픽들을 타이핑하는 한 쌍의 손인가? 그러한 이미지들과 암시들은 지식이 **어떤 방식으로** 발견을 기다리는 지식이나 역사에 대립하여 구성되는지를 알려 준다. 모더니티의 개척적인 탐험가들이 자신들의 지식을 가지고 모든 문명을 계몽하면서 기념비적인 진실을 발견했다고 여겨지는 반면에 〈소피의 세계〉의 텔레비주얼한 세트는 즉각적으로 포스트모던한 지식의 정치적 상태를 나타낸다. 지식은 확실한 종말, 즉 장엄한 과거에 대해 똑같이 진실하다는 주장을 성취하기 위해 구성된다. 드라마에서 중요한 것이지만 서구 유럽을 가리키는 지도의 배경에 단지 반목하는 것으로 전면에 그려지는 것이 바로 개인적인 지식이다. 소피의 영역의 소우주적이고 친숙한 범위는 모든 지식이 형성되는 세계적이고 국제적인 차원의 배경에서 이해된다.

유고슬라비아의 지도는 어떤 방식으로 지식이 결코 치우침 없이 자주 국가와 지정학적 협정 그리고 국가 제도와 관계를 맺고 있는지를 상기시킨다. 20세기의 초반에 이것은 유럽의 이 나라(유고슬라비아)가 영국에서 표제로 다루어졌던 것을 확언하는 민족적 갈등이었다. 그리고 마셜 티토하에서 제2차 세계대전이 끝난 후 유고슬라비아의 사회주의 재건설은 20세기 말까지 몇몇의 상당한 붕괴와 소동의 과정 중에 있었다. 이러한 '지식'에 대한 소피의 접근은 텔레비전 화면과 뉴스 중개 그리고 다큐멘터리가 전하는 정보를 통해서 이루어진다. 그러나 알베르토와 소피가 이들이 하는 토론을 가질 수 있다는 사실은 역사와 배경이 미세한 공간의 숲이나 이케아 부엌보다 훨씬 더 크다는 것을 암시한다. 텔레비전 이미지처럼 지식은 중재되고 항상 이데올로기적인 각도에서 반영되며, 자아와 세계 모두의 지식이 접근 가능한 방법을 통제하는 코드와 관습에 밀접하게 관련한다. 그러나 사실적인 뉴스와 허구적인 뉴스는 이 드라마에서 정치적 기능을 제공하는 전쟁에 대해 방송한다. 알베르토와 그의 학생이 소피의 세계 속에 고립되어 있는 것처럼 보일지라도 서구의 동시대 사회는 텔레비전에 의해 중재되는 세계가 결코 멀리 있지 않음을 확언한다. 알베르토와 소피는 철학적 방법과 윤리 그리고 실존적인 불안에 대해 토론한다. 그러나 뉴스 화면이 대화를 방해하고 어떤 방식으로 민족들의 역사와 아이디어가 빈 공간이나 숲에서 구성되는 것이 아니라 자주 집단 학살 억압의 배경 속에서 그리고 반목하며 형성되는지를 보여준다. 어떤 사람들은 가아더의 포스트모던한 세계 속에서 다른 사람들보다 명백히 더 많은 수행(agency)을 한다.

개인적이고 집합적인 수행(agency)의 주제는 소설과 드라마 양자에서 강력하게 나타난다. 알베르토와 소피는 그들이 있는 그대로의 의미 안에서는 자유로운 행위자(agent)가 아니라는 것을 안다. 그리고 유럽에서 전쟁의 스크린 이미지들은 행동과 윤리 그리고 책임감에 대한 질문을 강요한다. 수행(agency)의 제한된 성질은 새롭게 주목할 부분이 아니다: 마르크스와 프로이트는 경제적이고 심리적인 구조가 행동을 통제하는 정도를 강조하였다. 그러나 우리는 포스트모더니즘의 마술적이고 다중적-일반적이며 초현실적인 요소들을 추종하면서 리얼리즘을 방기하는 작품 속에서의 전쟁과 정치에 대한 드라마에 대해 어떤 식으로 언급할 수 있는가? 포스트모더니즘과 관계를 가지는 많은 이름표들이 확실성과 고정성보다는 유동성과 그것의 구조적이고 계급적인 구성을 넘어선 탈중심성과 대립하며 그 텍스트의 불확정성과 관계한다.

한편으로 〈소피의 세계〉는 패러디와 혼성화(모방 작품), 아이러니와 풍자, 자기 인식과 성찰, 그리고 유쾌함과 애매모호함의 평범한 분위기를 찬양하는 것처럼 보인다. 다른 한편으로 이 드라마는 몇몇의 애매모호함을 상쇄시키면서 대중음악, 뉴스 방송인들의 친근한 얼굴들과 광고, 그리고 다른 텔레비전 프로그램의 인식 가능한 세계에 의존한다.

결론: 시작점으로 돌아가기? 내러티브, 이야기, 그리고 자아들

알베르토와 소피가 스스로 정체성의 관념을 구성하는 곳은 바로 이 세계 안에서, 그리고 이 세계에 반목해서이다. 그러나 정체성이 허구의 캐릭터들을 소유하는 것처럼 보이는 것도 바로 이 동일한 세계 안에서이다. 이 책이 반복적으로 강조하는 것처럼 정체성은 역사와 내러티브와 밀접한 관계를 가진다; 그리고 내러티브처럼 자아는 진화하는 것처럼 보인다. 만약 소피의 어머니가 자아의 관념을 형성하기 위하여 대중 로맨스의 내러티브에 의존한다면 그녀의 딸은 이것을 거부하고 다른 텍스트를 선택한다. 소피에게 접근 가능한 내러티브는 한 가지 이상이다. 그리고 그것은 수행(agency)과 선택에 대한 잠재성을 암시한다. 가아더의 텍스트에 대한 BBC의 버전은 어떤 방식으로 수행(agency)과 선택에 대한 의미가 강요하는 만큼 권한을 부여하는 것처럼 보이는지를 제시한다. 〈퀴어 에즈 포크〉에서 많은 캐릭터들처럼 소피는 자신이 되고 싶은 사람이 될 수 없음을 안다. 태어났을 때 그녀에게는 정체성과 이름이——그녀가 (라캉적인) 거울을 들여다보면서 확인을 한——주어졌다. 그러나 15세의 소피는 또한 확실히 특정한 배경과 과거 속에서 태어난 소녀 그 이상이다. 알베르토와 함께 정체성의 문제들로 고군분투하면서 소피는 정체성이라는 것이 선택과 자기 결정의 착각인 것과 마찬가지로 고정성과 배제(그녀는 힐데와 알베르토 크낙이 누구인지 궁금해한다)에 관한 것이라는 것을 인정하기 시작한다.

알베르토와 소피가 깨닫는 것은 딸 힐데의 즐거움을 위해 소피 아문젠에 관하여 책을 쓰는 사람이 바로 알베르토 크낙이라는 것이다. 달리 말하면 소피와 알베르토는 소설 속에서 스스로가 허구이다. 허구적 상태는 무형이 아니며 또한 단순히 환상으로써 해체될 수 없다. 오히려 이것은 물질적 구조, 즉 모든 내러티브가 수반하는 힘의 경계와 체계를 나타낸다. 미셸 푸코의 연구에서(2000c) 주체들은 특정한 한계 속에 있지만 자유와 힘을 가지고 있다. 그는 '저항'이 부분적으로 하는 일은 "권력 관계를 폭로하는 것이고, 이것들의 위치를 정하는 것이며 이것들이 적용된 지점과 사용된 방법들을 알아내는 것이라고 기술한다"(2000c: 329). 푸코에게 있어서 권력이나 억압의 근원을 아는 것은 적어도 즉각적이거나 자명하지 않은 방법인 이상 반드시 억압을 전복하는 것이 아니라는 점을 주목하라. 오히려 그는 인간 관계를 교차하고 횡단하는 권력의 다양한 네트워크를 지적한다. 권력의 기능과 작동의 어떤 것에 대한 이해를 시작하기 위해 주체들은 이러한 권력을 해체하고 저항하는 위치에 있다. "권력의 관계가 무엇에 관한 것이지를 이해하기 위해 어쩌면 우리는 이러한 관계를 끊기 위한 시도와 저항의 형태를 조사해야만 할지도 모른다"(인용.).

〈소피의 세계〉에서 캐릭터들을 선점하고 있는 것은 바로 정확하게 (내러티브) 권력의 관계이다. 힐데의 아버지는 소피와 알베르토가 그들의 재창조적이고 수행적인 임무를 인식하게 됨을 확언하지만 크낙의 창조물 중 어느 것도 인간 관계에서 권력의 힘만큼 권력의 근원을 완전하게 이해하지 못한다. 물론 가아더(현재 **BBC**가 통제하고 있는)가 통제하는 소설 속에서이지만 통제를 받고 있는 것은 바로 허구적인 크낙이다. 허구에 권한을 부여하는 것은 크낙이다. 그러나 항상 그의 청중 힐데를 언급하면서; 그리고 구조와 수행(agency)을 조직하는 것은 크낙이다. 그러나 이것은 결국 가아더에 의해 부여된다. 서로를 이해하기 위하여 소피와 알베르토는 이들의 만남보다 선행(先行)하고, 따라서 미리 결정하는 담론과 내러티브에 의존해야만 한다. 알베르토는 소피와 의사소통을 하기 위하여 철학, 대중노래, 운율의 2행 연구와 말실수 등에 의존한다. 소피는 알베르토의 언어를 그녀에게 의미 있는 어떤 것으로 재가공한다. 소피만의 담론은 재빨리 그녀의 어머니가 이해하지 못하는 어떤 것이 된다. 소피의 어머니는 빈번히 자신이 읽은 로맨틱 소설 속에서 발견한 충고를 제공한다. 소피를 위로하고 설득하면서 결국 그녀가 상상하는 로맨틱한 젊은 남자가 편지를 보내오고 누군가 소피의 현재 의문에 어떤 종류의 잠정적인 결말을 제공할 것인지에 관한 세계를 설명하려는 시도를 한다.

진실과 권력 그리고 수행(agency)과 함께 이 드라마에서 가장 재미있는 것은 공통적으로 내러티브에 대한 세 가지 관찰과 관련하여 이해될 수 있다. 첫째로 청중들은 수행(agency)과 진실의 절대적인 중요성을 평가하기 시작한다. 그리고 그 시간 중 얼마 동안 우리는 소피와 알베르토가 소설 속에서 허구 이상이었다고 믿도록 권유받는 것에 화가 난다. 그러나 이 드라마는 주체들이 절대적인 수행(agency)이나 자기 결정을 결코 행사할 수 없다는 것을 명백히 한다. 타자들에 대한 제약이 연기로 가정되어 있는 영역에서 자기 결정은 때때로 실제적인 것보다 더 허구적으로 보인다. 둘째로 권력의 근원은 종종 데이터를 보급하려고 텔레비전의 이미지에 의존하는 배경 속에서 흐릿해진다. 소피가 그녀의 세계에서 권력을 행사한다고 생각하기 때문에 그녀는 자기 발견을 위해 자신의 탐색을 추구한다. 그러나 그녀는 자신을 이해하기 위해 전달된 이미지와 말 그리고 편지와 같은 기호 표현에 의존한다. 유사한 방식으로 청중들은 뉴스 전달자와 편집자 그리고 미디어 통제자들이 화면으로 가져다주는 이미지에 의존한다. 소피가 근원의 확실성에 질문을 하는 방식으로 청중들은 BBC와 ITV 그리고 다른 채널들이 전쟁과 같은 세계적 사건을 재현하는 데에 얼마나 신뢰할 수 있는지를 궁금해한다. 셋째로 리얼리즘의 관습을 배제하면서 〈소피의 세계〉는 이러한 내러티브와 관련이 있는 일상 세계에 대한 질문을 하기 시작한다. 폭넓게 사실주의적 전략을 채택하는 1980년대와 1990년대의 드라마들은 실직과 젠더 분열, 그리고 인종 차별의 인과 관계를 적절하게 강조한다. 그러나 이것들은 인간 경험의 범위를 재현하거나 바라보는 한 가지의 방법을 구성하고 있는 드라마들이다.

점점 세계는 재현·광고·소비·미디어 안에서 보여지는 것과 관련하여 이해된다. 이러한 배제되고 개인화되는 영역은 찬양의 이유가 되지 않는다. 그러나 〈소피의 세계〉와 같은 드라마들은 시청자들에게 진지한 권력의 미디어와 이미지가 삶을 통제하는 것을 보여준다. 사회와 사회적 관계가 단편적이고 장면이 전환하는 조건에서 형상화되고 종종 경험된다는 것을 인정하는 것은, 비판력없이 앞뒤가 맞지 않는 상황을 즐긴다는 것이 아니다. 〈소피의 세계〉에서 자유와 수행(agency)은 모든 종류의 상황과 연결되어 있다. 이들의 행동은 한 사람 한 사람에게 의존하고 있을 뿐만 아니라 그들이 소피와 알베르토의 행동을 억제하고 제한하면서 동시에 정체성의 의미를 주는 담론과 관련된다.

보다 많은 내러티브를 위한 충분한 진실

넬슨과 다른 비평가들은 세계를 보는 중요한 방법으로써 비평적 리얼리즘을 지적한다. 여러 측면에서 넬슨의 주장은 이러한 최종의 결론적인 관찰에서 지지받는다. 그러나 아마도 포스트모더니즘적인 산출물은 세계가 보이는 방법을 붕괴하는 잠재성을 가지고 있을지도 모른다. 이 책의 제2장에서는 모든 내러티브가 세계가 묘사되는 방법을 형성한다는 바르트의 주장에 대해 토론했다. 그의 연구는 또한 무엇이 보이는가 그리고 어떤 방식으로 보이는가 사이의 차이점에 관심을 끌고 있다. 여러 측면에서 포스트모던하고 실험적인 드라마는 유사한 문제들과 고군분투한다. 푸코는 "사람들이 무엇이 보이는가, 무엇이 생각되는가, 언급되는가 또는 행해지는가보다는 보기, 말하기, 행동하기 그리고 생각하기에 매달려 있다"고 기술하면서 무엇이 보이는가와 어떤 방식으로 보이는가 사이의 문제를 일으키는 관계에 대한 것을 포착한다(2000b: 242).

넬슨은 연구의 결말을 향해 '일종의 **양자/그리고**(both/and) **텍스트**'로써 〈쌍봉우리〉를 언급한다(1997: 236; 우리의 것을 강조한다). 넬슨은 이 텍스트가 모더니즘적이면서 포스트모더니즘적이라고 말한다. 포스트모더니즘적으로 〈쌍봉우리〉는 청중들에게 "재미와 유쾌함을 제공한다"(인용., 237). ITV의 〈심장박동〉과 함께 〈쌍봉우리〉는 "아주 많은 메뉴에서 매력적인 음식을 선택하는 다소 주의 깊은 시청자를 위해 별개의 즐거움을 제공한다"(인용.). 넬슨은 〈쌍봉우리〉가 또한 모더니즘적으로 "뚜렷한 작가의 기호"를 가지고 있다고 말한다(인용., 236). 그러나 이것은 드라마의 흥미있는 해석이다. 한편으로 포스트모더니즘적인 텍스트는 넬슨의 읽기에서 사소하지만 즐거움과 재미를 제공한다. 그러나 이 텍스트에서 "[포스트모던한] 즐거움의 정치"(인용., 237)가 다소 "문제적"(인용.)이기도 하다. 다른 한편으로 모더니즘적인 텍스트는 질적으로 다르고 좀 더 진지하게 저술되며 어쩌면 **완전히** 주의 깊은 시청자들을 끌어들일 수도 있다. 특정한 정치적인 세부 사항들이 완전히 언급되지 않는다 할지라도 암시를 통해 이것들은 좀 더 정치적으로 관여된다. 그러나 저술된 드라마, 정치적으로 관여된 자료, 비평적 사실주의 연구 또는 명백하게 교훈적인 드라마——이 현재의 책이 토론해 왔던 모든 연구——가 반드시 개인이나 집합적 정치를 활성화하기 위해 작동한다는 보장은 없다. 예를 들어 브레히트의 저술은 자본주의를 비평하지만 민주주의적 사회주의의 어떤 실현 가능한 모델도 제공하지 못했다. 이것은 브레히트의 저술이 결과적으로 손상된다는 것을 암시하는 것은 아니다. 그리고 리얼리즘적인——또는 브레히트의 경우, 모더니즘적인——저술들이 인간의 수행을 부정하고 무효로 하는 이러한 구조(자본주의자 또는 그렇지 않는)에 도전을 시작해서는 안 된다고 주장하지도 않는다.

그러나 이것은 드라마가 정치적 행위가 전체적인 네트워크 속에서 **하나의** 요소로써 유일하게 보여질 수 있다고 제안한다. 명백한 정치성을 기본으로 하여 창의적인 작품을 평가하는 것은, 이것이 중요하다 할지라도 청중들이 텍스트를 (다시) 활용하는 수준을 인정하지 못하는 것이다. 한 층위에서 모든 텍스트들은 정치적이고 결코 중립적이지 못하며 특별한 시각으로 세계를 반영한다. 그러나 **모든** 텔레비전 드라마와 함께 청중들이 **행하는**(do) 것은 결코 그 관례적 용법보다 먼저 해결될 수 없다. 신문에 보내는 편지들은 〈퀴어 에즈 포크〉가 그것이 동성애자 같은 게이 남자와 주변적이고 공격적인 레즈비언을 전형화한 것과 함께 남성 동성애 혐오를 노출시킨 점에 있어서 환영받았다는 것을 암시한다. 성에 대해 비난을 받았음에도 불구하고 〈실직한 청년들〉과 〈GBH〉는 각각 통화 관리 경제 정책과 자치 도시의 부패를 노출하는 드라마인 좌파와 우파의 정치를 공격한다. 그러나 그것들은 또한 동기부여와 의도 그리고 수행(agency)에 관한 질문을 제기하며 행동심리학 또는 정체성의 문제에 대한 어떤 쉬운 해결책도 제시하지 않는다.

흥미롭게도 리얼리즘적인 〈실직한 청년들〉과 실험적인 〈소피의 세계〉는 정체성과 행동에 대한 권력의 근원과 영향을 탐구하는 드라마이다. 양자 모두 정부와 정치성에 관심을 두고 있다. 다른 이유와 방식으로 두 개의 드라마는 정체성이 쉽게 다루어지고 침해되는 방식 뿐만 아니라 정체성의 중요성을 드러낸다. 그리고 양자는 어떤 방식으로 '우리의' 독특함과 주체성의 지각이 소비자-자본주의자와 포스트모던한 영역 안에서 환상으로 보이게 되는지를 보여준다. 포스트모던한 주체성에 관한 염려는 훨씬 더 넓은 논쟁의 부분이다. 신 호머는 "역사의 단일성, 사회의 일치, 계층의 우월함 그리고 주체의 자치권"이 훼손되어 왔거나 적어도 의심을 받아 왔다는 것을 관찰한다. 보편주의와 본질주의 그리고 합리주의는 돌이킬 수 없이 사라졌다(1998: 18). 제임슨은 '부르주아 개인적인' 주체(한 개인의 완전함이 변함없이 계층, 민족 그리고 젠더를 제거해 버렸던)의 죽음은 "결코 이 주체가 실제로 처음에는 존재하지 않았음"을 상기시키는 중요한 것이라는 점을 지적하는 층위에서 유용하다(1985: 115). 개별적인 독특함과 개인적인 정체성의 담론은 자주 주체들을 통제하기 위해 사용되어 왔다. 할 포스터는 유사하게도 단지 이 주체가 누구였는지에 대한 자격을 부여함으로써 '우리'가 '우리의' 독특함에 대한 지각과 자기 확실성에 대한 상실을 이해할 수 있는 방법을 복잡하게 한다.

상실로 위협받은 채 이 주체는 무엇 때문에 그렇게 비탄에 잠겨 있는 가? 아마도 분명히 가부장적인 부르주아——그것은 주체성의 남성 본위의 질서이다. 어떤 사람들에게, 수많은 사람들에게, 이것은 실제로 엄청난 손실이다——그리고 나르시즘적인 슬픔으로 이끌 수도 있다……. 그러나 다른 이들(others)에게, 정확하게 타자들(Others)에게 이것은 전혀 엄청난 손실이 아니다(1984: 77).

실제로 많은 **타자들**은——계층, 인종 그리고 젠더를 포함하는 이유로——주체성 또는 자아가 지배적이고, 주변적이며, 주류 또는 하위문화적 텍스트와 내러티브의 파편들로 만들어졌으며 다소 혼합되어 있다고 이해해 왔다. 개별적 자율성에 대한 자부심은——주체들이 수행(agency)과 함께 그리고 자기 결정적 방식으로 자유롭게 행동할 수 있는——많은 사람들보다 오히려 적은 사람들의 자부심이다. 지배적인 담론들이 개별적 자율성을 약속하는 것처럼 보일지라도 소피 아문젠은 정체성이 종종 그녀 자신의 자기 인식——그녀가 스스로 정체성을 만들기 위해 시도하는 방법만큼 다른 사람들에 의해 그녀가 나타나는 방법을 조건으로 하는——을 능가하는 조건에서 이해된다는 것을 알게 된다.

이 책은 텔레비전 드라마가 인간의 경험을 평가하고 비평하는 주요한 수단이라는 점을 제안해 왔다. 텔레비전 드라마는 즐거움을 제공한다; 그것들은 '리얼리티'와 '사물 그리고 상황이 어떠한가'에 대한 진실을 다루는 것을 목적으로 한다; 그리고 텔레비전 드라마들은 항상 한 각도에서 세계를 반영하는 판타지이다. 그러나 판타지와 허구는 리얼리티 보기 또는 프레이밍의 방법만큼 '리얼리티'에 대해 무지하지 않다. 세계가 경험되는 방법을 바라보고 내러티브하는 방식들은 계속해서 복수적이다: 경험은 보편적인 범주가 아니다. 또한 경험은 다소 자아의 마지막 진실을 제공하기 때문에 결코 독특하지도 않다. 마지막으로 화면에 주어지는 드라마의 메시지들은——리얼리즘적이거나 포스트모더니즘적인 형태이거나——반드시 전송되는 것들은 아니다. 예를 들어 내러티브에서 소피가 자신을 바라봄으로써 얻는 즐거움은 그녀가 자신의 진전을 지연시키며 자신이 그러할 것이라 상상하는 가능성을 포함하는 구조와 비교되어야 한다. 그러나 극적 내러티브의 즐거움은 결코 단순히 개인적 결말에 일조하는 즐거움이 아니다. 이 책이 주장하고 있는 바와 같이 시청하는 즐거움은 강렬하게 정치적이고 절대로 제도적이고 텍스트적이며 이데올로기적인 구조에서 너무 멀리 벗어나 있지 않다. 텔레비전 드라마들은 청중들의 기억에 깊이 새겨지면서 청중들의 호기심을 일으킨다. 내러티브를 기초로 하여 텔레비전 드라마의 진실은 '청중'을 구성하는 정체성의 범위에 의해 확인되고 의문이 제기되면서 거부당한다. 그러나 말할 수 있는 하나의 진실은 없다. 그리고 진실은 변함없이 내러티브 속에 묶여 있기 때문에 텔레비전 드라마의 진실을 향한 한 가지 접근법은 존재하지 않는다. 이러한 이유들로 인해 텔레비전 드라마는 텔레비전과 미디어, 그리고 문화적 연구뿐 아니라 계속하여 텔레비전 산출물의 중요한 부분이 될 것이다.

참고 문헌

Adorno, T. W. and Horkheimer, M., *Dialectic of Enlightenment*(London and New York: Verso, 1997).

Ahmed, S., '"She'll wake up one of these days and find she's turned into a nigger": Passing through Hybridity,' *Theory, Culture and Society*, 16: 2(1999), pp.87-106.

Alcock, B. and Robson, J., 'Cagney and Lacey Revisited,' *Feminist Review*, 35(1990), pp.42-53.

Allen, R. C.(ed.), *Channels of Discourse*(London and New York: Routledge, 1987).

Allen, R. C.(ed.), *Channels of Discourse, Reassembled*(London: Routledge, 1992).

Althusser, L., *Essays on Ideology*(London: Verso, 1984).

Altman, R., 'A Semantic/Syntactic Approach to Film Genre' (1984), in R. Altman, *Film/Genre*(London: British Film Institute, 1999).

Altman, R., 'Television Sound,' in T. Modleski(ed.), *Studies in Entertainment* (Bloomington and Indianapolis: Indiana University Press, 1986), pp.39-54.

Altman, R., *Film/Genre*(London: British Film Institute, 1999).

Anderson, B., *Imagined Communities*(London: Verso, 1983).

Ang, I., *Watching Dallas*(London: Methuen, 1985).

Ang, I., 'Melodramatic Identifications: Television Fiction and Women's Fantasy,' in M. E. Brown(ed.), *Television and Women's Culture*(London: Sage, 1990), pp.75-88.

Bakhtin. M. M., *The Dialogic Imagination: Four Essays*, trans. C. Emerson and M. Holquist(Austin, TX: University of Texas Press, 1981).

Bakhtin, M. M., *Speech Genres and Other Late Essays*, trans. V. W. McGee, ed. C. Emerson and M. Holquist(Austin, TX: University of Texas Press, 1986).

Balcon, M., *Michael Balcon Presents ⋯ A Lifetime of Films*(London: Hutchinson, 1969).

Barthes, R., *S/Z*, trans. R. Miller(New York: Hill and Wang, 1974).

Barthes, R., *Image–Music–Text*, trans. S. Heath(London: Fontana, 1977).

Barthes, R., 'Inaugural Lecture, Collège de France' [1977], in S. Sontag(ed.), *A Roland Barthes Reader*(London: Vintage, 1993a), pp.457–78.

Barthes, R., 'The Pleasure of the Text' [1975], in S. Sontag(ed.), *A Roland Barthes Reader*(London: Vintage, 1993b), pp.404–14.

Bathrick, S., '*The Mary Tyler Moore Show*: Women at Home and at Work,' in J. Feuer et al.(eds), *MTM: 'Quality Television'*(London: British Film Institute, 1984), pp.99–131.

Baudrillard, J., *Simulations*(New York: Semiotexte(e), 1983).

Baudrillard, J., 'The Ecstasy of Communication,' in H. Foster(ed.), *Postmodern Culture*(London: Pluto, 1985), pp.126–34.

Baudrillard, J., *Seduction*, trans. B. Singer(Basingstoke: Palgrave Macmillan, 1990).

Baudrillard, J., *Simulacra and Simulation*, trans. S. F. Glaser(Ann Arbor: University of Michigan Press, 1994).

Beaver, H., 'Homosexual Signs: In Memory of Roland Barthes,' *Critical Inquiry*, 8: 1(Autumn 1981).

Benjamin, W., *Understanding Brecht*, trans. A. Bostock; intro. S. Mitchell (London: New Left Books, 1973).

Bennett, T. and Woollacott, J., *Bond and Beyond*(London: Macmillan, 1987).

Bertens, H., *The Idea of the Postmodern: A History*(London and New York: Routledge, 1995).

Bhabha, H.(ed.), *Nation and Narration*(London: Routledge, 1990).

Bignell, J., Lacey, S. and Macmurraugh–Kavenagh, M.(eds), *British Television Drama: Past, Present and Future*(Basingstoke: Palgrave Macmillan, 2000).

Bird, L. and Eliot, J., 'The Lives and Loves of a She–Devil,' in G. W. Brandt(ed.), *British Television Drama in the 1980s*(Cambridge: Cambridge University Press, 1993), pp.214–33.

Bondebjerg, I., 'Public Discourse/Private Fascination: Hybridization in "True–Life–Story" Genres,' *Media, Culture & Society*, 18: 1(1996), pp.27–45.

Bordwell, D., *Making Meaning: Inference and Rhetoric in the Interpretation of Cinema*(Cambridge, MA: Harvard University Press, 1989).

Bourdieu, P., 'The Aristocracy of Culture,' in R. Collins et al.(eds), *Media,*

Culture and Society: A Critical Reader(London: Sage, 1986), pp.164-93.

Bourdieu, P., *On Television and Journalism*(London: Pluto, 1998).

Bourne, S., *Black in the British Frame: Black People in British Film and Television, 1896-1996*(London: Cassell, 1998).

Brandt, G. W.(ed.), *British Television Drama*(Cambridge: Cambridge University Press, 1981).

Brandt, G. W.(ed.), *British Television Drama in the 1980s*(Cambridge: Cambridge University Press, 1993).

Brown, M. E., *Television and Women's Culture: The Politics of the Popular*(London: Sage, 1990).

Brown, M. E., *Soap Opera and Women's Talk: The Pleasures of Resistance* (London: Sage, 1994).

Brunsdon, C., '*Crossroads*: Notes on Soap Opera,' in E. A. Kaplan(ed.), *Regarding Television*(Los Angeles, CA: University Publications of America, 1983), pp.76-83.

Brunsdon, C., 'Men's Genres for Women,' in H. Baehr and G. Dyer(eds), *Boxed In: Women and Television*(London: Pandora, 1987), pp.184-202.

Brunsdon, C., 'Text and Audience,' in E. Seiter et al.(eds), *Remote Control: Television, Audiences & Cultural Power*(London: Routledge, 1989), pp.116-29.

Brunsdon, C., 'Television: Aesthetics and Audiences,' in P. Mellencamp(ed.), *Logics of Television*(London: British Film Institute, 1990), pp.59-72.

Brunsdon, C., 'Identity in Feminist Television Criticism,' *Media, Culture and Society*, 15: 2(1993), pp.309-20.

Brunsdon, C., *Screen Tastes*(London: Routledge, 1997).

Brunsdon, C., 'Structure of Anxiety: Recent British Television Crime Fiction,' *Screen*, 39: 3(1998), pp.223-43.

Brunsdon, C., D'Acci, J. and Spigel, L.(eds), *Feminist Television Criticism: A Reader*(Oxford: Oxford University Press, 1997).

Burton, G., *Talking Television: An Introduction to the Study of Television* (London: Edward Arnold, 2000).

Buscombe, E., 'Creativity in Television,' *Screen Education*, 35(1980), pp.5-17.

Buscombe, E.(ed.), *British Television: A Reader*(Oxford: Oxford University

Press, 2000).

Butler, J., *Gender Trouble: Feminism and the Subversion of Identity*(New York and London: Routledge, 1990).

Butler, J., *Bodies That Matter: On the Discursive Limits of Sex*(New York and London: Routledge, 1993).

Butler, J., *The Psychic Life of Power: Theories in Subjection*(Stanford, CA: Stanford University Press, 1997).

Butler, J., *Excitable Speech: A Politics of the Performative*(New York and London: Routledge, 1998).

Caldwell, J. T., *Televisuality: Style, Crisis, and Authority in American Television*(New Brunswick, NJ: Rutgers University Press, 1995).

Callinicos, A., *Theories and Narratives: Reflections on the Philosophy of History*(Cambridge: Polity Press, 1997).

Campbell, B., *Unofficial Secrets*(London: Virago, 1988).

Casey, B., 'Genre,' in Kenneth McLeish(ed.), *Key Ideas in Human Thought* (London: Bloomsbury, 1993).

Caughie, J., 'Progressive Television and Documentary Drama,' *Screen*, 21: 3(1980), pp.9-35.

Caughie, J., 'Popular Culture: Notes and Revisions,' in C. MacCabe(ed.), *High Theory/Low Culture*(Manchester: Manchester University Press, 1986), pp.156-71.

Caughie, J., *Television Drama: Realism, Modernism, and British Culture* (Oxford: Oxford University Press, 2000).

de Certeau, M., *The Practice of Everyday Life*(Berkeley, CA: University of California Press, 1984).

Champagne, J., *The Ethics of Marginality: A New Approach to Gay Studies*(Minneapolis: University of Minnesota Press, 1995).

Clark, D., '*Cagney & Lacey*: Feminist Strategies of Detection,' in M. E. Brown(ed.), *Television and Women's Culture*(London: Sage, 1990), pp.117-33.

Clarke, A., '"This is not the boy scouts": Television police Series and Definitions of Law and Order,' in T. Bennett et al.(eds), *Popular Culture and Social Relations*(Milton Keynes: Open University Press, 1986), pp.219-32.

Corber, R. J., *Homosexuality in Cold War America: Resistance and the*

Crisis of Masculinity(Durham, NC: Duke University Press, 1997).

Corner, J., 'Presumption as Theory: "Realism" in Television Studies,' Screen, 33: 1(1992), pp.97−102.

Corner, J., Television Form and Public Address(London: Edward Arnold, 1995).

Corner, J., The Art of Record: A Critical Introduction to Documentary (Manchester: Manchester University Press, 1996).

Corner, J., Studying Media: Problems of Theory and Method(Edinburgh: Edinburgh University Press, 1998).

Corner, J., Critical Ideas in Television Studies(Oxford: Oxford University Press, 1999).

Cowie, E., Representing the Woman: Cinema and Psychoanalysis(Basingstoke: Palgrave Macmillan, 1997).

Creeber, G.(ed.), The Television Genre Book(London: British Film Institute, 2001).

Creed, B., 'Lesbian Bodies: Tribades, Tomboys and Tarts,' in E. Grosz and E. Probyn(eds), Sexy Bodies: The Strange Carnalities of Feminism(London: Routledge, 1995), pp.86−103.

Crisp, Q., The Naked Civil Servant(London: Penguin, 1997).

Culler, J., Barthes(London: Fontana, 1983).

Curran, J. and Seaton, J., Power without Responsibility: The Press and Broadcasting in Britain(London: Methuen, 1985).

Curran, J., Ecclestone, J., Oakley, G. and Richardson, A.(eds), Bending Reality: The State of the Media(London: Pluto, 1986).

D'Acci, J., 'The Case of Cagney and Lacey,' in H. Baehr and G. Dyer(eds), Boxed In: Women and Television(London: Pandora, 1987), pp.203−25.

Davies, R. R., Queer as Folk: The Scripts(London: Channel 4 Books, 1999).

Dean, J., 'The Truth is Out There: Aliens and the Fugitivity of Postmodern Truth,' Camera Obscura(1997), pp.42−75.

Derrida, J., Of Grammatology, trans. G. C. Spivak(Baltimore, MD, and London: Johns Hopkins University Press, 1976).

Derrida, J., Writing and Difference, trans. A. Bass(London: Routledge & Kegan Paul, 1978).

Derrida, J., 'Differénce,' A Derrida Reader; Between the Blinds, ed. P.

Kamuf(New York: Columbia University Press, 1991a).

Derrida, J., 'Signature Event Context,' *A Derrida Reader: Between the Blinds*, ed. P. Kamuf(New York: Columbia University Press, 1991b).

Derrida, Jaques, 'Speech and Phenomena,' *The Derrida Reader: Between the Blinds*, ed. P. Kamuf(New York: Columbia University Press, 1991c).

Doane, M. A., *The Desire to Desire: The Woman's Film of the 1940s* (Basingstoke: Palgrave Macmillan, 1987).

Donald, J., 'Anxious Moments: *The Sweeney* in 1975,' in M. Alvarado and J. Stewart(eds), *Made for Television: Euston Films Limited*(London: British Film Institute, 1985), pp.117-35.

Doty, A., *Making Things Perfectly Queer: Interpreting Mass Culture* (Minneapolis: University of Minnesota Press, 1993).

Dovey, J., 'Reality TV,' in G. Creeber(ed.), *The Television Genre Book* (London: British Film Institute, 2001), pp.134-7.

Dow, B., *Prime Time Feminism: Television, Media Culture, and the Women's Movement since 1970*(Philadelphia, PA: University of Pennsylvania Press, 1996).

Dunn, I., 'Making it Happen: The Making of the Lesbian and Gay Community in Scotland,' in E. Healey and A. Mason(eds), *Stonewall 25: The Making of the Lesbian and Gay Community in Britain*(London: Virago, 1994), pp.111-21.

Dyer, R., *The Matter of Images: Essays on Representation*(London: Routledge & Kegan Paul, 1993).

Eagleton, T., *Ideology: An Introduction*(London: Verso, 1991).

Eagleton, T., *The Idea of Culture*(Oxford: Blackwell Publishers, 2000).

Edelman, L., *Homographesis: Essays in Gay Literary and Cultural Theory* (New York and London: Routledge, 1994).

Elliott, A., *Psychoanalytic Theory: An Introduction*(Basingstoke: Palgrave Macmillan, 2002).

Elliott, J., Interview, in J. Pines(ed.), *Black and White in Colour: Black People in Television since 1936*(London: British Film Institute, 1992), pp.85-91.

Ellis, J., *Visible Fictions*(London: Routledge & Kegan Paul, 1982).

Ellis, J., 'The Quality Film Adventure: British Critics and the Cinema, 1942-1948,' in A. Higson(ed.), *Dissolving Views: Key Writings on British Cinema*

(London: Cassell, 1996), pp.66-93.

Ellis, J., 'Television as Working Though,' in J. Gripsrud(ed.), *Television and Common Knowledge*(London: Routledge & Kegan Paul, 1999), pp.55-70.

Epstein J. and Straub, K.(eds), *Body Guards: The Cultural Politics of Gender Ambiguity*(New York and London: Routledge & Kegan Paul, 1991).

Evans, C. and Gamman, L., 'The Gaze Revisited, or Reviewing Queer Viewing,' in P. Burston and C. Richardson(eds), *Queer Romance: Lesbians, Gay Men and Popular Culture*(London: Routledge & Kegan Paul, 1995), pp.13-56.

Faludi, S., *Backlash: The Undeclared War Against Women*(London: Chatto & Windus, 1992).

Feuer, J., 'The Concept of Live Television: Ontology as Ideology,' in E. A. Kaplan(ed.), *Regarding Television*(Fredrick, MD: University Publications of America, 1983), pp.12-22.

Feuer, J., 'Narrative Form in American Network Television,' in C. MacCabe (ed.), *High Theory/Low Culture*(Manchester: Manchester University Press, 1986), pp.101-14.

Feuer, J., 'Genre Study and Television,' in R. C. Allen(ed.), *Channels of Discourse, Reassembled*(London: Routledge & Kegan Paul, 1992), pp.138-59.

Feuer, J., 'The Gay and Queer Sitcom(*Will and Grace*),' in G. Creeber(ed.), *The Television Genre Book*(London: British Film Institute, 2001), pp.70-3.

Fiske, J., *Introduction to Communication Studies*(London: Methuen, 1982).

Fiske, J., *Television Culture*(London: Methuen, 1987).

Fiske, J., 'Moments of Television: Neither the Text nor the Audience,' in E. Seiter et al.(eds), *Remote Control: Television, Audiences & Cultural Power* (London: Routledge & Kegan Paul, 1989), pp.56-78.

Flitterman-Lewis, S., 'Psychoanalysis, Film and Television,' in R. C. Allen (ed.), *Channels of Discourse, Reassembled*(London: Routledge & Kegan Paul, 1992), pp.203-46.

Foster, H., '(Post)modern Polemics,' *New German Critique*, 33(1984), pp.67-79.

Foucault, M., *The Order of Things: An Archaeology of the Human Sciences* [1996](New York: Vintage, 1973).

Foucault, M., *The Archaeology of Knowledge*[1969](London: Routledge, 1989).

Foucault, M., *Discipline and Punish: The Birth of the Prison*[1975](New York: Vintage, 1995)

Foucault, M., *The History of Sexuality*, vol. 1: *An Introduction*[1976], trans. R. Hurley(New York: Random House, 1978).

Foucault, M., *The Foucault Reader*, ed. P. Rabinow(London: Penguin, 1984).

Foucault, M., *Ethics: Essential Works of Foucault, 1954−1984*, vol. 1, ed. P. Rabinow(London: Penguin Books, 2000a).

Foucault. M., *Aesthetics: Essential Works of Foucault, 1954−1984*, vol. 2, ed. J. D. Faubion(London: Penguin Books, 2000b).

Foucault, M., *Power: Essential Works of Foucault, 1954−1984*, vol. 3, ed. J. D. Faubion(London: Penguin Books, 2000c).

Freud, S., 'Psychoanalysis and Legal Evidence,' in S. Freud, *The Standard Edition of the Complete Psychological Works of Sigmund Freud*, vol. 9, ed. J. Strachey(London: Hogarth Press, 1959), pp.99−114.

Freud, S., 'Some Psychical Consequences of the Anatomical Distinction between the Sexes,' in S. Freud, *On Sexuality*[1925], Pelican Freud Library, vol. 7(Harmondsworth: Penguin, 1977) pp.323−43.

Friedan, B., *The Feminine Mystique*(London: Penguin, 1965).

Friedman, A., *Writing for Visual Media*(Burlington, MA: Focal Press, 2001).

Gaader, J., *Sophie's World*(London: Phoenix House, 1996).

Gamman, L., 'Watching the Detectives: The Enigma of the Female Gaze,' in L. Gammnan and M. Marshment(eds), *The Female Gaze: Women as Viewers of Popular Culture*(London: The Women's Press, 1988), pp.8−26.

Garber, M., *Vested Interests: Cross−Dressing and Cultural Anxiety*(London: Penguin Books, 1993).

Garnett, T., 'Drama Forum − November 1997,' in www.world−productions.com/ Tony Garnett Reference Library.

Garnett, T., 'Contexts,' in J. Bignell, S. Lacey and M. Macmurraugh−Kavanagh(eds), *British Television Drama: Past, Present and Future*(Basingstoke: Palgrave Macmillan, 2000), pp.11−23.

Genette, G., *Narrative Discourse*(Ithaca, NY: Cornell University Press, 1980).

Geraghty, C., *British Cinema in the Fifties*(London: Routledge & Kegan Paul,

2000).

Gianetti, L., *Understanding Movies*(Englewood-Cliffs, NJ: Prentice Hall, 1993).

Gilbert, W. S., 'The Television Play: Outside the Consensus,' *Screen Education*, 35(Summer 1980) pp.35-44.

Gilroy, P., *There Ain't No Black in the Union Jack*(London: Routledge, 1987).

Gilroy, P., 'The End of Antiracism,' in J. Donald and A. Rattansi(eds), *'Race,' Culture and Difference*(London: Sage, 1992), pp.49-61.

Gledhill, C., 'Genre,' in Pam Cook(ed), *The Cinema Book*(London: British Film Institute, 1985), pp.58-109.

Gledhill, C., 'The Melodramatic Field: An Investigation,' in Gledhill, *Home is Where the Heart Is: Studies in Melodrama and the Woman's Film*(London: British Film Institute, 1987), pp.5-39.

Gledhill, C., 'Pleasurable Negotiations,' in E. D. Pribram(ed.), *Female Spectators*(London: Verso, 1988), pp.64-89.

Gledhill, C., 'Genre and Gender: The Case of Soap Opera,' in S. Hall(ed.), *Representation: Cultural Representations and Signifying Practices*(London: Sage, 1997), pp.337-84.

Goodwin, A. and Kerr, P.(eds), *Drama-Documentary*, BFI Dossier 19(London: British Film Institute, 1983).

Grierson, J., *Grierson on Documentary*, ed. F. Hardy(London: Faber & Faber, 1966).

Griffiths, T., 'Trevor and Bill: On Putting Politics before *News at Ten*,' interview, *The Leveller* 1(1976).

Griffiths, T., 'Countering Consent: An Interview with John Wyver,' in F. Pike(ed.), *Ah! Mischief: The Writer and Television*(London: Faber & Faber, 1982), pp.30-40.

Gripsrud, J., 'Television, Broadcasting, Flow: Key Metaphors in TV Theory,' in C. Geraghty and D. Lusted(eds), *The Television Studies Book*(London: Edward Arnold, 1998), pp.17-32.

Gross, L., 'What is Wrong with this Picture? Lesbian Women and Gay Man on Television,' in R. J. Ringer(ed.), *Queer Words, Queer Images: Communication and the Construction of Homosexuality*(New York: New York University Press,

1994), pp.143-56.

Grossberg, L., 'The In-Difference of Television,' *Screen*, 28: 2(1987), pp.28-45.

Grosz, E., *Jacques Lacan: A Feminist Introduction*(London: Routledge & Kegan Paul, 1990).

Habermas, J., 'Modernity - An Incomplete Project,' in H. Foster(ed), *Postmodern Culture*(London: Pluto, 1985), pp.3-15.

Halberstam, J., *Female Masculinity*(Durham, NC: Duke University Press, 1998).

Hall, S., *Encoding and Decoding in the Television Discourse*, Occasional Paper no. 7(Birmingham: CCCS, 1973).

Hall, S., *Television as a Medium and its Relation to Culture*, Occasional Paper no. 34(Birmingham: CCCS, 1975).

Hall, S., 'Culture, the Media and the "Ideological Effect",' in J. Curran, M. Gurevitch and J. Woollacott(eds), *Mass Communication and Society*(London: Edward Arnold, 1977), pp.315-48.

Hall, S., 'Encoding/Decoding,' in Hall et al.(eds), *Culture, Media, Language* (London: Hutchinson, 1980), pp.119-38.

Hall, S., 'Media Power and Class Power,' in J. Curran et al.(eds), *Bending Reality: The State of the Media*(London: Pluto, 1986), pp.5-14.

Hall, S., 'Minimal Selves,' ICA Documents 6, *Identity, The Real Me: Postmodernism and the Question of Identity*(London: ICA, 1987), pp.44-6.

Hall, S., 'Cultural Identity and Diaspora,' in J. Rutherford(ed.), *Identity* (London: Lawrence & Wishart, 1990), pp.222-37.

Hall, S., 'The West and the Rest: Discourse and Power,' in S. Hall and B. Gieben(eds), *Formations of Modernity*(Cambridge: Polity, 1992a), pp.275-320.

Hall, S., 'Cultural Studies and Its Theoretical Legacies,' in L. Grossberg, C. Nelson and P. Treichler(eds), *Cultural Studies*(New York & London: Routledge, 1992b) pp.277-94.

Hall, S., 'Culture, Community, Nation,' *Cultural Studies*, 7: 3(1993), pp.349-63.

Hall, S., 'Signification, Representation, Ideology: Althusser and the Post-Structuralist Debates,' in J. Curran et al.(eds), *Cultural Studies and Communications*(London: Edward Arnold, 1996), pp.11-34.

Hall, S., 'Who needs "Identity"?,' in P. du Gay, J. Evans and P. Redman(eds),

Identity: A Reader(London: Sage, 2000), pp.15-30.

Hallam, J., 'Power Plays: Gender, Genre and Lynda La Plante,' in J. Bignell et al.(eds), *British Television Drama: Past, Present and Future*(Basingstoke: Palgrave Macmillan, 2000), pp.140-9.

Haskell, M., *From Reverence to Rape: The Treatment of Women in the Movies*[1974](Chicago and London: University of Chicago Press, 1987).

Hawkes, T., *Structuralism and Semiotics*(London: Methuen, 1977).

Heath, S., 'Representing Television,' in P. Mellencamp(ed.), *Logics of Television*(London: British Film Institute, 1990), pp.267-302.

Heath, S. and Skirrow, G., 'An Interview with Raymond Williams,' in T. Modleski(ed.), *Studies in Entertainment*(Bloomington and Indianapolis: Indiana University Press, 1986), pp.3-17.

Hebdige, D., 'The Bottom Line on Planet One' [1985], in P. Rice and P. Waugh(eds), *Modern Literary Theory: A Reader*(London: Edward Arnold, 1989), pp.260-81.

Hennessy, R., *Profit and Pleasure: Sexual Identities in Late Capitalism* (Routledge: New York and London, 2000).

Hermes, J., *Reading Women's Magazines*(Cambridge: Polity Press, 1995).

Higson, A., '"Britain's Outstanding Contribution to the Film": The Documentary - Realist Tradition,' in C. Barr(ed.), *All Our Yesterdays: 90 Years of British Cinema*(London: British Film Institute, 1986), pp.72-97.

Hodge, R. and Kress, G., *Social Semiotics*(Cambridge: Polity Press, 1988).

Holland, P., *The Television Handbook*(London: Routledge & Kegan Paul, 1997).

Hollows, J. and Jancovich, M.(eds), *Approaches to Popular Film*(Manchester: Manchester University Press, 1995).

Homer, S., 'Psychoanalysis, Post-Marxism and the Subject: From the Ethical to the Political,' in *Journal of the Universities Association for Psychoanalytic Studies*, vol. 1(Spring 1998), pp.18-28.

Honigman, J.(ed.), *Handbook of Social and Cultural Anthropology*(Chicago, II: Rand McNally, 1973).

Hudson, R., 'Television in Britain: Description and Dissent,' from *Theatre Quarterly*, 2: 6(1972), in www.world-productions.com/Tony Garnett Reference

Library.

Hugh, D., *On Queer Street: A Social History of British Homosexuality, 1895–1995*(London: HarpetCollins, 1997).

Hurd, G., 'The Television Presentation of the Police,' in T. Bennett et al.(eds), *Popular Television and Film*(London: British Film Institute, 1981), pp.53–70.

Hutson, A. et al., *Big World, Small Screen: The Role of Television in American Society*(Lincoln and London: University of Nebraska Press, 1992).

Huyssen, A., 'Mass Culture as Woman: Modernism's Other,' in A. Huyssen, *After the Great Divide: Modernism, Mass Culture and Postmodernism*(Basingstoke: Palgrave Macmillan, 1986), pp.44–62.

Iser, W., *The Act of Reading: A Theory of Aesthetic Response*[1976] (London: Routledge and Kegan Paul, 1978).

Jameson, F., 'Postmodernism and Consumer Society,' in H. Foster(ed.), *Postmodern Culture*(London: Pluto, 1985), 111–25.

Jauss, H. R., *Toward an Aesthetic of Reception*(Brighton: Harvester, 1982).

Johnston, C., 'Women's Cinema as Counter–Cinema,' in C. Johnston(ed.), *Notes on Women's Cinema*(London: Society for Education in Film and Television, 1973), pp.24–31.

Johnston, C. Dorothy, 'Arzner: Critical Strategies,' in C. Penley(ed.), *Feminism and Film Theory*[1975](London: Routledge, 1988), pp.36–45.

Joyrich, L., 'All that Television Allows: TV Melodrama, Postmodernism and Consumer Culture,' *Camera Obscura*, 16(1988) 141–7.

Joyrich, L., 'Critical and Textual Hypermasculinity,' in P. Mellencamp(ed.), *Logics of Television*(London: British Film Institute, 1990), pp.156–72.

Joyrich, L., *Re–viewing Reception: Television, Gender, and Postmodern Culture*(Bloomington: Indiana University Press, 1996).

Joyrich, L., 'Epistemology of the Console,' *Critical Inquiry*, 27(2001), pp.439–67.

Kaplan, E. A., *Women and Film: Both Sides of the Camera*(New York and London: Methuen, 1983).

Kermode, F., *The Sense of an Ending: Studies in the Theory of Fiction* (London: Oxford University Press, 1967).

Kerr, P., 'F for Fake? Friction over Faction,' in A. Goowin and G. Whannel (eds), *Understanding Television*(London: Routledge, 1990), pp.74−87.

Kilborn, R., 'New Contexts for Documentary Production in Britain,' *Media, Culture & Society*, 18: 1(1996), pp.141−50.

Kilborn, R. and Izod, J., *An Intruduction to Television Documentary* (Manchester: Manchester University Press, 1997).

Kirkham, P. and Skeggs, B., '*Absolutely Fabulous*: Absolutely Feminist?,' in C. Geraghty and D. Lusted(eds), *The Television Studies Book*(London: Edward Arnold, 1998), pp.287−98.

Kozloff, S. R., 'Narrative Theory and Television,' in R. C. Allen(ed.), *Channels of Discourse, Reassembled*(London: Routledge & Kegan Paul, 1992), pp.67−100.

Kracauer, S., *Theory of Film*(Oxford: Oxford University Press, 1965).

Kuhn, A., *The Power of the Image: Essays on Representation and Sexuality* (London: Routledge & Kegan Paul, 1985).

Kuhn, A.(ed.), *Alien Zone: Cultural Theory and Contemporary Science Fiction Cinema*(London: Verso, 1990).

Kureishi, H., *The Buddha of Suburbia*(London: Faber & Faber, 1990).

Lacan, J., *Écrits: A Selection*[1977], trans. A. Sheridan(London and New York: Routledge, 1989).

Lacey, N., *Narrative and Genre: Key Concepts in Media Studies*(Basingstoke: Palgrave Macmillan, 2000).

Laing, S., 'Raymond Williams and the Cultural Analysis of Television,' *Media, Culture and Society*, 13: 2(April 1991), pp.153−69.

Laplanche, J. and Pontalis, J−B., 'Fantasy and the Origins of Sexuality' [1964], in V. Burgin, J. Donald and C. Kaplan(eds), *Formations of Fantasy*(London and New York: Routledge, 1986), pp.5−34.

Larsen, P., 'Imaginary Spaces: Television, Technology and Everyday Consciousness,' in J. Gripsrud(ed.), *Television and Common Knowledge* (London: Routledge & Kegan Paul, 1999), pp.108−21.

de Lauretis, T., *Alice Doesn't: Feminism, Semiotics, Cinema*(Basingstoke: Palgrave Macmillan, 1984).

Lavender, A., '"Edge of Darkness": Troy Kennedy Martin,' in G. W. Brandt (ed.), *British Television Drama in the 1980s*(Cambridge: Cambridge University

Press, 1993), pp.103-18.

Lavery, D.(ed.), *Full of Secrets: Critical Approaches to 'Twin Peaks'* (Detroit, MI: Wayne State University, 1995).

Lavery, D., Hague, A. and Cartwright, M.(eds), *'Deny All Knowledge'*: *Reading the X-Files*(London: Faber and Faber, 1996).

Leavis, F. R., 'Mass Civilisation and Minority Culture,' in J. Storey(ed.), *Cultural Theory and Popular Culture: A Reader*(Hemel Hempstead: Harvester Wheatsheaf, 1994), pp.12-20.

Leavis, Q. D., *Fiction and the Reading Public*(London: Chatto & Windus, 1978).

Livingstone, S. M., *Making Sense of Television: The Psychology of Audience Interpretation*(London: Pergamon, 1990).

Loach, K., *The Navigators*(Channel 4 television 2002).

Lovell, T., 'Ideology and *Coronation Street*,' in R. Dyer et al., *Coronation Street*(London: British Film Institute, 1981), pp.40-52.

Lukács, G., 'Narrate or Describe,' in *Writer and Critic*(London: Merlin Press, 1970), pp.110-48.

Lyotard, J.-F., *The Postmodern Condition: A Report on Knowledge* (Manchester: Manchester University Press, 1984).

MacCabe, C., 'Realism and the Cinema: Notes on some Brechtian Theses,' *Screen*, 15: 2(1974), pp.7-27.

MacCabe, C., 'Theory and Film: Principles of Realism and Pleasure,' *Screen*, 17: 3(1976), pp.7-27.

MacCabe, C., '*Days of Hope*: a Response to Colin McArthur,' in T. Bennett et al.(eds), *Popular Television and Film*(London: British Film Institute, 1981), pp.310-13.

Macdonald, D., 'A Theory of Mass Culture,' in J. Storey(ed.), *Cultural Theory and Popular Culture: A Reader*(Hemel Hempstead: Harvester Wheatsheaf, 1994), pp.29-43.

Macherey, P., *A Theory of Literary Production*(London: Routledge & Kegan Paul, 1978).

Macmurraugh-Kavanagh, M., 'Too Secret for Words: Coded Dissent in Female-Authored *Wednesday Plays*,' in J. Bignell et al.(eds), *British Television Drama:*

Past, Present and Future(Basingstoke: Palgrave Macmillan, 2000), pp.150−61.

Macmurraugh−Kavanagh, M., 'What's All This Then? The Ideology of Identity in The Cops,' in B. Carson and M. Llewellyn−Jones(eds), Frames and Fictions in Television(Exeter: Intellect Books, 2000), pp.40−9.

Malik, S., Representing Black Britain: Black and Asian Images on Television (London: Sage, 2002).

Marcuse, H., One Dimensional Man(London: Abacus, 1972).

McArthur, C., 'Historical Drama,' in T. Bennett et al.(eds), Popular Television and Film(London: British Film Institute, 1981), pp.288−301.

McGrath, J., 'TV Drama: the Case against Naturalism,' Slight and Sound, 46: 2(Spring 1977), pp.100−5.

McGrath, J., 'TV Drama: Then and Now,' in J. Bignell et al.(eds), British Television Drama: Past, Present and Future(Basingstoke: Palgrave Macmillan, 2000), pp.64−7.

McGuigan, J., Cultural Populism(London: Routledge & Kegan Paul, 1992).

McLuhan, M., Understanding Media(London: Routledge & Kegan Paul, 1964).

Medhurst, A., 'Every Wart and Pustule: Gilbert Harding and Television Stardom,' in E. Buscombe(ed.), British Television: A Reader(Oxford: Oxford University Press, 2000), pp.248−64.

Mellencamp, P., 'Situation Comedy, Feminism and Freud: Discourses of Gracie and Lucy,' in T. Modleski(ed.), Studies in Entertainment(Bloomington and Indianapolis: Indiana University Press, 1986), pp.80−95.

Mercer, C., 'Complicit Pleasures,' in T. Bennett et al.(eds), Popular Culture and Social Relations(Milton Keynes: Open University Press, 1986), pp.50−68.

Metz, C., 'The Imaginary Signifier,' Screen, 16: 2(1975), pp.14−76.

Miller, C. R., 'Genre as Social Action,' Quarterly Journal of Speech, 70(1984), pp.151−67.

Miller, D. A., The Novel and the Police(Berkeley and Los Angeles, CA: University of California Press, 1988).

Miller, D., 'Anal Rope' in D. Fuss(ed.), Inside/Outside: Lesbian Theories, Gay Theories(New York and London: Routledge, 1991), pp.119−41.

Miller, J., Seductions: Studies in Reading and Culture(London: Virago, 1990).

Miller, N., *Out of the Past: Gay and Lesbian History from 1869 to the Present*(London: Vintage, 1995).

Modleski, T., 'The Rhythms of Reception: Daytime Television and Women's Work,' in E. A. Kaplan(ed.), *Regarding Television*(Los Angeles, CA: University Publications of America, 1983), pp.67–75.

Modleski, T., *Loving with a Vengeance: Mass–Produced Fantasies for Women*(London: Methuen, 1984).

Modleski, T., 'The Terror of Pleasure: the Contemporary Horror Film and Postmodern Theory,' in T. Modleski(ed.), *Studies in Entertainment*(Bloomington and Indianapolis: Indiana University Press, 1986a), pp.155–66.

Modleski, T., 'Feminity as Mas(s)querade: a Feminist Approach to Mass Culture,' in C. MacCabe(ed.), *High Theory/Low Culture*(Manchester: Manchester University Press, 1986b), pp.37–52.

Modleski, T., *Feminism without Women: Culture and Criticism in a 'Postfeminist' Age*(London: Routledge & Kegan Paul, 1991).

Morley, D., *The 'Nationwide' Audience*(London: British Film Institute, 1980).

Morley, D., *Family Television*(London: Comedia, 1986).

Morley, D., *Television, Audiences and Cultural Studies*(London: Routledge & Kegan Paul, 1992).

Morse, M., 'An Ontology of Everyday Distraction: The Freeway, the Mall, and Television,' in P. Mellencamp(ed.), *Logics of Television*(London: British Film Institute, 1990), pp.193–221.

Moseley, R. and Read, J., '"Having it *Ally*": Popular Television (Post–) Feminism,' *Feminist Media Studies*, 2: 2(2002), pp.231–49.

Mulhern, F., *Culture/Metaculture*(London and New York: Routledge & Kegan Paul, 2000).

Mulvey, L., 'Visual Pleasure and Narrative Cinema' [1975], in L. Mulvey, *Visual and Other Pleasures*(Basingstoke: Palgrave Macmillan, 1989), pp.14–26.

Munt, S., 'Shame/Pride Dichotomies in *Queer as Folk*,' in *Textual Practice*, 14: 3(2000), pp.531–46.

Murdock, G., 'Authorship and Organisation,' *Screen Education*, 35(1980), pp.19–34.

Neale, S., *Genre*(London: British Film Institute, 1980).

Neale, S., 'Questions of Genre,' *Screen*, 31: 1(1990), pp.45—66.

Neale, S., 'Studying Genre,' in G. Creeber(ed.), *The Television Genre Book* (London: British Film Institute, 2001), pp.1—2.

Neale, S., 'Westerns and Gangster Films Since the 1970s,' in S. Neale(ed.), *Genre and Contemporary Hollywood*(London: British Film Institute, 2002), pp.27—47.

Negra, D., ' "Quality Postfeminism?" Sex and the Single Girl on HBO,' forthcoming in *Genders*.

Nelson, R., *TV Drama in Transition: Forms, Values and Cultural Change* (Basingstoke: Palgrave Macmillan, 1997).

Nicholls, P., 'The Belated Postmodern: History, Phantoms, and Tony Morrison,' in S. Vice(ed.), *Psychoanalytic Criticism: A Reader*(Cambridge: Polity Press, 1996).

Nichols, B., *Representing Reality*(Bloomington and Indianapolis: Indiana University Press, 1991).

Nichols, B., *Blurred Boundaries: Questions of Meaning in Contemporary Culture*(Bloomington and Indianapolis: Indiana University Press, 1994).

O'Brien, L., *Dusty: A Biography of Dusty Springfield*(London: Sidgwick & Jackson, 1999).

Paget, D., *No Other Wat to Tell it: Dramadoc/docudrama on Television* (Manchester: Manchester University Press, 1998).

Pender, P., ' "I'm Buffy, and You're ⋯ History": the Postmodern Politics of *Buffy*,' in R. V. Wilcox and D. Lavery(eds), *Fighting the Forces: What's at Stake in 'Buffy the Vampire Slayer'*(Oxford: Rowman & Littlefield, 2002), pp.35—44.

Philips, A., 'Keep It Moving,' in J. Butler(ed.), *The Psychic Life of Power: Theories in Subjection*(Stanford, CA: Stanford University Press, 1997), pp.151—9.

Philo, G., *Glasgow University Media Group Reader: News, Industry, Economy, War, and Politics*(London: Routledge & Kegan Paul, 1996).

Plummer, K., *Telling Sexual Stories: Power, Change and Social Worlds* (London and New York: Routledge & Kegan Paul, 1995).

Posener, J., *Spray it Loud*(London: Pandora, 1982).

Potter, D., *Waiting for the Boat: Dennis Potter on Television*(London: Faber & Faber, 1984).

Prince, G., *A Dictionary of Narratology*(Lincoln: University of Nebraska Press, 1987).

Pringle, A., 'A Methodology for Television Analysis with Reference to the Drama Series,' *Screen*, 13: 2(1972), pp.116-26.

Probyn, E., 'New Traditionalism and Post-Feminism: TV Does the Home,' *Screen*, 31: 2(1990), pp.147-59.

Propp, V., *Morphology of the Folktale*(Austin, TX: University of Texas Press, 1968).

Radway, J., *Reading the Romance: Women, Patriarchy, and Popular Literature* (London: Verso, 1987).

Reid, E. C., 'Viewdata: the Television Viewing Habits of Young Black Women in London' [1989], in H. Baehr and A. Gray(eds), *Turning It On: A Reader in Women and Media*(London: Edward Arnold, 1996), pp.138-56.

Rich, A., 'Compulsory Heterosexuality and Lesbian Existence,' in *Signs: Journal of Women in Culture and Society*, 5: 4(1980), pp.631-60.

Rice, P. and Waugh, P.(eds), *Modern Literary Theory: A Reader*(London: Edward Arnold, 1989).

Rimmon-Kenan, S., *Narrative Fiction: Contemporary Poetics*(London: Routledge & Kegan Paul, 1983).

Roscoe, J. and Hight, C., *Faking It: Mock-documentary and the Subversion of Factuality*(Manchester: Manchester University Press, 2001).

Rosenfelt, D. and Stacey, J., 'Second Thoughts on the Second Wave,' in K. V. Hansen and I. J. Philipson(eds), *Women, Class and the Feminist Imagination* (Philadelphia, PA: Temple University Press, 1990), pp.549-67.

Rowe, K., 'Roseanne: Unruly Woman as Domestic Goddess,' *Screen*, 31: 4(1990), pp.408-19.

Ryan, M., 'Postmodern Politics,' in *Theory, Culture & Society*, 5: 2-3(1988), pp.559-76.

Said, E., *Culture and Imperialism*(London: Chatto & Windus, 1983).

Sanderson, T., *Mediawatch: The Treatment of Male and Female Homosexuality in the British Media*(London: Cassell, 1995).

Sandford, J., 'Edna and Cathy: Just Huge Commercials,' in *Drama-Documentary*, BFI Dossier 19(London: British Film Institute, 1984), pp.16-19.

Sarup, M., *Jacques Lacan*(Hemel Hempstead: Harvester Wheatsheaf, 1992).

Saussure de, F., *Course in General Linguistics*(London: Fontana/Collins, 1974).

Scannell, P., 'Public Service Broadcasting: the History of a Concept,' in E. Buscombe(ed.), *British Television: A Reader*(Oxford: Oxford University Press, 2000), pp.45−62.

Schlesinger, P., *Putting Reality Together: BBC News*(London: Constable, 1978).

Schlesinger, P., Murdock, G. and Elliott, P., *Televising 'Terrorism': Political Violence in Popular Culture*(London: Comedia, 1983).

Sedwick, E. K., *Epistemology of the Closet*[1990](London: Penguin, 1994).

Seiter, E. et al., ' "Don't treat us like we're so stupid and naive" − Towards an Ethnography of Soap Opera Viewers' [1989], in H. Baehr and A. Gray(eds), *Turning It On: A Reader in Women and Media*(London: Edward Arnold, 1996), pp.138−56.

Seiter, E., 'Making Distinctions in Television Audience Research,' in *Cultural Studies*, 4: 1(1990), pp.61−84.

Shubik, I., *Play for Today: The Evolution of Television Drama*(Manchester: Manchester University Press, 2000).

Silverman, K., *The Subject of Semiotics*(Oxford: Oxford University Press, 1983).

Sinfield, A., *The Wilde Century: Effeminacy, Oscar Wilde and the Queer Moment*(London: Cassell, 1994).

Sinfield, A., *Gay and After*(London: Serpent's Tail, 1998).

Siune, K. and Hultén, O., 'Does Public Broadcasting Have a Future?,' in D. McQuail and K. Siune(eds), *Media Policy: Convergence, Concentration, Commerce*(The Euromedia Research Group, London: Sage, 1998), 23−37.

Skirrow, G., '*Widows*,' in M. Alvarado and J. Stewart(eds), *Made for Television: Euston Films Limited*(London: British Film Institute, 1985), pp.174−84.

Smith, J., 'There's Only One Yorkshire Ripper,' in *Misogynies*(London: Faber & Faber, 1989), pp.117−51.

Smith, P. J., '"You don't have to say you love me": The Camp Masquerades of Dusty Springfield,' in P. J. Smith(ed.), *The Queer Sixties*(New York: Routledge, 1999), pp.105−26.

Soper, K., 'Relativism and Utopianism: Critical Theory and Cultural Studies,' in N. Aldred and M. Ryle(eds), *Teaching Culture: The Long Revolution in Cultural Studies*(London: NIACE, 1999), pp.66−8.

Spencer, C., *Homosexuality: A History*(London: Fourth Estate, 1995).

Spigel, L., *Make Room for TV: Television and the Family Ideal in Postwar America*(Chicago, IL: University of Chicago Press, 1992).

Spivak, G. C., 'Translator's Preface,' in Jacques Derrida, *Of Grammatology* (Baltimore, MD: Johns Hopkins University Press, 1976), pp.ix−lxxxvii.

Spivak, G. C., *In Other Words: Essays in Cultural Politics*(London: Routledge & Kegan Paul, 1987).

Stam, R., Burgoyne, R. and Flitterman−Lewis, S., *New Vocabularies in Film Semiotics*(London: Routledge & Kegan Paul, 1992).

Stam, R., *Film Theory*(Oxford: Blackwell Publishers, 2000).

Storey, J., *Cultural Theory and Popular Culture: An Introduction*(Harlow: Prentice Hall, 2001).

Thompson, D.(ed.), *Discrimination and Popular Culture*(Harmondsworth: Penguin, 1964).

Thornham, S., 'Feminist Interventions: *Prime Suspect I*,' *Critical Survey*, 6: 2(1994), pp.226−33.

Thornham, S., *Passionate Detachments: An Introduction to Feminist Film Theory*(London: Edward Arnold, 1997).

Thornham, S., *Feminist Theory and Cultural Studies*(London: Edward Arnold, 2000).

Thornham, S., '"A Good Body": The Case of/for Feminist Media Studies,' *European Journal of Cultural Studies*, 6: 1(2003), pp.75−94.

Todorov, T., *The Fantastic: A Structural Approach to a Literary Genre*, trans. R. Howard(Ithaca, NY: Cornell University Press, 1975).

Todorov, T., 'The Typology of Detective Fiction,' in D. Lodge(ed.), *Modern Criticism and Theory: A Reader*(New York: Longman, 1988), pp.137−44.

Tulloch, J., *Television Drama: Agency, Audience and Myth*(London: Routledge & Kegan Paul, 1990).

Tulloch, J. and Alvarado, M., *Doctor Who: The Unfolding Text*(London: Macmillan, 1983).

Turner, G., 'Genre, Format and "Live" Television,' in G. Creeber(ed.), *The Television Genre Book*(London: British Film Institute, 2001), pp.6−7.

Vogler, C., *The Writer's Journey: Mythic Structure for Storytellers and Screenwriters*(London: Pan, 1999).

Volosinov, V. N., *Marxism and the Philosophy of Language*[1929], trans. L. Matejka and I. T. Titunik(Cambridge, MA, and London: Harvard University Press, 1996).

Wagg, S., '"One I made earlier": Media, Popular Culture and the Politics of Childhood,' in D. Strinati and S. Wagg(eds), *Come on Down? Popular Media Culture in Post−war Britain*(London: Routledge & Kegan Paul, 1992), pp.150−78.

Warner, M.(ed.), *Fear of a Queer Planet*(Minneapolis: University of Minnesota Press, 1993).

Warner, M., *No Go the Bogeyman: Scaring, Lulling and Making Mock* (London: Chatto & Windus, 1998).

Waters, S., *Tripping the Velvet*(London: Virago, 1999).

Watson, J., *Media Communication: An Introduction to Theory and Process* (Basingstoke: Palgrave Macmillan, 1998).

Waugh, P., *The Harvest of the Sixties*(Oxford and New York: Oxford University Press, 1995).

Webster, W., *Not a Man to Match Her: The Marketing of a Prime Minister* (London: The Women's Press, 1990).

Weeks, J., *Invented Moralities: Sexual Values in an Age of Uncertainty* (Cambridge: Polity Press, 1995).

White, E., *The Flâneur*(London: Bloomsbury, 2001).

White, H., *Metahistory*(Baltimore, MD: Johns Hopkins University Press, 1975).

White, M., 'Ideological Analysis and Television,' in R. C. Allen(ed.), *Channels of Discourse, Reassembled*(London: Routledge & Kegan Paul, 1992), pp.161−202.

Wilcox, R. and Williams, J. P., '"What do you think?" *The X−Files*, Liminality, and Gender Pleasure,' in D. Lavery, A. Hague and M. Cartwright(eds), *'Deny All Knowledge': Reading the X−Files*(London: Faber & Faber, 1996), pp.99−120.

Williams, L., 'Film Bodies: Gender, Genre and Excess,' in S. Thornham (ed.), *Feminist Film Theory: A Reader*(Edinburgh: Edinburgh University Press,

1999), pp.267−81.

Williams, R., *The Long Revolution*(Harmondsworth: Penguin, 1965).

Williams, R., *Keywords: A Vocabulary of Culture and Society*(London: Fontana, 1976).

Williams, R., 'A Lecture on Realism,' *Screen*, 18: 1(1977), pp.61−74.

Williams, R., *Raymond Williams on Television*, ed. A. O'Connor(London: Routledge, 1989).

Williams, R., *Television: Technology and Cultural Form*(London: Routledge, 1990).

Williams, R. and Orrom, M., *Preface to Film*(London: Film Drama 1954).

Women and Film, 'Overview,' *Women and Film*, 1(1972), pp.3−6.

Woodward, K., 'Concepts of Identity and Difference,' in K. Woodward(ed.), *Identity and Difference*(London: Sage, 1997), pp.7−61.

Young, L., *Fear of the Dark: 'Race,' Gender and Sexuality in the Cinema* (London: Routledge, 1996).

Yousaf, N., *Hanif Kureishi's 'The Buddha of Suburbia'* (New York and London: Continuum, 2002).

Zipes, J., 'A Second Gaze at Little Red Riding Hood's Trials and Tribulations,' in J. Zipes(ed.), *Don't Bet on the Prince: Contemporary Feminist Fairy Tales in North America and England*(Aldershot: Gower, 1989), pp.227−60.

역자 후기

　텔레비전 드라마는 한 사회의 양상과 문화를 진단해 보는 주요한 텍스트이자 원천으로서의 역할을 하고 있는 실정이다. 연극이나 영화와 같은 다른 영역에 비해 짧은 역사를 지니고 있는 텔레비전 드라마는 21세기에 이르러 명실상부하게 학문의 대상으로서, 개인과 사회를 연결하고 의사소통을 가능케 하는 수단으로서 자리매김하고 있다. 드라마 텍스트의 질적·양적인 축적의 결과 그리고 탁월한 작가의 배출, 영상 연출 미학의 발전은 텔레비전 드라마의 영역 확대를 이끌었고 학문적 영역의 대상으로서의 가능성을 열어 놓았다.

　현재 각 대학의 석·박사생들은 물론 텔레비전 드라마학을 추구하는 학자들이 텔레비전 드라마에 대해 전폭적으로 드러내는 학문적 관심과 열의가 이를 증명한다. 불과 수 해 전만 해도 아카데믹한 학문적 가치와 의의를 논의하는 자리에서 텔레비전 드라마는 논외의 대상이었다. 텔레비전 드라마는 단지 TV라는 바보상자 안에서 현실을 도피하게 하는 수단이거나 혹은 그다지 고급스럽지 않은 시청자들에게 볼거리 이상의 어떤 의미도 전달해 주지 않는 오락의 산물쯤으로 간주되었기 때문이다.

　그러나 대중들의 사회적 역할의 확대, 영상문화 시대의 도래 그리고 문화 콘텐츠의 중요성 등의 여러 사회적 제반 요소들과 한데 맞물려 텔레비전 드라마의 가치와 중요성에 대한 인식의 전환이 이루어짐으로써 그 입지는 달라지고 있다. 특히 타국에서의 '한류 드라마'의 성공과 이것이 창출해 내는 부가가치의 결과가 텔레비전 드라마에 대한 인식적 차원의 변화를 유도해 낸 것이 결정적일 수 있다. 그렇지만 이보다 더욱 중요한 사실은 텔레비전 드라마가 동시대 사람들에게 미치는 영향력에 있다. 텔레비전 드라마는 현실의 삶을 반영하며 현실에서 벗어나 꿈과 소망을 충족시키는 역할을 한다. 텔레비전 드라마는 사회적 삶의 문제적

현실에 깊숙이 다가가 시청자로 하여금 이 현실을 직시하고 문제에 대한 해결 방안을 함께 탐색할 것을 촉구한다. 예리한 작가의 레이더 망에 포착된 문제적인 삶의 모습들은 드라마 차원에서 시청자와의 대화를 시도하려고 계획된다. 한편 현실적 삶에서 충족되지 않은 인간적 소망과 꿈이 드라마를 통해 새롭게 환기되면서 시청자는 판타지적 일탈을 경험할 수 있다. 따라서 텔레비전 드라마는 대리만족을 가능케 하고 의사소통을 원활하게 이룰 수 있는 주요 수단으로 기능한다.

이 책은 이러한 관점을 바탕으로 텔레비전 드라마에 대한 탐색을 시도한다. 생래적으로 텔레비전 매체 자체가 가지고 있는 성질과 정체성의 근원을 살펴보면서 텔레비전이 해야 하는 역할과 기능에 대한 논의를 동시에 축적한다. 텔레비전의 고유한 특질 그리고 리얼리티가 과연 무엇인가에 대한 설명을 기반으로 해서 이 책은 재현의 문제로 이동한다. 포스트모던 시대에 텔레비전의 '재현하기'는 얼마나 유효하고 적절한가. 텔레비전 자체가 리얼리티를 생산해 내는 이 시점에서 텔레비전의 고유한 특질이었던 재현은 이제 어떤 상황에 이르렀는가. 그렇다면 텔레비전 드라마는 앞으로 어떤 모습으로 자신을 정체화할 것인가. 이 책은 텔레비전 드라마의 과거와 오늘 그리고 미래에 대한 전망을 제시하면서 텔레비전 드라마의 위상을 정립한다.

텔레비전 드라마는 내러티브로써, 이데올로기의 장으로써, 사회적 공론의 집결지로써 역할을 한다는 것이 이 책의 주된 사안이다. 다시 말해서 텔레비전 드라마 역시 소설 혹은 영화와 같은 여타 장르와 마찬가지로 하나의 이야기체이자 의사소통의 기구라는 사실이다. 텔레비전 드라마는 이야기를 실어 나르는 전달자일 뿐만 아니라 이 이야기 안에 투영되고 구성되는 권력과 헤게모니 그리고 이데올로기의 문제들이 동시에 펼쳐지는 사회적·문화적 텍스트이다. 텔레비전 드라마의 일상성과 이 여러 가지의 요소들이 한데 어우러져 만들어 내는 결과가 일으키는 사회적 파장과 영향력은 가공할 만하고 위협적이다. 쾌락을 목적으로 하는 텔레비전 드라마의 이면에 은폐되고 내파화되어 있는 진실의 국면들. 사회적으로 갈등하고 분쟁하고 있는 이데올로기, 가치, 삶의 문제들. 이 모든 문제들이 텔레비전 드라마라는 형식으로 그리고 내러티브 체제로 구조화되고 구성된다.

어떤 인물이 승리하고 패배할 것인가, 그가 추구하는 이상이 이루어질 수 있을까, 어떤 이데올로기가 채택될 것인가. 그 결과 이 사회는 어떤 양상으로 구축되어 나갈 것인가. 그리고 우리 사회 구성원은 어떤 이념적 지표를 따르면서 현실의 삶을 운용해 나갈 것인가. 마지막으로 이에 따라 우리의 정체성은 어떻게 구성되고 형성될 것인가.

텔레비전 드라마는 이러한 측면에서 단순히 오락적 대상으로서의 기능에서 초월하여 사회·문화적 텍스트로써 그리고 은폐되고 조작된 진실의 문제들을 살펴보고 감시하게 하는 체계로써의 역할을 한다. 이 책은 이러한 사실들에 입각하여 텔레비전 시청하기를, 연구하기를 촉구하고 있다. 아울러 더 나아가 시청과 연구 행위를 통해 우리가 과연 누구인가, 무엇인가에 대한 진지한 탐색을 요청한다. 텔레비전 드라마에 대한 모색은 결국 '정체화하기'의 문제와 연결되는 셈이다.

젠더, 성 그리고 정신분석학적 탐색은 정체성의 문제를 해결해 주는 주요한 실마리이고 텔레비전 드라마는 이것들을 살펴볼 수 있는 텍스트로써 역할을 한다는 것이 또한 이 책의 주된 논의 사항 중 하나이다. 개인과 사회의 대립과 충돌은 젠더, 성과 같은 문제로 가치 환원되고 혹은 성 그 자체가 문제제기되면서 개인적 욕망과 사회적 욕망은 첨예하게 대립되고 노출된다. 텔레비전 드라마는 이러한 분규와 갈등이 투사되어 나타나는 담론의 장이다. 담론의 장으로써 텔레비전 드라마는 그 자체로 가치가 있다. 적어도 텔레비전 드라마가 일상적 차원에서 친밀하게 그리고 용이하게 접근 가능하다는 점에서. 많은 삶의 문제와 사회적 현실이 반영되고 재현되고 있다는 점에서. 담론으로써의 텔레비전 드라마가 보여주는 현실, 담아내는 가치와 의미들은 어떻게 살고 있으며 어떻게 살아 갈 것인가에 대한 문제 제기와 함께 그 해답에 대한 모색을 동시에 제기한다. 결국 텔레비전 드라마는 삶이다.

이 책은 삶의 차원에서 텔레비전 드라마가 갖고 있는 본질, 정체성에 대한 탐구를 하고 있다. 아울러 텔레비전 드라마를 어떻게 바라보고 탐색할 것인가에 대한 문제 제기와 방법론을 제시한다. 내러티브, 이데올로기, 사회학, 정신분석학 등. 텔레비전 드라마는 단일한 하나의 방법이 아닌 이처럼 여러 방법론을 바탕으로 탐색될 수 있는 텍스트이자 담론 그 자체이다. 이 책의 저자들은 문제적 텍스트로써의 텔레비전 드라마에 대한 논의를 촉구하고 있고 동시에 텔레비전 드라마가 갖고 있는 의미와 가치를 재고해 볼 것을 역설한다.

이러한 점에서 이 책은 텔레비전 드라마를 연구하는 역자들에게 용기와 힘을 불어넣는다. 텔레비전 드라마에 대한 곱지 않은 시선을 보내는 학문의 풍토 속에서 텔레비전 드라마를 연구하고 탐색해야 하는 이유와 당위성의 문제 그리고 이를 통한 역자들의 정체성 탐색의 문제에 대해 해결의 실마리를 제공하고 있기 때문이다. 따라서 넓고 깊은 학문적 식견, 통찰력 그리고 원전 텍스트에 대한 성실한 분석 태도 등을 갖고 있는 저자들에게 감사의 말을 전한다. 저자들의 깊은 뜻을 제대로 전달하였는지 반성된다. 또한 이 책을 흔쾌히 출판하도록 허락해 주신 동문선 출판사 대표님께 감사의 말을 전한다. 좋은 책을 출간하는 것이 동문선의 꿈이라던, 처음 만난 역자들에게 서슴없이 번역의 기회를 제공해 주신 그리고 때로는 역자의 세속함을 당황케 하는 인간적 소통의 맥락을 소신하시는 신성대 대표님과의 인연은 매우 소중하다. 기대 이상으로 치밀하고 꼼꼼하게 교정에 임해 주신 동문선 편집부에도 고마울 뿐이다. 번역을 진행하는 동안 제대로 가정 살림을 돌보지 못하고 내조해 주지 못했는데도 불평 한마디 없이 격려해 준 남편들에게 감사한다. 번역을 시작하고 완료하는 데에 가장 큰 버팀목이었다. 가족들 역시 가장 지지해 준 고마운 사람들이다. 든든한 삶의 조력자들이다.

마지막으로 함께 번역을 하는 동안 서로 위로하고 격려하며 유종의 미를 잘 맺을 수 있게 했던 우리 서로에게 감사의 말을 표한다. 파이팅!!

2008년 7월 역자 일동

프로그램 색인

김소은
숙명여대 문학박사
연극, 영화, 영상, 텔레비전 드라마 이론 및 창작 강의 및 연구
의사소통 및 글쓰기 강의
숙명여대 외 강의

황정녀
한양대 문학석사
영미 희곡, 드라마 전공 및 강의
영어 화법 및 토익 · 토플 강의
성결대, 서일대 외 강의

문예신서
356

텔레비전 드라마

초판발행 : 2008년 7월 20일

東文選
제10-64호, 78. 12. 16 등록
110-300 서울 종로구 관훈동 74번지
전화 : 737-2795

편집설계 : 李妊룻

ISBN 978-89-8038-636-9 94680

【東文選 現代新書】

33 農漁俗談辭典	宋在璇	12,000원
34 朝鮮의 鬼神	村山智順 / 金禧慶	28,000원
35 道敎와 中國文化	葛兆光 / 沈揆昊	15,000원
36 禪宗과 中國文化	葛兆光 / 鄭相泓·任炳權	8,000원
37 오페라의 역사	L. 오레이 / 류연희	절판
38 인도종교미술	A. 무케르지 / 崔炳植	14,000원
39 힌두교의 그림언어	안넬리제 外 / 全在星	22,000원
40 중국고대사회	許進雄 / 洪 熹	30,000원
41 중국문화개론	李宗桂 / 李宰碩	23,000원
42 龍鳳文化源流	王大有 / 林東錫	25,000원
43 甲骨學通論	王宇信 / 李宰碩	40,000원
44 朝鮮巫俗考	李能和 / 李在崑	20,000원
45 미술과 페미니즘	N. 부루드 外 / 扈承喜	9,000원
46 아프리카미술	P. 윌레뜨 / 崔炳植	절판
47 美의 歷程	李澤厚 / 尹壽榮	28,000원
48 曼茶羅의 神들	立川武藏 / 金龜山	19,000원
49 朝鮮歲時記	洪錫謨 外 / 李錫浩	30,000원
50 하 상	蘇曉康 外 / 洪 熹	절판
51 武藝圖譜通志 實技解題	正 祖 / 沈雨晟·金光錫	15,000원
52 古文字學첫걸음	李學勤 / 河永三	14,000원
53 體育美學	胡小明 / 閔永淑	18,000원
54 아시아 美術의 再發見	崔炳植	9,000원
55 曆과 占의 科學	永田久 / 沈雨晟	14,000원
56 中國小學史	胡奇光 / 李宰碩	20,000원
57 中國甲骨學史	吳浩坤 外 / 梁東淑	35,000원
58 꿈의 철학	劉文英 / 河永三	22,000원
59 女神들의 인도	立川武藏 / 金龜山	19,000원
60 性의 역사	J. L. 플랑드렝 / 편집부	18,000원
61 쉬르섹슈얼리티	W. 챠드윅 / 편집부	10,000원
62 여성속담사전	宋在璇	18,000원
63 박재서희곡선	朴栽緒	10,000원
64 東北民族源流	孫進己 / 林東錫	13,000원
65 朝鮮巫俗의 硏究(상·하)	赤松智城·秋葉隆 / 沈雨晟	28,000원
66 中國文學 속의 孤獨感	斯波六郎 / 尹壽榮	8,000원
67 한국사회주의 연극운동사	李康列	8,000원
68 스포츠인류학	K. 블랑챠드 外 / 박기동 外	12,000원
69 리조복식도감	리팔찬	20,000원
70 娼 婦	A. 꼬르벵 / 李宗旼	22,000원
71 조선민요연구	高晶玉	30,000원
72 楚文化史	張正明 / 南宗鎭	26,000원
73 시간, 욕망, 그리고 공포	A. 코르뱅 / 변기찬	18,000원
74 本國劍	金光錫	40,000원

2002 상처받은 아이들	N. 파브르 / 김주경	16,000원
2003 엄마 아빠, 꿈꿀 시간을 주세요!	E. 부젱 / 박주원	16,000원
2004 부모가 알아야 할 유치원의 모든 것들	N. 뒤 소수아 / 전재민	18,000원
2005 부모들이여, '안 돼'라고 말하라!	P. 들라로슈 / 김주경	19,000원
2006 엄마 아빠, 전 못하겠어요!	E. 리공 / 이창실	18,000원
2007 사랑, 아이, 일 사이에서	A. 가트셀 · C. 르누치 / 김교신	19,000원
2008 요람에서 학교까지	J.-L. 오베르 / 전재민	19,000원
2009 머리는 좋은데, 노력을 안 해요	J.-L. 오베르 / 박선주	17,000원
2010 알아서 하라고요? 좋죠, 하지만 혼자는 싫어요!	E. 부젱 / 김교신	17,000원
2011 영재아이 키우기	S. 코트 / 김경하	17,000원
2012 부모가 헤어진대요	M. 베르제 · I. 그라비용 / 공나리	17,000원
2013 아이들의 고민, 부모들의 근심	D. 마르셀리 · G. 드 라 보리 / 김교신	19,000원
2014 헤어지기 싫어요!	N. 파브르 / 공나리	15,000원
3001 《새》	C. 파글리아 / 이형식	13,000원
3002 《시민 케인》	L. 멀비 / 이형식	13,000원
3101 《제7의 봉인》 비평 연구	E. 그랑조르주 / 이은민	17,000원
3102 《쥘과 짐》 비평 연구	C. 르 베르 / 이은민	18,000원
3103 《시민 케인》 비평 연구	J. 루아 / 이용주	15,000원
3104 《센소》 비평 연구	M. 라니 / 이수원	18,000원
3105 〈경멸〉 비평 연구	M. 마리 / 이용주	18,000원

【기 타】

▨ 모드의 체계	R. 바르트 / 이화여대기호학연구소	18,000원
▨ 라신에 관하여	R. 바르트 / 남수인	10,000원
▨ 說 苑 (上 · 下)	林東錫 譯註	각권 30,000원
▨ 晏子春秋	林東錫 譯註	30,000원
▨ 西京雜記	林東錫 譯註	20,000원
▨ 搜神記 (上 · 下)	林東錫 譯註	각권 30,000원
■ 경제적 공포[메디치賞 수상작]	V. 포레스테 / 김주경	7,000원
■ 古陶文字徵	高 明 · 葛英會	20,000원
■ 그리하여 어느날 사랑이여	이외수 편	4,000원
■ 너무한 당신, 노무현	현택수 칼럼집	9,000원
■ 노력을 대신하는 것은 없다	R. 쉬이 / 유혜련	5,000원
■ 노블레스 오블리주	현택수 사회비평집	7,500원
■ 딸에게 들려 주는 작은 지혜	N. 레흐레이트너 / 양영란	6,500원
■ 떠나고 싶은 나라―사회문화비평집	현택수	9,000원
■ 미래를 원한다	J. D. 로스네 / 문 선 · 김덕희	8,500원
■ 바람의 자식들―정치시사칼럼집	현택수	8,000원
■ 사랑의 존재	한용운	3,000원
■ 산이 높으면 마땅히 우러러볼 일이다	유 향 / 임동석	5,000원
■ 서기 1000년과 서기 2000년 그 두려움의 흔적들	J. 뒤비 / 양영란	8,000원
■ 서비스는 유행을 타지 않는다	B. 바게트 / 정소영	5,000원

■ 선종이야기	홍 희 편저	8,000원
■ 섬으로 흐르는 역사	김영회	10,000원
■ 세계사상	창간호~3호:각권 10,000원 / 4호: 14,000원	
■ 손가락 하나의 사랑 1, 2, 3	D. 글로슈 / 서민원	각권 7,500원
■ 십이속상도안집	편집부	8,000원
■ 얀 이야기 ① 얀과 카와카마스	마치다 준 / 김은진 · 한인숙	8,000원
■ 어린이 수묵화의 첫걸음(전6권)	趙 陽 / 편집부	각권 5,000원
■ 오늘 다 못다한 말은	이외수 편	7,000원
■ 오블라디 오블라다, 인생은 브래지어 위를 흐른다	무라카미 하루키 / 김난주	7,000원
■ 이젠 다시 유혹하지 않으련다	P. 쌍소 / 서민원	9,000원
■ 인생은 앞유리를 통해서 보라	B. 바게트 / 박해순	5,000원
■ 자기를 다스리는 지혜	한인숙 편저	10,000원
■ 천연기념물이 된 바보	최병식	7,800원
■ 原本 武藝圖譜通志	正祖 命撰	60,000원
■ 테오의 여행 (전5권)	C. 클레망 / 양영란	각권 6,000원
■ 한글 설원 (상 · 중 · 하)	임동석 옮김	각권 7,000원
■ 한글 안자춘추	임동석 옮김	8,000원
■ 한글 수신기 (상 · 하)	임동석 옮김	각권 8,000원

【만 화】

■ 동물학	C. 세르	14,000원
■ 블랙 유머와 흰 가운의 의료인들	C. 세르	14,000원
■ 비스 콩프리	C. 세르	14,000원
■ 세르(평전)	Y. 프레미옹 / 서민원	16,000원
■ 자가 수리공	C. 세르	14,000원
▨ 못말리는 제임스	M. 톤라 / 이영주	12,000원
▨ 레드와 로버	B. 바세트 / 이영주	12,000원
▨ 나탈리의 별난 세계 여행	S. 살마 / 서민원	각권 10,000원

【동문선 주네스】

■ 고독하지 않은 홀로되기	P. 들레름 · M. 들레름 / 박정오	8,000원
■ 이젠 나도 느껴요!	이사벨 주니오 그림	14,000원
■ 이젠 나도 알아요!	도로테 드 몽프리드 그림	16,000원